DESAFIOS PARA ALCANÇAR O TRABALHO SEGURO NO BRASIL

um estudo das situações adversas à relação de trabalho

SILVIA REGINA PONDÉ GALVÃO DEVONALD
THEREZA CHRISTINA NAHAS
coordenadoras

DESAFIOS PARA ALCANÇAR O TRABALHO SEGURO NO BRASIL

um estudo das situações adversas à relação de trabalho

EDITORA LTDA.

© Todos os direitos reservados

Rua Jaguaribe, 571
CEP 01224-001
São Paulo, SP — Brasil
Fone (11) 2167-1101
www.ltr.com.br

Agosto, 2015

versão impressa — LTr 5260.9 — ISBN 978-85-361-8525-5
versão digital   — LTr 8768.8 — ISBN 978-85-361-8529-3

Dados Internacionais de Catalogação na Publicação (CIP)
(Câmara Brasileira do Livro, SP, Brasil)

Desafios para alcançar o trabalho seguro no Brasil : um estudo das situações adversas a relação de trabalho / Silvia Regina Pondé Galvão Devonald, Thereza Christina Nahas, coordenadoras. — São Paulo : LTr, 2015.

Bibliografia.

1. Acidentes de trabalho — Prevenção 2. Medicina do trabalho 3. Segurança do trabalho 4. Segurança do trabalho — Brasil 5. Trabalhadores — Saúde I. Devonald, Silvia Regina Pondé Galvão. II. Nahas, Thereza Christina.

15-04651   CDU-34:331.4(81)

Índice para catálogo sistemático:

1. Brasil : Segurança do trabalho : Direito do trabalho   34:331.4(81)

Sobre os autores

ADALBERTO MARTINS

Desembargador do Tribunal Regional do Trabalho da 2ª Região. Professor Doutor da Faculdade de Direito da PUC/SP (graduação e pós-graduação); Membro do Conselho Consultivo da Revista Mestrado em Direito/Unifieo e vice-diretor da Escola Judicial do Tribunal Regional do Trabalho da 2ª Região (biênio 2014/2016).

DANIELA MORI

Juíza do trabalho substituta. Auxiliar da 89ª Vara do Trabalho de São Paulo. Pós-graduada em direito processual civil pela Pontifícia Universidade Católica de São Paulo. Graduada pela faculdade de direito da Universidade Mackenzie.

FERNANDA VERUSKA NARCISO

Pós-doutoranda em Ciências do Esporte pela Universidade Federal de Minas Gerais (UFMG/MG). Doutora em Ciências pela Universidade Federal de São Paulo (UNIFESP/SP). Mestre em Fisioterapia pelo Centro Universitário do Triângulo (UNITRI/MG). Membro da Câmara Temática de Saúde e Meio Ambiente do Conselho Nacional de Trânsito (CONTRAN/DENATRAN).

FLÁVIO EDUARDO TURESSI

Mestre em Direito Penal pela PUC/SP. Promotor de Justiça do Ministério Público do Estado de São Paulo. Assessor do setor especializado em crimes praticados por Prefeitos da Subprocuradoria-Geral de Justiça Jurídica. Professor convidado da Escola Superior do Ministério Público do Estado de São Paulo. Professor convidado do Complexo Educacional Damásio de Jesus, da PUC/SP (COGEAE) e do curso de pós-graduação *lato sensu* em Direito Médico e Hospitalar da Escola Paulista de Direito.

FLÁVIO DA COSTA HIGA

Juiz Titular da Vara do Trabalho de Coxim/MS. Doutor e Mestre em Direito do Trabalho pela USP. Pós-doutorando em Ciências Jurídico-Empresariais pela Universidade de Lisboa. Professor da EMATRA-MS e do Centro Universitário Anhanguera — UNAES.

Gianluigi Morlini

Juiz do Tribunal de Reggio Emilia — Itália. Membro do Conselho Judiciário da Corte de Apelação de Bolonha-Itália. (Tradução: Yone Frediani).

Joaquín Aparicio Tovar

Catedrático de Derecho del Trabajo y de la Seguridad Social de la Universidad de Castilla-la Mancha y Decano de la Facultad de Relaciones Laborales y Recursos Humanos. Autor de diversos libros y artículos jurídicos.

Jose Roberto Montes Heloani

Bacharel em Ciências Jurídicas e Psicologia. Professor Livre-Docente e Titular na Universidade Estadual de Campinas (UNICAMP). Pesquisa e leciona na Fundação Getulio Vargas (FGV-SP). Conveniado a Université Paris X Nanterre.

Homero Batista Mateus da Silva

Juiz titular da 88ª Vara do Trabalho de São Paulo. Professor do Departamento de Direito do Trabalho e Seguridade Social da Faculdade de Direito do Largo de São Francisco. Autor do Curso de Direito do Trabalho Aplicado.

Katia S. Piroli

Psicóloga, Psicanalista pelo Instituto Sedes Sapientae. Mestre em Psicologia Infantil pela Universidade Guarulhos. Mestre em Psicanálise e Família pela Universidade São Marcos. Professora Assistente de Psicopatologia no curso de Psicologia da Universidade Guarulhos. Supervisora da Clínica Escola da Universidade Guarulhos e membro filiado do Instituto de Psicanálise da Sociedade Brasileira de Psicanálise.

Marco Túlio de Mello

Doutor em Ciências pela Universidade Federal de São Paulo (UNIFESP). Pós-doutorado em Psicobiologia, pela UNIFESP. Livre docente pela UNIFESP e pela UNICAMP. Professor Associado II, da Universidade Federal de Minas Gerais. Membro Titular da Câmara Temática de Saúde e Meio Ambiente do Conselho Nacional de Trânsito (CONTRAN). Membro do Comitê Assessor da Área Multidisciplinar em Saúde do CNPq. Graduado em Educação Física, pela Universidade Federal de Uberlândia. Especialista em educação física para pessoas portadoras de necessidades especiais.

Maria Doralice Novaes

Desembargadora aposentada. Foi Juíza do Trabalho no TRT/2. Ingressando na carreira em 1981, foi promovida a desembargadora em setembro de 1995. Exerceu a função de Corregedora Auxiliar do TRT/2 no biênio 1999/2001. Convocada, passou a atuar no TST em 2004, em substituição a Ministro Titular, onde permaneceu até 2010. Eleita em 2012, exerceu a função de Presidente do Tribunal Regional do Trabalho da Segunda Região até outubro de 2014. Foi Conselheira do Conselho Superior da Justiça do Trabalho no biênio 2013/2015. Aposentouse da magistratura em maio de 2015. Coordena atualmente o Comitê Regional do Processo Judicial Eletrônico do TRT/2. Dedicase, ainda, à prestação de consultorias jurídicas na área trabalhista.

Marcos Neves Fava

Juiz do Trabalho Titular da 89ª Vara do Trabalho de São Paulo. Mestre e Doutor em Direito do Trabalho pela Faculdade de Direito da Universidade de São Paulo.

Maria José Romero Rodenas

Es Catedrática Acreditada y Profesora Titular de Derecho del Trabajo y Seguridad Social de la Universidad de Castilla — la Mancha y Vicedecana de la Facultad de Relaciones Laborales y Recursos Humanos. Autora de diversos libros y artículos jurídicos.

Margarida Maria Silveira Barreto

Médica do Trabalho. Doutora em Psicologia Social pela Pontifícia Universidade Católica de São Paulo (PUC/SP). Vice-coordenadora do Núcleo de Estudos Psicossociais da Dialética Exclusão/Inclusão Social (NEXIN/PUC/SP).

Milena Bogoni

Profesora Ayudante de Derecho del Trabajo y de la Seguridad Social de la Universidad de Castilla — La Mancha. Licencida en Derecho por la *Universitá degli Studi di Verona* (Italia) y es Doctora cum laude en Derecho (con mención internacional) por la *Universidad de Castilla — La Mancha*. Imparte docencia en la Facultad de RR.LL. RR.HH. y en la Facultad de Derecho de Albacete y es colaboradora externa del Programa de Postgrado en Relaciones Laborales de la Universidad Nacional de Educación a Distancia (UNED).

Pedro Sérgio Zuchi

Mestre em Engenharia de Produção — Área de Concentração em Ergonomia e Organização do Trabalho. Pesquisador da FUNDACENTRO. Professor Adjunto da PUCMINAS nos Cursos de Graduação em Engenharia Mecânica, Mecatrônica e Elétrica. Professor na FUMEC, no IEC/PUCMINAS e FUMEC e no Curso de Medicina do Trabalho na Faculdade de Ciências Médicas.

Priscila Molento Ferreira Zapparolli

Advogada trabalhista. Foi professora assistente na PUC/SP, professora de Direito do Trabalho e Processual do Trabalho nos cursos de pós-graduação da FAAP — Ribeirão Preto e da graduação da FAC/UNINOVE em São Roque. Especialista em Direito Processual pela PUC/SP e Mestre em Direito pela Universidade Metropolitana de Santos (UNIMES).

Sebastião Geraldo de Oliveira

Desembargador do TRT da 3ª Região. Gestor Nacional do Programa de Trabalho Seguro da Justiça do Trabalho. Membro da Academia Brasileira de Direito do Trabalho. Mestre em Direito pela UFMG. Autor de livros e artigos na área de saúde do trabalhador.

Silvia Regina Pondé Galvão Devonald

Desmbargadora Presidente do Tribunal Regional da 2ª Região — São Paulo.

Thereza Christina Nahas

Juíza do Trabalho do TRT de São Paulo. Doutora pela PUC/SP. Pesquisadora e doutoranda pela Universidad de Castilla-la Mancha. Professora Universitária e autora de livros e artigos jurídicos.

Yone Frediani

Desembargadora do Tribunal Regional do Trabalho da 2ª Região (aposentada). Doutora em Direito do Trabalho PUC/SP. Professora Universitária. Membro da Academia Brasileira de Direito do Trabalho e do Instituto de Direito do Trabalho do Mercosul e da Asociación Iberoamericana de Derecho del Trabajo y de la Seguridad Social. Professora Visitante da Universidade de Modena e Reggio Emilia — Itália — e da Universidad Tecnológica del Peru. Autora de artigos e livros.

Sumário

APRESENTAÇÃO — *Silvia Regina Pondé Galvão Devonald* 11

PREFÁCIO — *Maria Doralice Novaes* 13

A TUTELA JURÍDICA DO TRABALHADOR VÍTIMA DE VIOLÊNCIA DE GÊNERO
   Thereza Christina Nahas 15

ESCALAS DE TRABALHO, SONO E SAÚDE DO TRABALHADOR (Transtornos do sono e Segurança do Trabalho)
   Marco Túlio de Mello e Fernanda Veruska Narciso 25

OS IMPACTOS DO PROCESSO JUDICIAL ELETRÔNICO NA SAÚDE DOS MAGISTRADOS E SERVIDORES DO PODER JUDICIÁRIO
   Adalberto Martins 33

ACIDENTE DO TRABALHO E DOENÇAS OCUPACIONAIS — NEXO EPIDEMIOLÓGICO
   Sebastião Geraldo de Oliveira 41

AS DOENÇAS PSICOSSOMÁTICAS DECORRENTES DO AMBIENTE DE TRABALHO — PREVENÇÃO E BOAS PRÁTICAS
   Margarida Maria Silveira Barreto e José Roberto Montes Heloani 49

USO DE SUBSTÂNCIAS ENTORPECENTES NO TRABALHO: DOENÇA OU MOTIVO PARA RUPTURA CONTRATUAL?
   Katia S. Piroli 57

FIXAÇÃO DE METAS E ASSÉDIO MORAL
   Flávio da Costa Higa 63

OS IMPACTOS DOS MOVIMENTOS E DOS HÁBITOS DE VIDA NA SAÚDE DO TRABALHADOR
   Pedro Sérgio Zuchi 75

ASPECTOS CRIMINAIS REFERENTES AOS ACIDENTES DO TRABALHO
   Flavio Eduardo Turessi 83

PROTECCIÓN SOCIAL DE LOS TRABAJADORES A TIEMPO PARCIAL
Maria José Romero Rodenas 91

LA SEGURIDAD SOCIAL, UN ELEMENTO ESENCIAL DE LA DEMOCRACIA
Joaquín Aparicio Tovar 107

DANO PATRIMONIAL E DANO EXISTENCIAL
Gianluigi Morlini (Tradução — Yone Frediani) 123

REFLEXÕES SOBRE A INEFICIÊNCIA DOS EQUIPAMENTOS DE PROTEÇÃO INDIVIDUAL
Homero Batista Mateus da Silva 139

EL "TURISMO SOCIAL" COMO "NUEVA" LIMITACIÓN A LA LIBRE CIRCULACIÓN DE PERSONAS EN LA UNIÓN EUROPEA
Milena Bogoni 149

ACIDENTES DO TRABALHO E DOENÇAS OCUPACIONAIS: CONSEQUÊNCIAS E RESPONSABILIDADE CIVIL DO EMPREGADOR
Yone Frediani 162

DO LOCAL DE TRABALHO DESATIVADO E DA PRODUÇÃO DA PROVA PERICIAL
Priscila Molento Ferreira Zapparolli 167

A CAUSA DE PEDIR NAS DEMANDAS QUE ENVOLVEM ADICIONAIS DE PERICULOSIDADE E INSALUBRIDADE
Daniela Mori e Marcos Neves Fava 180

Apresentação

O Tribunal Regional do Trabalho da Segunda Região — São Paulo, mais uma vez, tem a grata satisfação de apresentar um novo livro, que trata das questões relacionadas à segurança do trabalho no Brasil.

O livro anterior — Contratos de Trabalho no Setor de Transporte — editado pela LTr, em 2014, abordava os vários tipos de contratos e seus efeitos sobre a saúde dos trabalhadores (contratos no transporte aéreo, ferroviário, marítimo e rodoviário).

Neste livro, a especificidade cedeu lugar à generalidade, notadamente porque, no caso, o tema central é o desafio para se alcançar o trabalho seguro no Brasil. Esse desafio, aliás, vem sendo perseguido pela Justiça do Trabalho, juntamente com os demais setores da sociedade, na tentativa de diminuir o elevado número de acidentes de trabalho, com suas sequelas permanentes e óbitos, que tantos malefícios causam ao país e às famílias dos trabalhadores.

Nunca é demais lembrar que em 2013 ocorreram 737.378 acidentes de trabalho, com 14.837 trabalhadores que sofreram incapacidade permanente e 2.797 óbitos. Isso significa que, diariamente, cerca de 40 trabalhadores se afastaram definitivamente do mercado de trabalho. Porém, o mais estarrecedor é que, todos os dias, 8 trabalhadores perdem suas vidas em nosso país em decorrência de acidentes de trabalho.

A conscientização da prevenção é dever de todos nós e, para tanto, faz-se necessário um estudo aprofundado das causas que podem levar ao infortúnio. A violência de gênero, que tanto traumatiza suas vítimas, matéria nova e pulsante; as alterações na jornada e consequentes desajustes no sono, causadores de acidentes de trabalho; as doenças ocupacionais e psicossomáticas decorrentes do ambiente do trabalho; os impactos do processo judicial eletrônico na saúde dos usuários, matéria também bastante inovadora; a fixação de metas e assédio moral; a criminalização dos acidentes de trabalho; a questão sobre a eficiência ou não dos equipamentos de proteção individual; a responsabilidade civil do empregador; o dano patrimonial e o dano existencial, esse último atualíssimo; enfim, o livro aborda toda uma gama de matérias relacionadas às situações adversas nas relações do trabalho, tratadas por profissionais experientes, de longa vivência na área.

Esperamos, assim, contribuir para a cultura da segurança no trabalho no Brasil, trazendo a lume reflexões profundas de abalizados juristas brasileiros e estrangeiros.

Silvia Regina Pondé Galvão Devonald
Desembargadora Presidente do
Tribunal Regional do Trabalho da 2ª Região — São Paulo

Prefácio

Este livro, que traz o estudo de várias situações adversas às relações de trabalho, tem a generosidade e a cortesia, cada vez mais raras, de expor com clareza os fundamentos de suas abordagens.

É um trabalho complexo, cujo principal objetivo é contribuir para propiciar o efetivo cumprimento do princípio basilar da Carta Republicana, art. 1º, III, ao garantir à todos o direito a uma vida digna.

Isso porque vida digna implica, necessariamente, na construção de um conceito claro e atual de trabalho digno, já que para a realização da dignidade da pessoa humana, é indispensável a valorização do trabalho por meio da efetivação e da consolidação de um trabalho digno e seguro.

E a construção de conceitos nessa seara mostra-se absolutamente necessária, porque a falta de conhecimento adequado para prevenir e precaver os riscos ambientais no trabalho parece ser uma das mais importantes causas para o grande número de ocorrências acidentárias e de altos índices de doenças relacionadas ao trabalho no nosso país.

Daí a importância da obra que ora se prefacia que corresponde, em verdade, a uma proposta de movimento, de atividade. Melhor. De atitude. Atitude otimista em relação ao conhecimento, e em relação à saúde de todos os trabalhadores.

Traz a inovação, a informação atenta. Amplia a possibilidade de discussão frontal da nossa realidade. Deixa de reproduzir um discurso que privilegia o superficial, mostrando-nos que não sabemos tratar inteiramente do tema e que estamos à procura de respostas. Traz ao centro do debate, uma fábrica de cidadania ativa, uma forja de inquietações solidárias.

E, num livro em que se celebra o valor da palavra celebrar-se, também, o valor da pessoa e da vida que, aliás, sempre nos conduzem a seres humanos especiais.

De fato, os textos recolhidos de nobres e especiais juristas, médicos, engenheiros e psicólogos trazem o necessário olhar multidisciplinar para esse importante tema e as ideias e observações expostas por Thereza Christina Nahas, Marco Túlio Mello, Fernanda Veruska Narciso, Adalberto Martins, Sebastião Geraldo de Oliveira, Margarida Barreto, José Roberto Montes Heloani, Kátia S. Piroli, Flávia da Costa Higa, Pedro Sérgio Zuchi, Flávio Eduardo Turressi, Maria José Romero Rodernas, Joaquim Aparicio Tovar, Yone Frediani, Homero Batista Mateus da Silva, Milena Bogoni, Priscila Molento Ferreira Zapparolli, Daniela Mori e Marcos Neves Fava — personagens do mundo contemporâneo, cujo rigor intelectual e aguda capacidade de observação mostram-se indiscutíveis — convidam-nos, todos, à reflexão, nossa mais poderosa arma.

Por outro lado, o incontestável êxito do trabalho de coordenação de Suas Excelências as doutoras **Silvia Regina Pondé Devonald** e **Thereza Christina Nahas**, respectivamente, Desembargadora Presidente do Tribunal Regional do Trabalho da 2ª Região e Juíza do Trabalho Titular da 61ª Vara do Trabalho de São Paulo se dá não só pela elevada qualidade técnica dos autores convidados — fazendo com que a publicação de suas intervenções mostre-se particularmente feliz e sobremaneira importante —, mas, também, pela escolha dos temas, todos atuais e relevantes.

Questões relacionadas aos distúrbios do sono, ao impacto do Pje na saúde de magistrados e servidores, às doenças profissionais ou psicossomáticas, ao uso de substâncias entorpecentes, assédio moral e hábitos de vida dos trabalhadores, são tratadas sob várias perspectivas.

No universo do direito, em senso estrito, são apresentadas teses que tratam da produção da prova pericial, da causa de pedir nas demandas que envolvem adicionais de periculosidade e insalubridade, de equipamentos de proteção, da responsabilidade civil do empregador e dos aspectos criminais que podem surgir por conta da violação de direitos aqui tratados.

Autores estrangeiros também trazem seu pensamento acerca da questão, pondo em debate temas como a proteção dos trabalhadores a tempo parcial, do comércio de serviços sobre o trabalho, e do "turismo social".

Essa importante contribuição de todas as óticas e de todas as éticas, que permitirá ao público a análise de vozes experientes, passa, agora, a ter residência no universo da escrita, a viabilizar, democraticamente, o acesso indiscriminado a toda a comunidade jurídica que, certamente, a utilizará no aperfeiçoamento da carreira, da jurisprudência, da doutrina e da própria legislação. Afinal essa é a vocação dos bons livros.

Boa leitura à todos.

Maria Doralice Novaes

Desembargadora aposentada. Foi Juíza do Trabalho no TRT/2. Ingressando na carreira em 1981, foi promovida a desembargadora em setembro de 1995. Exerceu a função de Corregedora Auxiliar do TRT/2 no biênio 1999/2001. Convocada, passou a atuar no TST em 2004, em substituição a Ministro Titular, onde permaneceu até 2010. Eleita em 2012, exerceu a função de Presidente do Tribunal Regional do Trabalho da Segunda Região até outubro de 2014. Foi Conselheira do Conselho Superior da Justiça do Trabalho no biênio 2013/2015. Aposentou-se da magistratura em maio de 2015. Coordena atualmente o Comitê Regional do Processo Judicial Eletrônico do TRT/2. Dedica-se, ainda, à prestação de consultorias jurídicas na área trabalhista.

A Tutela Jurídica do Trabalhador Vítima de Violência de Gênero

Thereza Christina Nahas[*]

> *Negras mulheres, suspendendo às tetas, Magras crianças, cujas bocas pretas, Rega o sangue das mães, Outras moças, mas nuas e espantadas, No turbilhão de espectros arrastadas, Em ânsia e mágoa vãs!* (Castro Alves, O Navio Negreiro, 1868).

São várias as passagens em filmes, livros, canções e poemas que podem retratar a discriminação contra a mulher e contra os negros, o que não significa que não há várias outras formas de discriminação por outros vários motivos que, pode-se dizer, foram "aperfeiçoados" ao longo do tempo principalmente com a derrubada das fronteiras entre as nações. Tudo isso vem servindo de fundamento para a mobilização de governos, grupos e organizações, locais, regionais e transnacionais com o único fim de eliminar, por definitivo, toda a forma de discriminação. Todavia, o que mais impressiona é que, não obstante estarmos em pleno vigor do século XXI, ainda podemos ver, na realidade da vida, a crueldade com que a violência se apresenta, guarda características, quiçá piores, do que aquelas verificadas nos séculos anteriores.

O desenvolvimento econômico e a abertura que as sociedades e culturas experimentam na modernidade, permitem que novas formas de discriminação surjam, mesmo porque a cada dia as desigualdades sociais aumentam. Segundo Informe da OIT sobre discriminação[1], a desigualdade social, insegurança e a discriminação crescem a cada dia mais, e o lugar em que mais se pode atacar a discriminação com presteza e eficácia é o local de trabalho. Além do que os altos custos da discriminação acabam por incentivar práticas de repulsa a atos desta natureza, mas só com um esforço concentrado isso se torna possível. A violência de gênero é uma forma de discriminação e esta diretamente associada ao direito da dignidade da pessoa humana.

Neste diapasão é que surgem vários estudos que definem a violência contra a mulher como violência de gênero, conotação linguística esta que deve ser reparada. Gênero e uma palavra que possui várias acepções. É certo que a principal se refere a diferença de sexos, de modo que muitas vezes é utilizada para se referir às diferenças entre homens e mulheres, mas não se pode desprezar seu significado para se referir as diferenças sociais. A palavra tem origem Indo-Europeia *gen-* ou *gnê-* que quer dizer "*gerar, engendrar, fazer nascer*". Dela se originam várias outras palavras entre eles *gênero* do latim *genus* que significa raça, extração.

Portanto, o que é certo é que deve ser assegurada a não discriminação, o direito de não sofrer violência em razão do gênero, o que faz com que esta questão seja tratada como um problema de direitos humanos, indo além das diferenças entre sexos e os abusos sexuais. Daí ter acertado o legislador

---

[*] Juíza do Trabalho no Tribunal Regional do Trabalho da 2ª Região, Pós-doutorando, Professora Profesora Convidada e Pesquisadora na Universidad Castilla La Mancha — Campus de Albacete (Espanha), Mestre e Doutora pela PUC/SP, Professora na Fundação Armando Álvares Penteado-FAAP/SP.

[1] *La Igualdad en el Trabajo: Aafrontar los Retosque se Platean*, in <www.ilo.org>.

nacional em trazer, em várias passagens da Carta Constitucional, principalmente nos arts. 5º e 7º, a proibição de tratamentos diferenciados em razão da raça, do credo, do sexo, tipos de trabalhadores (avulsos e subordinados; e domésticos; proibição de discriminação entre trabalho manual, técnico e intelectual ou entre os profissionais respectivos — art. 7º, XXXIV, parágrafo único e XXXII, respectivamente), bem como normas que se estenderam especificamente para a tutela da mulher, como por exemplo, proteção ao mercado de trabalho (art. 7º, XX) e proteção ao direito que tem que eleger ser mãe (art. 7º, XVIII).

Compartilhamos, assim, do entendimento de Teresa Pérez del Río[2], isto é, "el término *sexo* se encuentra directa y casi exclusivamente relacionado con el de *identidade sexual*, y posee connotaciones meramente biologicas, sin embargo, la identidad de género posee connotaciones de caráter cultural; describe situaciones, sensaciones, sentimientos, cogniciones y conductas que los indivíduos poseen, experimentan o sufren por el hecho de ser hombre o mujer. Hace referencia a la forma de adaptación de la persona a una sociedad que asigna valores, expectativas, roles y funciones sociales diferentes en función del sexo biologico. La identidad de género constituye así una realidad compleja, de naturaliza psicosocial, que tiene su causa en el sexo biologico, es decir, una causa natural e inalteravel (en principio), pero cuya razón última es de caráter eminentemente cultural e ideológico, mucho más compleja por tanto, que en absoluto se puede obviar o esconder y que sí es modificable. Desde esta perspectiva, la identidad de género se refiere al conjunto de atributos, actitudes y conductas que definen el comportamiento de cada sujeto y que dotan de contenido a los *roles de género* social y culturalmente asignados, roles que permanecen desde hace siglos en el seno de sociedad de modo explicito y implicito y que son transmitida a las nuevas generaciones a través de diferentes agentes y medios, uno de los cuales, por cierto nada desdeñable, es el lenguage".

Estabelecida esta questão conceitual, isto é, de que a violência de gênero ultrapassa a fronteira da diferença de sexos e de que não deve ser entendida como sinônimo de violência contra a mulher, cumpre-nos analisar alguns temas ligados a violência de gênero ocorrida no âmbito da relação de trabalho, começando pela noção geral a respeito deste instituto.

A violência de gênero ocorrida no ambiente de trabalho mostra-se como uma situação altamente complexa mesmo porque, para que se verifique, não se exige que esteja, necessariamente, ligada ao fato de ser o agente agressor o empregador ou algum preposto do trabalhador ofendido. O que importa para caracterizar a violência de gênero ocorrida no ambiente de trabalho está no pressuposto de que se verifica no contexto da uma relação de trabalho e no ambiente em que o trabalho está sendo prestado. Por outras linhas, se o trabalhador não estivesse realizando atividades ligadas a sua profissão no curso de sua jornada de trabalho, não seria possível sofrer o abuso por parte de um terceiro ou por parte de seu empregador. O local de trabalho, a organização a que o trabalhador esteja subordinado, se caracteriza como o ambiente em que a violência se verifica, tenha esta organização finalidade econômica ou não. O grau com que ocorre pode ser mínimo, a ponto de a vítima não perceber que está sendo ofendida como ocorre, por exemplo, com as supostas "brincadeiras"[3]; ou em grau de gravidade tão severa que faz com que o ambiente de trabalho passe a ser hostil, negativo, intimidatório, humilhante e, até mesmo, insustentável de se poder manter a relação de trabalho[4].

---

(2) *La Violencia de Género en el Ámbito Laboral: El acoso Sexual y el Acoso Sexista*, Albacete (Espanha): Editorial Bomarzo, 2009. p. 8.
(3) Por exemplo, Em 02.08.2003, o autor, professor de educação física, alegou que ao término do treinamento de futebol de salão, foi abordado pelo réu, supervisor de ensino, que na presença de dois professores, José Moreira e Leandro, disse: *"como vai crioulo, há quanto tempo a gente não se vê..."*. A seguir comentou ainda com o organizador que conhecia o réu somente de vista, não tendo, com ele, amizade ou confiança capaz de autorizar "brincadeiras" pejorativas. Asseverou que sofreu discriminação racial e por essa razão registrou boletim de ocorrência no distrito policial. Em defesa o réu sustentou que o fato aconteceu em um sábado, em que não havia alunos na escola, somente pessoas da comunidade. Disse que as palavras proferidas foram desprovidas de maldade ou intenção de ofensa. Salientou que o racismo, para ser configurado, necessita que haja a consciência disso e que a pessoa assuma o risco do resultado..." entendendo o Tribunal de Justiça de São Paulo (ementa): *Indenização por danos morais. Descabimento. Ocorrência de brincadeira de mau gosto, mas que não se caracteriza como ofensa racial. Testemunha afrodescendente que entendeu o cumprimento apenas como uma brincadeira entre amigos. As partes não travaram nenhuma discussão, permanecendo o autor calado. Após os fatos o autor se dirigiu à delegacia para registrar boletim de ocorrência. Apelação improvida.*(TJ-SP — APL: 9132135762007826 SP 9132135-76.2007.8.26.0000, Relator: Pedro de Alcântara, Data de Julgamento: 15/08/2012, 8ª Câmara de Direito Privado, Data de Publicação: 18.08.2012).
(4) AGRAVO DE INSTRUMENTO EM RECURSO DE REVISTA. 1. INDENIZAÇÃO POR DANOS MORAIS. O Regional, amparado no acervo fático-probatório, concluiu pela existência de dano moral ao reclamante, porquanto incontroversa a prática por funcionário da reclamada de — brincadeira — dentro do ambiente laboral que caracterizou ofensa à honra do reclamante, qual seja a imputação de fato passível de tipificação criminal. Diante do quadro fático delineado, cujo teor é insuscetível de reexame nesta instância extraordinária, nos termos da Súmula 126/TST, não

A violência de gênero se mostra pelo assédio moral, sexual ou sexista, podendo ou não existir violência física.

Entende-se por assédio moral aquela situação que atenta contra os elementos da personalidade do trabalhador, sem que isso importe numa agressão física. A discriminação que o trabalhador qualificado sofre quando não consegue um emprego em razão de sua opção religiosa ou sexual por exemplo, é uma afronta à sua personalidade. Não há, neste caso, agressão física, mas sua integridade moral é absolutamente atingida pela negativa da colocação pretendida, por um fundamento discriminatório.

Por assédio sexual, nos termos do art. 216-A do Código Penal se entende como toda conduta que possa *constranger alguém com o intuito de obter vantagem ou favorecimento sexual, prevalecendo-se o agente da sua condição de superior hierárquico ou ascendência inerentes ao exercício de emprego, cargo ou função.*

Não obstante este enquadramento dado pelo Código Penal[5], não se pode aplicá-lo ou mesmo aproveitá-lo na área do direito do trabalho. Vejamos. Comparativamente, dispõe o glossário de termos sobre gênero que se deve entender por assédio sexual todo "comportamiento o acercamiento sexual no deseado por la persona que lo recibe y que provoca efectos perjudiciales en el ambiente laboral y educativo... que afecta el desempeño, el cumplimiento y el bien estar personal de la persona acosada. Los acercamientos pueden ser desde miradas, invitaciones o comentarios insinuantes. Igualmente, se trata de una acción que se dirige a exigir, manipular, coaccionar o chantajear sexualmente a una persona del sexo opuesto o del mismo sexo y que procura obtener algún tipo de gratificación a cambio[6]. Faz-se, ainda, a distinção entre acoso sexual e sexista, nos termos do art. 7º da Lei Orgânica Espanhola 3/2007 para igualdade efetiva entre homens e mulheres, fundado no princípio da igualdade entre homens e mulheres, visando eliminar toda discriminação direta ou indireta e que veio solucionar problemas importantes havidos no ambiente de trabalho, previu o legislador a figura do Assédio Sexual e Assédio Sexista, nos seguintes termos:

> *1. Sin perjuicio de lo establecido en el Código Penal, a los efectos de esta Ley constituye acoso sexual cualquier comportamiento, verbal o físico, de naturaleza sexual que tenga el propósito o produzca el efecto de atentar contra la dignidad de una persona, en particular cuando se crea un entorno intimidatorio, degradante u ofensivo.*
>
> *2. Constituye acoso por razón de sexo cualquier comportamiento realizado en función del sexo de una persona, con el propósito o el efecto de atentar contra su dignidad y de crear un entorno intimidatorio, degradante u ofensivo.*
>
> *3. Se considerarán en todo caso discriminatorios el acoso sexual y el acoso por razón de sexo.*
>
> *4. El condicionamiento de un derecho o de una expectativa de derecho a la aceptación de una situación constitutiva de acoso sexual o de acoso por razón de sexo se considerará también acto de discriminación por razón de sexo.*

O Ministério do Trabalho brasileiro publicou em 2013 uma Cartilha[7] para esclarecer a respeito do assédio moral e sexual e assim explica:

> *Assédio sexual é uma das muitas violências que a mulher sofre no seu dia a dia. De modo geral, acontece quando o homem, principalmente em condição hierárquica superior, não tolera ser rejeitado e passa a insistir e pressio-*

---

há falar em violação dos dispositivos legais invocados. 2. INDENIZAÇÃO POR DANOS MORAIS. VALOR ARBITRADO. O Regional registrou que a indenização por danos morais teve como critérios de valoração a extensão do dano, a razoabilidade e o caráter pedagógico-punitivo da medida, de maneira a compensar a vítima pelo mal sofrido e a impedir o enriquecimento sem causa do ofendido, bem como inibir a reiteração da prática lesiva. Nesse contexto, não se verifica a alegada desproporção entre o dano sofrido e a quantia indenizatória. Ileso o art. 944 do CC. Agravo de instrumento conhecido e não provido. (TST — AIRR: 1265002620115170003 126500-26.2011.5.17.0003, Relator: Dora Maria da Costa, Data de Julgamento: 21.08.2013, 8ª Turma, Data de Publicação: DEJT 23.08.2013)

(5) ASSÉDIO SEXUAL. CONDUTA INADEQUADA. PROVA. O assédio sexual é tipificado como crime no ordenamento jurídico (CP, art. 216-A) e a definição legal deixa entrever dois requisitos para a sua configuração, quais sejam: o constrangimento provocado por agente que atua favorecido pela ascendência exercida sobre a vítima e a ação dolosa e reiterada que visa vantagem sexual. Ambas assentam-se em condutas de chantagem e de intimidação, envolvendo, em regra, relações de poder. Há, ainda, quem reconheça a existência do assédio sexual ambiental, assim caracterizado como a forma de intimidação difusa que implica distúrbio ao ambiente de trabalho, sendo irrelevante o elemento poder (hierárquico), podendo o agente ser um mero colega de trabalho do ofendido, sem qualquer ascendência sobre a vítima. Trata-se o assédio sexual de conduta dissimulada e de difícil comprovação, razão pela qual a jurisprudência, não raro, admite sua caracterização a partir de indícios. Porém, dada a gravidade da conduta, mesmo estes indícios devem trazer elementos que permitam formar um mínimo de convicção no julgador. Assim não ocorrendo, deve prevalecer o princípio do direito penal de que a dúvida decide a controvérsia em favor do réu, face ao princípio constitucional da presunção de inocência (CF, art. 5º, LVII). Recurso desprovido. (TRT-10ª, Relator: Desembargador Dorival Borges de Souza Neto, Data de Julgamento: 22.05.2013, 1ª Turma)

(6) Glosario de términos sobre género. Centro Nacional para el Desarrollo de la Mujer y la Familia, quien cita la Colección de Metodologías n. 4, tomo 6, Costa Rica, 1996.

(7) <http://portal.mte.gov.br/data/files/8A7C812D3CB9D387013CFE571F747A6E/CARTILHAASSEDIOMORALESEXUAL%20web.pdf>, em 30.12.2014.

nar para conseguir o que quer. A intenção do assediador pode ser expressa de várias formas. No ambiente de trabalho, atitudes como piadinhas, fotos de mulheres nuas, brincadeiras consideradas de macho ou comentários constrangedores sobre a figura feminina podem e devem ser evitados. Essa pressão tem componentes de extrema violência moral, à medida que coloca a vítima em situações vexatórias, provoca insegurança profissional pelo medo de perder o emprego, ser transferida para setores indesejados, perder direitos etc.

Como se vê o conceito trazido pelo Ministério do Trabalho, embora muito bem intencionado e de muito boa didática, é claramente dirigido ao esclarecimento da massa da população trabalhadora, não servindo como fonte aplicação de norma jurídica. Quando caracteriza por assédio a reiteração da conduta ocorrida no dia a dia, por exemplo. É importante ter em mente que um único ato pode configurar o assédio, não parecendo razoável que se exija a reiteração da conduta para o enquadramento do fato.

Cumpre-nos esclarecer qual o melhor enquadramento, segundo nosso ponto de vista, que se deva dar a matéria, com todas as vênias as posições que certamente poderão nos contrariar com argumentos jurídicos convincentes.

Assim, tomando por paradigma o conceito da lei espanhola, que está de acordo com as diretrizes da OIT, ONU e diretiva da União Europeia que via o combate ao assédio, concluímos que a violência pode ser sexual ou sexista, praticada contra a mulher, homem ou homossexual, por questões relacionadas ao sexo. O assédio sexual é consequência de uma (a) conduta de natureza física, verbal ou gestual; (b) pode ocorrer dentro ou fora do local do trabalho, mas estará sempre relacionado à organização institucional e/ou à relação de trabalho; (c) poderá ser praticado por um superior hierárquico, companheiro de trabalho do mesmo grau hierárquico ou de grau inferior, inclusive clientes, terceiros ou fornecedores que tenham alguma relação com a vítima por motivo do trabalho.

O assédio sexista, por sua vez, caracteriza-se por uma (a) conduta gestual, verbal ou comportamental; (b) poderá ser praticado por um superior hierárquico, companheiro de trabalho do mesmo grau hierárquico ou de grau inferior, inclusive clientes, terceiros ou fornecedores que tenham alguma relação com a vítima por motivo do trabalho; para que se configure necesita ser praticado com repetição e de forma sistematizada, com fim de constranger e ferir a integridade física ou psíquica da vítima, com fim de (d) degradar sua saúde e condições de trabalho, colocando em risco o emprego ou trabalho da vítima. Como o assédio sexual, se produz no marco da relação de trabalho.

Como se vê, na análise comparativa, o legislador penal brasileiro restringiu de forma absolutamente singela em face dos objetivos buscados pela ONU e pela OIT quanto as práticas que devem ser coibidas e que vão caracterizar o assédio sexual. Sob nosso ponto de vista, o legislador penal poderia ter sido mais rigoroso principalmente e no que diz respeito ao assédio poder ser cometido por qualquer pessoa, ainda que do mesmo grau hierárquico ou grau inferior e não como constou na norma de restringir ao fato de ser o ato praticado por um superior hierárquico ou alguém que tenha ascendência inerente ao exercício de emprego, cargo ou função.

A citada Cartilha do Ministério do Trabalho, pode levar a esta interpretação, que deverá ser feita de forma sistemática. Trata-se de interpretar o primeiro parágrafo relacionado ao tema, quando diz que é uma violência que sofre a mulher, em harmonia com a explicação da página seguinte quando esclarece que o assédio pode ser cometido por *homens contra mulheres; mulheres contra homens; homens contra homens; e mulheres contra mulheres*[8]. Sendo assim, considerando o vazio legislativo e as orientações traçadas pela referida Cartilha, deve ser entendido por assédio sexual ou sexista a extensão que lhe dá a Organização das Nações Unidas, pois restringir o conceito como fez o legislador penal, é não guardar uma interpretação Constitucional coerente com o que significa a proibição da discriminação e a necessidade de se manter a igualdade de gênero.

Não se trata de criar norma jurídica, mas sim de saber quais os limites e contornos do instituto. Diante do vazio do legislador infraconstitucional que não cuidou de traçar um ordenamento jurídico adequado, cumpre buscar o que diz a ordem internacional, ratificada pelo Brasil. Insisto. Não se trata de apenar criminalmente uma situação tido no âmbito internacional como uma conduta típica. Trata-se de, na área do direito do trabalho, saber identificar quando um trabalhador sofre assédio

---

(8) *ibidem*.

sexual ou sexista, a fim de identificar uma suposta situação que poderia violar o princípio da não discriminação[9].

Pensamos, assim, que estas devem ser as melhores conceituações para a compreensão do assédio sexual e sexista no ambiente de trabalho, até que, eventual lei ordinária cuide de estabelecer de forma coerente e eficiente o que deverá o intérprete entender por assédio sexual e sexista no âmbito do direito do trabalho, pois a norma penal não tutela o direito da vítima assediada e tampouco servirá para inibir ações deste tipo, ante as deficiências que apresenta com relação a proteção jurídica que se deve dar a questão.

No que concerne, de modo generalizado, a normatização da matéria relacionada a violência contra o gênero, não há, por fim, uma lei que tutele a matéria de forma eficiente e efetiva, tampouco para as questões das práticas que ocorrem no âmbito das relações de trabalho. Importa frisar que, em 9.3.2015 foi aprovada a Lei n. 13.104, que dispõe sobre o agravamento da pena nos crimes de homicídio quando o ilícito for praticado em razão da condição feminina da vítima, considerando que há razões de condição de sexo feminino quando o crime envolver: *a)* violência doméstica e familiar; *b)* menosprezo ou discriminação à condição de mulher. Não obstante a legislação tenha natureza tipicamente criminal e, evidentemente não resolver as variadas formas de discriminação existente em outros tipos de relações, entre elas a de trabalho, principalmente aquela aplicada contra a mulher, não se pode deixar de reconhecer algum avanço no direto nacional. O que ocorre é que, as poucas reformas e tipificações tem sido destinadas a área penal, olvidando-se o legislador da área trabalhista, não obstante os informes e estudos lançados pela OIT visando a redução da prática discriminatória no mundo bem como a promoção de políticas de empregos que atendam a igualdade e proteção dos trabalhadores.[10]

Todavia, não se pode deixar de considerar o avanço da Lei n. 13.104/15 que teve por objetivo tipificar o crime da discriminação contra a mulher por razões "do sexo feminino", o que certamente abrirá caminho para se tutelar direitos de outra natureza como por exemplo se deu com a publicação da Lei n. 13.109, de 26.3.2015 que garante as gestantes e a mãe adotante que preste serviços militares, a licença maternidade. Esta lei, embora apresentada de forma tardia, cuidou de regulamentar a possibilidade de prorrogação da licença, os casos de licença nas hipóteses de parto prematura e natimorto, a possibilidade de mudança de função em razão da gravidez, os período de amamentação, os afastamentos em caso de adoção e guarda judicial e os casos de serviço militar temporário. Esta lei, nos parece, tem uma importância substancial para a tutela jurídica que se intenciona deva ter este tema na sociedade.

No que se refere ao agente ofensivo da violência de gênero, como já dissemos, pode ser praticada por um trabalhador do mesmo nível hierárquico, ou mesmo um outro trabalhador de grau superior ou inferior. Também poderá promover o assédio um terceiro, como, por exemplo, clientes ou fornecedores de produtos e serviços à instituição a que pertença o trabalhador[11].

---

(9) Já sustentamos em outra passagem que, conforme entendemos, o Juiz não pode *criar* a norma jurídica. A situação aqui posta, não trata de criação, mas de interpretação da situação fática que eventualmente seja trazida ao Judiciário. Sobre o tema veja, NAHAS, Thereza Christina, *Princípios: a necessidade da compreensão da função normativa (Coerência na sua Aplicação e Interpretação)*, Brasília: Rev. TST, Brasília, vol. 75, n. 3, jul/set 2009, p. 45-56.

(10) Ver <www.ilo.org>.

(11) Veja a respeito, importante decisão proferida pelo Tribunal Superior do Trabalho decidindo sobre questão do sujeitos e do ambiente de trabalho. Importa frisar que não se confunde a questão dos elementos que caracterizam o assédio e a responsabilidade, matéria esta diversa e com a qual não se confunde. Somente após se decidir sobre os elementos de uma figura jurídica é que se pode perscrutar sobre a questão de eventual responsabilidade ou não: AGRAVO DE INSTRUMENTO. RECURSO DE REVISTA. INDENIZAÇÃO POR DANO MORAL. ASSÉDIO SEXUAL PRATICADO POR PREPOSTO DE SUPERMERCADO CONTRA PROMOTORA DE VENDAS DE OUTRA EMPRESA. DECISÃO RECORRIDA QUE RECONHECE A RESPONSABILIDADE SUBSIDIÁRIA. HIPÓTESE DE RESPONSABILIDADE SOLIDÁRIA. NÃO PROVIMENTO, ANTE A IMPOSSIBILIDADE DE REFORMA PARA PIOR. 1 — A Súmula n. 331, IV e VI, do TST, que trata da responsabilidade subsidiária da empresa tomadora de serviços pelo montante dos créditos trabalhistas oriundos da sentença, não interpreta o art. 942 do CCB de 2002, o qual se aplica no caso da indenização por danos morais e materiais, nos seguintes termos: — Os bens do responsável pela ofensa ou violação do direito de outrem ficam sujeitos à reparação do dano causado; e, se a ofensa tiver mais de um autor, todos responderão solidariamente pela reparação —. 2 — No caso dos autos, as premissas fáticas registradas no acórdão recorrido demonstram que, — a respeito do assédio sexual perpetrado por preposto da empresa, pois ficou patente o constrangimento a que submeteu a autora, com o intuito de obter favorecimento sexual, prevalecendo-se da sua condição de superior hierárquico do setor em que a demandante também atuava — (ementa do acórdão do Regional). 3 — Nesse contexto, deveria ser reconhecida a responsabilidade solidária da empresa tomadora de serviços, em atenção ao que dispõe o art. 932, III, combinado com o art. 942, parágrafo único, ambos do Código Civil. No entanto, não se permite a reforma para pior, ante o princípio da non reformatio in pejus. Agravo de instrumento a que se nega provimento (TST, Relator: Kátia Magalhães Arruda, Data de Julgamento: 17.09.2014, 6ª Turma).

Com relação ao sujeito passivo, isto é, à vítima do evento, não é necessário que esta pertença à estrutura interna e subordinada da organização institucional e lhe preste serviços de forma subordinada. Isto é, não se faz necessário que o trabalhador que sofra do assédio seja alguém que mantenha com o empregador um contrato da natureza regida pelas normas da CLT. Poderá ser vítima de violência de gênero qualquer pessoa que preste, em qualquer condição, o trabalho, como um autônomo ou um trabalhador semidependente[12].

Um dos elementos que mais qualifica a violência de gênero, é a ofensividade com que é praticada, conjugada com a intenção de ofender, diminuir ou humilhar a vítima, com a satisfação do desejo do ofensor em reduzi-la perante ele. A violência de gênero manifesta-se pela ocorrência de assédio sexual (ou sexista) e pelo assédio moral, podendo ou não somar-se a isto a violência física ou simplesmente moral, e que coloca em risco a integridade física e/ou psíquica de vítima assediada que poderá causar-lhe um simples abalo emocional, com transtorno psicológico leve com uma recuperação rápida, até efeitos que a medicina nomina de estresse pós-traumáticos (equiparáveis a transtornos sofridos após assaltos, guerras e grandes catástrofes) que podem levar o trabalhador à morte. Evidentemente a forma como se apresenta dependerá do grau com que a violência física ou psíquica é imprimida pelo assediador, a frequência e o tempo a que a vítima se sujeita à ação e a sua capacidade pessoal de suportar a pressão que lhe é desferida. Daí a questão da tutela contra a violência de gênero ser uma matéria, como já dissemos, que deve guardar estudo e proteção no direito fundamental, tratamento este dispensado pelo legislador Constitucional nacional. Corolariamente, é uma questão absolutamente conexa com a saúde do trabalhador e ter que ser pensada em termos de prevenção, não só no âmbito interno das entidades que empregam trabalhadores, mas no âmbito da previdência e assistência social, tendo o Estado o dever der garantir medidas adequadas para a proteção à saúde de todos, nos termos do art. 196 da Constituição Federal: *A saúde é direito de todos e dever do Estado, garantido mediante políticas sociais e econômicas que visem à redução do risco de doença e de outros agravos e ao acesso universal e igualitário às ações e serviços para sua promoção, proteção e recuperação.*

Lembrando que nosso estudo está centrado tão somente nos limites da tutela ao trabalhador e ao ambiente de trabalho, vejamos, nestes termos, com está disposta a nossa legislação. Podemos enumerar as seguintes normas jurídicas que tratam de alguma proteção ao trabalhador que sofre violência de gênero:

Constituição Federal:

Art. 5º Todos são iguais perante a lei, sem distinção de qualquer natureza, garantindo-se aos brasileiros e aos estrangeiros residentes no País a inviolabilidade do direito à vida, à liberdade, à igualdade, à segurança e à propriedade, nos termos seguintes:

I — homens e mulheres são iguais em direitos e obrigações, nos termos desta Constituição;

VIII — ninguém será privado de direitos por motivo de crença religiosa ou de convicção filosófica ou política, salvo se as invocar para eximir-se de obrigação legal a todos imposta e recusar-se a cumprir prestação alternativa, fixada em lei;

X — são invioláveis a intimidade, a vida privada, a honra e a imagem das pessoas, assegurado o direito a indenização pelo dano material ou moral decorrente de sua violação;

XIII — é livre o exercício de qualquer trabalho, ofício ou profissão, atendidas as qualificações profissionais que a lei estabelecer;

XVII — é plena a liberdade de associação para fins lícitos, vedada a de caráter paramilitar;

XLII — a prática do racismo constitui crime inafiançável e imprescritível, sujeito à pena de reclusão, nos termos da lei;

LXXVIII ....

§ 1º As normas definidoras dos direitos e garantias fundamentais têm aplicação imediata.

§ 2º Os direitos e garantias expressos nesta Constituição não excluem outros decorrentes do regime e dos princípios por ela adotados, ou dos tratados internacionais em que a República Federativa do Brasil seja parte.

§ 3º Os tratados e convenções internacionais sobre direitos humanos que forem aprovados, em cada Casa do Congresso Nacional, em dois turnos, por três quintos dos votos dos respectivos membros, serão equivalentes às emendas constitucionais.

§ 4º O Brasil se submete à jurisdição de Tribunal Penal Internacional a cuja criação tenha manifestado adesão.

Art. 7º São direitos dos trabalhadores urbanos e rurais, além de outros que visem à melhoria de sua condição social:

---

(12) Como ja dissemos o trabalhador semidependente não guarda uma proteção juridica efetiva. Veja a respeito nossa publicação em Considerações a Respeito da Relação de Trabalho: *A Questão da Trabalho Semi Dependente e da Subordinação Estrutural in A Valorização do Trabalho Autônomo e a Livre Iniciativa*, Porto Alegre (RS): LexMagister, 2015, Coordenação Yone Frediani.

XVIII — licença à gestante, sem prejuízo do emprego e do salário, com a duração de cento e vinte dias;
XIX — licença-paternidade, nos termos fixados em lei;
XX — proteção do mercado de trabalho da mulher, mediante incentivos específicos, nos termos da lei;
XXX — proibição de diferença de salários, de exercício de funções e de critério de admissão por motivo de sexo, idade, cor ou estado civil;
XXXI — proibição de qualquer discriminação no tocante a salário e critérios de admissão do trabalhador portador de deficiência;
XXXII — proibição de distinção entre trabalho manual, técnico e intelectual ou entre os profissionais respectivos;
XXXIV — igualdade de direitos entre o trabalhador com vínculo empregatício permanente e o trabalhador avulso
Parágrafo único. São assegurados à categoria dos trabalhadores domésticos os direitos previstos nos incisos IV, VI, VII, VIII, X, XIII, XV, XVI, XVII, XVIII, XIX, XXI, XXII, XXIV, XXVI, XXX, XXXI e XXXIII e, atendidas as condições estabelecidas em lei e observada a simplificação do cumprimento das obrigações tributárias, principais e acessórias, decorrentes da relação de trabalho e suas peculiaridades, os previstos nos incisos I, II, III, IX, XII, XXV e XXVIII, bem como a sua integração à previdência social.

CLT

Título II: *Das Normas Gerais de Tutela do Trabalho — (es dividido en):*
Capítulo I — Da Identificação Profissional
Capítulo II — Duração do Trabalho
Capítulo III — Salário Mínimo
Capítulo IV — Férias Anuais
Capítulo V — Medicina e Segurança do Trabalho
Título III: *Das Normas Especiais de Tutela do Trabalho — (es dividido en):*
Capítulo I — Disposições Especiais Sobre Duração e Condições de Trabalho
Capítulo II — Nacionalização do Trabalho
Capítulo III — Proteção ao Trabalho da Mulher
Capítulo IV — Proteção do Trabalho do Menor

Lei n. 9.029/95
Art. 1º Fica proibida a adoção de qualquer prática discriminatória e limitativa para efeito de acesso a relação de emprego, ou sua manutenção, por motivo de sexo, origem, raça, cor, estado civil, situação familiar ou idade, ressalvadas, neste caso, as hipóteses de proteção ao menor previstas no inciso XXXIII do art. 7º da Constituição Federal.

As normas trazidas pela CLT visam tutelar situações fáticas específicas em que se pode ver que o trabalhador se encontraria numa posição de maior desvantagem ou desequilíbrio frente ao empregador. A Lei n. 9.029/95 deu um importante passo na questão da tutela ao trabalhador vítima de discriminação, vedando a prática de qualquer ação ou omissão discriminatória por qualquer motivo relacionado ao gênero, ressalvando as limitações necessárias. O que se pergunta e se realmente tais disposições são suficiente para impedir as práticas discriminatórias e se, quando estas se verifiquem e o trabalhador é vítima de uma agressão moral ou física, se há uma tutela de reparação de dano eficiente que servirá para reinserí-lo no contexto social e do trabalho.

Tanto as disposições da CLT como da Lei n. 9.029/95 cuidam, em qualquer hipótese, do pagamento de indenizações dos mais variados tipos, que servem tão somente para "recompor" o patrimônio do trabalhador. Imaginemos, por exemplo, a situação de uma mulher vítima de estupro ocorrido dentro ou fora do seu local de trabalho. É evidente que esta mulher, vítima de violência sexual, não terá condições psíquicas de executar com presteza suas funções, sendo que, dependendo da forma como o ato é consumado, esta mácula se imprimirá em sua vida e em sua alma para sempre. Caso o crime ocorra no seu local de trabalho, parece evidente que a humilhação, a diminuição, o constrangimento sofrido serão ainda maiores, ainda que ninguém no local de trabalho tenha presenciado ou venha a saber dos fatos. Ter a vítima de violência sexual desta gravidade que conviver com seu ofensor no dia a dia é, no mínimo, intolerável.

Outra situação que podemos considerar, do trabalhador que por razões de antipatia de seu superior hierárquico, não consegue, em nenhum hipótese, galgar a um cargo melhor na empresa, por mais que se esforce, pois é homossexual e não poderá ter as mesmas condições de desenvolvimento profissional na empresa que os demais, mesmo sendo mais preparado e mais qualificado.

A terceira situação que podemos imaginar, de uma trabalhadora garçonete que é assediada pelos clientes do restaurante.

Por fim, uma situação que não deveria, mas tem sido muito comum é que, com o aumento da violência, os assaltos a bancos outros estabelecimentos comerciais como restaurantes, aumentaram e os trabalhadores têm sido, também, vítimas dos ladrões enquanto no seu ambiente de trabalho. A ausência de segurança pública no País tem gerado várias decisões contraditórias no que concerne a responsabilidade do empregador pelo pagamento de indenização por dano moral ao trabalhador que é vítima de assalto no local de trabalho[13].

Em qualquer das situações retratadas, o que queremos ressaltar é a posição do trabalhador assediado por razões diversas e que o ambiente do trabalho se torna insustentável, principalmente pelos transtornos psíquicos que certamente se imprimem em sua alma. Não se pode esperar que a produção de um trabalhador que sofre algum tipo de violência, seja igual ou melhor a que tinha antes da ação sofrida e tampouco que sua recuperação seja eficiente se tem que manter seus afazeres diários e retornar a sua rotina quando sofre uma ação traumática.

Para estes tipos de situações é que nossa lei não guarda qualquer proteção ou tutela específica no que diz respeito à efetiva recuperação do trabalho, situação esta que teria que ser tratada e entendida sob o ponto de vista da saúde do trabalhador com proteção efetiva do Estado.

Falar da responsabilidade do empregador e condenar a empresa pelo dano moral que estes trabalhadores sofrem, não é um remédio eficiente e, em várias situações, é questionável. Como se entender que o dono de um restaurante deve indenizar seu trabalhadores pelo assalto havido num dia normal de trabalho? Também é o dano do estabelecimento vítima do assalto e da ausência de segurança pública do Estado.

É evidente que quando o empregador for o agente causador do dano, emerge a sua responsabilidade e seu dever de indenizar, assim como terá o mesmo dever qualquer pessoa que causar dano ao trabalhador, mesmo não sendo seu empregador. Tudo com fundamento no sistema vigente da responsabilidade para reparação do dano. Prevê, ainda, a CLT e a Lei n. 9.029/95 vários outros tipos de indenização, como o pagamento de adicionais, a reintegração ou readmissão e a indenização pelos danos morais sofridos, a ser fixada de acordo com a extensão do dano.

Todavia, a questão vai mais além, trata-se de efetivamente recompor o estado físico e psíquico da vítima e cuidar de reinseri-la no contexto social que foi alijada em razão da violência sofrida que esta tenha se dado no ambiente de trabalho ou fora dele, mas que terá implicações na sua vida diária.

A mulher violentada, dentro ou fora do local de trabalho, o homossexual que por mais que se esforce não atinge um posto melhor no trabalho, a garçonete que sofre os constrangimentos dos clientes e o garçom que teve a arma apontada na

---

(13) AGRAVO DE INSTRUMENTO DA RECLAMADA. Cargo de confiança. Horas extras. Equiparação salarial. Contribuição previdenciária. Julgamento extra petita. Expedição de ofícios. Confirmada a ordem de obstaculização do recurso de revista, na medida em que não demonstrada a satisfação dos requisitos de admissibilidade, insculpidos no artigo 896 da CLT. Agravo de instrumento não provido. AGRAVO DE INSTRUMENTO DA RECLAMANTE. Indenização por danos morais. Assalto no local de trabalho. INEXISTÊNCIA DE CULPA DA EMPREGADORA. INDEVIDA. Confirmada a ordem de obstaculização do recurso de revista, na medida em que não demonstrada a satisfação dos requisitos de admissibilidade, insculpidos no artigo 896 da CLT. Agravo de instrumento não provido. (TST — AIRR: 16741320105030015 1674-13.2010.5.03.0015, Relator: Augusto César Leite de Carvalho, Data de Julgamento: 08.05.2013, 6ª Turma, Data de Publicação: DEJT 10.05.2013)

RECURSO DE REVISTA. RESPONSABILIDADE CIVIL. DANO MORAL. INDENIZAÇÃO. POSTO DE COMBUSTÍVEL SITUADO EM LOCALIDADE PERIGOSA. ASSALTOS RECORRENTES. FRENTISTA VÍTIMA FATAL DE ASSALTO OCORRIDO NO ESTABELECIMENTO EMPRESARIAL, MAS FORA DO SEU HORÁRIO DE TRABALHO. PRESENÇA APENAS DE MULHERES TRABALHANDO NO POSTO EM HORÁRIO E LOCAL PERIGOSOS. INCIDÊNCIA PARCIAL DO ART. 21, IV, b, DA LEI N. 8.213/91 (ACIDENTE DE TRABALHO POR EQUIPARAÇÃO). NEGLIGÊNCIA DA EMPRESA EM NÃO PROVIDENCIAR MEDIDAS PARA MINIMIZAR OS RISCOS. Devida a indenização por danos morais, quando configurados os requisitos essenciais para a responsabilização empresarial. É necessária, de maneira geral, a configuração da culpa do empregador ou de suas chefias pelo ato ou situação que provocou o dano no empregado. É que a responsabilidade civil de particulares, no Direito Brasileiro, ainda se funda, predominantemente, no critério da culpa (negligência, imprudência ou imperícia), nos moldes do art. 186 do CC, que dispõe: "Aquele que, por ação ou omissão voluntária, negligência ou imprudência, violar direito e causar dano a outrem, ainda que exclusivamente moral, comete ato ilícito. Contudo, por exceção, o art. 927 do Código Civil, em seu parágrafo único, trata da responsabilidade objetiva independente de culpa — quando a atividade normalmente desenvolvida pelo autor do dano implicar, por sua natureza, risco para os direitos de outrem". Na hipótese, o de cujus trabalhava como frentista em posto de combustível localizado em região perigosa de Santa Maria/DF, alvo de recorrentes assaltos. Apesar desse contexto de risco, a Reclamada nunca tomou qualquer providência para minimizá-lo; ao invés, muitas vezes escalava apenas mulheres para trabalhar no turno da noite, o que evidencia sua negligência com a segurança de seus empregados, exarcebando condições para o risco e estimulando que algum colega homem permanecesse no local como contribuição à segurança. Incidência, ainda que em parte, do art. 21, IV, b, da Lei n. 8.213/1991. O de cujus, tornou-se vítima fatal de roubo ocorrido no local de trabalho por volta das 22h, depois do término de sua jornada, que se dava às 18h, quando esperava o término do expediente de sua colega de trabalho. Ora, apesar de não se estar diante de hipótese de responsabilidade objetiva, não se pode ignorar que houve um dano decorrente de omissão culposa da Reclamada, já que esta, a despeito da localidade perigosa em que se situava o estabelecimento e dos assaltos ali já havidos, não diligenciou de forma a evitar ou diminuir os riscos à segurança de seus empregados; ao invés, às vezes escalava só mulheres para o trabalho em horário perigoso — como na noite do infortúneo. Dessa forma, é de se reconhecer a responsabilidade da Reclamada, com base na regra geral de responsabilidade civil, preceituada pelos arts. 186 e 927, caput, do Código Civil, já que presentes os três requisitos para tanto: a) dano moral decorrente da morte do empregado; b) nexo causal (morte causada por ato de terceiro, mas no local de trabalho); e c) culpa (negligência da empresa ao não tomar providência para minimizar o risco de assaltos). Recurso de revista conhecido e provido. (TST — RR: 2166820115100002 216-68.2011.5.10.0002, Relator: Mauricio Godinho Delgado, Data de Julgamento: 15.05.2013, 3ª Turma, Data de Publicação: DEJT 17.05.2013)

sua cabeça no assalto ao restaurante, certamente não terão a mesma integridade psíquica ainda que a ação não mais ocorra. Mas certamente, quando piscarem os olhos, vão se lembrar de cada momento enquanto durou o ato de violência sofrida.

A intenção de se tutelar a igualdade e coibir diversos tipos com que a violência física, sexual e moral são praticadas, vai além da simples reparação monetária do dano. O que o Estado tem que ter em conta é que é necessário se criar um sistema eficiente em que seja possível ao trabalhador retornar a sua vida, com um grau, no mínimo razoável de confiança em si mesmo e capacidade de concentração no trabalho realizado. Isto é, deve a assistência e previdência social estarem capacitadas para promover o tratamento do trabalhador vítima da violência e passará a tratar da questão no ambiente da recuperação ao doente com sistemas eficientes de recuperação.

Não se trata de, de modo simplista, responsabilizar a empresa por todo ato de violência que o trabalhador vier a sofrer. É certo que deverá haver uma ação conjugada entre o empregador e o Estado para que o trabalhador, vítima de violência de gênero seja reinserido no ambiente de trabalho com a menor sequela possível. Trata-se de recuperação de alguém que está numa condição especial e que necessita de um tratamento médico e psicológico para poder viver com dignidade. Não se trata, simplesmente de impor uma condenação monetária. Isso não recompõe o ser humano degradado. Trata-se de viabilizar o resgate de sua vida, que lhe destrói a alma.

Repito que não tratamos aqui das consequências da responsabilidade pela reparação de algum dano de natureza moral ou material[14]. O que desejo plantear é a reflexão sobre nosso sistema normativo e a efetividade dos meios que o Estado assistencial coloca a disposição dos trabalhadores para que possam efetivamente encontrar um respaldo para as máculas que as relações pessoais lhes causam e que podem ferir sua vida sem que possam ter oportunidade de resgatar a honra que lhes é roubada.

As leis de benefícios previdenciários em nenhum momento consideram a possibilidade de o trabalhador se afastar para tratamento das doenças que podem surgir em razão dos assédios morais e sexuais (incluído o sexista). Tampouco há uma política empresarial para auxiliar a recuperação dos trabalhadores vítimas dessa violência. E chegada a hora de se questionar qual o papel do Estado e do empregador, pois é certo que isso tem a ver com os custos da produção e do passivo empresarial.

Os Tribunais têm interpretado, em algumas situações relacionadas aos assaltos nos estabelecimentos, que a questão se equipara ao acidente do trabalho. E evidente que esta interpretação buscada pela jurisprudência, nada mais significa do que uma forma de se tentar compensar a perda do trabalhados. Todavia, é importante se ter que a ação do Tribunais de tentar transferir os riscos para o empregador de riscos que são puramente de natureza Estatal não resolve a questão. O Estado precisa assumir suas funções de editar normas que vão inibir ações discriminatórias. As indenizações fixadas de forma pontual pelo judiciário não serviram para inibir atos violentos que continuarão a ser perpetrados no âmbito das várias instituições pequenas, médias e grandes, e as vítimas seguiram sem uma recuperação e reinserção social, contrariando tudo aquilo que se busca pelas organizações internacionais nas várias campanhas e estudos que promovem para tentar acabar com a discriminação e manter a igualdade de gênero, possibilitando que todos tenham uma vida digna. Nada mais do que a aplicação e realização do citado art. 196 da Constituição Federal.

Como já dissemos, necessário atentar para a responsabilidade social corporativa que vem ganhando contornos cada vez maiores e que trata de promover, dentro do tema da responsabilidade social das empresas, projetos e destinação de recursos que vão permitir, cada vez mais, a plena igualdade entre homens e mulheres a fim de que possam conciliar, de maneira igualitária, suas vidas familiar, social e de trabalho[15].

Intenciona-se que as instituições possam cumprir de forma voluntária com sua função social de

---

(14) Sobre esse material ver, NAHAS, Thereza Christina, in Revista do Instituto de Direito Brasileira da Faculdade de Direito de Lisboa (Portugal) — RIDB "*Considerações Sobre a (Chamada) Responsabilidade do Empregador*" — 2014. p. 8.101.

(15) Sobre este tema, v. SEGOVIA, Amparo Merino. *Iguald de Género, Empresa y Responsabilidad Social*, Albacete (Espanha): Editorial Bonarzo, 2009.

cuidar da eliminação das desigualdades e eliminação, ou ao menos, redução, no número de trabalhadores que sofram qualquer tipo de violência de gênero no local de trabalho e em razão das relações laborais. Portanto, a responsabilidade, como nos parece, deve ser compartida entre o Estado e as instituições, sem olvidar do importante papel de formação das pessoas desde o período de escolaridade básica, a fim de que cresçam com a consciência de igualdade.

Como sugestão, trazemos a Lei Orgânica Espanhola n. 3/2007 de 22 de março, considerada um importante marco nas ações Estatais para implementação de políticas públicas e sociais, que está dividida em um Título preliminar, seguido de oito outros Títulos, com trinta e uma disposições adicionais, onze transitórias, uma derrogatória e oito disposições finais e que cuidou de regulamentar num único instrumento, todas as ações, individuais e coletivas, que devem ser tomadas para implantação da igualdade. A intenção é que a lei seja um verdadeiro Código de Igualdade, estabelecendo conceitos, categorias, atuação dos Poderes Públicos, formas de proteção judicial e administrativas do direito a igualdade, inclusão das pessoas excluídas e aplicação dos princípios da transversalidade e instrumentos para a aplicação e integração das normas e presença equilibrada do princípios da igualdade entre homens e mulheres. Cuida da igualdade em todos os âmbitos e, em matéria trabalhista, regulamenta as garantias de empregos, as nulidades das dispensas discriminatórias e reinserção do trabalhador, com reservas de postos de trabalho, enquanto afastado para tratamento psicológico e/ou física em razão da violência sofrida e pelo período necessário a tanto.

Necessário garantir-se a igualdade de oportunidades, incorporando essas medidas não só nos convênios coletivos e na lei, mas principalmente nos costumes não escritos, na cultura de um povo. É necessário acabar com a discriminação e com o fato de tornar a vítima de um evento discriminatória, vítima maior das consequências da ação sofrida. As ofensas em supostos tons de brincadeira, as afirmações machistas, as omissões e o silêncio ensurdecedor da sociedade, devem calar para dar espaço ao efetivo cumprimento e realização do princípios da igualdade, a fim de se garantir, simplesmente, os postulados Constitucionais da busca por uma sociedade igualitária e, em situações que o dano moral e/ou física ocorrerem a pronta e eficiente recuperação da saúde da vítima.

Necessário não permitir que navios negreiros sigam por nossos mares, mas é importante não olvidá-los para que saibamos a importância da história no tratamento de questões em que se busca uma sociedade mais igual.

Escalas de trabalho, sono e saúde do trabalhador
(Transtornos do sono e Segurança do Trabalho)

Marco Túlio de Mello(*)[1,2]
Fernanda Veruska Narciso(**)[2]

O trabalho em turnos é uma organização laboral que tem por finalidade assegurar a continuidade de bens e/ou serviços por meio de equipes de trabalhadores que ocupam o mesmo posto de trabalho em diferentes períodos ao longo das 24 horas. Esse tipo de trabalho é caracterizado por se realizar em períodos não usuais, com escalas variadas e turnos alternantes, assim como em turnos fixos noturnos[1,2,3,4].

De acordo com Fischer e colaboradores[2], os esquemas de trabalho são divididos em:

a) Turno fixo: A jornada é realizada com horários fixos de trabalho. Este turno compreende os turnos fixo diurno ou fixo noturno (Figura 1).

b) Turno fixo diurno: A jornada de trabalho diurna compreende horários fixos que correspondem ao período entre 05 horas e 18 horas. Contudo, os horários de entrada e saída podem se diversificar durante os sete dias da semana de acordo com o local de trabalho (Figura 1A).

c) Turno fixo noturno: Segundo a Consolidação das Leis do Trabalho (CLT), o turno noturno fixo compreende o período da jornada de trabalho entre 22 e 05 horas que se repete durante os dias da semana. Entretanto, os horários de entrada e saída podem se diversificar durante os sete dias da semana de acordo com o local de trabalho (Figura 1B).

d) Turno rotativo, alternante ou em rodízio: Os horários de trabalho são modificados de acordo com escala pré-determinada. Os trabalhadores podem ser escalados em determinados horários por alguns dias, por semana, mês e, após este período, reinicia sua jornada em outro horário que, geralmente ocorre, após o período da folga (Figura 2). O turno rotativo ou alternante pode acontecer de acordo com a distribuição (rotação direta ou indireta) abaixo:

d.1. A rotação pode ser rápida ou lenta: a rotação rápida acontece quando há modificação do horário de trabalho a cada um, dois ou três dias. No entanto, a rotação lenta, o horário se modifica a cada semana, 15 dias ou mês.

d.2. A rotação pode ser direta ou no sentido horário: Essa rotação acompanha o sentido do relógio, ou seja, os horários dos turnos se modificam da seguinte forma: turno matutino, vespertino e noturno (Figura 2A).

d.3. A rotação pode ser indireta ou no sentido anti-horário: Ela é inversa à rotação direta, ou seja, os horários dos turnos se modificam neste seguinte sentido: turno vespertino, matutino e noturno (Figura 2B).

- Nota-se, dessa forma que, o turno noturno de trabalho antecede o período de folga.

e) Turno irregular: Apresenta horários variáveis de início e final de jornada de trabalho (Tabela 1).

(*) Universidade Federal de Minas Gerais — UFMG.
(**) Programa de Pós-Graduação da Universidade Federal de São Paulo — UNIFESP.

Figura 1. Exemplos de turno fixo. **A:** D = Turno diurno fixo; **B:** N = Turno noturno fixo; F = Folga.

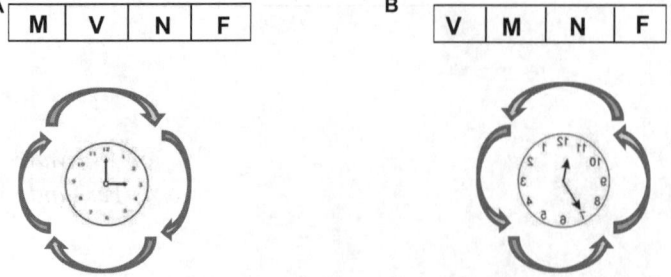

Figura 2. Exemplos de turno rotativo de trabalho. M = Turno manhã; V = Turno vespertino; N = Turno noturno; F = Folga. **A:** Exemplo de turno rotativo direto; **B:** Exemplo de turno rotativo indireto.

Em termos de escalas de trabalho, elas representam o tamanho de um turno e nelas são consideradas: a jornada de trabalho (horas trabalhadas) e as horas de folga (período de tempo livre), como por exemplo:

- Escala 5x2 (cinco dias de trabalho e dois dias ou 48 horas de folga) (Figura 3A).
- Escala 4x1 (quatro dias de trabalho e 01 dia ou 24 horas de folga) (Figura 3B).
- Escala 12x36 horas (12 horas de trabalho e 36 horas de folga) (Figura 3C).

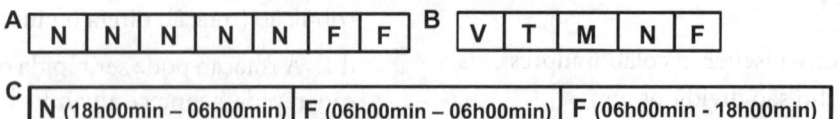

Figura 3. Exemplos de escalas de trabalho 5x2, 4x1 e 12x36h. **A:** Exemplo de escala de trabalho do turno noturno fixo; **B:** Exemplo de escala de trabalho do turno rotativo indireto: V = Turno vespertino (18h00min-00h00min); T= Turno tarde (12h00min-18h00min); M = Turno manhã (06h00min-12h00min); N = Turno noturno (00h00min-06h00min); F = Folga; **C:** Exemplo de escala de trabalho 12x36 horas do turno noturno.

Ainda neste contexto, uma escala de trabalho pode ser regular ou irregular: a primeira é um modelo que se repete de maneira regular durante os dias da semana, meses e ano, a segunda escala não se repete de forma programada e acontece de diversas maneiras e horários diferentes ou alternativos (Tabela 1)[2].

Tabela 1. Exemplo de turno e escala irregulares de trabalho. Exemplo de uma rotina de trabalho de um caminhoneiro autônomo que dirige nas rodovias brasileiras.

Horários de trabalho Início da jornada — Dia 1	Horários de trabalho Final da jornada — Dia 2	Total de horas trabalhadas
02h00min	05h00min	26 horas
12h00min	12h00min	24 horas
21h00min	18h00min	19 horas
01h00min	23h00min	22 horas
03h00min	00h00min	21 horas

O tempo total ou horário dos dias das jornadas de trabalho no Brasil é geralmente de 06, 08 ou 12 horas consecutivas em acordo com as empresas/instituições e com a legislação trabalhista[2]. De acordo com a CLT (Consolidação das Leis do Trabalho), deve haver um intervalo mínimo entre as jornadas (11 horas) de trabalho, que compreende entre o final de um dia de jornada e início do outro dia de jornada. E ainda, neste tempo de intervalo consta o deslocamento do trabalhador da sua residência para o local de trabalho e vice-versa. Contudo, os trabalhadores das grandes cidades que gastam de 2 a 4 horas de percurso do trabalho para residência e vice-versa e, aqueles trabalhadores de turnos irregulares, apresentam grande déficit de tempo para suas atividades pessoais e para o descanso. Com isso, o tempo de sono e de lazer com a família e amigos torna-se suprimido, prolongando assim, o tempo de vigília. Portanto, o débito de sono, lazer suprimido e atividades familiares e sociais precárias podem acarretar sérios problemas de saúde física e mental.

O trabalhador que atua em escalas irregulares, em turnos e em turno noturno (ex. motoristas, pilotos de avião, profissionais na área da saúde, entre outros), pode exibir alterações do ritmo circadiano, má qualidade do sono, redução do tempo total de sono, do desempenho e cognição, sintomas de fadiga, irritabilidade, distúrbios do sono, acidentes ocupacionais e automobilísticos[5,6,7,8]. Alguns estudos apontam que os trabalhadores que optam por esse tipo de trabalho podem apresentar prejuízos comportamentais e de saúde como sonolência excessiva, sono não restaurador, bem como déficits de atenção e vigilância[9,10,11].

Rosekind[12] reporta que o horário de trabalho, início muito cedo da jornada de trabalho, intervalos com duração menor que 08 horas, o próprio turno de trabalho, plantões, extensas jornadas de trabalho não planejadas, o turno noturno, as escalas irregulares de trabalho, mudança de fuso horário e tempo de descanso insuficiente são fatores que podem afetar o sono, o ritmo circadiano, o estado de alerta, o desempenho e a segurança do trabalhador.

Em diversos estudos que abordam jornada de trabalho e segurança do trabalhador, encontram-se a relação excesso de horas trabalhadas, fadiga e débito de sono. Como o estudo de Lombardi e colaboradores[13] que constatou riscos de lesões e acidentes de trabalho com aumento progressivo das horas de jornada: 21 a 30 horas (2,03); 30 a 40 horas (2,45); 40 a 50 horas (3,45); 50 a 60 horas (3,71) e acima de 60 horas houve um aumento quatro vezes maior (4,34). Dessa forma, podemos supor que uma jornada de trabalho igual ou superior a 40 horas semanais, incorre em riscos de fadiga, sonolência e consequências para a saúde do trabalhador.

De acordo com Folkard e Tucker e Folkard e Lombardi[15], o trabalho em turnos, especialmente o turno noturno, a escala de trabalho 4x12h e duas horas sucessivas de trabalho apresentam alto riscos de fadiga, lesões ocupacionais e possíveis acidentes ocupacionais.

No estudo de revisão de Folkard e colaboradores[16] verificou-se que o risco para acidentes dobra (27%) em turnos com duração de 12 horas em comparação aos turnos de 08 e 10 horas de trabalho (13%). Os fatores desencadeantes destes riscos para acidentes podem estar relacionados à vigília prolongada, fadiga e à falta de tempo de descanso em decorrência das excessivas horas de exposição ao trabalho.

No Brasil, após a criação da CLT em 1993, houve a consolidação das leis trabalhistas do trabalho noturno: a hora de trabalho é de 52 minutos e 30 segundos, o turno noturno inicia-se às 22h00min e finaliza as 05h00min, além disso, a remuneração é superior a 20% em relação ao trabalho diurno, (Decreto-lei n. 9.666 — de 28 de agosto de 1946 — Diário Oficial da União de 30/8/46). No art. 7º, inciso XIV da Constituição brasileira de 1988, foi previsto uma jornada de 6 horas ininterruptas para o trabalho em turnos rotativos, salvo negociação coletiva. Durante a 77ª Conferência Internacional do Trabalho foram discutidas várias propostas sobre o trabalho noturno, estabelecendo recomendações quanto à duração do trabalho, períodos de descanso, compensações pecuniárias, aspectos relacionados à segurança e saúde, serviços sociais e outros[18].

Em 1999 foi publicada no Diário Oficial da União (D.O.U.) uma regulamentação das doenças profissionais e relacionadas ao trabalho, assim, o Decreto n. 3.048, de 1999 incluiu benefícios aos trabalhadores em casos de acidente e doenças na Previdência Social. Os trabalhos em turnos e noturno constam como agente etiológico ou fator de risco de natureza ocupacional e está descrito desta forma: má adaptação à organização do trabalho para o desenvolvimento de transtornos do ciclo vigília-sono devido a fatores não orgânicos. Além disso, o manual de procedimentos de serviços de saúde cita informações sobre os fatores de risco associados a esse tipo de trabalho, especialmente relacionados aos distúrbios do ciclo vigília-sono[19,20]. Com o propósito de entender os riscos relacionados às jornadas de trabalho, o estudo de revisão de Folkard e Tucker[14] demonstrou que trabalhadores do turno noturno apresentaram redução da segurança e do desempenho no trabalho em comparação aos outros turnos (diurno e rotativo), aos quais refletem diretamente no bem-estar físico, mental e nas relações sociais.

Devido às escalas noturnas de trabalho, ocorre inversão dos horários de sono e vigília do trabalhador, com isso, o lazer e o relacionamento familiar e social tornam-se prejudicados. Diante disso, no estudo de Barnes-Farrel e colaboradores[21], foi constatado que o aumento de conflitos familiares foi associado às escalas rotativas, constantes horas extras e elevada frequência de trabalho aos domingos.

Segundo a National Sleep Foundation (NSF)[22] em 2008, 14% relataram não frequentar eventos familiares e atividades de lazer devido à sonolência, 36% dos motoristas americanos dormiram ao volante, 29% adormeceram ou tornaram-se muito sonolentos durante o trabalho.

Nesse contexto, Lombardi e colaboradores[13] mostraram que jornadas superiores a 40 horas semanais e tempo de sono menor que 05 horas, aumentam de forma significativa o risco de lesões e acidentes ocupacionais.

Ao avaliarem motoristas de ônibus trabalhadores em turnos, da Silva-Junior e colaboradores[23] em conformidade com De Mello e colaboradores[24] observaram que esses motoristas apresentavam sintomas de fadiga física e mental, distúrbios do sono, alto consumo de álcool e drogas enquanto dirigiam, além disso, a maioria deles realizava excesso de horas extras de trabalho e admitiu que dormia ao volante.

Evidências atuais postulam que a falta de sono, fadiga, vigília polongada, sonolência excessiva e pouco tempo para descanso e lazer podem afetar diretamente a qualidade de vida dos trabalhadores, especialmente os trabalhadores em turnos[25,26].

A privação de sono pode ser total ou parcial, a parcial é definida como restrição de sono. A privação e/ou restrição de sono, assim como tempo de vigília prolongado, pode elevar a pressão homeostática do sono. De acordo com a literatura, o processo homeostático, conhecido como processo S, compreende o gasto energético diário total durante o período de vigília, resultando assim, em necessi-dade ou pressão de sono e sensação de sonolência. Já o processo circadiano ou processo C é endógeno e ocorre independente do estado de sono ou vigília[27,28]. Essa elevada pressão homeostática do sono pode degradar as funções cognitivas, independente do horário de pico das mesmas durante o processo circadiano, que coincide com os valores mais altos (ou acrofase) da temperatura central[29,30]. Horne e Reyner[31] e Noce e colaboradores[32] descreveram que os acidentes de trânsito tendem a ocorrer em horários que coincidem com o horário biológico do declínio da temperatura central, aproximadamente nos períodos pós prandial e entre 03h30 às 05h30, ao qual, esse último, é o período crítico mais associado à sonolência.

A falta de sono é uma das consequências da pressão exercida pela sociedade sobre os indivíduos e quando não há possibilidade de um sono restaurador devido à restrição ou privação de sono e/ou ao excesso de tempo de vigília, especialmente por longas jornadas de trabalho, há uma queda dos níveis de atenção e a sonolência pode aparecer em horários inapropriados, ocasionando consequências graves ao ser humano. Ao relacionar sonolência e acidentes, o estudo de Venelle e colaboradores[33] reportou que entre 677 motoristas de ônibus entrevistados e avaliados por meio de questionários, 12% já adormeceram ao volante, 9% dormiram no mínimo uma vez por mês durante o trabalho e 7% acidentaram-se por dormir ao volante. Os autores concluíram que os dados apresentaram elevada taxa de sonolência e de acidentes relacionados à falta de sono.

Diante disso, o estudo de Harma e colaboradores[34] demonstrou que um aumento de 2,25 horas (5:30 para 07:55) no tempo total de sono de trabalhadores em turnos do setor ferroviário diminuiu a ocorrência de sonolência em 41%. Em outro estudo sobre sono e segurança no trabalho, os autores observaram que dormir entre 05 e 5,9 horas houve risco de lesão ocupacional (OR=1,79), por outro lado, dormir menos que 5 horas dobrou (OR=2,65;) o risco de lesões no trabalho[13].

Sabemos que um tempo ≥ 17 horas de vigília contínua é comum em trabalhadores em turnos, especialmente dos turnos rotativos, irregulares e do turno noturno. Muitos deles dormem pouco tempo e/ou não tem um sono de qualidade, outros aproveitam o tempo de descanso para realizar suas atividades pessoais e de lazer, assim como iniciam a jornada de trabalho com mais de 06 horas acordados[35,36,37]. Abe e colaboradores[38] relataram que sono de curta duração (<6 h) está associado a um aumento do risco de acidentes e colisões traseiras.

Como resultado de vigília sustentada durante a jornada de trabalho, os estudos de Philip e colaboradores[39, 40, 41] confirmaram que a fadiga, devido às longas horas de trabalho ao volante, intensifica os efeitos da sonolência e aumenta o tempo de reação. Entretanto, as escalas rotativas de trabalho e o turno noturno, por si só invertem os ritmos biológicos naturais, podendo provocar débito cumulativo de sono e a dessincronização dos ritmos circadianos, reduzindo assim, a concentração, o estado de alerta, a vigilância e o tempo disponível para o sono, lazer e descanso[9, 11]. Há evidências que restrição crônica de sono noturno em longo prazo aumenta a propensão ao sono diurno e os lapsos de atenção durante a realização de tarefas, assim como diminui a precisão da resposta cognitiva[42, 43, 44].

A literatura demostra que os trabalhadores em turnos estão rotineiramente restritos ou privados de sono, Durmer e colaboradores[45] citaram os principais efeitos da privação do sono no desempenho cognitivo: microssonos involuntários recorrentes, instabilidade atencional com aumento de erros e omissões, retardo no tempo das respostas, diminuição da memória de trabalho em curto prazo, redução da aquisição (aprendizagem) de tarefas cognitivas, redução do desempenho quando exige pensamento divergente, supressão de respostas com aumento de erros em tarefas auxiliadas pelo córtex pré-frontal, maior probabilidade de respostas insistentes e ineficazes, deterioração do desempenho com o aumento da duração das tarefas, perda da consciência situacional e, nos casos de tarefas que exigem rapidez, há uma lentificação cognitiva e, em tarefas de muita pressão, elevam-se os erros cognitivos.

Um acentuado declínio do desempenho psicomotor e aumento do número de lapsos foram observados por Baulk e colaboradores[46] em um estudo com trabalhadores do turno noturno de uma escala de trabalho de 12 horas. Do mesmo modo, o estudo realizado em uma companhia aérea brasileira, pilotos de avião que trabalhavam no período noturno, em uma escala de 12 horas, apresentaram acentuada queda do desempenho psicomotor e aumento do número de erros durante o período da madrugada[47].

Além dessas evidências, a restrição ou privação de sono, exposição ao turno noturno e as escalas rotativas de trabalho podem afetar a saúde do trabalhador, neste contexto, diversos estudos apontam alterações dos hábitos alimentares, elevado consumo de cafeína, álcool e cigarro, níveis aumentados do Índice de Massa Corporal (IMC)[48,49], modificações hormonais, especialmente dos hormônios grelina e leptina que alteram as sensações de fome e saciedade, além de estimular a motilidade gastrintestinal e favorecer o depósito de gordura[50, 51, 52]. Adicionalmente, encontra-se nessa população, a presença de obesidade, distúrbios do sono, diabetes, dislipidemias, doenças cardiovasculares, estresse, depressão e câncer[5, 23, 53, 54, 55]. Em especial, diversos estudos vêm apontando uma possível relação entre a incidência e frequência desta doença em trabalhadores em turnos. Alguns autores sugerem que a dessincronização do ritmo biológico em função das constantes rotações das jornadas de trabalho ou a constância do trabalho no período noturno, podem ser um grande desencadeador desse processo[5, 56].

Portanto, podemos observar que os trabalhadores em turnos ou noturnos apresentam débito de sono, maus hábitos de vida, além de condições preocupantes de saúde física, mental e de qualidade de vida. Para tanto, sugerimos a implantação de avaliações das escalas de trabalho, das condições de saúde, de sono, sonolência, do estilo de vida e dos aspectos psicossociais desses trabalhadores e, ainda, indicamos a implantação de estratégias de prevenção de doenças, de promoção de saúde do trabalhador e de segurança do trabalho em todos os setores de trabalho em turnos.

Para tanto, sugerimos algumas estratégias gerais relacionadas às escalas de trabalho para prevenir doenças e promover saúde e qualidade de vida aos trabalhadores em turnos:

- Evitar horas extras visando amenizar o cansaço, a fadiga e conflitos familiares e pessoais.
- Evitar longas jornadas de trabalho a fim de proporcionar segurança e conforto ao trabalhador.
- Evitar exposição a sucessivos dias de trabalho noturno a fim de amenizar alterações do sono e do ritmo biológico.
- Em casos de escalas rotativas, proporcionar ao trabalhador, rotação no sentido direto e folgas sucedidas ao turno noturno para melhorar a tolerância ao trabalho em turnos.
- Informar ao trabalhador, com antecedência, sua próxima escala de trabalho para

que ele possa planejar seu tempo de lazer e descanso.
- Incentivar os cochilos durante a jornada e o sono "âncora" antes do início da jornada de trabalho para reduzir sonolência e cansaço, assim como para aumentar a motivação e a produtividade no trabalho.
- Analisar as diferenças individuais entre os trabalhadores como idade, cronotipo, estado civil, hábitos de vida pessoais, experiência naquela atividade, condições físicas e psíquicas, a fim de evitar prejuízos na saúde e incentivar maior desempenho no trabalho.
- Valorizar o tempo social de cada trabalhador ao incidir mais dias de folgas aos sábados e domingos.
- Incentivar a reeducação alimentar a fim de melhorar os hábitos de alimentação diurna e noturna, assim como para evitar doenças crônicas não transmissíveis.
- Cultuar medidas educacionais e de conscientização a respeito de saúde, hábitos de vida, medidas de segurança no trabalho e prática do lazer e do descanso.
- Proporcionar o tratamento de doenças em geral e distúrbios relacionados ao sono a fim de evitar maiores danos futuros ao trabalhador e sua família.
- Implantar o hábito do exercício físico de forma regular para melhorar o condicionamento físico e o bem-estar mental.
- Utilizar o método da fototerapia para aumentar o alerta e a vigilância desses trabalhadores, especialmente os do turno noturno.
- Incentivar a prática diária da higiene do sono para que o sono se torne mais agradável e de maior qualidade.

No entanto, ressalta-se uma inequívoca necessidade de se observar a influência do trabalho em turno e noturno para a saúde do trabalhador. É de consenso que o trabalho noturno e em turnos e são atividades desgastantes e que trazem, com certeza, menor recuperação para o trabalhador. Desta forma, a organização da escala de trabalho com uma avaliação periódica do trabalhador quanto ao aspecto de saúde é de fundamental importância. Deve-se ter como fatores preocupantes os constantes afastamentos do trabalho, o absenteísmo, o aumento de peso e frequentes surgimentos de doenças, entre outros.

Assim, entender que o trabalhador é o principal ativo de uma empresa e que a preocupação com sua saúde deve ser superior a investimentos pontuais, deve-se ter uma abordagem de primeira linha para com eles, pois os mesmos proporcionarão à empresa benefícios na produtividade e lucro, uma vez que o seu patrimônio estará preservado.

REFERÊNCIAS

[1] MORENO, C. R. C.; FISCHER, F. M.; ROTENBERG, L. A saúde do trabalhador na sociedade 24 horas. **São Paulo em perspectiva,** v. 17, n. 1, p. 34-46, 2003.

[2] FISCHER, F.; MORENO, C. R.; ROTENBERG, L. **Trabalho em Turnos e Noturno na Sociedade 24 horas**. São Paulo: Atheneu, 2004. 238

[3] COSTA, G. Shift work and occupational medicine: an overview. **Occup Med (Lond),** v. 53, n. 2, p. 83-8, Mar 2003.

[4] WATERHOUSE, J.; MINORS, D.; REDFERN, P. Some comments on the measurement of circadian rhythms after time-zone transitions and during night work. **Chronobiol Int,** v. 14, n. 2, p. 125-32, Mar 1997.

[5] DAVIS, S.; MIRICK, D. K. Circadian disruption, shift work and the risk of cancer: a summary of the evidence and studies in Seattle. **Cancer Causes Control,** v. 17, n. 4, p. 539-45, May 2006.

[6] PAIM, S. L. et al. Sleep complaints and polysomnographic findings: a study of nuclear power plant shift workers. **Chronobiol Int,** v. 25, n. 2, p. 321-31, Apr 2008.

[7] FILIPSKI, E. et al. Circadian disruption accelerates liver carcinogenesis in mice. **Mutat Res,** v. 680, n. 1-2, p. 95-105, Nov-Dec 2009.

[8] DE MELLO, M. T. et al. Sleep disorders as a cause of motor vehicle collisions. **Int J Prev Med,** v. 4, n. 3, p. 246-57, Mar 2013.

[9] KNUTSSON, A. Health disorders of shift workers. **Occup Med (Lond),** v. 53, n. 2, p. 103-8, Mar 2003.

[10] FOLKARD, S.; LOMBARDI, D. A.; SPENCER, M. B. Estimating the circadian rhythm in the risk of occupational injuries and accidents. **Chronobiol Int,** v. 23, n. 6, p. 1181-92, 2006.

[11] AKERSTEDT, T.; WRIGHT, K. P., JR. Sleep Loss and Fatigue in Shift Work and Shift Work Disorder. **Sleep Med Clin,** v. 4, n. 2, p. 257-271, Jun 1 2009.

[12] ROSEKIND, M. R. et al. Alertness management: strategic naps in operational settings. **J Sleep Res,** v. 4, n. S2, p. 62-66, Dec 1995.

13. LOMBARDI, D. A. et al. Daily sleep, weekly working hours, and risk of work-related injury: US National Health Interview Survey (2004-2008). **Chronobiol Int,** v. 27, n. 5, p. 1013-30, Jul 2010.
14. FOLKARD, S.; TUCKER, P. Shift work, safety and productivity. **Occup Med (Lond),** v. 53, n. 2, p. 95-101, Mar 2003.
15. FOLKARD, S.; LOMBARDI, D. A. Modeling the impact of the components of long work hours on injuries and "accidents". **Am J Ind Med,** v. 49, n. 11, p. 953-63, Nov 2006.
16. FOLKARD, S.; LOMBARDI, D. A.; TUCKER, P. T. Shiftwork: safety, sleepiness and sleep. **Ind Health,** v. 43, n. 1, p. 20-3, Jan 2005.
17. BRASIL. **Constituição Federal.** Centro Gráfico do Senado Federal 1988.
18. FUNDACENTRO. **Atualidades em Prevenção de Acidentes. Trabalho noturno na ordem do dia 77ª Conferência da OIT.** São Paulo. 21: 6-10 p. 1990.
19. MINISTÉRIO DA SAÚDE DO BRASIL, O. P.-A. D. S. N. B. **DOENÇAS RELACIONADAS AO TRABALHO: Manual de Procedimentos para os Serviços de Saúde.** Brasília: Editora MS: 580p p. 2001.
20. MINISTÉRIO DA SAÚDE, S. D. A. À. S. **Legislação em saúde: caderno de legislação em saúde do trabalhador.** Brasília: MS. 2.ed: 380p. p. 2005.
21. BARNES-FARRELL, J. L. et al. What aspects of shiftwork influence off-shift well-being of healthcare workers? **Appl Ergon,** v. 39, n. 5, p. 589-96, Sep 2008.
22. N. S. F. **Sleep topics: Sleep Studies** 2008. <http://www.sleepfoundation.org/article/sleep-topics/sleep-studies>. Último acesso em: 9 de outubro de 2014.
23. DA SILVA-JUNIOR, F. P. et al. Risk factors for depression in truck drivers. **Soc Psychiatry Psychiatr Epidemiol,** v. 44, n. 2, p. 125-9, Feb 2009.
24. MELLO, M. T. et al. Sleep patterns and sleep-related complaints of Brazilian interstate bus drivers. **Braz J Med Biol Res,** v. 33, n. 1, p. 71-7, Jan 2000.
25. MINA, R.; CASOLIN, A. National standard for health assessment of rail safety workers: the first year. **Med J Aust,** v. 187, n. 7, p. 394-7, Oct 1 2007.
26. OLIVEIRA E SILVA, L. et al. Mood, sleep patterns and the effect of physical activity on the life quality of brazilian train operators. **Sleep Science,** v. 5, n. 4, p. 113-119, 2012.
27. BORBELY, A. A. et al. Sleep initiation and initial sleep intensity: interactions of homeostatic and circadian mechanisms. **J Biol Rhythms,** v. 4, n. 2, p. 149-60, 1989.
28. DAAN, S.; BEERSMA, D. G.; BORBELY, A. A. Timing of human sleep: recovery process gated by a circadian pacemaker. **Am J Physiol,** v. 246, n. 2 Pt 2, p. R161-83, Feb 1984.
29. LIM, J.; DINGES, D. F. Sleep deprivation and vigilant attention. **Ann N Y Acad Sci,** v. 1129, p. 305-22, 2008.
30. DORAN, S. M.; VAN DONGEN, H. P.; DINGES, D. F. Sustained attention performance during sleep deprivation: evidence of state instability. **Arch Ital Biol,** v. 139, n. 3, p. 253-67, Apr 2001.
31. HORNE, J.; REYNER, L. Vehicle accidents related to sleep: a review. **Occup Environ Med,** v. 56, n. 5, p. 289-94, May 1999.
32. NOCE, F.; TUFIK, S.; MELLO, M. T. Professional drivers and working time: journey span, rest, and accidents. **Sleep Science,** v. 1, p. 20-26, 2008.
33. VENNELLE, M.; ENGLEMAN, H. M.; DOUGLAS, N. J. Sleepiness and sleep-related accidents in commercial bus drivers. **Sleep Breath,** v. 14, n. 1, p. 39-42, Feb 2010.
34. HARMA, M. et al. The effect of an irregular shift system on sleepiness at work in train drivers and railway traffic controllers. **J Sleep Res,** v. 11, n. 2, p. 141-51, Jun 2002.
35. INGRE, M. et al. Sleep length as a function of morning shift-start time in irregular shift schedules for train drivers: self-rated health and individual differences. **Chronobiol Int,** v. 25, n. 2, p. 349-58, Apr 2008.
36. ARENDT, J. Shift work: coping with the biological clock. **Occup Med (Lond),** v. 60, n. 1, p. 10-20, Jan 2010.
37. OHAYON, M. M.; SMOLENSKY, M. H.; ROTH, T. Consequences of shiftworking on sleep duration, sleepiness, and sleep attacks. **Chronobiol Int,** v. 27, n. 3, p. 575-89, May 2010.
38. ABE, T. et al. Short sleep duration and long spells of driving are associated with the occurrence of Japanese drivers' rear-end collisions and single-car accidents. **J Sleep Res,** v. 19, n. 2, p. 310-6, Jun 2010.
39. PHILIP, P. et al. Fatigue, sleep restriction, and performance in automobile drivers: a controlled study in a natural environment. **Sleep,** v. 26, n. 3, p. 277-80, May 1 2003.
40. PHILIP, P. et al. Fatigue, sleep restriction and driving performance. **Accid Anal Prev,** v. 37, n. 3, p. 473-8, May 2005.
41. PHILIP, P. et al. Fatigue, sleepiness, and performance in simulated versus real driving conditions. **Sleep,** v. 28, n. 12, p. 1511-6, Dec 2005.
42. VAN DONGEN, H. P. et al. The cumulative cost of additional wakefulness: dose-response effects on neurobehavioral functions and sleep physiology from chronic sleep restriction and total sleep deprivation. **Sleep,** v. 26, n. 2, p. 117-26, Mar 15 2003.
43. BELENKY, G. et al. Patterns of performance degradation and restoration during sleep restriction and subsequent recovery: a sleep dose-response study. **J Sleep Res,** v. 12, n. 1, p. 1-12, Mar 2003.
44. DRAKE, C. L. et al. Effects of rapid versus slow accumulation of eight hours of sleep loss. **Psychophysiology,** v. 38, n. 6, p. 979-87, Nov 2001.

45 DURMER, J. S.; DINGES, D. F. Neurocognitive consequences of sleep deprivation. **Semin Neurol,** v. 25, n. 1, p. 117-29, Mar 2005.

46 BAULK, S. D. et al. A field study of sleep and fatigue in a regular rotating 12-h shift system. **Appl Ergon,** v. 40, n. 4, p. 694-8, Jul 2009.

47 DE MELLO, M. T. et al. Relationship between Brazilian airline pilot errors and time of day. **Braz J Med Biol Res,** v. 41, n. 12, p. 1129-31, Dec 2008.

48 NENA, E. et al. Sleep-disordered breathing and quality of life of railway drivers in Greece. **Chest,** v. 134, n. 1, p. 79-86, Jul 2008.

49 KOYAMA, R. G. et al. Prevalence of and risk factors for obstructive sleep apnea syndrome in Brazilian railroad workers. **Sleep Med,** v. 13, n. 8, p. 1028-32, Sep 2012.

50 SPIEGEL, K. et al. Leptin levels are dependent on sleep duration: relationships with sympathovagal balance, carbohydrate regulation, cortisol, and thyrotropin. **J Clin Endocrinol Metab,** v. 89, n. 11, p. 5762-71, Nov 2004.

51 TAHERI, S. et al. Short sleep duration is associated with reduced leptin, elevated ghrelin, and increased body mass index. **PLoS Med,** v. 1, n. 3, p. e62, Dec 2004.

52 MORGAN, L. et al. Circadian aspects of postprandial metabolism. **Chronobiol Int,** v. 20, n. 5, p. 795-808, Sep 2003.

53 COSTA, G. Shift work and health: current problems and preventive actions. **Saf Health Work,** v. 1, n. 2, p. 112-23, Dec 2010.

54 BUYSSE, D. J. et al. Can an improvement in sleep positively impact on health? **Sleep Med Rev,** v. 14, n. 6, p. 405-10, Dec 2010.

55 GRANDNER, M. A. et al. Mortality associated with short sleep duration: The evidence, the possible mechanisms, and the future. **Sleep Med Rev,** v. 14, n. 3, p. 191-203, Jun 2010.

56 MOSER, M. et al. Cancer and rhythm. **Cancer Causes Control,** v. 17, n. 4, p. 483-7, May 2006.

Os Impactos do Processo Judicial Eletrônico na Saúde dos Magistrados e Servidores do Poder Judiciário

Adalberto Martins[(*)]

1. CONSIDERAÇÕES INICIAIS

A sociedade da informação, era da informática, sociedade pós-industrial, sociedade pós-moderna e terceira revolução industrial são expressões distintas que costumam ser usadas para uma síntese do mesmo fenômeno, e que deve ser debitado à globalização. Já não se duvida que as tecnologias da informação, notadamente o uso da internet, provocaram uma revolução nos costumes e têm reflexos nas relações jurídicas, inclusive aquelas travadas entre países muito distantes do ponto de vista geográfico.

As novas tecnologias apresentam reflexos em toda e qualquer relação jurídica, não ficando excluídas as relações jurídicas processuais, que se desenvolvem no âmbito dos órgãos investidos da jurisdição, e daí a nossa breve incursão, e apresentação de uma visão panorâmica dos reflexos observados no processo do trabalho, e que só foram possíveis porque a Justiça do Trabalho, muito antes das inovações legislativas, se ocupou da própria modernização. Apenas para ficar com o exemplo de São Paulo (TRT-2ª Região), o projeto de informatização foi iniciado em meados de 1992, e se tornou realidade cerca de dez anos depois.

A modernização referida, em determinado momento, representou a substituição das antigas máquinas de escrever manuais por máquinas elétricas e, posteriormente, pelas eletrônicas, mais sofisticadas e que já comportavam alguma memória para a repetição de pequenos textos nas intimações ou atas de audiência. Contudo, ainda não se conhece nada que tenha sido mais revolucionário que o uso das tecnologias da informação, que tem por base a internet, e que está para a sociedade da informação (ou sociedade pós-industrial, como preferem alguns estudiosos) assim como o uso da eletricidade está para a sociedade industrial[(1)].

A informatização da Justiça do Trabalho trouxe inúmeras vantagens para a efetividade da tutela dos direitos sociais trabalhistas, e que superam as dificuldades que decorrem da dependência que foi criada em torno das mesmas tecnologias, a exemplo do que ocorreu por ocasião da descoberta da eletricidade, que representou uma verdadeira revolução nos costumes, e a qual o homem moderno não consegue prescindir. Não são poucos aqueles que não se imaginam sem o uso diário do computador e, menos, ainda, sem o uso da internet.

A Justiça do Trabalho já não conseguiria cumprir a sua função jurisdicional sem o uso regular das tecnologias da informação. Bastam alguns minutos sem o funcionamento do sistema informatizado para percebermos os transtornos causados a advogados, partes, funcionários e juízes, em face de processos não localizados, audiências que não são realizadas e tantas outras tarefas que se inserem na rotina de

---

(*) Desembargador do Tribunal Regional do Trabalho da 2ª Região; Professor doutor da Faculdade de Direito da PUC/SP (graduação e pós-graduação); Membro do Conselho Consultivo da Revista Mestrado em Direito/Unifieo e Vice-diretor da Escola Judicial do Tribunal Regional do Trabalho da 2ª Região (biênio 2014/2016).

(1) Cf. Manuel Castells. *A galáxia internet — reflexões sobre Internet, negócios e sociedade.* Lisboa: Fundação Calouste Gulbenkian, 2004. p. 15.

uma secretaria de Vara do Trabalho ou de Turma no Tribunal. Isto sem considerar a crescente inserção do chamado processo judicial eletrônico (PJ-e), em que os autos permanecem em ambiente virtual, para o qual dedicamos maior tempo de reflexão neste trabalho, em face dos reflexos deletérios que podem causar aos usuários, com ênfase à figura dos magistrados e servidores do Poder Judiciário, que são os usuários internos.

Inicialmente, fazemos um breve histórico do uso das novas tecnologias na Justiça do Trabalho, impulsionadas por alterações legislativas, que são adotadas no processo do trabalho e, finalmente, sobre a Lei n. 11.419/06[2], que disciplina a informatização do processo judicial, no âmbito civil, penal e trabalhista, inclusive juizados especiais, em qualquer grau de jurisdição, a fim de identificarmos o contexto em que se insere nossa preocupação atual com a saúde de magistrados e servidores do Poder Judiciário, que deve ser tratada com o mesmo nível de zelo e importância que se costuma atribuir ao direito do jurisdicionado à duração razoável do processo (art. 5º, LXXVIII, CR).

2. A PENHORA ON LINE

Superada a fase de organização das próprias atividades, com o sistema informatizado em pleno funcionamento, foi possível o desafio da penhora *on line* no âmbito da Justiça do Trabalho que, no início, nada mais representou senão o aperfeiçoamento da penhora em dinheiro, prevista no Código de Processo Civil de 1973 (art. 655, I), aplicável ao processo do trabalho por expressa determinação do art. 882 da CLT, dispositivo legal que teve redação ampliada por força da Lei n. 11.382, de 06.12.2006[3]. Trata-se de procedimento que decorre de convênio firmado entre o Tribunal Superior do Trabalho e o Banco Central do Brasil em 05.03.2002, denominado "Convênio de Cooperação Técnico-Institucional", que permite o bloqueio de contas correntes e de aplicações financeiras do executado, mediante acesso ao Sistema Bacen Jud, com vistas a garantir o pagamento da dívida trabalhista (penhora, propriamente dita), ou até mesmo o resultado útil do processo trabalhista em ações cautelares (arresto, por exemplo).

A expressão penhora *on line* continua sendo objeto de crítica doutrinária, na medida em que o comando judicial se destina ao bloqueio de numerário em conta corrente e aplicações financeiras do executado, e não propriamente de penhora, na medida em que o magistrado, autor da ordem, desconhece a existência dos recursos financeiros. No entanto, já não é objeto de controvérsia a constitucionalidade da medida e o fato de que não há desrespeito ao devido processo legal nem ao sigilo bancário.

As imperfeições iniciais que decorriam do convênio firmado entre o Banco Central do Brasil e o Tribunal Superior do Trabalho já se encontram perfeitamente superadas, e não se pode ignorar que a partir da penhora *on line* foi possível sonhar com um processo desenvolvido integralmente no ambiente virtual, sem o uso dos meios convencionais de documentação.

3. O PROCESSO DO TRABALHO E AS INOVAÇÕES NO DIREITO PROCESSUAL CIVIL

O processo do trabalho, que foi concebido para viabilizar, com celeridade e simplicidade, a solução estatal de conflitos trabalhistas, tanto que não foi sequer codificado, se viu às voltas com uma avalanche de normas que transformaram o direito processual civil, com vistas à efetividade da jurisdição dentro da nova realidade, que decorre de uma sociedade pós-industrial, dominada pelas tecnologias da informação.

Diante deste cenário, foi necessário se indagar sobre a aplicação dos novos dispositivos legais no âmbito da Justiça do Trabalho, sem perder de vista o fato de que o direito processual comum é fonte subsidiária do direito processual do trabalho, desde que se constate a omissão na legislação trabalhista e não haja incompatibilidade com as normas processuais que regem o processo laboral (art. 769 da CLT).

A possibilidade de aplicação subsidiária do processo civil, desde que verificadas as duas premissas já mencionadas, desautoriza qualquer ilação de autonomia do direito processual do trabalho, não obstante reconheçamos que possui algumas peculiaridades que emergem da própria desigual-

---

(2) Trata-se de lei recentemente integrada ao ordenamento jurídico, oriunda do Projeto de Lei da Câmara n. 71/2002, publicada em 20.12.2006, e que já se encontra em plena vigência, eis que superada a *vacatio legis* de 90 dias determinada em seu art. 22.
(3) Art. 655 do CPC: "A penhora observará, preferencialmente, a seguinte ordem:
I — dinheiro, em espécie ou em depósito ou aplicação em instituição financeira;"

dade econômica entre empregado e empregador, os maiores destinatários de suas normas.

O direito processual do trabalho tem como objetivo principal, claro e específico, disciplinar a solução dos conflitos que decorrem das relações de trabalho, segundo a dicção do art. 114 da Constituição da República, com a redação da Emenda Constitucional n. 45/2004, por meio da tutela jurisdicional do Estado (Justiça do Trabalho), com observância dos princípios constitucionais que norteiam referida atividade estatal, sem qualquer inclinação favorável a uma das partes. A aparente proteção que a própria Consolidação das Leis do Trabalho consagra ao trabalhador, mesmo no âmbito do processo do trabalho, nada mais objetiva senão assegurar a igualdade das partes, pois a inferioridade econômica deste último, aliada com a inaptidão para produzir as provas necessárias, justifica a superioridade jurídica que decorre, por exemplo, da opção legislativa quanto ao art. 844 da CLT e entendimento jurisprudencial da Súmula n. 338 do TST.

Passemos, pois, a uma breve menção acerca das inovações legislativas aplicáveis ao processo do trabalho.

3.1. A inovação da Lei n. 9.800/99

O uso das inovações tecnológicas no processo civil foi inaugurado pela Lei n. 9.800, de 26.5.1999, ao facultar a utilização de sistema de transmissão de dados e imagens, do tipo *fac-símile* ou similar, para a prática de atos processuais que dependam de petição escrita, desde que observado o prazo e haja a entrega dos originais em juízo, até cinco dias após o seu término. Trata-se de inovação legislativa que foi bem recebida no âmbito da Justiça do Trabalho, inclusive com jurisprudência cristalizada na Súmula n. 387 do TST:

> I — A Lei n. 9.800/1999 é aplicável somente a recursos interpostos, após o início de sua vigência. (ex-OJ 194 — inserida em 8.11.2000)
> II — A contagem do quinquídio para apresentação dos originais de recurso interposto por intermédio de fac-símile começa a fluir do dia subsequente ao término do prazo recursal, nos termos do art. 2º da Lei n. 9.800/1999, e não do dia seguinte à interposição do recurso, se esta se deu antes do termo final do prazo. (ex-OJ 337 — primeira parte — DJ 4.5.2004)
> III — Não se tratando a juntada dos originais de ato que dependa de notificação, pois a parte, ao interpor o recurso, já tem ciência de seu ônus processual, não se aplica a regra do art.184 do CPC quanto ao *dies a quo*, podendo coincidir com sábado, domingo ou feriado. (ex-OJ 337 — *in fine* — DJ 4.5.2004)

A inovação da Lei n. 9.800/99, que não se destinava, exclusivamente, à prática de atos processuais por meio de *fac-símile*, possibilitou ao Tribunal Regional do Trabalho da 2ª Região, por meio do Provimento GP n. 07/2001, a criação do Sistema de Petição Eletrônica (SIPE), posteriormente substituído pelo Processo Eletrônico Trabalhista (Provimento GP n. 05/2002), introduzindo o peticionamento e o uso da assinatura eletrônica, que não se confunde com a modalidade de processo virtual (PJ-e), pois a petição eletrônica é impressa pelos órgãos da Justiça do Trabalho e juntada aos autos do processo.

Trata-se de caminho seguido, posteriormente, pelo Tribunal Superior do Trabalho, ao editar a Instrução Normativa n. 28, aprovada pela Resolução n. 132/2005, publicada no D.J.U. de 7.6.2005, criando o Sistema Integrado de Protocolização e Fluxo de Documentos Eletrônicos (e-DOC), permitindo às partes, advogados e peritos, apenas no âmbito da Justiça do Trabalho, a utilização da internet para a prática de atos processuais dependentes de petição escrita, desde que haja o prévio cadastramento da identidade digital adquirida perante qualquer Autoridade Certificadora credenciada pela ICP-Brasil, nos termos da Medida Provisória n. 2.200-2, de 24.8.2001. A iniciativa do Tribunal Superior do Trabalho, sem dúvida nenhuma, motivou a realidade do peticionamento eletrônico nos demais tribunais trabalhistas do país.

3.2. A inovação da Lei n. 11.280/06

Dentre as novidades da Lei n. 11.280/06, a consolidação do peticionamento eletrônico, por meio do parágrafo único acrescentado ao art. 154 do Código de Processo Civil, foi logo assimilada no âmbito do processo do trabalho. Dispõe o art. 154, parágrafo único, do CPC que: **"Os tribunais, no âmbito da respectiva jurisdição, poderão disciplinar a prática e a comunicação oficial dos atos processuais por meios eletrônicos, atendidos os requisitos de autenticidade, integridade, validade jurídica e interoperabilidade da Infraestrutura de Chaves Públicas Brasileira — ICP — Brasil"**. Em verdade, a prática de atos processuais por meio eletrônico já era possível, tendo em vista a Lei n. 9.800/99 e o fato de que o *caput* do art. 154 do Código de Processo Civil já consagrava o princípio da instrumentalidade das formas.

Assim, conforme observado no tópico anterior, o peticionamento eletrônico se tornou realidade no TRT-2ª Região em meados de agosto de 2001 (Provimento GP 07/2001, de 10.08.2001, publicado no DOE/SP de 13.08 e 14.08.2001), e até mesmo o Tribunal Superior do Trabalho se ocupou da questão, por meio da Instrução Normativa n. 28/2005. A inovação legislativa reside no fato de que a prática de atos processuais por meio eletrônico deixou de ficar restrita aos advogados, partes e peritos, passando a abarcar os funcionários, juízes e os membros do Ministério Público nas causas em que atua como fiscal da lei.

Diante dos expressos termos do parágrafo único do art. 154 do CPC, o Tribunal Regional do Trabalho da 2ª Região se encarregou de editar o Provimento GP/CR n. 14/2006, revogando o anterior (Provimento GP 05/2002), e consagrando a disciplina de toda a matéria, também de conformidade com a Instrução Normativa n. 28/2005 do Tribunal Superior do Trabalho, instituindo o Sistema de Protocolização de Documentos Físicos e Eletrônicos (SisDoc), inclusive com o prazo inicial de 90 dias para que os usuários adquirissem a certificação digital que pudesse atender os requisitos de autenticidade, integridade, validade jurídica e interoperabilidade da Infraestrutura de Chaves Públicas Brasileira — ICP-Brasil, perante autoridade certificadora e que foi prorrogado para 180 dias. O resultado deste empenho está revelado nas próprias reclamações que possuem andamento em autos físicos, em que não se constata a existência de sentenças e acórdãos que não sejam firmados por meio de assinatura digital, e o próprio fato de que, atualmente, o peticionamento eletrônico, na maioria de suas unidades judiciárias, só é possível com o uso da certificação digital.

3.3. O processo judicial eletrônico na Justiça do Trabalho (Lei n. 11.419/2006)

A Lei n. 11.419, de 19.12.2006, não se restringiu à promoção de acréscimos e modificações no Código de Processo Civil de 1973, mas disciplinou a informatização do processo judicial, estabelecendo claramente a possibilidade da prática, comunicação e assinatura eletrônica de quaisquer atos processuais no âmbito civil, penal e trabalhista, bem como nos juizados especiais, em qualquer grau de jurisdição. Trata-se de um marco para o processo judicial eletrônico, que se desenvolve e permanece no ambiente virtual, com a promessa de resgate da celeridade processual, exigida pela Constituição da República (art. 5º, LXXVIII).

Trata-se, portanto, de uma lei geral que consagrou a possibilidade do processo que se desenvolve virtualmente, total ou parcialmente, dispensando a Justiça do Trabalho da mera invocação subsidiária de uma norma destinada ao processo comum. Neste sentido, a Resolução CSJT n. 94/2012 regulamentou o procedimento eletrônico no âmbito da Justiça do Trabalho, posteriormente substituída pela Resolução CSJT n. 136/2014, impulsionada pela promessa de um processo mais célere, com redução de tarefas exclusivamente manuais e de espaços físicos destinados às unidades judiciárias, aliados ao menor afluxo de pessoas nas unidades jurisdicionais, já que os autos de um processo virtual podem ser consultados de qualquer lugar do planeta, além de outras inúmeras vantagens. Surge, desta maneira, o processo judicial eletrônico (PJ-e), que não está perfeito e acabado, e se apresenta com as dificuldades e desafios inerentes a qualquer novidade.

Neste trabalho, não foi objeto de preocupação as inúmeras deficiências e ausência de funcionalidades que permeiam o processo judicial eletrônico, desde sua concepção. Partimos do fato consumado, ou seja, temos processo judicial eletrônico, e nem mesmo aqueles que são contrários, ou entendem que foi açodada a disseminação da referida modalidade, cogitam da possibilidade de um retrocesso. Nossa preocupação, neste momento, reside nas condições de trabalho a que estão submetidos os magistrados e servidores do Poder Judiciário, na medida em que o processo eletrônico vem ganhando cada vez mais espaço, até se tornar a modalidade única, trazendo consigo todo o potencial de doenças ocupacionais quando os riscos não são devidamente controlados.

4. A SAÚDE OCUPACIONAL DE MAGISTRADOS E SERVIDORES

As mudanças na rotina de trabalho, advindas das novas tecnologias, começaram a ser sentidas a partir da adoção do peticionamento eletrônico e implantação da penhora *on line*, e vem se acentuando gradativamente com a disseminação do processo judicial eletrônico.

Neste sentido, ao lado da expectativa de um processo mais célere e eficiente, que se presta a melhor servir o jurisdicionado e busca a efetividade dos direitos sociais trabalhistas por meio da tutela jurisdicional (art. 5º, XXXV, CR), com observância dos imperativos do devido processo legal (art. 5º, LIV, CR), duração razoável do processo (art. 5º, LXXVIII, CR) e da eficiência na administração da justiça (art. 37, *caput*, CR), se apresentam as figuras dos magistrados e servidores do Poder Judiciário, que são também titulares de direitos assegurados pela mesma Constituição da República, a exemplo do direito à saúde (art. 6º) e da "redução dos riscos inerentes ao trabalho, por meio de normas de saúde, higiene e segurança" (art. 7º, XXII), por força do art. 39, § 3º, da Constituição da República[4].

Assim, vem à tona a questão das condições de trabalho, na medida em que o processo eletrônico demanda atividades repetitivas à frente de um teclado, *mouse* e tela de computador, sem a necessidade de deslocamentos além daqueles que são inerentes ao gozo do intervalo para refeição e descanso ou necessidades fisiológicas.

Em síntese, há a necessidade de preocupação com as medidas de proteção à saúde de magistrados e servidores, com a adoção de políticas que visem a minimizar ou evitar os efeitos deletérios que advêm do uso intensivo dos instrumentos de trabalho. As normas regulamentadoras da Portaria n. 3.214/78 do Ministério do Trabalho e Emprego oferecem valiosos subsídios que podem ser adotados no âmbito dos tribunais, em especial os do trabalho, que devem dar o exemplo em matéria de prevenção às doenças ocupacionais.

Neste contexto, se mostra bem-vinda a criação de uma comissão permanente, com atribuições e composição semelhante aos Serviços Especializados em Engenharia de Segurança e Medicina do Trabalho (SESMT), que são exigidos das empresas públicas e privadas, bem como órgãos da administração pública dos Poderes Legislativo e Judiciário que possuam empregados, a teor da Norma Regulamentadora n. 04 (NR-04), com a finalidade de promover a saúde e proteger a integridade de magistrados e servidores, por meio da cultura da prevenção.

A atuação da comissão mencionada, que poderia também assumir algumas atribuições das denominadas comissões internas de prevenção de acidentes, reguladas na NR-05, deve estar pautada por dois programas preventivos também previstos em normas regulamentadoras: Programa de Prevenção de Riscos Ambientais (PPRA — NR-09) e Programa de Controle Médico de Saúde Ocupacional (PCMSO — NR-07).

O Programa de Prevenção de Riscos Ambientais (PPRA) deve ter por atribuição o estudo, a identificação, a avaliação e o controle dos riscos no ambiente de trabalho que, no caso do processo eletrônico, se resume praticamente ao risco ergonômico, não obstante a NR-09 faça menção expressa apenas aos agentes físicos, químicos e biológicos, que estão ausentes no trabalho com o uso das novas tecnologias.

Por sua vez, o Programa de Controle Médico de Saúde Ocupacional (PCMSO) deve ter caráter preventivo, mediante rastreamento e diagnóstico precoce dos agravos à saúde relacionados com o trabalho no ambiente de processo judicial eletrônico.

No âmbito do Tribunal Regional do Trabalho da 2ª Região, a tarefa está acometida ao Comitê da Ordem Social, que está envidando esforços para finalizar a análise ergonômica nas unidades afetas a sua jurisdição, bem como em relação ao PPRA e PCMSO, com observância das diretrizes da Resolução CSJT n. 141, de 26.09.2014, que alude à criação de uma Comissão de Engenharia de Segurança e Medicina do Trabalho por Tribunal Regional do Trabalho que não possua "na estrutura da área de saúde uma unidade organizacional composta por profissionais qualificados para realizar as atribuições relacionadas à engenharia de segurança e medicina do trabalho".

Em síntese, o PPRA deve se harmonizar com o PCMSO, com avaliação, controle e monitoramento dos riscos ergonômicos, por meio de medidas de proteção coletiva, mudança na organização do trabalho e uso dos equipamentos de proteção individual. Os riscos ergonômicos, que já não eram inexistentes nas atividades tradicionalmente concebidas no âmbito do Poder Judiciário, se acentuaram a partir da implantação do processo judicial eletrônico e seus efeitos já podem ser observados empiricamente por quem se dispuser a uma breve pesquisa no âmbito dos tribunais e varas do trabalho, e neste sentido há a necessidade de conscientização dos usuários internos (magistrados e servidores) e das administrações dos tribunais acerca do problema e das soluções que precisam ser buscadas, à luz da Ergonomia.

---

[4] "Aplica-se aos servidores ocupantes de cargo público o disposto no art. 7º, IV, VII, VIII, IX, XII, XIII, XV, XVI, XVII, XVIII, XIX, XX, XXII e XXX, podendo a lei estabelecer requisitos diferenciados de admissão quando a natureza do cargo o exigir".

Nas palavras de Brenda Reis dos Anjos, a ergonomia "é um ramo autônomo que se debruça sobre o estudo e a adequação do meio ambiente de trabalho às peculiaridades psicofisiológicas dos trabalhadores a fim de proporcionar conforto, ambiente saudável, boa qualidade de vida (visto que boa parte do nosso dia se dá no local onde desempenhamos nosso ofício) e desempenho eficiente"[5].

No ambiente de processo judicial eletrônico, a discussão nos remete à configuração do mobiliário, tais como altura de mesas e cadeiras, posição dos teclados e *mouses* dos computadores, luminosidade dos monitores e distância em relação aos olhos do usuário, com vistas a minimizar os efeitos deletérios à saúde daqueles que contribuem para tornar efetiva a realidade do processo virtual. Em verdade, o sucesso da inovação tecnológica depende do trabalho e do talento de seres humanos que fazem deste trabalho seu meio de subsistência, não interessando ao Estado nem ao jurisdicionado que em curto espaço de tempo tenhamos uma sequência infindável de afastamentos e aposentadorias precoces por conta dos malefícios potencializados a partir da implantação do processo judicial eletrônico, havendo a necessidade de contemporizar a facilitação do trabalho proporcionada pelas novas tecnologias com a sobrecarga de trabalho dirigida ao usuário.

A facilitação do trabalho reside na supressão de atos da secretaria, com vistas à documentação dos atos processuais, e o amplo acesso de magistrados e servidores, com a desnecessidade de deslocamentos à sede da unidade judiciária para análise dos autos virtuais pelas partes e advogados. No entanto, a sobrecarga de trabalho se faz sentir do ponto de vista físico e psíquico.

O maior cansaço físico advém dos movimentos repetitivos e frequentes, já que o contato com os autos virtuais ocorre por meio da tela do computador, com sobrecarga dos olhos, mãos, dedos e braços, potencializando o risco de lesões por esforços repetitivos (LER) e doenças osteomusculares relacionadas ao trabalho (DORT) e, especificamente, em relação ao uso de duas telas de computador (uma para exame dos autos e outra para esboço dos atos processuais) sem observância da altura e distância adequada, vislumbram-se os problemas de coluna e doenças oculares, sendo a mais frequente a Síndrome da Visão de Computador, problema que afeta entre 50% e 90% das pessoas que trabalham diante de uma tela de computador, cujos sintomas são o cansaço, a sensação de corpo estranho, ardência, dor, irritação, olhos vermelhos, ressecamento e turvação visual.

Do ponto de vista psíquico, há significativa diferença quando o trabalho é desenvolvido no ambiente de PJE, em que se exige maior atenção e concentração do usuário[6], tornando-se mais cansativo, potencializando os riscos de distúrbios do sono e de comportamento, estresse etc.

5. *A PROTEÇÃO NECESSÁRIA CONTRA OS RISCOS ERGONÔMICOS*

Conforme dissemos alhures, os riscos no ambiente de trabalho virtual se revelam essencialmente ergonômicos, passíveis de identificação por meio do Programa de Prevenção de Riscos Ambientais (PPRA), que deverá incluir a análise ergonômica do trabalho, estabelecendo as condições mínimas para o desenvolvimento do trabalho com segurança, conforto e redução dos riscos à saúde do usuário.

Neste sentido, entendemos que é justificável a invocação da Norma Regulamentadora n. 17 a Portaria n. 3.214/78, estabelecida a partir do diálogo entre o Direito e a posição científica da Ergonomia aplicada ao mundo do trabalho, que vem sendo entendida como ergonomia organizacional[7], e que é objeto da nossa reflexão.

Com efeito, a situação desencadeada pelo processo judicial eletrônico gera preocupação com a saúde de magistrados e servidores, em nível idêntico daquela verificada nas profissões que demandam períodos longos do trabalhador à frente do computador, e que justificou a elaboração da NR-17 pelo Ministério do Trabalho e Emprego.

---

(5) Cf. O meio ambiente do trabalho e os processos judiciais eletrônicos: o paradigma do mundo virtual e seus efeitos para os servidores forenses, in revista *Veredas do Direito*, Belo Horizonte, v. 10, n. 20, p. 273-274, julho/dezembro de 2013.

(6) Cf. Cândido Alfredo Silva Leal Júnior. As mudanças no trabalho judiciário e a saúde dos usuários: efeitos da virtualização dos processos judiciários, in revista *CEJ*, Brasília, Ano XVII, n. 61, p. 125, set.dez/2013.

(7) A Associação Brasileira de Ergonomia (ABERGO) identifica três espécies: **ergonomia física**, que se relaciona com as questões de anatomia humana, fisiológica e biomecânica; **ergonomia cognitiva**, relacionada com a percepção, memória, raciocínio etc.; e **ergonomia organizacional**, que se refere à "otimização dos sistemas sociotécnicos, das estruturas organizacionais, políticas e demais processos, também conhecida como macroergonomia" (*apud* Brenda Reis dos Anjos, ob. cit., p. 280).

Assim, considerando o art. 39, § 3º, da Constituição da República, que estabelece a aplicação aos servidores públicos do art. 7º, XXII, da mesma Constituição, impõe-se a aplicação analógica da NR-17, com vistas à mudança na organização do trabalho, em favor dos usuários internos que atuam com o processo judicial eletrônico.

As transformações devem começar pela adaptação do mobiliário nos postos de trabalho, conforme item 17.3 da NR-17, incluindo cadeiras, que devem apresentar dimensões compatíveis com as características psicofisiológicas do usuário, com a possibilidade de regulagem de altura. Afinal de contas, as condições de trabalho devem se adaptar ao trabalhador, e não o contrário.

A mesma norma regulamentadora também se ocupa das condições ambientais de trabalho, que precisam ser "adequadas às características psicofisiológicas dos trabalhadores e à natureza do trabalho a ser executado" (item 17.5.1, NR-17), se destacando a temperatura efetiva entre 20 e 23ºC (item 17.5.2, letra "c") e iluminação geral ou suplementar adequada, distribuída uniformemente e difusa," instalada de forma a evitar o ofuscamento, reflexos incômodos, sombras e contrastes excessivos" (item 17.5.3.2).

Além disso, dispõe a referida norma regulamentadora sobre a organização do trabalho (tem 17.6.2), que deve levar em consideração as normas de produção, o modo operatório, a exigência de tempo, a determinação do conteúdo de tempo, o ritmo de trabalho e o conteúdo das tarefas, com inclusão de pausas para descanso, limitação do número máximo de toques, que não deve ser superior a 8.000 por hora trabalhada, além de fazer menção expressa a que "o tempo efetivo de trabalho de entrada de dados não deve exceder o limite máximo de 5 (cinco) horas" (item 17.6.4, letra "c"), e consagrar a pausa de 10 minutos a cada 50 trabalhados na inserção de dados" (item 17.6.4, letra "d"), que podem ser bem ocupados por uma ginástica laboral.

Em síntese, a NR-17 apresenta um rol excelente de boas práticas que se harmonizam com a orientação dos profissionais da saúde, e que bem se aplica aos usuários internos do processo judicial eletrônico, na medida em que o trabalho por duas horas consecutivas à frente do computador torna o usuário passível de transtornos oculares, notadamente pela redução de piscadas, o que provoca o ressecamento dos olhos, além de potencializar o risco das LER/DORTs[8].

Neste sentido, torna-se oportuno o resgate da discussão em torno de uma reivindicação antiga dos servidores do Poder Judiciário, em especial no TRT-2ª Região, que é a redução da jornada para 06 (seis) horas, na medida em que o processo judicial eletrônico for adquirindo a dimensão esperada, com o abandono completo da documentação dos processos em autos físicos. Isto porque a maior eficiência e celeridade do novo sistema deve se transformar em melhor qualidade de vida aos usuários internos, vez que a jornada de oito horas à frente de um computador se mostra extenuante, prejudicial à saúde, e incompatível com as diretrizes da Norma Regulamentadora n. 17 do Ministério do Trabalho e Emprego.

6. *CONSIDERAÇÕES FINAIS*

O uso das novas tecnologias da informação é a tônica do mundo moderno, aproximando pessoas e lugares, na ânsia por rapidez e novidade. Com sua disseminação, as novas tecnologias passaram a dominar diversas atividades humanas, transformando os cidadãos em usuários de um imenso aparato tecnológico, que se atualiza constantemente e modifica as necessidades dos próprios usuários, com o apelo das novas funcionalidades. Vale dizer, as tecnologias da informação, com seus equipamentos cada vez mais sofisticados, e programas que parecem imprescindíveis na vida diária, transformam a maneira das pessoas se relacionarem entre si, e a forma de cada uma se relacionar com o mundo.

Neste contexto, lembrando a antiga lição de que o Direito está onde está a sociedade e vice-versa, não há dificuldade em explicar os reflexos das novas tecnologias nas relações jurídicas, que são espécies do gênero relações sociais, e nem mesmo os reflexos nas relações jurídicas processuais.

No âmbito da Justiça do Trabalho, as inovações tecnológicas foram bem recebidas desde o início, com o advento da Lei n. 9.800/99, ao estabelecer a possibilidade do uso do aparelho de *fac-símile* ou similar e, posteriormente, do peticionamento eletrônico, que deu os primeiros passos em meados de 2001 e foi consolidado por meio da Lei n. 11.280/06 e, finalmente, com o processo judicial eletrônico

---

(8) Cf. <HTTP://g1.globo.com/são-paulo/itapetininga-regiao/noticia/2012/04/ardencia-nos-olhos-em-frenta-ao-computador-pode-ser-evitada.html>. Acessado em: 13 jan. 2015.

(PJ-e) regulamentado pela Resolução CSJT n. 94/12 (posteriormente substituída pela Resolução CSJT n. 136/14), sob amparo da Lei n. 11.419/06, e que rompeu com os paradigmas tradicionais do processo.

O apelo do processo judicial eletrônico reside nas facilidades que podem ser constatadas, na própria idealização do sistema, tais como o menor afluxo de pessoas nos fóruns e tribunais trabalhistas, otimização de espaços, facilidade de consulta aos autos processuais, com o simples acesso à rede mundial de computadores e, mais importante, acena objetivamente com a observância da duração razoável do processo (art. 5º, LXXVIII, CR) e a efetividade da tutela jurisdicional trabalhista, que são o mote da Justiça Especializada.

Sem desconhecer as dificuldades e o fato de que não se trata de um produto pronto e acabado, somos levados a concluir que não há possibilidade de retrocesso, e sim que o processo judicial eletrônico veio para ficar e vai se difundir pela Justiça brasileira, impossibilitando que as futuras gerações de profissionais da área jurídica tenham contato prático com os mecanismos tradicionais de documentação processual concebidos no auge do século passado.

Neste trabalho, não discutimos as funcionalidades do sistema de processo judicial eletrônico nem sua relação com os tradicionais princípios do direito processual, mas sim externamos preocupação com as condições de trabalho dos magistrados e servidores do Poder Judiciário, notadamente o trabalhista, onde o sistema de PJ-e está em plena difusão, a exemplo do que vem fazendo o próprio Conselho Superior da Justiça do Trabalho.

As vantagens advindas aos jurisdicionados, que possuem direito à tutela jurisdicional célere e eficaz, não podem se sobrepor ao necessário cuidado com a saúde e segurança dos usuários internos (magistrados e servidores), que estão amparados na mesma Constituição da República (art. 7º, XXII).

Neste sentido, precisamos envidar esforços para identificação dos riscos à saúde de magistrados e servidores do Judiciário, em face das novas rotinas de trabalho, e repensar a necessidade de intervalos regulares e jornadas de trabalho especiais, que são elementos integrantes do conceito amplo de normas de medicina e segurança do trabalho e, com esse objetivo, podemos nos socorrer de algumas normas regulamentadoras da Portaria n. 3.214/78 do Ministério do Trabalho e Emprego, que foram objeto de breve estudo nos tópicos anteriores. Nosso objetivo foi apenas de lançar ideias básicas para a crítica e reflexão dos leitores, na esperança de que surjam as soluções necessárias.

REFERÊNCIAS BIBLIOGRÁFICAS

ALMEIDA, Cleber Lúcio de. *Direito processual do trabalho*, Belo Horizonte: Del Rey, 2006.

ANJOS, Brenda Reis dos. *O meio ambiente do trabalho e os processos judiciais eletrônicos: o paradigma do mundo virtual e seus efeitos para os servidores forenses*. Revista Veredas do Direito, Belo Horizonte, v. 10, n. 20, p. 257-288, jul/dez. 2013.

ASSIS, Luís Fabiano de. *Ergonomia. Análise ergonômica do trabalho. In:* SCHWARZ, Rodrigo Garcia, 1971 (org.) Dicionário de direito do trabalho, de direito processual do trabalho, de direito previdenciário aplicado ao direito do trabalho. São Paulo: LTr, 2012. p. 427-429.

AZEVEDO, Henriete de Almeida; FONSECA, Maria Aparecida dos Santos; BRETÃS, Waldemir Maciel. Ergonomia aplicada ao processo judicial eletrônico no Tribunal Regional do Trabalho da 1ª Região. *Revista do TRT-1ª Região*, Rio de Janeiro, v. 23, n. 52, p. 155-163, jul/dez. 2012.

CASTELLS, Manuel. *A galáxia internet — reflexões sobre Internet, negócios e sociedade.* Lisboa: Fundação Calouste Gulbenkian, 2004.

FEÓLA, Luis Fernando. *Prática jurídica no PJe/JT — processo judicial eletrônico na Justiça do Trabalho*. São Paulo: LTr, 2014.

FREIRE, Rodrigo da Cunha Lima. *Direito fundamental à tutela jurisdicional efetiva na sociedade informacional. In:* O direito na sociedade da informação (coord. Liliana Minardi Paesani). São Paulo: Atlas, 2007. p. 305-306.

GARCIA, Gustavo Filipe Barbosa. *Terceira fase da reforma do Código de Processo Civil*. São Paulo: Método, 2006, vol. 2.

LEAL JÚNIOR, Cândido Alfredo Silva. As mudanças no trabalho judiciário e a saúde dos usuários: efeitos da virtualização dos processos judiciários. *Revista CEJ*, Brasília, ano 17, n. 61, p. 122-132, set./dez. 2013.

MALLET, Estêvão. O processo do trabalho e as recentes modificações do código de processo civil. *Revista LTr* 70, São Paulo, n. 06, junho de 2006, p. 668-675, junho/2006.

MARTINS, Adalberto. Justiça do trabalho: uma visão atualizada. *Revista do curso de Direito do Centro Universitário das Faculdades Metropolitanas Unidas*. São Paulo, Ano 19, n. 27, p. 58-64, 2005.

_____. *A penhora on line no processo do trabalho. In:* PAESANI, Liliana Minardi (coord.). O direito na sociedade da informação. São Paulo: Atlas, 2007. p. 317-333.

_____. A legislação processual trabalhista e o uso da internet. *Revista Mestrado em Direito — Direitos humanos fundamentais*, do Centro Universitário FIEO, Osasco, Ano 07, n. 01, Osasco, p. 185-193, jan/jun. 2007.

ROMITA, Arion Sayão. *Globalização da economia e direito do trabalho*. São Paulo: LTr, 1997.

_____. *Segurança e Medicina do Trabalho*. 74. ed. São Paulo: Atlas, 2014.

VIEIRA, Antonio Alcio. A súmula n. 337 do TST em face da nova Lei n. 11.341/2006, *LTr Suplemento Trabalhista* 114/06, São Paulo, p. 481-485, 2006.

Acidente do Trabalho e Doenças Ocupacionais
— Nexo Epidemiológico —

Sebastião Geraldo de Oliveira[*]

1. INTRODUÇÃO

Cabe, de início, enaltecer com entusiasmo a proposta do Tribunal Regional do Trabalho da 2ª Região de organizar em um livro artigos doutrinários com o propósito de fortalecer e dar suporte teórico ao Programa do Trabalho Seguro, concebido e implementado pela Justiça do Trabalho.

Os gestores regionais do referido programa que atuam na 2ª Região assimilaram rapidamente o espírito desta inédita iniciativa da Justiça do Trabalho. Em pouco tempo foram realizados diversos encontros, palestras, seminários e celebradas importantes parcerias para conjuntamente atuar no sentido de promover o direito ao meio ambiente do trabalho seguro e saudável, bem como para combater as causas dos acidentes e das doenças ocupacionais, tudo isso sem prejuízo da regular atuação na magistratura.

O Programa do Trabalho Seguro avança em todas as regiões do País especialmente pela colaboração de magistrados idealistas, incomodados com as condições de trabalho no Brasil e com as elevadas estatísticas acidentárias. Nas salas de audiência das Varas do Trabalho diariamente comparecem trabalhadores mutilados, amputados, deformados, cegos, adoecidos, viúvas ou viúvos e órfãos, cujos acidentes, na sua grande maioria, poderiam ter sido evitados.

Diante desse cenário aflitivo e constrangedor a Justiça do Trabalho tomou uma atitude proativa: além de amparar as vítimas deferindo os direitos cabíveis, resolveu também contribuir para atuar na raiz do problema, com o propósito de atribuir à palavra prevenção toda a amplitude do seu real significado.

Não basta ao ordenamento jurídico assegurar direitos reparatórios aos lesados (monetização do risco, segundo a visão da infortunística); é imperioso, também, exigir que o empregador ou o tomador dos serviços, com a colaboração dos trabalhadores, adotem todos os recursos e tecnologias disponíveis para evitar as lesões e os adoecimentos (visão prevencionista). Na escala de valores, acima dos direitos decorrentes do trabalho, estão as garantias possíveis da preservação da vida e da integridade física e mental do trabalhador.

O juiz contemporâneo já não atua somente nos limites dos autos do processo, indiferente e insensível à realidade que o cerca, já que pode contribuir muito com o seu conhecimento e capacidade de mobilização no sentido de conscientizar e dar mais efetividade às normas preventivas.

Entendemos que o objetivo de elevar a prevenção de uma conduta apenas desejável para uma necessidade imperiosa somente será alcançado por intermédio de uma política de conscientização massiva permanente, para tornar real o que já é legal. Além de dar concretude ao princípio constitucio-

---
(*) Desembargador do TRT da 3ª Região. Gestor Nacional do Programa de Trabalho Seguro da Justiça do Trabalho. Membro da Academia Brasileira de Direito do Trabalho.

nal da dignidade da pessoa humana, poupa muitas dores e economiza vidas.

2. NEXO CAUSAL COMO PRESSUPOSTO DA INDENIZAÇÃO

Na teoria clássica da responsabilidade civil, para que o lesado tenha direito à indenização alguns pressupostos são imprescindíveis: o dano injusto, o nexo causal e a culpa do causador do dano ou a exploração de atividade de risco.

A exigência do nexo causal como requisito para obter a indenização encontra-se expressa no art. 186 do Código Civil quando menciona "aquele que ... *causar* dano a outrem." Pode até ocorrer o deferimento da indenização sem que haja culpa, como previsto no art. 927, parágrafo único, do Código Civil, mas é incabível o ressarcimento quando não ficar comprovado o nexo que vincula o dano ao seu indigitado causador.

A necessidade de estabelecer o liame causal como requisito da indenização funda-se na conclusão lógica de que ninguém deve responder por dano a que não tenha dado causa. "Se houve o dano mas sua causa não está relacionada com o comportamento do lesante, inexiste relação de causalidade e também a obrigação de indenizar." [1]

Assevera a professora Gisela Sampaio: "Para que se configure a obrigação de indenizar, não basta que o agente haja procedido contra o Direito, nem que tenha criado um risco, tampouco que a vítima sofra um dano; é preciso que se verifique a existência de uma relação de causalidade a ligar a conduta do agente, ou sua atividade, ao dano injustamente sofrido pela vítima." [2]

Nas ações indenizatórias acidentárias, o nexo causal é o vínculo que se estabelece entre a execução do serviço (causa) e o acidente do trabalho ou doença ocupacional (efeito). Assim, uma vez constatado que o empregado foi vítima de algum acidente ou doença cabe verificar em seguida o pressuposto do nexo causal, isto é, se há uma relação de causa e efeito ou liame de causalidade entre tal evento e a execução do contrato de trabalho. Se o vínculo causal for identificado, então estaremos diante de um acidente do trabalho conforme previsto na legislação; no entanto, se não for constatado, torna-se inviável deferir qualquer indenização.

Como visto, nem todo acidente ou doença que acomete o empregado tem relação com o cumprimento do contrato de trabalho, pelo que, muitas vezes, não se consegue constatar o nexo causal para fundamentar o pedido de indenização em face do empregador.

3. A SUBNOTIFICAÇÃO DOS ACIDENTES DO TRABALHO

Com receio das repercussões onerosas, muitos empregadores sonegam a comunicação do acidente do trabalho, procurando impedir a publicidade do sinistro.

Um número expressivo de acidentes do trabalho no sentido técnico, especialmente os de trajeto e as doenças ocupacionais, são enquadrados como ocorrências comuns, por falta de iniciativa ou de empenho para verificação do nexo causal com o trabalho. O próprio empregado inicialmente se acomoda com a situação quando é informado que não terá prejuízo com um ou outro enquadramento, porquanto, desde a Lei n. 9.032/1995, a Previdência Social igualou o valor dos benefícios nas duas hipóteses.

A empresa, por sua vez, nem sempre se empenha para emitir a CAT porque o enquadramento do evento como acidente do trabalho, além de gerar a estabilidade provisória no emprego após cessar o benefício previdenciário, quando o afastamento for superior a 15 dias, acarreta a obrigação de depositar o FGTS no período. Ademais, a indenização por responsabilidade civil prevista no art. 7º, XXVIII, da Constituição da República, exige a prévia caracterização da ocorrência como acidente do trabalho, sendo este, provavelmente, o fato mais temido pelo empregador. É fácil concluir, portanto, que além da subnotificação explícita, há outra mascarada, mais sutil, que reduz a estatística dos acidentes do trabalho, mas sobrecarrega o desembolso dos benefícios previdenciários.

A subnotificação dos acidentes do trabalho no Brasil sempre foi apontada pelos estudiosos como obstáculo para que as vítimas pudessem auferir os direitos cabíveis. Vejam no quadro abaixo uma síntese das consequências jurídicas para o empregado e para o empregador, decorrentes da caracterização do afastamento como acidente do trabalho (Benefício acidentário), em comparação com o simples afastamento por acidentes ou doenças não relacionados ao trabalho (Benefício previdenciário):

---

(1) GONÇALVES, Carlos Roberto. *Comentários ao Código Civil*. São Paulo: Saraiva, 2003. v. 11, p. 318.
(2) CRUZ, Gisela Sampaio da. *O problema do nexo causal na responsabilidade civil*. Rio de Janeiro: Renovar, 2005. p. 4.

Consequências jurídicas do enquadramento do evento como acidente do trabalho	Afastamento previdenciário	Afastamento acidentário
1. Garantia provisória de emprego — Lei n. 8.213/1991, art. 118.	Não	Sim
2. Depósito do FGTS no período do afastamento — Decreto n. 99.684/1990, art. 28.	Não	Sim
3. Dispensa período carência para auferir determinados benefícios perante o INSS — Lei n. 8.213/1991, art. 26.	Não	Sim
4. Majoração da alíquota do seguro de acidente do trabalho — Decreto n. 3.048/1999, art. 202-A.	Não	Sim
5. Possíveis efeitos criminais — Código Penal.	Não	Sim
6. Possíveis multas aplicadas pela Inspeção do Trabalho.	Não	Sim
7. Possível ação regressiva do INSS em face do empregador — Lei n. 8.213/1991, art. 120.	Não	Sim
8. Possível indenização do empregador pelos diversos danos sofridos pelo acidentado.	Não	Sim

Em razão das diferentes consequências jurídicas acima enumeradas, a vítima, após tomar conhecimento dos seus prováveis direitos, empreende vigoroso empenho para enquadrar o evento no conceito legal de acidente do trabalho, enquanto o empregador concentra esforços para demonstrar que o sinistro não guarda relação de causalidade com o exercício da atividade profissional. Nisso reside, por certo, a explicação para o alto volume de subnotificação dos acidentes do trabalho.

4. CRIAÇÃO DO NEXO TÉCNICO EPIDEMIOLÓGICO — NTEP

A norma legal atribui ao empregador a obrigação de expedir a Comunicação do Acidente do Trabalho — CAT, sob pena de multa, ficando dispensada, assim, a vítima ou seus dependentes da iniciativa do requerimento dos benefícios acidentários. Estabelece a Lei n. 8.213/1991:

> Art. 22. A empresa deverá comunicar o acidente do trabalho à Previdência Social até o 1º (primeiro) dia útil seguinte ao da ocorrência e, em caso de morte, de imediato, à autoridade competente, sob pena de multa variável entre o limite mínimo e o limite máximo do salário de contribuição, sucessivamente aumentada nas reincidências, aplicada e cobrada pela Previdência Social.

A previsão legal e a sanção estabelecida não impediam o elevado número de subnotificação, o que levou o legislador a quebrar o monopólio da emissão da CAT. Com efeito, desde a promulgação da sétima lei acidentária em 1991, a CAT também pode ser emitida pelo próprio acidentado, seus dependentes, a entidade sindical competente, o médico que o assistiu ou qualquer autoridade pública, mesmo depois de vencido o prazo fixado para a comunicação pela empresa[3]. Além disso, passou-se a exigir a emissão da CAT em quatro vias, com a seguinte destinação: 1ª via — INSS; 2ª via — Segurado ou dependente; 3ª via — Sindicato dos trabalhadores; 4ª via — Empresa[4].

Entretanto, essa mudança legal de 1991 não obteve o efeito esperado. A experiência demonstrou que raramente o próprio acidentado ou seus dependentes emitem a CAT, tanto por desconhecimento quanto por dificuldade operacional. Além disso, a CAT emitida pela entidade sindical passou a ser vista com reserva ou desconfiança pela Previdência Social[5]. Nos anos seguintes percebeu-se que

---

(3) Lei n. 8.213, de 24 jul. 1991, art. 22, § 2º ou Decreto n. 3.048, de 6 maio 1999, art. 336, § 3º. A Instrução Normativa do INSS/PRES n. 45/2010 relaciona, no art. 359, § 2º, quais são as autoridades que podem emitir a CAT: "Para efeito do disposto no § 1º deste artigo, consideram-se autoridades públicas reconhecidas para tal finalidade os magistrados em geral, os membros do Ministério Público e dos Serviços Jurídicos da União e dos Estados, os comandantes de unidades militares do Exército, da Marinha, da Aeronáutica e das Forças Auxiliares (Corpo de Bombeiros e Polícia Militar), prefeitos, delegados de polícia, diretores de hospitais e de asilos oficiais e servidores da administração direta e indireta federal, estadual, do Distrito Federal ou municipal, quando investidos de função."

(4) A Ordem de Serviço INSS/DSS n. 621/1999, que aprovou o modelo do formulário da comunicação, estabelecia que a CAT deveria ser emitida com seis vias, sendo a 5ª via para o SUS e a 6ª via para a DRT. No entanto, a Instrução Normativa INSS/DC n. 118/2005 e mais recentemente o art. 357 da Instrução INSS/PRES n. 45/2010 limitaram a emissão às quatro vias indicadas no art. 22, § 1º, da Lei n. 8.213/1991 (INSS, Segurado, Sindicato e Empresa).

(5) Os sindicatos sempre reclamam de um certo preconceito ou desatenção por parte do INSS, em relação às Comunicações de Acidentes do Trabalho por eles emitidas. Para afastar essa suspeita, a Diretoria de Benefícios do INSS baixou o Memorando Circular n. 48, de 31 de outubro de

a subnotificação ao invés de recuar, cresceu ainda mais, especialmente pela ampliação dos direitos do acidentado e pelos maiores ônus atribuídos ao empregador.

Diante da subnotificação amplamente praticada, buscou-se uma nova tentativa de coibir tal conduta. A Resolução n. 1.269/2006 do Conselho Nacional de Previdência Social, sobre o nexo técnico epidemiológico e o fator acidentário de prevenção, lançou as bases teóricas para a presunção de causalidade ocupacional do acidente do trabalho, comparando a classificação do adoecimento — CID com a classificação da atividade econômica — CNAE, utilizando-se uma grande massa de dados dos afastamentos previdenciários de 2000 a 2004. Percebeu-se, então, que algumas patologias eram mais frequentes para os trabalhadores de determinado segmento econômico, em razão da atividade empresarial desenvolvida.

Em 2006 o Presidente da República editou a Medida Provisória n. 316/2006 propondo o reconhecimento do acidente do trabalho junto a Previdência Social por presunção, sempre que fosse constatado o nexo epidemiológico entre o trabalho e o agravo sofrido pelo empregado[6]. Alguns trechos da exposição de motivos da mencionada Medida Provisória apontam a justificativa para a instituição do nexo técnico epidemiológico e detalham os fundamentos da metodologia para reconhecimento do nexo por presunção:

> *"7. Diante do descumprimento sistemático das regras que determinam a emissão da CAT, e da dificuldade de fiscalização por se tratar de fato individualizado, os trabalhadores acabam prejudicados nos seus direitos, em face da incorreta caracterização de seu benefício. Necessário, pois, que a Previdência Social adote um novo mecanismo que segregue os benefícios acidentários dos comuns, de forma a neutralizar os efeitos da sonegação da CAT.*
>
> *8. Para atender a tal mister, e por se tratar de presunção, matéria regulada por lei e não por meio de regulamento, está-se presumindo o estabelecimento do nexo entre o trabalho e o agravo, e consequentemente o evento será considerado como acidentário, sempre que se verificar nexo técnico epidemiológico entre o ramo de atividade da empresa e a entidade mórbida relacionada na CID motivadora da incapacidade.*
>
> *9. Essa metodologia está embasada na CID, que se encontra atualmente na 10ª Revisão. Em cada processo de solicitação de benefício por incapacidade junto à Previdência Social, consta obrigatoriamente o registro do diagnóstico (CID-10) identificador do problema de saúde que motivou a solicitação. Esse dado, que é exigido para a concessão de benefício por incapacidade laborativa, independentemente de sua natureza acidentária ou previdenciária, e cujo registro é de responsabilidade do médico que prestou o atendimento ao segurado, estabelece a relação intrínseca entre a incapacidade laboral e a entidade mórbida que a provocou.*
>
> *10. Assim, denomina-se Nexo Técnico Epidemiológico a relação entre Classificação Nacional de Atividades Econômicas — CNAE e o agrupamento CID-10. É, na verdade, uma medida de associação estatística, que serve como um dos requisitos de causalidade entre um fator (nesse caso, pertencer a um determinado CNAE-classe) e um desfecho de saúde, mediante um agrupamento CID, como diagnóstico clínico. Por meio desse nexo, chega-se à conclusão de que pertencer a um determinado segmento econômico (CNAE-classe) constitui fator de risco para o trabalhador apresentar uma determinada patologia (agrupamento CID-10)."*[7]

Houve forte reação da classe patronal à metodologia proposta para o nexo epidemiológico, instaurando-se acirrada polêmica na Câmara dos Deputados, com apresentação de 33 emendas ao texto inicial da Medida Provisória. Quando da votação do Projeto de Lei de Conversão, a bancada governista negociou um texto intermediário, adotando o nexo causal epidemiológico, mas com algumas atenuantes e ressalvas, dentre elas a possibilidade de interposição de recurso administrativo pela empresa na Previdência Social, com efeito suspensivo. Após os embates no Poder Legislativo, foi aprovado o texto que resultou na introdução do art. 21-A na Lei n. 8.213/91, com o seguinte teor:

> *Art. 21-A. A perícia médica do INSS considerará caracterizada a natureza acidentária da incapacidade quando constatar ocorrência de nexo técnico epidemiológico entre o trabalho e o agravo, decorrente da relação entre a atividade da empresa e a entidade mórbida motivadora da incapacidade elencada na Classificação Internacional*

2005, esclarecendo aos setores internos que a CAT emitida pelo Sindicato profissional da categoria não pode ser recusada, pois tem o mesmo valor probatório daquela providenciada pela empresa.

(6) Redação proposta pela MP n. 316/2006, ao introduzir o art. 21-A na Lei n. 8.213/1991: "Art. 21-A. Presume-se caracterizada incapacidade acidentária quando estabelecido o nexo técnico epidemiológico entre o trabalho e o agravo, decorrente da relação entre a atividade da empresa e a entidade mórbida motivadora da incapacidade, em conformidade com o que dispuser o regulamento."

(7) Disponível em: <www.planalto.gov.br>.

de Doenças (CID), em conformidade com o que dispuser o regulamento.

§ 1º A perícia médica do INSS deixará de aplicar o disposto neste artigo quando demonstrada a inexistência do nexo de que trata o caput deste artigo.

§ 2º A empresa poderá requerer a não aplicação do nexo técnico epidemiológico, de cuja decisão caberá recurso com efeito suspensivo, da empresa ou do segurado, ao Conselho de Recursos da Previdência Social.

Essa mudança legal reforçou sobremaneira a técnica da inversão do ônus da prova em favor do acidentado, pois incorpora a figura do nexo causal epidemiológico, ou seja, de acordo com a significância dos dados estatísticos sobre as doenças ocupacionais em determinada empresa, catalogados pela Previdência Social a partir dos benefícios efetivamente concedidos, ocorrerá a presunção de que o adoecimento foi causado pelo exercício do trabalho. O Médico do Trabalho e Auditor Fiscal do Ministério do Trabalho, Mário Bonciani, bem explica o princípio da inversão do ônus da prova que orientou a implantação do Nexo Técnico Epidemiológico:

> Frente à suspeita (a partir de informações epidemiológicas) de relação entre uma doença e uma atividade laborativa, quem tem mais condições de bancar a contraprova, o trabalhador ou o empregador? Vamos lembrar que é o empresário quem conhece e determina as máquinas, os equipamentos e os produtos que são utilizados no processo produtivo, bem como a forma como o trabalho é organizado. É também ele quem define o profissional técnico que lhe dará assessoria, portanto, tem a posse do PCMSO, PPRA, PCMAT etc. Com a presença de suspeita de nexo (informada por meio do NTEP), seria justo manter a situação atual, onde o trabalhador é que tem que arcar com o ônus da comprovação do nexo? O justo é que, havendo evidências epidemiológicas de que determinado segmento produtivo tem maior incidência de determinada doença, um trabalhador, com tal doença e com atividade compatível, seja caracterizado a princípio como doença do trabalho. Evidente que poderá não ser. Mas caberá ao empresário provar.[8]

Para o Secretário da Previdência Social *Helmut Schwarzer*, o nexo epidemiológico é uma metodologia que serve para identificar se existe correlação entre determinado setor de atividade econômica e certas doenças, de acordo com levantamentos realizados durante vários anos em diversas bases de dados com registros de pagamentos de benefícios[9].

Como previsto na lei, a Previdência Social, considerando a significância estatística, deverá reconhecer o afastamento de natureza acidentária (e não só previdenciária), sempre que se verificar a ocorrência do nexo técnico epidemiológico, entre o ramo de atividade econômica da empresa e a entidade mórbida motivadora da incapacidade[10]. Aliás, se for constatada a presença do nexo epidemiológico pelos dados disponíveis, a perícia médica do INSS somente poderá deixar de reconhecer a natureza acidentária do benefício quando dispuser de informações ou elementos circunstanciados e contemporâneos ao exercício da atividade do trabalhador que evidenciem a inexistência do nexo causal entre o agravo e o trabalho[11].

Segundo Paulo Rogério de Oliveira "o NTEP consiste em estabelecer uma relação (nexo), ao se considerar o conhecimento científico acumulado (técnico) entre as populações de incapacitados (acidentados-adoecidos) com a respectiva população trabalhadora (epidemiológico) vinculada ao INSS (previdenciário), de modo a definir uma matriz que correlacione a atividade econômica da empresa (grupo homogêneo de exposição) com as entidades mórbidas de seus trabalhadores"[12].

Vencidos os primeiros sete anos de vigência do NTEP a Previdência Social reconheceu o elevado número de 1.228.195 casos de acidente do trabalho pela presunção do nexo entre o trabalho e o agravo, cujos trabalhadores estariam na categoria dos acidentes subnotificados. Vejam os números oficiais na tabela abaixo, conforme dados disponíveis nos Anuários Estatísticos da Previdência Social:

---

(8) Cf. *Revista CIPA*, São Paulo, Ano XXVIII, n. 329, p. 72, abr. 2007.
(9) Cf. *Revista Proteção*, Novo Hamburgo, Ano XX, n. 185, p. 34, maio 2007.
(10) O detalhamento quanto ao método de apuração do Nexo Técnico Epidemiológico foi feito pelo Decreto regulamentar n. 6.042/2007, com os acréscimos dos Decretos n. 6.957/2009 e 7.126/2010. Conferir também a Instrução Normativa INSS/PRES n. 45, de 6 ago. 2010.
(11) Instrução Normativa INSS/PRES n. 31, de 10 set. 2008, art. 6º, § 3º.
(12) OLIVEIRA, Paulo Rogério Albuquerque. *Uma sistematização sobre a saúde do trabalhador:* do exótico ao esotérico. São Paulo: LTr, 2011. p. 90. O autor é considerado um dos idealizadores da criação do NETP.

Ano	Acidentes do trabalho com CAT emitida	Acidentes do trabalho sem CAT emitida	Total
2007	518.415	141.108	659.523
2008	551.023	204.957	755.980
2009	534.248	199.117	733.365
2010	529.793	179.681	709.474
2011	543.889	176.740	720.629
2012	546.222	167.762	713.984
2013	559.081	158.830	717.911
Soma	3.782.671	1.228.195	5.010.866
Percentual	75%	25%	100%

5. ARGUIÇÃO DE INCONSTITUCIONALIDADE DO NTEP

A Confederação Nacional da Indústria — CNI ajuizou Ação direta de Inconstitucionalidade junto ao Supremo Tribunal Federal — ADI n. 3.931 — argumentando que o art. 21-A da Lei n. 8.213/91, introduzido pela Lei n. 11.430/2006 e os parágrafos 3º, 5º e 13 do art. 337 do Decreto n. 3.048/99, acrescentados pelo Decreto n. 6.042/2007, violam frontalmente os arts. 5º, XIII; 7º, XXVIII e art. 201, § 1º da Constituição da República.

Em princípio não vislumbramos o vício das inconstitucionalidades alegadas mormente porque a técnica da presunção é aplicada em diversos dispositivos do ordenamento jurídico nacional, admitindo-se, todavia, que a parte interessada possa produzir provas em sentido contrário. O Perito Judicial da Previdência tem toda autonomia e independência para fazer o diagnóstico e classificar a doença, formando-se o nexo epidemiológico se houver significância estatística na comparação da doença diagnosticada com a atividade econômica do empregador. Ademais, o dispositivo legal autoriza a perícia médica do INSS deixar de aplicar o nexo epidemiológico quando restar demonstrada a inexistência do nexo, bem como assegura ao empregador a interposição de recurso administrativo contra a aplicação do nexo técnico epidemiológico, com efeito suspensivo. Assim, não há violação do princípio do devido processo legal, do contraditório e da ampla defesa. Os eventuais desvios da presunção aplicada para constatação do nexo epidemiológico podem ser corrigidos por intermédio das exceções lançadas nos parágrafos do art. 21-A acima transcrito.

O processo da ADI n. 3.931 foi distribuído no STF à Ministra Carmen Lúcia no ano de 2007 e o acompanhamento do andamento processual, no início de 2015, não indica previsão da data de julgamento. Apesar do pedido de liminar formulado pela CNI, a relatora, em razão da complexidade da matéria, decidiu primeiramente ouvir a Advocacia Geral da União e a Procuradoria Geral da República, examinando, assim, o mérito definitivamente, conforme admite o art. 12 da Lei n. 9.868/99.

É oportuno mencionar que as decisões dos Tribunais Federais estão considerando a validade do nexo técnico epidemiológico, como se verifica nos acórdãos seguintes:

Processo civil. Mandado de segurança. Aplicação do nexo técnico epidemiológico. Comunicação ao empregador. Necessidade de efetiva ciência. I — A Lei n. 11.430/2006, ao inserir o artigo 21-A à Lei n. 8.213/91, implementou significativa alteração no sistema de prova do acidente de trabalho, introduzindo o Nexo Técnico Epidemiológico — NTEP. O NTEP é uma presunção legal relativa, significando uma inversão do ônus da prova em prol da vítima. Logo, para a parte empregadora se esquivar das repercussões nas esferas trabalhistas e tributárias da caracterização da doença como ocupacional, poderá requerer ao INSS a não aplicação do nexo técnico epidemiológico ao caso concreto, mediante a demonstração de inexistência de correspondente nexo causal entre o trabalho e o agravo. II — Diante das consequências gravosas que podem advir à esfera jurídica do empregador, é mister seja dada efetiva ciência ao empregador, a tanto não equivalendo a mera disponibilização de consulta ao sítio eletrônico da autarquia previdenciária, sendo que a exigência de que a empresa acesse o sítio do INSS para ter ciência de decisões administrativas viola os princípios do contraditório e da ampla defesa. III — Remessa oficial desprovida. TRF da 3ª Região. 2ª Turma. REOMS n. 0004366-35.2010.4.03.6104, Rel.: Des. Federal Peixoto Junior, *DJ* 14 nov. 2013.

Tributário. Ilegitimidade passiva do INSS. Riscos ambientais do trabalho (RAT-SAT-FAP). Lei. Decreto. Utilização de nexo epidemiológico. Ausência de prova. 1. O INSS não tem legitimidade passiva para a demanda, uma vez que, com o advento da Receita Federal do Brasil, deixou de ter legitimidade passiva para ações envolvendo o recolhimento de contribuições previdenciárias, na forma do art. 2º da Lei 11.457/2007. 2. A regulamentação da metodologia do FAP através dos Decretos n.s 6.042/2007 e 6.957/2009 e das Resoluções MPS/CNPS ns. 1.308/2009, 1.309/2009 e 1.316/2010 não implica afronta ao princípio da legalidade (art. 150, inc. I, da CF), já que as disposições essenciais à cobrança da contribuição se encontram delineadas nas Leis ns. 8.212/91 e 10.666/03. 3. Matéria já analisada pela Corte Especial deste Tribunal, na sessão de 25.10.2012, ao julgar a Arguição De Inconstitucionalidade N. 5007417-47.2012.404.0000, na qual se rejeitou a alegação de inconstitucionalidade do artigo 10 da Lei n. 10.666/2003, com declaração da constitucionalidade da contribuição destinada ao Seguro do Acidente do Trabalho — SAT/RAT prevista no artigo 10 da Lei n. 10.666/2003 com a aplicação do Fator Acidentário de Prevenção — FAP. 4. Não se pode olvidar que o seguro de acidentes de trabalho integra a Previdência Social, a qual está calcada na solidariedade social (art. 195 da CF/88). 5. Os documentos destinados à prova dos fatos alegados devem ser apresentados em juízo com a petição inicial (art. 283 do CPC), cabendo à parte autora comprovar suas afirmações e seu direito constitutivo (art. 333 do CPC). 6. Não comprovado pela autora que a incapacidade que atingiu os funcionários não tinha relação com as atividades por eles desempenhadas, não há como se determinar a exclusão dos Nexos Causais Epidemiológicos em relação a estes funcionários. TRF da 4ª Região, APELREEX n. 5001353-20.2010.404.7201, 1ª Turma, Relator p/ Acórdão Jorge Antonio Maurique, juntado aos autos em 22.8.2014.

6. REPERCUSSÕES DO NTEP NAS AÇÕES INDENIZATÓRIAS

Qual a importância do reconhecimento do nexo técnico epidemiológico para o julgamento das ações indenizatórias por acidente do trabalho ou doenças ocupacionais?

Como acima mencionado, para que a vítima tenha direito às reparações acidentárias por responsabilidade civil, é imprescindível a comprovação do dano, do nexo causal e da culpa ou atividade de risco do empregador.

Uma vez reconhecido o nexo técnico epidemiológico cria-se em favor da vítima a presunção do nexo causal. Entretanto, por se tratar de presunção *juris tantum*, poderá o empregador apresentar provas em sentido contrário, demonstrando que aquele acidente ou adoecimento, diferentemente do que a estatística sugere, não teve vínculo causal com a execução do contrato de trabalho. Por se tratar de presunção relativa, o indeferimento da prova pelo juízo trabalhista para esclarecer efetivamente o nexo causal configura cerceamento do direito de defesa, passível de gerar nulidade. Nesse sentido é oportuno citar recentes decisões dos Tribunais Trabalhistas:

Recurso de revista. Nulidade. Cerceamento de defesa. Perícia. Indeferimento. 1. Configura cerceamento de defesa o indeferimento de realização de perícia médica cujo objeto seria aferir a existência de nexo causal entre moléstia profissional e o trabalho prestado à empresa como pressuposto para exame do pedido de reintegração e de indenização por dano moral. 2. A circunstância de o INSS reconhecer o acidente de trabalho, para fins previdenciários, não obsta a pertinência e relevância de tal prova técnica quando a caracterização do acidente de trabalho constitua questão prejudicial para o acolhimento, ou não, de pedido de reintegração ou de verbas rescisórias, além de indenização por dano moral. Robustece semelhante convicção a constatação de que o INSS adota a presunção relativa decorrente do nexo técnico epidemiológico, passível de ser infirmada em juízo. 3. Ademais, ao Juiz não é dado cercear o direito de a parte produzir prova sobre fato relevante, pertinente e controvertido da lide e, ainda assim, proferir decisão de mérito contrária aos seus interesses. 4. Nulidade tipificada, por cerceamento de defesa. Vulneração reconhecida ao art. 5º, inciso LV da Constituição Federal. 5. Recurso de revista de que se conhece e a que se dá provimento para anular o processo, em relação ao pedido de reintegração e de indenização por dano moral, a partir da Audiência em que se indeferiu o requerimento de realização de perícia médica." TST. 4ª Turma. RR n. 65100-66.2009.5.06.0171, Rel.: Ministro João Oreste Dalazen, *DJ* 31 out. 2014.

Doença ocupacional. Depressão. Nexo Técnico Epidemiológico e presunção dele decorrente. Provas que ilidem a presunção. Nexo causal não configurado. O Nexo Técnico Epidemiológico (NTEP) relaciona as atividades econômicas com as doenças verificadas no ambiente de trabalho, e estipula relações de presunção entre ambas para fins de pagamento de benefícios previdenciários. Admite-se a adoção das presunções fixadas mediante o NTEP, conforme lista "C" do Decreto n. 3.048/99, para o reconhecimento de responsabilidade civil do empregador e da natureza ocupacional da doença. Contudo tais presunções podem ser ilididas por outras provas em juízo. Demonstrada por prova pericial a origem não ocupacional da depressão, e ausente prova que demonstre ambiente de trabalho de elevado estresse e pressão ilícita exercida pelo empregador, afasta-se o nexo de causalidade entre tal doença e o trabalho. São Paulo. TRT 2ª Região. 6ª Turma. RO n. 02197003020095020018, Rel.: Des. Rafael Edson Pugliese Ribeiro, *DJ* 14 abr. 2014.

Doença do trabalho. Nexo técnico epidemiológico. Presunção relativa do nexo de causalidade. Nexo previdenciário infirmado por prova em contrário. O nexo técnico epidemiológico permite o reconhecimento de incapacidade derivada do trabalho pela Previdência Social mediante correlação entre a atividade econômica da empregadora e a doença, gerando presunção relativa de nexo de causalidade com o trabalho (Lei n. 8.213/91, art. 21-A). No entanto, mesmo que estabelecido o nexo entre o agravo e o trabalho pela Previdência Social, a ocorrência de nexo técnico epidemiológico gera presunção legal juris tantum, ou seja, pode ser infirmada por prova em contrário, especialmente prova pericial e oral produzida nos autos. Comprovada a ausência de nexo causal, escorreita a sentença que acolheu as conclusões periciais e indeferiu os pedidos decorrentes de suposta doença ocupacional. Negado provimento ao recurso ordinário do reclamante. Paraná. TRT 9ª Região. 2ª Turma. RO n. 03033-2010-303-09-00-6, Rel.: Cláudia Cristina Pereira, *DJ* 10 set. 2014.

A decisão administrativa do INSS, apesar de todos os atributos do ato administrativo, não vincula o Poder Judiciário. Pode ser que as provas produzidas no âmbito trabalhista apontem uma conclusão diversa, evidenciando que aquele adoecimento não guarda vínculo etiológico com o exercício da atividade laboral. Mas, se o empregador não apresentar provas convincentes para afastar a presunção, tem-se como atendido o pressuposto do nexo causal para fins da reparação civil.

Aliás, o Enunciado n. 42, aprovado por ocasião da 1ª Jornada de Direito Material e Processual do Trabalho realizada em Brasília, em novembro de 2007, também adota este entendimento: "**Acidente do trabalho. Nexo técnico epidemiológico.** Presume-se a ocorrência de acidente do trabalho, mesmo sem a emissão da CAT — Comunicação de Acidente de Trabalho, quando houver nexo técnico epidemiológico conforme art. 21-A da Lei n. 8.213/1991."

7. CONCLUSÃO

Entendemos que a adoção do NTEP trouxe um reforço importante na legislação de saúde do trabalhador ao permitir revelar o que ficava encoberto, ou seja, muitas doenças causadas pelo trabalho não eram identificadas como tal, gerando benefícios de natureza simplesmente previdenciária, sem viabilizar para a vítima os direitos decorrentes dos afastamentos acidentários. Em apenas sete anos da sua vigência já foram contabilizados 1.228.195 casos de eventos acidentários que no passado pesavam somente nas contas da Previdência Social.

Outro efeito importante do NTEP foi despertar a sociedade e os empregadores para o imperativo da prevenção dos acidentes do trabalho e das doenças ocupacionais, propiciando a adoção de medidas adequadas em face dos números revelados. É certo que há críticas dos estudiosos na sistemática do NTEP, apontando algumas incongruências da metodologia, que podem ensejar o aperfeiçoamento da ferramenta; todavia, as falhas pontuais não invalidam o conjunto lógico do sistema que já vem trazendo benefícios.

O nexo causal é pressuposto indispensável para se concluir pela responsabilidade civil do empregador pelo acidente do trabalho. Apesar da sua importância para o resultado das demandas trabalhistas, há carência da legislação a respeito da sua configuração.

O nexo causal epidemiológico surge como presunção legal favorável à vítima porque facilita a caracterização do evento como de natureza acidentária, independentemente da emissão da CAT. Além disso, atua fortemente para combater a postura deliberada de alguns empregadores de não notificar a ocorrência acidentária.

A caracterização do nexo técnico epidemiológico não autoriza concluir automaticamente pela responsabilidade civil do empregador, mas inverte o ônus da prova em favor da vítima. Reconhecido o NTEP presume-se o fato constitutivo do direito invocado, cabendo ao empregador o ônus de provar os fatos impeditivos, modificativos ou extintivos. Se ele não desincumbir desse encargo, prevalece a presunção estatística de acordo com os postulados da epidemiologia.

Com certeza a instituição do nexo técnico epidemiológico estabelece um marco normativo destacado para fortalecer o direito ao trabalho seguro e saudável e se consolida como inteligente instrumento para combater a nociva prática da subnotificação.

REFERÊNCIAS BIBLIOGRÁFICAS

CRUZ, Gisela Sampaio da. *O problema do nexo causal na responsabilidade civil*. Rio de Janeiro: Renovar, 2005.

GONÇALVES, Carlos Roberto. *Comentários ao Código Civil*. São Paulo: Saraiva, 2003. v. 11.

OLIVEIRA, Paulo Rogério Albuquerque. *Uma sistematização sobre a saúde do trabalhador:* do exótico ao esotérico. São Paulo: LTr, 2011.

OLIVEIRA, Sebastião Geraldo de. *Indenizações por acidente do trabalho ou doenças ocupacionais*. 8. ed. São Paulo: LTr, 2014.

OLIVEIRA, Sebastião Geraldo de. *Proteção jurídica à saúde do trabalhador*. 6. ed. São Paulo: LTr, 2011.

As Doenças Psicossomáticas Decorrentes do Ambiente de Trabalho
— Prevenção e Boas Práticas —

Margarida Maria Silveira Barreto[(*)]
José Roberto Montes Heloani [(**)]

INTRODUÇÃO

O tema que nos propomos a debater neste artigo, — a questão das doenças psicossomáticas decorrentes do ambiente do trabalho — constitui uma reflexão complexa. Isso nos impõe traçar algumas proposições que mostrem —, mesmo que de forma breve —, a dimensão inter-relacional entre as doenças psicossomáticas, a organização do trabalho, os riscos psicossociais e as relações laborais que são oriundas e tecidas no cotidiano organizacional. Neste sentido, muitos pesquisadores têm falado que os fatores psicossociais relacionados ao trabalho, constituem riscos à saúde, tanto no que diz respeito às questões de saúde mental quanto a fadiga e estresse laboral (OIT, 1984). Daí a importância de compreendê-los, realizando um enfoque que os incluam na categoria de novos riscos e cuja ação preventiva, seja determinante para um ambiente saudável, o que contribui para a existência de boas condições de saúde mental dos trabalhadores. Mas, cabe lembrarmos que a interação entre os trabalhadores e o meio ambiente de trabalho ocorre tanto pelas condições de trabalho como por suas habilidades e necessidades humanas o que inclui suas emoções e sentimentos; suas percepções, criatividade e tomada de decisões.

Assim, tentaremos responder, mesmo que de forma breve, as duas interrogativas que interagem no local de trabalho: o que é a saúde mental e o que são os fatores psicossociais no meio ambiente do trabalho? Em relação à primeira, a Organização Mundial de Saúde (OMS, 2001, 2005) e a Organização Internacional do Trabalho (OIT), nos dirão que a saúde mental é o estado de bem-estar no qual o trabalhador realiza as suas capacidades; pode fazer face ao estresse normal da sua vida; pode trabalhar de forma produtiva e frutífera; pode contribuir para a comunidade em que se insere.

Por outro lado, quando falamos dos fatores psicossociais no trabalho, estamos refletindo a respeito das percepções, experiências e relações interpessoais que se estabelecem entre todos os membros da uma dada organização hierárquica. Significa falar das múltiplas exigências do trabalho, tais como o ritmo alucinante e consequente limitações cronológicas, as exigências objetivas, mas nem sempre coerentes e transparentes, os turnos e jornadas estendidas cujo limite se pauta pela exaustão. Portanto, os riscos psicossociais são produtos tangíveis em suas consequências, embora "invisíveis" no que concerne a certos resultados psicológicos, físicos e sociais negativos que decorrem de uma concepção

---

(*) Médica do Trabalho e Higienista Ocupacional; Doutora em Psicologia Social pela Pontifícia Universidade Católica de São Pulo- PUC/SP. Coordenadora da Rede Nacional de Combate ao Assédio Laboral e outras manifestações de violência no trabalho.

(**) Bacharel em Ciências Jurídicas e Psicólogo. Livre-Docente e Professor Titular na Faculdade de Educação e no Instituto de Filosofia e Ciências Humanas da Universidade Estadual de Campinas (UNICAMP). Também é conveniado à Université Paris X, Nanterre.

de organização e gestão inadequadas do trabalho, conforme explicitado pela (OSHA, 2014).

Certamente, a falta de respeito, o assédio sexual e moral, sem falar na constante dificuldade em conciliar os compromissos laborais e familiares (OSHA, 2014), decorrem de um meio ambiente laboral constituído por perigoso "ciclo vicioso" das equivocadas condições de trabalho, nas quais a ocultação do desgaste aos próprios olhos "daqueles-que-vivem-do-seu-trabalho" se naturaliza e padroniza. Enfim, estamos nos referindo às idiossincrasias e singularidades de cada pessoa e suas respostas ao imposto, em suma, das interações entre o indivíduo — "homem" que trabalha — e a organização. Em suma, na gênese dos riscos psicossociais não se pode deixar de mencionar o contexto social, que inclui situações em que existe falta de reconhecimento e apoio da administração e mesmo dos colegas.

Lembremos que o trabalho inclui as habilidades e necessidades dos trabalhadores em seu entorno laboral sem, contudo, esquecermos sua dimensão particular e reservada que se expressam na constituição da identidade profissional e coletiva. No meio ambiente de trabalho, as tarefas, as jornadas, as exigências, dizem respeito a forma de organizar o trabalho (OIT, 1984), enquanto as diferentes reações que encontramos no meio ambiente do trabalho guardam relações com a capacidade e expectativas de cada trabalhador em relação ao que realiza.

Deste modo, a interação entre os fatores psicossociais e a saúde em geral, nos remete a ideia que "sentir bem-estar" é estar e ter harmonia no meio ambiente de trabalho; é ter autonomia e ser reconhecido, uma vez que o bem-estar revela um estado dinâmico da mente com as necessidades e expectativas dos trabalhadores. Todos nós estamos expostos a tensões e conflitos, o que vai demandar em sentidos e significados que contemplam tanto o corpo biológico como o histórico-social; o existencial; as relações de poder e hierarquias; a dimensão da afetividade ética e os direitos humanos fundamentais. Portanto, ter saúde é uma maneira de abordar a existência com uma sensação não apenas de possuidor ou portador, mas também, se necessário, de criador de valor, de instaurador de normas vitais (Canguilhem, 2012).

Quando se trabalha em um ambiente caracterizado por pressão moral generalizada, em que prevalece o controle, as punições, ridicularizações e disciplinarização do corpo, falta de reconhecimento e desvalorizações, recriminações e constrangimentos, esse ambiente gera insegurança, desordem do estado de ânimo, medo do devir, angústia e estresse.

Se pensarmos no que ocorre após a consolidação do modelo neoliberal em quase todo o planeta e suas repercussões no mundo do trabalho, o quadro não é animador. Exemplificamos com dados empíricos, irrefutáveis, da OSHA (2011), e que dizem respeito aos países desenvolvidos. Ou seja, quando falam do estresse laboral, os números são assustadores, em especial na educação e setor da saúde. Na Eslovênia (relatado por 60% de trabalhadores); na Grécia e Letônia (relatado por 54% dos trabalhadores da educação e 52% dos trabalhadores da saúde).

Mesmo nos países onde o nível geral de estresse foi inferior à média da UE, como Reino Unido, República Checa e Holanda, mais de 20% dos trabalhadores da educação e do setor da saúde reconheceram sofrer estresse laboral; os trabalhadores de transporte e comunicação na Grécia, relatam que em torno de 65% sofrem deste mal. Quase 50% de todos empregados do mesmo setor na Eslováquia e Suécia, e mais de 40% na Polônia e Portugal afirmaram que o estresse laboral afetou negativamente a sua saúde e segurança. Por outro lado, os dados (OSHA, 2011) mostram que o estresse, depressão, ansiedade, foram causas de ausências de mais de 14 dias em setores como a saúde e trabalho social.

Ademais, a comunidade europeia mediante o seu comitê de Pesquisas de Trabalho reconhece que muitas profissões estão submetidas a diferentes formas de pressão moral e até mesmo violência física. Em 2005, por exemplo, as ameaças de violência física foram relatadas por trabalhadores da educação e saúde (14,6%), transportes e comunicações (9,8%), hotéis e restaurantes (9,3%) e serviços, lojas e comércio (9,2%). A violência física (de pessoas de fora da empresa) foi experimentada por 8,4% dos trabalhadores em educação e saúde, 7,4% em hotéis e restaurantes, 7,2% nos transportes e comunicações e 6,8% em serviços, lojas e comércio. O assédio moral e sexual foi relatado principalmente nos setores como hotéis e restaurantes (referido por 8,6% dos trabalhadores), educação e saúde (7,8%) e transportes e comunicações (6,9%).

Em nosso país, por exemplo, de um universo de 9.606 trabalhadores pesquisados de diferentes categorias e setores, encontramos 74,5% de trabalhadores que narram, literalmente, não ter ajuda mútua no local de trabalho; por outro lado, 97% afirma que as informações são truncadas e consequentemente não circulam no coletivo ou sequer os superiores hierárquicos passam as informações necessárias para a realização das tarefas.

Essa dimensão que tangencia o conceito de boicote na comunicação nos obriga a admitir uma deliberada degradação do ambiente laboral e das relações interpessoais que se evidencia em maior grau quando nos relatam que tiveram a sua saúde prejudicada (71%). Vale a pena observar que nada menos que 41% dos respondentes foram obrigados a se render às circunstâncias e tiveram que pedir demissão. Como se não bastasse, 60% dos pesquisados se sentem culpados quando não conseguem responder positivamente às metas que lhes são impostas.

Como se vê, uma parcela significativa de pessoas, em princípio honestas e trabalhadoras, se sentem culpadas, sofrem e adoecem em função de regras heterônomas. Introjetam a sanção, mesmo que injusta, ou melhor, se fazem sofrer por não serem super-homens ou supermulheres, por não possuírem os "mágicos" poderes dos cortejados ressiliente, aqueles que emergem do fogo como fênix, ou melhor, sob qualquer circunstância produzem sem adoecer.

Mas os dados empíricos de um mundo do trabalho "patologizado" nos abrigam a enxergar mais longe, embora, sinceramente, preferíssemos não ver essa triste realidade: 88% dos subordinados atribuem ao seu chefe a capacidade de impor uma pressão moral generalizada, caracterizada por agressões, ameaças e humilhações. Pior, se admitirmos que segundo esses respondentes (80%), seus superiores hierárquicos têm consciência do mal infringido, cumprindo, sem titubear, as ordens superiores, ou seja, da alta administração. Como corolário dessa situação, mais de 69% das pessoas pesquisadas reconhecem que o ambiente no qual passam boa parte de suas vidas é bastante competitivo.

Quer seja na comunidade europeia ou qualquer outro continente, tais atitudes causam dor moral e sofrimento psíquico ao coletivo de trabalho. Ademais, a pedagogia do medo se torna presente, pois o não cumprir as ordens proferidas parece ser uma sentença de morte. Aqui, estamos diante de uma anomia, na medida em que as emoções tristes ou alegres são indicadores importantes da "vida-viva-e-vivida" no espaço laboral. Expressam falta de autonomia e criatividade, esgarçamento dos laços fraternos que podem levar a sensação de vazio e de inutilidade. Neste sentido, os afetos constituem variáveis importantes para definirmos um estado de bem-estar. Cabe perguntarmos: é possível que as novas mudanças do mundo do trabalho interferiram na saúde mental dos trabalhadores? Destarte, o componente técnico organizacional coligado à precarização e intensificação do trabalho condiciona o aparecimento de vários distúrbios relacionados ao trabalho, a exemplo das alterações musculoesqueléticas.

Aqui, poderíamos acrescentar que as reestruturações não somente provocam desemprego e ideação suicida, mas podem desencadear diversos transtornos e levar até a morte por suicídio. Se a crise tem justificado as demissões massivas, por outro lado, tem sido pretexto para o aumento das terceirizações, como forma de diminuir gastos e aumentar a produtividade e lucratividade. Perante este panorama de mudanças e crises, a mundialização da economia, a dimensão global dos negócios e os avanços tecnológicos levaram, de forma direta, a profundas transformações na organização do trabalho e relações laborais. Isto significa que os processos de trabalho mudaram, a produtividade tornou-se onipresente e onipotente, refletindo a fotografia contemporânea das organizações. No cotidiano fabril, as novas exigências impuseram aos trabalhadores a flexibilidade das jornadas, dos salários, dos empregos e a intensificação do ritmo, o que acarreta a precarização estrutural. O processo de terceirizações e quarteirizações ampliaram a fratura nos direitos dos trabalhadores o que significa a "transferência de atividades empresariais consideradas secundárias para outra empresa, que intermedeia a prestação de serviços em prol do tomador, a fim de permitir que os destinatários finais do labor prestado atenham-se à sua atividade principal" (Ramos e Dutra, 2013). Estes trabalhadores externos à empresa indicam uma franja de insegurança no trabalho, revelando uma imagem precarizante dos novos servos.

Aqui, cabe perguntamos: com a heterogeneização, fragmentação, complexificação do processo de trabalho e da classe-que-vive-do-trabalho, quais as consequências que essa nova trama traz a vida e saúde dos trabalhadores? Qual o sentido da vida, onde não há solidariedade e tempo para tecer amizades, ajudar o outro em dificuldades, criar e ter autonomia, ser reconhecido e respeitado naquilo que faz, enfim, construir uma identidade coletiva e fortalecer a individual? Embora as empresas tenham usado e abusado de novas estratégias gerenciais, seu corpo de comando — alta gerência e profissionais técnicos — não estão preparados para compreender a "turbulência emocional" e problemas que têm causado a milhares de trabalhadores/as com as suas novas formas de organizar e administrar o trabalho.

As pressões constantes por maiores metas impostas de forma unilateral associada às humilhações e desqualificações, geram uma constelação de sentimentos negativos expressos na perda de prazer e interesse, sensação de vazio, apatia, ansiedade, variados medos, angústia, solidão, desespero, tensão, irritabilidade, concentração rebaixada, indecisão, autoculpa, pessimismo, crise de ideais e valores, pensamento suicida, insônia, aumento ou diminuição do apetite, diminuição do desejo sexual, dores corporais como cefaleias, lombalgias, dores articulares e sintomas viscerais da ordem do sistema gastrintestinais e cardiovasculares. Sem falar na perda do emprego pois esse constitui um "grande golpe", na medida em que cria problemas econômicos e causa estragos à estima e autoimagem da pessoa, interferindo em sua identidade e subjetividade e muitas vezes, desorganizando a família.

Pela sua abrangência e complexidade e como forma de suportar as infidelidades do meio, muitos trabalhadores preferem ignorar o estado real usando como estratégia a defesa de negação ("aqui não vai acontecer isso"; "aqui não vai passar") e continuam trabalhando mesmo adoecidos. A negação serve de "amortizador" para reduzir o estresse, a fadiga, o medo que todo ato de violência leva consigo. Contudo, essa negação é uma contrapressão em relação ao intolerável. Afinal, diz o provérbio popular: "Cabeça que não pensa... coração que não sente". Enquanto isso, a empresa reafirma a ideologia do CRIMESTOP[1], ou seja, estimula-se uma estupidez protetora que vai se conformando ante os circuitos de televisão, as normas, os novos discursos e a nova linguagem (colaboradores, pertencimento, assertivo, produtivo, crescimento) sob a batuta dos olhares vigilantes que controlam corpos e mentes.

Entretanto, não é tão simples. O que deve ser observado é que neste procedimento está presente a ideia de prevenção de comportamentos inadequados aos interesses das organizações e, concomitantemente, a sujeição a uma eticidade e moralidade inerentes a tal programa. Assim, tais ações conotam um enlevo com a sustentabilidade, ética institucional e aspectos relevantes à responsabilidade social. A negação esconde uma ansiedade antecipatória: o medo que ocorra de novo, aquilo que não deseja: ser humilhado. O círculo vicioso que se estabelece, gera mais ansiedade, mais medo, um pouco mais de ansiedade, assinalando uma negação paradoxal.

RISCOS INVISÍVEIS NA BASE DOS TRANSTORNOS MENTAIS

Na esfera da saúde do trabalhador, o estudo das enfermidades do campo da saúde mental, procura compreender as formas particulares do adoecer em cada categoria profissional, considerando o processo de trabalho, as práticas gerenciais e a relação destas doenças com os novos riscos não visíveis emergentes e relacionados às novas tecnologias. Os distúrbios de comportamento e sintomas neuróticos presentes, em especial, nos setores de call-center, telemarketing e informática, por exemplo, não ocorrem por mero acaso. São práticas recorrentes, nestes casos, o controle do tempo na satisfação das necessidades fisiológicas, a sexualização do ambiente de trabalho utilizada como "técnica motivacional", o uso de fraldão para homens e mulheres impedindo-os de sair da produção e mesmo a infantilização e ridicularização daqueles que não alcançam as metas. Como consequência de todos esses fatores, a fadiga mental tornou-se a grande companheira de todos aqueles que trabalham para o seu sustento.

O modelo biomédico dominante nas empresas reflete a forma como os médicos do trabalho têm tratado a saúde mental, demonstrado pouco interesse em estudar os riscos e determinar os fatores psicossociais presentes no processo de trabalho. As estatísticas e números quando usados de forma preponderante e solitária mostram-se incapazes de expressar a profundidade da dor moral e do sofrimento psíquico de um trabalhador ou mesmo do coletivo.

Afirmamos isso, pois, não obstante as diferenças entre os estilos de vida e a vulnerabilidade dos próprios trabalhadores, os fatores psicossociais associados aos novos métodos de administrar e organizar o trabalho, a riscos mais comuns têm a ver com o tipo de tarefas executadas pelos trabalhadores — por exemplo, se as tarefas são monótonas ou complexas — e com a intensidade do trabalho.

---

(1) CRIMESTOP é um termo usado por George Orwell em seu livro 1984. Significa o controle dos indivíduos pelo Estado. Neste artigo, nos referimos às empresas com seus sistemas de vigilância acuradas e constante punição àqueles que não alcançaram as metas.

A intensidade elevada de trabalho está associada a efeitos negativos em termos de saúde e bem-estar, tendo especialmente a ver com a pressão moral generalizada no trabalho. Logo, a violência e o assédio registram-se com maior frequência, mas têm uma relação fortemente negativa com o bem-estar. Outras condições de trabalho, tais como um bom equilíbrio entre vida profissional e pessoal, bem como o apoio social, exercem uma influência positiva. hipersolicitação no trabalho, a competitividade estimulada, a quebra dos laços de camaradagem e solidão, a falta de autonomia e exigência de excelência, surgem como uma das principais causas de individualismo e sofrimento ético-político, o que levará a sérios problemas à saúde física/mental da classe trabalhadora.

Aqui cabe mais uma vez perguntar: o que são os fatores psicossociais no trabalho? São riscos não visíveis. **É consenso entre os organismos internacionais (OIT, 1984; OMS, 2001/2005) que os fatores psicossociais são decisivos tanto em relação às causas como à prevenção de doenças e promoção a saúde dos trabalhadores.** Patologias que são ocasionadas, em especial, pelo processo de trabalho, ou melhor, pelos novos modos de gerenciamento. Entre as mais frequentes, destacamos as fadigas, o estresse, os transtornos psíquicos como esgotamento profissional ou burnout; o estresse pós-traumático, o aumento do uso de fármacos para suportar as demandas e a dependência às drogas.

Quando falamos de riscos laborais pensamos sempre nos fatores físicos, (cortes, caídas, golpes...), assumindo um conceito de saúde muito simples e esquecemo-nos dos riscos psicossociais e, com isso, perdemos a dimensão psicológica e social que abarca a nossa saúde. Independente das características individuais das pessoas, existem condições de trabalho derivadas da organização do trabalho. Existem estudos internacionais e em nosso país, o suficiente para mostrar que esses fatores psicossociais prejudicam a saúde daqueles que vivem do seu trabalho. Portanto, os fatores psicossociais tanto podem desencadear doenças ou agravar uma patologia pré-existente, constituindo sua concausa, como podem contribuir no tempo de uma reabilitação e promover a saúde dos trabalhadores, via novas práticas.

Os distúrbios psicofisiológicos, as doenças, os acidentes, a morte precoce, os suicídios têm elos fortes com os processos históricos de trabalho, e a cultura organizacional, o que significa que os danos orgânicos e psíquicos estão intimamente entrelaçados (Seligmann-Silva, 1997). Neste sentido, as defesas e estratégias desenvolvidas pelos trabalhadores como, por exemplo, a negação individual tem como causa a organização do trabalho, os modos e condições de trabalho nocivas.

O trabalho constitui uma categoria central para entendermos a sociedade, sendo importante na compreensão do processo saúde-doença. Assim, pode constituir-se em fonte de prazer, estruturando as dimensões biopsíquicas, social, cultural, ambiental e familiar. Entretanto, quando existem atos de violência continuada e cotidiana, o trabalho materializa-se como dor moral, sofrimento psíquico, isolamento, doenças, acidentes e, até mesmo, mortes.

Esse mal-estar generalizado está relacionado ao modo de administrar aos gritos, palavrões e ameaças: assedio sexual e laboral, o que banaliza a violência, transformando o ambiente de trabalho no lugar de metabolização da barbárie. Não há espaço para afetividade ética; as agressões e discriminações aumentam; a competitividade torna o ambiente desagradável e individualista; as pressões por metas cada vez maiores imperam, a violência psicológica torna-se a arma dos gestores que também são pressionados o que gera um ambiente de mal-estar coletivo.

Essa referida dimensão se deve, principalmente, ao aumento das tensões laborais. A impossibilidade de controlar o trabalho desencadeia um sentimento de impotência que se expressa na temporalidade (meu futuro é incerto; tenho medo de ser demitido etc.); na motivação (não tenho forças; sinto-me cansado; estou desanimado) ou no valor (não valho nada; sinto-me inútil; não sei o que fazer para melhorar). Muitos ante essa situação não se retiram no silêncio do abatimento ou isolamento, mas no ruído da violência, no consumo de drogas, no presenteísmos. Essas situações geram perturbações dos vínculos, das identidades, dos projetos pessoais e coletivos, ante uma cultura que cultua o sucesso a qualquer custo e a solução individual. São os caminhos para a solidão e a destruição do coletivo de trabalho, pois este só pode existir no reconhecimento da dignidade do outro, mesmo que esse outro não consiga ser excelente no "cumprimento de prazos e metas". Portanto, esse mal-estar apresenta quatro dimensões paradoxais e causais:

1. O paradoxo do êxito, sucesso e participação

O trabalhador é cada vez mais convocado a realizar-se como indivíduo e contribuir com o sucesso e crescimento da empresa; cumprir com os desígnios de sua vida em consonância com a missão da empresa, ou seja, proporcionar um ambiente de trabalho favorável para gerar novos negócios e novas perspectivas de carreira. Paradoxalmente, o trabalhador encontra cada vez mais dificuldades para tal realização devido a difícil relação entre os três níveis: o perfil de profissional exigido, as estruturas de decisão das empresas e o nível de um ambiente de trabalho cada vez mais complexo, difuso e competitivo, o que torna quase impossível delimitar e ver sua própria contribuição e ascensão por meios éticos.

2. O paradoxo do valor próprio e os sonhos individuais

A empresa procura trabalhadores qualificados, excelentes, que não adoeçam, não faltem ao trabalho e tenham elasticidade espiritual. Exige do trabalhador conhecimento, habilidade e que sejam flexíveis no cumprimento das jornadas. Enfim, um verdadeiro guerreiro da produção. Na dinâmica do sistema liberal, o trabalhador deve centrar-se sobre sua própria subjetividade, sua individualidade e assim orientar suas ações e sua vida para o melhoramento do seu Eu. Entretanto, como fortalecer esse Eu em um ambiente de competição e no qual predomina o esgarçamento dos laços afetivos com os pares? Sabemos que a individualidade humana é uma construção histórica. E cada individualidade humana conserva em si e para si uma historia de vida/história do trabalho. Todo ser humano caracteriza-se pela individualidade, subjetividade e alteridade. A subjetividade do homem que trabalha expressa seu modo de ser, fala dos modos de andar a vida. Mas, na medida em que não se realiza enquanto ser para si mesmo, torna-se ser-para-os-outros.

A luta pela preservação do emprego degrada frequentemente aquele que vive do trabalho. Reduz os sonhos, sequestra a confiança no futuro, desagrega as relações laborais, dissemina e naturaliza o mal estar da consciência intranquila, como lembra o pesquisador Giovanni Alves (2012).

3. Autonomia versus metas

O trabalhador vive em corporações que estimula de forma direta a ultrapassagem diária das metas, como forma de manter o emprego. Perguntamos: como ser um trabalhador que ganhe dinheiro rápido, faça sucesso, tenha autonomia se esse mesmo trabalhador se sente cada vez mais vigiado, controlado, atarefado, sobrecarregado, pressionado, solitário e impotente? Se sente cada vez mais incapaz de influenciar e contribuir para um sistema dominado por imperativos externos e uma tecnologia que aliena e escraviza?

O indivíduo se vê cada vez mais incapaz de realizar-se e por sua vez se sente cada vez menos reconhecido e mais incapaz de reconhecer seus pares e reconhecer-se no coletivo. Sente-se menos autônomo e menos capaz de mudar as coisas. Vê menos chances de ascensão profissional, exceto se aceitar determinadas práticas que envolvem corrosão do caráter, corrupção e mentiras. Aceitar, não denunciar e consentir.

4. O egocentrismo e a falácia do trabalho em equipe

O discurso organizacional se pauta pela defesa, quase incondicional do trabalho em grupo. Este teria como grande virtude, propiciar uma "grande sinergia positiva nos colaboradores". O problema é que esses mesmos colaboradores, desde muito cedo, ou seja, desde o processo seletivo, são avaliados pela sua "pro-atividade", por sua agressividade, por sua "resiliência", por sua capacidade de resolver rapidamente e sem muitas delongas, os problemas do mundo corporativo. Em outras palavras: a solução rápida e certeira é o que interessa. Como esta foi obtida, se de forma ética ou pouco honorífica, não tem muita importância, exceto se a mesma macular a imagem organizacional. Garantida a incolumidade midiática, nada há que obstar: afinal, o lucro garantido é sinal de vitória.

Em outros termos: o ideal de gestor para a empresa é aquele que apresenta comportamento e qualidades segundo as necessidades da empresa, ou seja, ter uma boa performance, ser inflexível no mando dos subalternos, não reclamar, não ouvir, exigir dos colaboradores mais produção e amedrontar quando necessário. Como todos nós sabemos, decisões democráticas, grupais, demandam um processo coletivo, uma escuta respeitosa e o difícil aprendizado da sincera e sofrida admissão do contraditório. Enfim, tudo que o perfil do "eventual selecionado" não possui.

Esse é o drama do sofrimento psíquico no trabalho que leva muitos ao suicídio, tornando a violência e humilhações insuportáveis. Assim o mal-estar vem tanto da sujeição como da opressão, pois o mundo do trabalho moderno ainda tem muito espaço para fofocas, intrigas, humilhações, discriminações, ameaças e até práticas racistas e homofóbicas, o que pode levar à morte por suicídio.

Vale lembrar Christophe Dejours (2009) quando afirma que um único suicídio no local de trabalho demonstra a acentuada desestruturação dos laços de camaradagem. Talvez esses suicídios nos mostrem as consequências de uma solidão involuntária que se impõe pela própria lógica laboral que vê no coletivo fraterno um desperdício de tempo, pois este deve, sempre, estar à mercê da produtividade e resolutividade.

Poderíamos perguntar, inspirados no médico gaúcho Álvaro Melro, o que faz um trabalhador sofrer e adoecer? Segundo ele, ao conflito permanente entre a qualidade do trabalho esperado e a quantidade a produzir; a densificação do trabalho; a supressão dos tempos mortos; a frustração por não poder fazer um trabalho de qualidade; as discriminações e humilhações no trabalho. Lembramos que os trabalhadores não desejam adoecer, sofrer acidentes, tirar a própria vida por suicídio, se aposentar precocemente ou afastar-se do trabalho por doenças. Esta situação é "imposta" e não um ato volitivo.

PREVENÇÃO E BOAS PRÁTICAS

Quando a rede de relações laborais em uma dada empresa é integrada, quando a coesão social é forte e as pessoas se consideram como parte vital desta empresa e não se sentem socialmente isoladas ou dominadas pela competitividade, constatamos que este tipo de organização social constitui um obstáculo para as enfermidades e o suicídio. Cabe uma pergunta: como vou prevenir se não conheço o processo de trabalho?

Podemos afirmar, com certeza, que o respeito é a condição "sine qua non" para que possa haver, de fato, prevenção e boas práticas. Este sentimento, se genuíno e verdadeiro, constitui a matéria prima sem a qual qualquer tentativa nesta área se torna mera enunciação vazia de intenções, portanto, sem eficácia. Kant (2010) nos ensina, em suas obras, que a dignidade humana não tem preço, porque, dentre outras características, é um bem intrínseco ao humano e, portanto, qualquer expropriação desta constitui, de per si, uma violência.

O que desejam os trabalhadores é serem respeitados e reconhecidos no seu fazer, ao invés de serem submetidos a um largo processo de dúvidas, interrogações, ameaças e pressões que torturam e causam erosão das emoções. Assim, a violência vivida pelos trabalhadores resulta de uma organização que privilegia um estilo de direção e governança autoritário e indiferente às necessidades elementares. É uma lógica que não privilegia o bem-estar e sequer reconhece o saber-fazer dos trabalhadores. Ao contrário; coloca em suas mãos a responsabilidade por seus atos e ações.

Na União Europeia existe uma preocupação preventiva que se traduz em um acordo entre parceiros sociais os quais elegeram algumas categorias como centrais à análise e compreensão dos riscos psicossociais no meio ambiente laboral, a saber:

1) Organização do trabalho e processos;

2) Condições de trabalho e ambiente;

3) Comunicação;

4) Fatores subjetivos.

Logo, qualquer intervenção que vise boas práticas e que privilegie a existência de um bom clima organizacional, deve levar em consideração estes aspectos, o que constitui um desafio para médicos e psicólogos do trabalho. Deste modo, entre as medidas aceitas internacionalmente, estão o reordenamento de tarefas: a modificação do conteúdo de trabalho; a valorização das funções; a rotatividade das tarefas. Em relação às medidas a serem adotadas, no espaço laboral, devemos atentar para uma organização do trabalho em que não haja sobrecargas de tarefas e que as mesmas não se estendam em demasia quanto ao horário formal. Se quisermos, de fato, mudanças e ganhos à saúde, é necessário que haja autonomia e liberdade para criar.

Portanto, as regras heterônomas são bem-vindas desde que tenham como norma geral a consulta daqueles a que se destinam, isto é, os trabalhadores. Neste sentido, faz-se mister aplicar, nos primeiros momentos da intervenção, um questionário de atos negativos (NAQ) para a avaliação do clima organizacional e medidas eficazes. Que as empresas tenham iniciativas como a ampla informação do que sejam os riscos psicossociais. Do lado governamental, que nossos mandatários estejam atentos às inspeções e ações de vigilância, centrando a atenção ao tipo de atividade, a intensificação do trabalho. Entretanto, reafirmamos que qualquer medida preventiva e que vise as boas práticas, só serão bem sucedidas se houver a anuência de todos os envolvidos e a humildade, principalmente por parte dos gestores, para aprender com a vivência do outro, escutando seu lamento e trocando a lógica do poder pela razão argumentativa, na qual o outro não é concorrente, mas parte de um processo complexo, porque humano, que tem como possibilidade de consenso a escuta respeitosa, não obstante, às vezes, discordante.

Entretanto, faz-se mister não esquecermos de fazer algo do ponto de vista preventivo; ou melhor, significa termos a coragem de produzirmos mudanças que, muitas vezes, alteram a organização do trabalho, como, por exemplo, o difícil, mas necessário, enfrentamento da sobrecarga de tarefas que acarreta isolamento e a assunção de uma lógica individualista. Esta induz à prevalência de atitudes competitivas e egoístas até quando não se torna necessário isso.

Portanto, a comunicação institucional deve primar pela transparência nos processos de trabalho, sem omissões, estimulando os empregados a participar do trabalho com ideias criativas e estímulo à solidariedade. Portanto, que todos tenham acesso às informações apropriadas sobre os riscos psicossociais, admitindo-os e compreendendo-os como fatores existentes, embora "invisíveis", reconhecendo na práxis a necessidade do respeito no trato das relações interpessoais.

REFERÊNCIAS BIBLIOGRÁFICAS

ALVES, Giovanni; VIZZACCARO-AMARAL, André Luís; MOTA, Daniel Pestana (Orgs). *Trabalho e estranhamento: saúde e precarização do homem que trabalha*. São Paulo: LTr, 2012.

CANGUILHEM, Georges. *O conhecimento da vida*. Rio de Janeiro: Forense, 2012.

CASTEL, Robert. *As metamorfoses da questão social*. Rio de Janeiro: Vozes, 1998.

DEJOURS, Christophe. *Trabajo y violencia*. Madri: Modus Laborandi, 2009.

KANT, Immanuel. *Critica da razão pura*. Calouste Gulbenkian. Portugal, 2010.

MARX, Karl. *Manuscritos econômico-filosófico*. São Paulo: Boitempo, 2004.

OIT. Informe del Comité Mixto de la OIT/OMS sobre Medicina del Trabajo. Factores Psicosociales en el trabajo: Naturaleza, incidencia y prevención, Genebra, 1984.

OMS — Organização Mundial de Saúde. Relatório sobre a Saúde no Mundo. Saúde Mental: Nova Concepção, Nova Esperança. Genebra, 2001.

OMS — Organização Mundial de Saúde. Livro de recursos da OMS sobre Saúde Mental, direitos Humanos e Legislação. Genebra, 2005.

ORWELL, George. *1984*. França: Gallimard. 1993.

OSHA — European Agency for Safety and Health at Work (EU-OSHA). Belgica, 2011.

OSHA — European Agency for Safety and Health at Work (EU-OSHA). Psychosocial risks in Prevention. Belgica, 2014.

RAMOS, Gabriel O; DUTRA, Renata Queiroz. *Tendências desmobilizadoras oriundas da terceirização e da precarização trabalhistas:* reflexos na atuação sindical. Texto apresentado no Congresso da Asociación Latinoamericana de Abogados Laboralistas — ALAL, Habana, 2013.

SELIGMANN-SILVA, Edith. Saúde mental e automação: a propósito de um estudo de caso no setor ferroviário. *Cadernos de Saúde Pública*, 13, 95-109, 1997.

Uso de Substâncias Entorpecentes no Trabalho: Doença ou Motivo para Ruptura Contratual?

Katia S. Piroli[*]

A resposta para a questão apresentada traz consigo um impasse inicial, já que o uso abusivo de sustâncias entorpecentes é *considerado doença e também é motivo para ruptura contratual*.

O embasamento para que o uso de entorpecentes seja considerado doença encontra-se na lista CID 10, que é uma *classificação internacional de doenças* publicada pela O.M.S. (Organização Mundial de Saúde), nos códigos que vão do F-10 ao F-19 (transtornos mentais devido ao uso de substâncias psicoativas) e, portanto, não é reconhecida somente no Brasil, como também mundialmente.

No artigo 482 da CLT todos os atos que constituem justa causa podem estar ligados direta ou indiretamente ao uso de substâncias entorpecentes, promovendo assim amparo na lei para a ruptura contratual. Vale ressaltar que já existem reversões de demissões por justa causa, inclusive baseadas na dispensa discriminatória.

Com estas afirmativas: é doença e é motivo para ruptura contratual, utilizarei então algumas contribuições da Psicanálise, que é outra área do conhecimento, para tentar compreender o que leva alguns indivíduos a fazer uso abusivo das substâncias entorpecentes. Essa questão é estudada por inúmeras vertentes. Pode ser pela via das identificações, das pulsões de vida e de morte, do narcisismo, da transgeracionalidade, e tantas outras. Escolhi a via da dependência-desamparo, pois me pareceu ser a que melhor daria subsídios para embasar o motivo pelo qual um indivíduo adicto pode ser considerado psiquicamente doente.

Neste texto ao invés da expressão *uso de entorpecentes* será utilizado o termo *adicção*, que engloba todos os tipos de vícios: álcool, cocaína, comida, sexo, jogo, trabalho, exercícios físicos, pornografia, internet, entre outros, e que aqui será utilizado para pensar somente no abuso do álcool e das drogas.

Para chegar às contribuições da psicanálise comecemos pelo que seria a adicção para o senso comum.

ADICÇÃO E SENSO COMUM

Comumente o adicto é visto principalmente como: *fraco, sem vergonha, sem caráter, sem força de vontade*. Isto o coloca numa categoria onde geralmente é humilhado ou torna-se motivo de chacota. Cenas comuns do dia a dia nos mostram usuários de crack sendo maltratados e o cambalear de um embriagado ser motivo de risos. Inúmeros são os personagens humorísticos baseados nos alcoolistas, um exemplo emblemático é *João Canabrava*, que no auge de sua popularidade, tinha como fãs as crianças que se divertiam ao imitar seus trejeitos. Drogas como o crack e a cocaína podem promover distorções da realidade, por exemplo, ver coisas que não existem e sentir-se perseguido sem motivo. Os usuários dessas drogas são muitas vezes chamados de *doidão* e *locão* demonstrando o menosprezo com

---

(*) Psicóloga, Psicanalista pelo Instituto Sedes Sapientiae. Mestre em Psicologia Infantil pela Universidade Guarulhos. Mestre em Psicanálise e Família pela Universidade São Marcos. Professora Assistente de Psicopatologia no curso de Psicologia da Universidade Guarulhos. Supervisora da Clínica Escola da Universidade Guarulhos. Membro filiado do Instituto de Psicanálise da Sociedade Brasileira de Psicanálise.

que são vistos. Não cabe aqui explanar sobre o porquê isso acontece e sim perceber que o senso comum tem uma forma distorcida de entender a adicção. Vejamos qual é visão da psicanálise e como ela pode contribuir para tentar tirá-la desta distorção.

ADICÇÃO E PSICANÁLISE

Para a psicanálise, a adicção seria uma espécie de sintoma que denuncia uma doença. Uma analogia que pode ajudar é a de um quadro febril, a febre não é uma doença, é um sintoma, um aviso que existe algo acontecendo no organismo, podendo ser desde uma simples gripe até uma infecção generalizada.

Da mesma forma, a adicção sinaliza um adoecimento psíquico, podendo ir desde uma neurose leve até perversões gravíssimas. Assim como a febre pode estar ligada a diversos níveis de adoecimentos físicos, *a adicção denuncia diferentes adoecimentos psíquicos e em variados graus de gravidade.*

A pergunta que a psicanálise vai se fazer é: *a serviço de que* a adicção está na vida deste indivíduo? A partir desta questão não se vai mais atrás do *porquê* ele usa o álcool ou a droga e sim *para que* ele os usa. Perguntas semelhantes, porém com respostas absolutamente distintas. Se você questionar um adicto com o *porquê* as respostas comumente vão girar em torno da negação do vício — eu não bebo, eu não uso, eu não bebo tanto assim, eu só uso de vez em quando. Caso ele venha a admitir o vício, e você perguntar *para que* ele usa, muito provavelmente ele não saberá responder. O *para que* virá ao longo do tratamento psicológico, numa construção dolorosa e muitas vezes insuportável. As recaídas poderão acontecer, assim como o abandono do tratamento.

Que construção é essa do como chegar ao *para quê*? Proponho aqui que façamos um trajeto de "fora" para "dentro", ou seja, que partamos do mundo externo e como ele contribui para a adicção até chegarmos ao mundo interno e tentar entender como funciona o psiquismo de um adicto. Iniciemos então tomando como pano de fundo o custo de sermos civilizados e o preço que pagamos por viver num momento histórico denominado sociedade pós-moderna.

DO HOMEM CIVILIZADO A SOCIEDADE PÓS-MODERNA

O homem civilizado

Vou utilizar agora de algumas concepções de Freud (1927/1980; 1930 [1929]/1980) para pensar o que seria o homem civilizado. Este autor nos diz que em algum momento da nossa evolução como espécie, nos tornamos civilizados, passamos a ser guiados pela cultura e iniciamos a viver em sociedade. Fizemos a transição do individual (viver sozinho) para o coletivo (viver em família). Aponta que: "O sofrimento nos ameaça a partir de três direções: nosso próprio corpo, condenado à decadência e à dissolução (...); do mundo externo, que pode voltar-se contra nós com forças de destruição esmagadoras e impiedosas; e, finalmente, de nossos relacionamentos com outros homens" (p. 95). *Sendo que este último talvez seja o mais penoso de todos.*

De uma existência onde podíamos praticamente tudo, três proibições nos são impostas: o canibalismo, o incesto e a ânsia de matar, ou seja, a partir daqui não se pode mais comer o semelhante, os genitores passam a ser proibidos como objeto sexual e também não se pode mais cometer assassinato.

Durante a construção deste longo processo civilizatório muitas leis, normas, regras e limites passam a existir para que possamos viver em sociedade: não roubar, não mentir, não usar a violência, não discriminar, e inúmeras outras, ou seja, estamos o tempo todo impedidos de realizar *plenamente* todos os nossos desejos, *definitivamente não podemos tudo.*

Além do submetimento a tudo o que foi até aqui exposto, temos também as questões da denominada sociedade pós-moderna.

A *sociedade pós-moderna*

Nos dias atuais vivemos na chamada sociedade pós-moderna. Vou aqui utilizar das concepções de Lipovetsky (1989, 2004) que alega que vivemos na *era do vazio* e que nos encontramos imersos na angústia. Explica que estamos cada vez mais voltados para as sensações, com isto o mundo passa a ser vivido com uma alarmante busca pelo prazer sensorial que vem da pele, dos ouvidos, da boca, do nariz e dos olhos. O tato passa pela tatuagem — marca que nunca mais se apaga, pircings enfeitam a pele, alargadores adornam as orelhas. A audição é inundada pelo volume altíssimo das músicas, ouvidas com fones, ou seja, diretamente dentro do ouvido. A visão torna-se escravizada pelos celulares e computadores, os olhos fixam-se nas imagens. O paladar e o olfato são invadidos pelo mundo do álcool e da droga. Sendo assim as sensações são as privilegiadas e os direitos e deveres perdem sua importância. Encontramo-nos focados no presente e num discurso sedutor que vai ao extremo quando estimula o prazer a qualquer preço. Somos empurrados cada vez mais na busca do novo, substituir o útil pelo fútil.

Outro autor que pode aqui nos ajudar a entender este momento é Baumam (1998). Ele nos aponta uma importante mudança quando sugere que a *modernidade sólida* cessa de existir, e, em seu lugar, surge a *modernidade líquida*. Nela tudo é inconsistente, as relações humanas são descartáveis. Estes aspectos do discurso pós-moderno nos insere na *era da incerteza*, não existe certeza de nada, não existe modelo. Alega ainda que este discurso pós-moderno prioriza o consumismo, o individualismo, os ideais de perfeição, o prazer pleno, a imediatez, entre outras.

Com a imediatez tudo o que não é muito rápido, *tem que ser*, não existe tempo de espera, é o tempo da urgência. Não existe espaço para as prioridades. *O discurso da contemporaneidade é o das respostas imediatas, solo fértil e extremante facilitador para as adicções*: álcool, drogas, comida, sexo, tecnologias, jogo, trabalho, exercícios físicos, *qualquer coisa que entre no lugar da falta* e produza prazer imediato.

Com o que vimos na chamada sociedade pós-moderna podemos perceber que ela nos exige uma forma de existir muito penosa, acentuando um sentimento muito difícil de tolerar: o *desamparo*.

O ADICTO FRENTE A CIVILIZAÇÃO E A SOCIEDADE PÓS-MODERNA

A adicção dissolve limites, normas, regras, conceitos morais, éticos, tudo aquilo que dá suporte para o indivíduo civilizado viver em sociedade — *a lei deixa de existir*. O álcool e a droga fazem este indivíduo sentir que *pode tudo*, abre-se, inclusive, à possibilidade para duas das três proibições primordiais que nos são impostas: o assassinato e o incesto.

Se estamos cada vez mais voltados para as sensações, o álcool e a droga promovem praticamente todos os tipos de experiências sensoriais. A boca engole os mais variados tipos de comprimidos, é invadida por quantidades exageradas de bebida, fica repleta de fumaça. A fumaça sai pelo nariz, pelo nariz entra o pó. A pele é perfurada pelas seringas que injetam a droga diretamente na corrente sanguínea. As sensações podem ir ao extremo e passar para o campo das patologias abrindo-se assim o mundo das alucinações: ouvem o que não está presente — sussurros eróticos, gritos desesperados, o som dos anjos, a voz de Deus; enxergam o diabo, seres luminosos, monstros, elfos; gostos e cheiros que não estão presentes são sentidos — veneno, sangue, ferrugem; sentem na pele algo que não existe — baratas andam pelos braços, cobras rastejam pelas pernas. Veremos adiante que neste mundo de sensações a *função do pensamento* encontra-se profundamente prejudicada.

Se estamos cada vez menos voltados para os direitos e deveres, o álcool e a droga autorizam o adicto a não ter dever nenhum, nem com nada, nem com ninguém — nem com ele mesmo. Ao sentir que não tem deveres para com outras pessoas, confirma-se que tudo é inconsistente e que as relações humanas são descartáveis. Sem *deveres* parece sobrar-lhe somente o *direito* de embriagar-se e drogar-se.

Num momento histórico onde não existe certeza de nada, não existe modelo, e que estimula o prazer a qualquer preço, a adicção encaixa-se perfeitamente.

A imediatez é vivida pelo uso do álcool e da droga: é rápido encontrá-los, é rápido consumi-los, é rápido o efeito.

A adicção torna-se assim uma forma de conseguir (sobre)viver na *era do vazio*. Talvez seja a única forma que encontrem para lidar com o *desamparo*.

Vejamos agora quais são as contribuições da psicanálise, iniciando pelo que seria o desamparo.

CONTRIBUIÇÕES DA PSICANÁLISE

Desamparo e dependência

O ser humano nasce desamparado tanto do ponto de vista físico como do ponto de vista emocional. Logo ao nascer o bebê necessita de um *outro* (geralmente a mãe) *durante um longo tempo*, para poder sobreviver. Se observarmos um potro recém-nascido veremos que em questão de minutos ele estará andando, ao passo que um bebê humano levará em torno de um ano para começar a caminhar.

O bebê humano precisa do *outro* para ser alimentado, aquecido, protegido, ou seja, possui uma *dependência* completa para manter-se vivo. No contato com este *outro* temos a inauguração da vida psíquica. A partir da primeira mamada um bebê tem a possibilidade de deixar para trás o registro instintivo e inaugurar o registro pulsional, ou seja, o registro que separaria os humanos dos animais. Um bebê ao sentir fome, que ainda não sabe nomear, percebe um aumento de tensão, de desprazer, que só pode ser aliviado por este mesmo outro que o alimenta. Percebe-se assim que o alimento não é somente comida, ele vem acompanhado da mãe e funciona como algo que diminui o desprazer. Prontamente a experiência da alimentação passa do registro somente biológico para ser também um registro afetivo.

Nestes primórdios da vida humana o bebê percebe o mundo pela via das sensações: o cheiro e a voz da mãe, o gosto do leite, o aconchego do corpo no colo. Vive num estado fusional com a mãe, sente que ele e ela são um só, é um momento paradisíaco onde nada falta, é tudo plenitude. Este estado de fusão cria a ilusão neste bebê que a *falta* não existe, sendo que esta ilusão vai as poucos sendo abandonada com a entrada da realidade, quando, por exemplo, a mãe atrasa uma mamada e ele se vê frente às primeiras faltas, às *primeiras frustrações*. Qualquer falta neste período remete este bebê automaticamente ao desprazer e consequentemente ao *desamparo*. É exatamente nos momentos de desamparo que ele começará a perceber a dependência — *a dependência do outro*. Abre-se assim um longo processo, que necessita de inúmeros recursos internos para promover o caminho que leva da dependência para a individualização e independência, que fazem parte de tornar-se um indivíduo saudável. Uma das funções psíquicas fundamentais para que isto ocorra é o *pensamento*, por meio dele que o bebê deixa de viver somente no mundo das sensações. O pensamento nos ajuda nas decisões que precisam ser tomadas diante da vida e a partir dele elaboramos nossas vivências, tanto externas quanto internas. Permite lidar com nossas partes mais primitivas e destrutivas por meio de um mecanismo fundamental, a *sublimação*. É pela via da sublimação que podemos encontrar caminhos para tentar transformar nossa parte destrutiva em algo construtivo e socialmente aceito.

Da dependência do outro à adicção

O pensamento do adicto possui falhas na sua forma de funcionamento. Estas falhas impedem-no de pensar e elaborar as situações que o remetem às *faltas* e às *frustrações* que a vida lhe impõe. Os sentimentos desencadeados pelo desprazer que estas vivências frustrantes promovem são para o *adicto* insuportáveis. Pode-se assim afirmar que um *adicto* sofre de *intolerância a frustração*. Tal intolerância faz com que ao invés do uso do pensamento ele faça uma *atuação*, que seria a saciação de um impulso irrefreável que o empurra para a *ação* do uso do álcool e da droga. O recurso da sublimação torna-se inacessível; seria através dele que o adicto poderia encontrar outras soluções *não destrutivas* para o desprazer.

Percebe-se assim que desprovido de um pensamento saudável que lhe propicie recursos para refletir como enfrentar situações desprazerosas tem somente ao seu dispor o anestesiamento produzido pelo álcool e a droga. Esse único recurso é extremamente inconsistente e não tem a força suficiente para fazer o sofrimento desaparecer — é uma sensação de anestesia de curta duração. Sendo assim ela precisa ser incessantemente repetida, na tentativa inútil de fazer desaparecer permanentemente a dor. Abre-se assim um círculo vicioso de *atuação* e *repetição*.

Outra importante vivência que ocorre concomitantemente ao anestesiamento é que o álcool e a droga fazem o adicto reviver o momento paradisíaco da ilusão de completude mãe-bebê e consequentemente acreditar que *não existe a falta*. São assim remetidos de volta ao mundo das sensações.

Aguardente, cerveja, crack, cocaína, solventes, podem ser encontrados em qualquer lugar e a qualquer hora, sendo assim, *a falta é saciada em qualquer lugar e a qualquer hora, sem a necessidade do outro. O desamparo deixa de existir.* O álcool e a droga promovem um amparo. Amparo este inconsistente, frágil e enganoso.

A *dependência do outro* passa por uma deformação patológica e transforma-se na dependência do álcool e da droga, *transforma-se na adicção*.

O ADICTO *FRENTE À ADICÇÃO*

A adicção é um problema ainda mais sério quando percebemos que raramente um adicto se reconhece com tal. O pensamento frente à realidade deveria dizer-lhe que ele pode perder tudo: a família, os amigos, o emprego, os bens materiais, a saúde e até mesmo a vida, porém esta lógica não entra no circuito do pensamento e o que lhe resta é a repetição do uso da substância. Não percebendo a repetição, as justificativas são: eu não bebo, eu paro a hora que eu quiser, já tive cinco overdoses e não morri, entre outras. Revestidos de uma argumentação que lhes parece tão verdadeira, não conseguem perceber sua própria situação e a consequência direta disso é a não aceitação de que precisam de tratamento.

Quando aceitam o tratamento, veem-se frente a uma construção extremamente difícil, dolorosa e lenta. O próprio tratamento é uma sucessão de frustrações ao fazer com que o adicto entre em contato com um mundo interno caótico e onde as partes destrutivas são muito atuantes. Será preciso criar recursos internos onde eles não existem, ativar os que são existentes, porém desconhecidos e muitas vezes enfraquecidos. O *por que* bebe ou se droga não pode mais ser negado, ele aos poucos vai entendendo o *para que* a adicção está em sua vida. Neste processo tornam-se comuns as recaídas pois além de todas as frustrações que já vive, terá ainda que lidar com a dor que este tratamento irá trazer. Para alguns esta dor é insuportável e assim acabam abandonando o tratamento — retornam no uso do álcool e da droga para anestesiar tanto sofrimento.

CONSIDERAÇÕES FINAIS

O tema da adicção pressupõe falar sobre o sofrimento humano, portanto, não cabe aqui explanar o quanto a vida pode ser prazerosa, cheia de beleza e proporcionar felicidade. Vou finalizar este texto falando do sofrimento da vida comum a *todos nós*. Freud tem uma frase que explica perfeitamente o que foi exposto: "A vida, tal como a encontramos, é árdua demais para nós, proporciona-nos muitos sofrimentos, decepções e tarefas impossíveis". (1930 [1929]/1980, p. 93).

Nascemos desamparados, necessitamos do outro para sobreviver, a *falta nos marca*. Sofremos a partir de nosso próprio corpo que se desgasta e nos leva à morte. Sofremos com a instabilidade do mundo externo ficando a mercê da natureza: secas e enchentes têm feito parte do nosso dia a dia. Sofremos com a convivência com os outros humanos.

Na época histórica que vivemos, a era do vazio e da incerteza, estamos imersos na angústia, voltados para as sensações buscando prazer a qualquer preço e perdendo de vista as prioridades. Não temos mais modelos. Tudo a nossa volta é inconsistente. O que é exigido neste momento da existência do homem é muito difícil de alcançar: beleza, magreza, alegria, inteligência, rapidez, produção, ou seja, a perfeição. O discurso pós-moderno nos faz acreditar que tudo é descartável, inclusive as relações humanas. Ao longo da evolução da nossa espécie passamos do viver individual para o viver em grupo, agora, passamos para o viver individualista. *A vida é marcada pela falta.*

Ao longo de uma existência que se inicia pela falta e é atravessada por ela temos como consequência uma vida repleta de frustrações. Existem inúmeros caminhos para enfrentá-las, tanto saudáveis quanto patológicos, que dependem dos recursos internos de cada um. A adicção é somente uma das formas destrutivas de reagir ao sofrimento, existem inúmeras outras, algumas tão destrutivas quanto o uso do álcool e das drogas. Não cabe aqui aprofundar sobre estas outras formas, mas vale uma analogia para tentar compreendê-las. Pensemos numa estrada que termina num rio. Alguns, quando chegam ao rio, começam a projetar uma ponte. Outros constroem a ponte. Outros voltam para trás e tentam outro caminho. Outros voltam todos os dias ao mesmo lugar, somente voltam. Outros pensam, por que comigo? Outros ficam paralisados e não conseguem fazer nada. Outros sentem que não têm saída e se jogam no rio, alguns sobrevivem, outros morrem afogados.

Frente às frustrações da vida existem inúmeros caminhos: fazer outro projeto; construir uma solução que ajude outros com a mesma frustração; tentar outras saídas; viver de lamentação; viver de rancor e repetição; deprimir; enlouquecer e criar uma nova realidade; tentar o suicídio e não morrer; tentar o suicídio e morrer.

Os sofrimentos dos adictos são os sofrimentos de todos nós. Para alguns indivíduos a adicção é o único caminho possível, visivelmente é uma saída destrutiva, porém é a única possível a partir dos precários recursos que possui em seu mundo interno, que aliados a todas as exigências e vivências que a pós-modernidade proporciona, torna a tarefa de viver quase impossível. A adicção precisa assim ser compreendida como um fenômeno muito complexo e que, por tratar-se de um adoecimento, necessita de cuidados.

REFERÊNCIAS BIBLIOGRÁFICAS

ALMEIDA, A.P. *CLT comentada* — legislação, doutrina, jurisprudência. 7. ed. São Paulo: Saraiva, 2011.

BAUMAN, Z. *O mal estar da pós-modernidade.* Tradução de Mauro Gama e Claudia Martineli Gama. Rio de Janeiro: Jorge Zahar Editor Ltda., 1998.

FREUD, S. (1927). O Futuro de uma Ilusão. In: FREUD, S. *Edição Standard Brasileira das Obras Psicológicas Completas de Sigmund Freud.* Direção geral da tradução de Jayme Salomão. Rio de Janeiro: Imago, 1980. v. XXI, p. 15-71.

FREUD, S. (1930[1929]). O mal-estar da civilização. In: FREUD, S. *Edição Standard Brasileira das Obras Psi-*

cológicas Completas de Sigmund Freud. Direção geral da tradução de Jayme Salomão. Rio de Janeiro: Imago, 1980. v. XXI, p. 75-171.

LIPOVETSKY, G. *O império do efêmero*: A moda e seu destino nas sociedades modernas. 2. ed. Tradução de Maria Lucia Machado. São Paulo: Companhia das Letras, 1989.

LIPOVETSKY, G. *Os tempos hipermodernos.* Tradução de Mario Vilela. São Paulo: Barcarolla, 2004.

ORGANIZAÇÃO MUNDIAL DE SAÚDE. *Classificação de Transtornos Mentais e de Comportamento da CID-10*: descrições clínicas e diretrizes diagnósticas. Porto Alegre, RS: Artes Médicas, 1993.

Fixação de Metas e Assédio Moral

Flávio da Costa Higa[(*)]

— O senhor poderia me dizer, por favor, qual o caminho que devo tomar para sair daqui?
— Isso depende muito de para onde você quer ir.
— Não me importo muito para onde...
— Então não importa o caminho que você escolha[(1)].

Lewis Carroll

I — INTRODUÇÃO

O diálogo aparentemente despretensioso e um tanto *nonsense* — travado em *Alice no País das Maravilhas* — infunde sutilmente uma lição de sabedoria, qual seja a de que "não há bons ventos para aqueles que não sabem onde querem aportar[(2)]". Deveras, soa mesmo axiomático afirmar que a vida está inexoravelmente permeada de objetivos e intenções, até porque o homem é produto de suas escolhas[(3)] individuais e coletivas. Ao optar por um candidato em determinado processo eleitoral, cobram-se propostas e um projeto de governo. Na decisão por determinada instituição de ensino, tem-se em mira o valor potencial que o diploma agregará ao currículo e os conhecimentos que os estudos proporcionarão. Por ocasião da busca por emprego, analisam-se as necessidades pessoais, as oportunidades advindas daquela colocação no mercado de trabalho e as perspectivas de evolução na carreira. Quando se investe em um relacionamento amoroso, busca-se a realização afetiva e projeta-se ou não edificar uma família.

Nesse cenário de respeito pleno ao regime de liberdades, a vida se apresenta tal qual uma obra em permanente construção, cuja história é escrita a partir daquilo que se definem como metas e da admi-

---

(*) Juiz Titular do TRT da 24ª Região. Doutor e Mestre em Direito do Trabalho pela USP. Pós-Doutorando em Ciências Jurídico-Empresariais pela Universidade de Lisboa. Professor da EMATRA/MS, da EJUD/TRT 24ª Região e do Centro Universitário Anhanguera/UNAES.
(1) CARROLL, Lewis (pseudônimo de Charles Lutwidge Dodgson). *Alice no País das Maravilhas*. Tradução de Clélia Regina Ramos. Petrópolis: Arara Azul, 2002. p. 59.
(2) Tradução livre do autor sobre o pensamento de Sêneca (4 a.C. — 5 d.C), para quem os nossos planos fracassam porque não temos objetivos: "*Our plans miscarry because they have no aim. When a man does not know what harbour he is making for, no wind is he right wind.*" (SÊNECA. *Ad Lucilium Epistulae Morales*. Tradução para o inglês: Richard M. Gummere. London: William Heinemann Ltd., 1962, v. II, Epistle LXXI, p. 75).
(3) Saliente-se que até mesmo uma vida à deriva é fruto de uma opção, qual seja a de renunciar ao controle sobre o próprio destino.

nistração dos sucessos e fracassos experimentados na tentativa de alcançá-las.

Enfim, "a liberdade [...], na medida em que pode coexistir com a liberdade de todos os outros de acordo com uma lei universal, é o único direito original pertencente a todos os homens em virtude da humanidade destes[4]". Sartre sustentava que o ser humano está "condenado a ser livre[5]", de modo que o bom cumprimento desta implacável sentença passa necessariamente pelo delineamento de propósitos, já que a caminhada a esmo tem como destino certo o precipício. "Ter mais liberdade melhora o potencial das pessoas para cuidar de si mesmas e para influenciar o mundo, questões centrais para o processo de desenvolvimento[6]." Portanto, ela possui um valor intrínseco que a torna pressuposto à autorrealização. Por óbvio, a liberdade cobra um preço, qual seja o de pagar pelas consequências negativas das predileções equivocadas, mas isso não tem o condão de outorgar a alguém o direito de obstar determinada opção pessoal[7], quando envolvidos apenas interesses de particulares.

Decorre, pois, do postulado ontológico de liberdade humana o corolário de que as pessoas naturais e jurídicas podem traçar metas, sendo autêntico que o façam. No campo das relações entre capital e trabalho, a moldura constitucional brasileira, plasmada a partir da concepção de Estado Democrático de Direito, é igualmente receptiva à ideia do estabelecimento de alvos de produção pelo empregador, como ferramenta legítima de concreção do valor social da livre iniciativa (Constituição Federal, art. 1º, IV e art. 170, *caput*[8]). Em harmonia com o texto constitucional, a lei conceitua o empregador como aquele que dirige a prestação pessoal de serviços (Consolidação das Leis do Trabalho, art. 2º, *caput*[9]), o que, aliás, é inferência lógica de ele assumir os riscos da atividade econômica. Isso lhe confere determinadas faculdades sob o prisma subjetivo, na medida em que o torna "titular dos poderes de direcção e de disciplina, que correspondem à posição de subordinação do trabalhador[10]". Assenta-se, assim, no poder diretivo do empregador, a justificativa epistemológica para que se lhe atribua o direito de esboçar os fins de seu empreendimento e exigir dos empregados contratados que cooperem para a consecução destes[11].

II — LIMITES AO PODER DIRETIVO DO EMPREGADOR

Malgrado o ordenamento jurídico conceda ao empregador o poder de gerir a prestação de serviços e, em consequência, fixar metas de produção, é certo que nenhum direito, por mais fundamental que seja, possui caráter absoluto[12]. Basta constatar que o direito à vida, quiçá o mais elementar deles e certamente o pressuposto para a fruição de quase todos os demais, está excepcionado pela Carta Magna no caso de guerra declarada (CF, art. 5º, XLVII, "a"[13]). A propósito, o Supremo Tribunal Federal já teve a oportunidade de se pronunciar a respeito da incidência de limitações aos direitos e garantias individuais com o escopo de proteger a integridade do interesse social e assegurar a coexistência harmônica das liberdades, de modo que nenhum direito seja exercido em detrimento da ordem pública ou vilipendiando direitos de terceiros[14].

---

(4) KANT, Immanuel. *Introdução ao Estudo do Direito*: doutrina do Direito. 2. ed. Tradução de Edson Bini. Bauru: Edipro, 2007. p. 53.
(5) SARTRE, Jean-Paul. *O existencialismo é um humanismo*: a imaginação — questão de método. Seleção de textos de José Américo Motta Pessanha. Tradução de Rita Correia Gudes e Luiz Roberto Salinas Forte. 3. ed. São Paulo: Nova Cultura, 1987. p. 9.
(6) SEN, Amartya. Desenvolvimento como liberdade. Tradução de Laura Teixeira Motta. São Paulo: Companhia das Letras, 2000. p. 33
(7) MILL, John Stuart. Sobre a liberdade. Tradução e introdução de Pedro Madeira. São Paulo: Saraiva, p. 35
(8) BRASIL. *Constituição da República Federativa do Brasil*. 19. ed. São Paulo: RT, 2014.
(9) BRASIL. Consolidação das Leis do Trabalho (1943). *CLT Saraiva e Constituição Federal*. 42. ed. São Paulo: Saraiva, 2014.
(10) RAMALHO, Maria do Rosário Palma. Direito do trabalho: parte I — dogmática geral. 2. ed., actualizada ao Código do Trabalho de 2009. Coimbra: Almedina, 2009. v. I, p. 326.
(11) "O empregador, no uso de seu poder diretivo, pode cobrar incrementos na quantidade ou qualidade do serviço, fixar metas e exigir resultados. Isto é o seu direito. [...]". (SANTA CATARINA. Tribunal Regional do Trabalho da 12ª Região. 3ª Turma. *RO 0001307-33.2012.5.12.0026*. Relator: José Ernesto Manzi. Publicação em 18 jun. 2013)
(12) Apesar de a restrição aos direitos fundamentais também sofrer limitações, haja vista subordinar-se aos requisitos de adequação, necessidade e proporcionalidade. (HESSE, Konrad. *Elementos de Direito Constitucional da República Federal da Alemanha*. Tradução Luís Afonso Heck. Porto Alegre: Sérgio Fabris, 1998. p. 256)
(13) BRASIL. *Constituição Federal (1988)*. Op. cit.
(14) Destaquem-se os seguintes trechos da ementa: "Não há, no sistema constitucional brasileiro, direitos ou garantias que se revistam de caráter absoluto [...]. O estatuto constitucional das liberdades públicas, ao delinear o regime jurídico a que estas estão sujeitas — e considerado o substrato ético que as informa — permite que sobre elas incidam limitações de ordem jurídica, destinadas, de um lado, a proteger a integridade do interesse social e, de outro, a assegurar a coexistência harmoniosa das liberdades, pois nenhum direito ou garantia pode ser exercido em detrimento da ordem

Incorporou-se, pois, ao vetor hermenêutico sobre a possibilidade de exercício dos direitos fundamentais a ética aristotélica, segundo a qual a plena felicidade pressupõe a justiça entre os indivíduos, para não haver desigualdades[15]. Kant sofisticou a regra ao propor que "qualquer ação é justa se for capaz de coexistir com a liberdade de todos de acordo com uma lei universal, ou se na sua máxima liberdade de escolha de cada um puder coexistir com a liberdade de todos de acordo com uma lei universal[16]." Ao alinhavar o "direito à felicidade", a Constituição japonesa parece ter aglutinado ambas as matrizes deontológicas, elegendo-o como de suprema consideração pela lei e demais assuntos governamentais, até o limite em que não perturbe o bem-estar público[17]. O postulado kantiano, por sua vez, também fornece bases jusfilosóficas para resolver a colisão entre princípios pelo sistema de ponderação, proposto por Alexy, segundo o qual um deles deve ceder em face da precedência axiológica do outro, sob determinadas condições, de acordo com a análise do caso concreto[18].

Desse modo, o exercício do poder diretivo pelo empregador possui limites externos, impostos pela própria Constituição, pelas leis e pelos contratos individuais e coletivos, e também internos, consistentes no dever de exercê-lo conforme as regras da boa-fé[19] e sem abusos[20]. Nessa senda, o estabelecimento de metas, apesar de reputado lícito em juízo apriorístico, deve passar pelo crivo da estrita observância ao valor social do trabalho e da dignidade da pessoa humana do trabalhador.

Isso impõe perscrutar a licitude de tais metas desde a sua imposição — qualitativa e quantitativamente — até a sua cobrança, passando, evidentemente, pelos meios de fiscalização de seu cumprimento, de forma que sejam sempre resguardados os direitos da personalidade do trabalhador[21].

III — ESTABELECIMENTO, FISCALIZAÇÃO E COBRANÇA DE METAS

O estabelecimento de metas pelo empregador — conforme mencionado alhures — é perfeitamente possível sob o prisma jurídico. Ademais, trata-se de política empresarial altamente disseminada, haja vista os mais diversos benefícios que convergem ao capital, em face da diminuição da necessidade de controle ostensivo da realização do trabalho e do incremento produtivo decorrente da vinculação dos ganhos aos resultados. Com essa conjunção de fatores, previsível que tal modelo de gestão de mão de obra, pela sua inerente eficácia, alastrar-se-ia exponencialmente[22].

Entretanto, essa prática é balizada por instrumentos de contenção que vão desde a própria fixação, que não pode ser abusiva, "irrealista ou irrealizável[23]", devendo respeitar os limites físicos e psicológicos e a própria capacidade produtiva de cada um[24]. A designação de tarefas impossíveis tem como efeito nefasto a deterioração da autoestima do indivíduo, que passa a pôr em xeque a sua própria competência e duvidar de suas habilidades, prática inequívoca de constrangimento psicológico. Nesse

---

pública ou com desrespeito aos direitos e garantias de terceiros." (BRASIL. Supremo Tribunal Federal. *RMS 23.452/RJ*. Relator: Celso de Mello. Diário da Justiça 12 maio 2000. Disponível em: <http://redir.stf.jus.br/paginadorpub/paginador.jsp? docTP=AC&docID=85966>. Acesso em: 27 out. 2014).

(15) ARISTÓTELES. Ética a Nicômaco. Tradução e notas Edson Bini. 3. ed. São Paulo: Edipro, 2009. p. 67-86.

(16) KANT, Immanuel. *Op. cit.*, p. 46-47.

(17) O belíssimo texto do art. 13 do diploma oriental assim prescreve: "*Article 13. All of the people shall be respected as individuals. Their right to life, liberty, and the pursuit of happiness shall, to the extent that it does not interfere with the public welfare, be the supreme consideration in legislation and in other governmental affairs.*" (JAPÃO. *The Constitution of Japan*. Promulgated on November 3, 1946. Disponível em: <http://japan.kantei.go.jp/constitution_and_government_of_japan/constitution_e.html>. Acesso em: 02 out. 2014)

(18) ALEXY, Robert. *Teoria dos Direitos Fundamentais*. Tradução de Virgílio Afonso da Silva. São Paulo: Malheiros, 2008. p. 93-103.

(19) Segundo o escólio de Menezes Cordeiro: "Mantem-se em aberto, por isso, a possibilidade de um controlo judicial dos conteúdos contratuais, independente, por definição, das restrições legais específicas à autonomia privada, que possam, por lei, ser estabelecidas, bem como dos níveis colectivos de negociação que, na prática, se tenham feito reconhecer." (CORDEIRO, António Manuel da Rocha e Menezes. *Da boa-fé no Direito Civil*. Coimbra: Almedina, 2011. p. 653-654).

(20) BARROS, Alice Monteiro de. *Curso de Direito do Trabalho*. São Paulo: LTr, 2005. p. 554.

(21) Nesse diapasão, o seguinte acórdão do TST: "A fixação de metas de desempenho, apesar de autorizada pelo Direito do Trabalho, deve compatibilizar-se com os direitos de personalidade assegurados pela Constituição Federal. [...]." (BRASIL. Tribunal Superior do Trabalho. 4ª Turma. Processo RR — 1448-15.2011.5.09.0012. Relator: João Oreste Dalazen. Diário eletrônico da Justiça do Trabalho 22 ago. 2014)

(22) EMERICK, Paula Cristina Hott. *Metas — estratégia empresarial de busca agressiva por resultados: incentivo ou constrangimento?* São Paulo: LTr, 2009. p. 117.

(23) Expressão empregada pela Corte de Cassação francesa em um caso que envolvia assédio moral e fixação de metas. (FRANÇA. Cour de cassation. Chambre sociale. 27 nov.2013, 12-22.414. Disponível em: <http://www.legifrance.gouv.fr>. Acesso em: 12 out. 2014)

(24) PINTO, Rafael Morais de Carvalho. *Assédio moral no ambiente de trabalho e a política empresarial de metas*. 2011, 159f. Dissertação (Mestrado em Direito). PUC — Minas, Belo Horizonte, 2011, I v., p. 112.

sentido, tanto a lei municipal de São Paulo/SP caracteriza o assédio moral pela determinação de "tarefas com prazos impossíveis[25]" quanto a lei do estado o configura pela imposição do "cumprimento de atribuições estranhas ou de atividades incompatíveis com o cargo que ocupa, ou em condições e prazos inexequíveis[26]".

A missão de delinear quais são as metas impossíveis, irrealizáveis ou de realização capaz de comprometer o bem-estar psicofísico do empregado é complexa, na medida em que envolve a valoração de conceitos jurídicos abertos, cujo preenchimento não pode ser feito *ex ante*. Propõe-se, sem embargo das dificuldades, que a lacuna natural decorrente tais definições seja colmatada *ex post*, a partir do conceito de "medida" proposto por Hegel[27], que consiste no momento em que a quantidade altera a qualidade[28]. Sabe-se que, de ordinário, a quantidade não é um elemento transformador. Analise-se, por exemplo, a água: não importa se há 1, 100 ou 1.000 litros, o líquido continua a ser água. Observe-se, por outro lado, o que ocorre com a sua temperatura: dentro de determinada margem, ela pode oscilar para cima ou para baixo sem que a modificação altere o estado físico de agregação. Contudo, dentro das CNTP[29], ao alcançar zero grau centígrado, ocorrerá a mudança de um corpo líquido para sólido, ao passo que, ao atingir os cem graus, haverá transmudação de líquido em gasoso, ou seja, dois pontos decisivos em que a mera alteração quantitativa alterará qualitativamente os corpos.

Diante disso, reside no limite quantitativo aferível em concreto a constatação se as metas são qualitativamente lícitas ou abusivas. Tal critério nada tem de novo nas relações de trabalho, uma vez que Marx apropriou-se dos conceitos de Hegel para sustentar que o elemento quantitativo era fulcral para diferenciar a produção de valor da produção de mais-valia[30].

No que concerne à fiscalização, sabe-se que o mero controle das atividades não transborda os limites do poder diretivo. Conforme já decidido pela Corte de Apelação de Montpellier, o fato de a atividade do empregado ser quantificada e objeto de estudos e relatórios estatísticos, de modo a permitir a comparação de desempenho entre empregados de um mesmo ou de diferentes estabelecimentos, não configuraria, por si só, assédio[31] [32]. Por outro lado, o uso de tais prerrogativas não pode implicar degradação, desvalorização ou desqualificação de um trabalhador, criando uma atmosfera inóspita em que ele não se sinta respeitado, nos exatos termos do pronunciamento do Tribunal Superior de Justiça de Madri[33]. Até porque, como bem salientado pela Suprema Corte norte-americana, um ambiente de trabalho hostil, ainda que não afete o bem-estar psicológico do empregado, pode afetar o seu desempenho,

---

(25) SÃO PAULO. *Lei Municipal n. 13.288*, de 10 de janeiro de 2002. Disponível em: <http://camaramunicipalsp.qaplaweb.com.br/iah/full text/leis/L13288.pdf>. Acesso em: 28 out. 2014.

(26) SÃO PAULO. *Lei Estadual n. 12.250*, de 9 de fevereiro de 2006. Disponível em: <http://www.al.sp.gov.br/repositorio/legislacao/lei/2006/lei%20 n.12.250,%20de%2009.02.2006.htm>. Acesso em: 28 out. 2014.

(27) HEGEL, Georg Wilhelm Friedrich. *Enciclopédia das Ciências Filosóficas em compêndio (1830)*. Texto completo com os adendos orais. Tradução Paulo Meneses, com a colaboração de José Machado. São Paulo: Loyola, 1995, v. 1, p. 214.

(28) Para aprofundamento, vide: HIGA, Flávio da Costa. *Responsabilidade Civil*: a perda de uma chance no Direito do Trabalho. São Paulo: LTr, 2012. p. 90-92.

(29) As CNTP — Condições Normais de Temperatura e Pressão (cuja sigla é CNTP no Brasil e PTN em Portugal), são condições experimentais ideais, e referem-se à temperatura e pressão de 273,15 K (0 °C) e 101 325 Pa (101,325 kPa = 1,01325 bar = 1 atm = 760 mmHg), respectivamente. (LUZ, Ana Maria. *Condições Normais de Temperatura e Pressão (CNTP)*. Disponível em: <http://www.infoescola.com /termodinamica/condicoes--normais-de-temperatura-e-pressao-cntp>. Acesso em: 28 out. 2014)

(30) "Comparando o processo de produzir valor com o de produzir mais valia, veremos que o segundo só difere do primeiro por se prolongar além de certo ponto. O processo de produzir valor simplesmente dura até o ponto em que o valor da força de trabalho pago pelo capital é substituído por um equivalente. Ultrapassando esse ponto, o processo de produzir valor torna-se processo de produzir mais valia (valor excedente)". (MARX, Karl. *O capital*. v. I. Disponível em: <http://www.marxists.org/portugues/marx/ 1867/ocapital-v1/vol1cap07.htm#c7s2>. Acesso em: 07 mar. 2011)

(31) O trecho citado consta do artigo de: ROCHEBLAVE, Éric. *Le harcèlement moral en Languedoc-Roussillon*. Disponível em: <http://rocheblave.com/avocats/harcelement-moral-avocat/>. Acesso em: 28 out. 2014.

(32) Registre-se que a decisão foi cassada, mas não pela refutação da tese, e sim por ter sido tomada a partir de considerações genéricas, totalmente desconectadas da situação particular da vítima: "[...] qu'en statuant de la sorte, par un motif inopérant procédant de considérations générales et totalement déconnectées de la situation individuelle de Madame X..., la Cour d'appel a violé les articles L. L. 1222-1, L. 1152-1 et L. 1154-1 du Code du travail." (FRANÇA. Cour de Cassation. Chambre sociale. *10 juillet 2013, 12-17.560*. Disponível em: < http://www.legifrance.gouv.fr>. Acesso em: 28 out. 2014)

(33) "*Y si bien es cierto que las afinidades personales y laborales no es posible imponerlas y que naturalmente la dirección busca rodearse de equipos afines, no por ello se deben permitir estilos de gestión y de mando que, en uso o ejercicio de la posición superior y de facultades legales, determinen desplazamiento, degradación, infravaloración y descalificación de un trabajador de forma persistente, generando con ello un ambiente de trabajo hostil manifestado en el hecho de saberse el trabajador no querido, respetado y apreciado por su dirección lo que claramente atenta contra su dignidad e integridad moral, constituyendo un acoso.*" (ESPANHA Tribunal Superior de Justicia de Madrid. *Sentencia 189/2012*, de 14 de marzo. Disponível em: <http://portalprevencion.lexnova.es>. Acesso em: 16 out. 2014)

desencorajá-lo de progredir na carreira e até mesmo de manter-se no emprego[34].

Talvez resida na forma de cobrança pelo atingimento de metas o ponto nevrálgico das relações de trabalho no Brasil, principalmente no setor de vendas, onde a obsessão por resultados é levada ao paroxismo. Por isso, a jurisprudência do Tribunal Superior do Trabalho tem sido resoluta ao compensar — via indenização por danos extrapatrimoniais — os danos sofridos pelos empregados em razão do assédio moral de empregadores que promovem o terror psicológico no trabalho, seja ao infligir castigos, chacotas e outros tipos de humilhação[35], ou ainda pelo uso constante e inescrupuloso da ameaça de dispensa aos que "ousarem" descumprir os objetivos[36].

IV — DIREITO AO MEIO AMBIENTE HÍGIDO VERSUS CONDUTAS DE ASSÉDIO

"Os seres humanos constituem o centro das preocupações relacionadas com o desenvolvimento sustentável. Têm direito a uma vida saudável e produtiva em harmonia com a natureza[37]." De matriz antropocêntrica, esse postulado — erigido à condição de princípio primeiro da Declaração do Rio Sobre o Meio Ambiente — absorve o imperativo categórico segundo o qual todo indivíduo é um fim em si mesmo, e não um meio para consecução das finalidades alheias[38], sujeito, e não objeto de direito[39]. Por isso, o meio ambiente é de fundamental importância para a vida e a saúde do homem. Se o trabalho constitui ou não fonte de afirmação da sua dignidade e satisfação de suas necessidades vitais depende em larga escala do local em que ele é executado[40].

Referidas constatações demonstram o acerto do legislador constituinte ao tentar resguardar a todas as gerações — presentes e futuras — um meio ambiente sadio e equilibrado, nele incluindo o meio ambiente de trabalho (CF, arts. 225, *caput*, c/c 200, VIII[41]). Criou-se, assim, uma espécie de "direito intergeracional" ao desenvolvimento sustentável[42], do qual deflui o dever de o empregador zelar por um ambiente de trabalho salubre inclusive do ponto de vista mental[43]. Um local de relações interpessoais contaminadas produz uma legião de incapazes acometidos de doenças profissionais que aumenta vertiginosamente os custos da Previdência Social, numa geração de externalidade[44] que não pode

---

(34) "A discriminatorily abusive work environment, even one that does not seriously affect employees' psychological wellbeing, can and often will detract from employees' job performance, discourage employees from remaining on the job, or keep them from advancing in their careers." (ESTADOS UNIDOS DA AMÉRICA. Supreme Court of the United States. *Harris v. Forfklift Systems, Inc.* U.S. 1993, n. 92-1168. Disponível em: <http://caselaw.lp.findlaw.com/scripts/getcase.pl?court=US&vol=000&invol=u10433>. Acesso em: 16 out. 2014)

(35) "Delimitado nos autos que havia a cobrança de metas individuais e que, durante as reuniões, o reclamante era exposto a humilhações por superiores e colegas, por meio de chacotas e castigos, configurado está o dano moral, porque evidente o abalo emocional, psíquico e físico, fazendo jus, pois, o autor à reparação." (BRASIL. Tribunal Superior do Trabalho. 6ª Turma. *Processo RR — 747-57.2011.5.09.0011*, Rel. Aloysio Corrêa da Veiga. Diário eletrônico da Justiça do Trabalho 1º jul. 2014)

(36) "Demonstrado o assédio moral ao reclamante, decorrente da postura excessiva de seu superior hierárquico na busca do cumprimento de metas, sob a ameaça de dispensa, resta configurado o abalo moral e psíquico a ensejar a reparação." (BRASIL. Tribunal Superior do Trabalho. 6ª Turma. *Processo RR — 1627-09.2011.5.04.0231*, Rel. Aloysio Corrêa da Veiga. Diário eletrônico da Justiça do Trabalho 28 mar. 2014)

(37) ORGANIZAÇÃO DAS NAÇÕES UNIDAS. Conferência das Nações Unidas sobre Meio Ambiente e Desenvolvimento. Declaração do Rio sobre Meio Ambiente e Desenvolvimento. *Princípio 1*. Disponível em: <http://www.onu.org.br/ rio20/ img/2012/01/rio92.pdf>. Acesso em: 10 out. 2014.

(38) HIGA, Flávio da Costa. *Assédio Sexual no Trabalho e Discriminação de Gênero*: duas faces da mesma moeda? Inédito.

(39) Destaca-se pequeno excerto da fundamentação do imperativo categórico: "O homem, e, duma maneira geral, todo o ser racional, existe como fim em si mesmo, não só como meio para o uso arbitrário desta ou daquela vontade. Pelo contrário, em todas as suas acções, tanto nas que se dirigem a ele mesmo como nas que se dirigem a outros seres racionais, ele tem sempre de ser considerado simultaneamente como fim." (KANT, Immanuel. *Fundamentação da Metafísica dos Costumes*. Tradução de Paulo Quintela. Lisboa: Edições 70, 2007. p. 68).

(40) Segundo o escólio de Roshchin: "*Man's environment is of paramount importance to his life and health. The working environment is part of the general environment. In it man performs his work, which is the basis of his material and spiritual welfare. Whether work is a source of health and of satisfaction of his vital needs depends to a great extent on the environment in which it is performed.*" (ROSHCHIN, A. V. Protection of the Working Environment. *International Labour Review*, v. 110, p. 235-249, 1974. p. 249)

(41) BRASIL. Constituição Federal (1988). *Op. cit.*

(42) O Código Ambiental italiano esclarece que é preciso satisfazer as necessidades das gerações atuais sem comprometer a qualidade de vida e as possibilidades das gerações futuras: "*Art. 3-quater. (1) Principio dello sviluppo sostenibile. Ogni attivita' umana giuridicamente rilevante ai sensi del presente codice deve conformarsi al principio dello sviluppo sostenibile, al fine di garantire che il soddisfacimento dei bisogni delle generazioni attuali non possa compromettere la qualita' della vita e le possibilita' delle generazioni future.*" (ITÁLIA. *Codice Dell'Ambiente (Testo coordinato del Decreto legislativo n. 152 del 3 aprile 2006)*. Disponível em: <http://www.altalex.com/index.php?idnot=33891>. Acesso em: 18 out. 2014)

(43) No meio acadêmico, esse dever foi consolidado no Enunciado n. 39 da 1ª Jornada de Direito Material e Processual na Justiça do Trabalho. (JORNADA DE DIREITO MATERIAL E PROCESSUAL NA JUSTIÇA DO TRABALHO, 1, 2007, Brasília, *Enunciados*. Disponível em: <http://www.anamatra.org.br/jornada/ enunciados/enunciados_aprovados.cfm>. Acesso em: 15 out. 2014.

(44) Ato de alguém que afeta o bem-estar de outrem (SHAVELL, Steven. *Foundation of Economic Analisys of Law*. Cambridge: Harvard University Press, 2004. p. 77).

ser aceita como custo social legitimado no discurso desenvolvimentista.

Ante tal quadro, a expressão "meio ambiente do trabalho" não pode estar confinada à utilização retórica, porquanto deve capturar os princípios de Direito Ambiental na tutela dos direitos dos trabalhadores, notadamente no que concerne à convivência harmônica e às relações interpessoais. Por caber ao empregador zelar pela serenidade moral dos seus empregados[45], deve ele estar atento a uma categoria de riscos associada aos episódios de transformação do trabalho, à intensificação, à precarização, às novas organizações empresariais e à introdução de novas tecnologias. Os chamados "riscos psicossociais" abrangem o estresse, o assédio, a depressão, o sofrimento, o esgotamento profissional, as discriminações e o suicídio, noção pouco homogênea, cujo denominador comum encontra-se no atentado ao bem-estar psíquico da pessoa[46]. Na Bélgica, o decreto real relativo à prevenção da carga psicossocial ocasionada pelo trabalho enuncia princípios e regras que visam a enfrentar exatamente os mesmos perigos[47].

O empregador detém a obrigação de tomar medidas para prevenir e coibir o assédio não apenas dos colegas de trabalho, mas também de terceiros, como clientes, consumidores e outros contatos comerciais, nos termos do *Employment Equality Act 1998* irlandês[48]. Se a desorganização da estrutura produtiva cria um ambiente hostil ao empregado, incapaz de atender às expectativas do público, patente a responsabilidade de seu empregador pelo assédio moral que decorre da poluição ambiental. No Brasil, um exemplo bastante ilustrativo é o das companhias aéreas, em que o desarranjo externado em reiterados cancelamentos e atrasos de voos provoca a ira dos passageiros, que, inadvertidamente, transferem-na brutalmente ao elo mais baixo da cadeia. A jurisprudência pátria, acertadamente, tem reprochado esse tipo de conduta[49], o que expressa, ainda que em sede reparatória, a aplicação do "princípio do poluidor-pagador[50]", auxiliando a internalização dos custos de produção e a regulação eficiente do sistema de preços[51].

V — ASSÉDIO MORAL: CONCEITO, ESPÉCIES, REQUISITOS E FORMAS DE TUTELA EM FACE DA ABUSIVIDADE NA FIXAÇÃO DE METAS

As agressões psicológicas sempre estiveram presentes no mundo do trabalho. O que talvez seja diferente atualmente seja a sua frequência, intensidade e consequências psicopatológicas[52], fruto espúrio do mundo competitivo e globalizado em que está inserido o modo capitalista de produção. Outra hipótese, não necessariamente excludente da primeira — até porque os fenômenos costumam ter múltiplas causas —, é a de que apenas a percepção seja contemporânea, na medida em que o legislador adotava, até pouco tempo, uma visão reducionista da relação de emprego. Sob essa perspectiva estreita,

---

(45) De acordo com a Corte de Cassação italiana: "[...] il datore di lavoro ha in generale l'obbligo di proteggere la sfera morale del lavoratore in azienda e di assicurare che l'esercizio del potere gerarchico sia ispirato ai principi di correttezza." (ITÁLIA, Cassazione. *Sentenza 112717 del 9 dicembre 1998*. Disponível em: <http://www.cortedicassazione.it/corte-di-cassazione/>. Acesso em: 17 out. 2014)

(46) ANTONMATTEI, Paul-Henri et al. *Les risques psychosociaux*: identifier, prévenir, traiter. Paris: Éditions Lamy, 2010, p. 16-17.

(47) BÉLGICA. *Directive 2000/78/CE du Conseil du 27 novembre 2000 portant création d'un cadre général en faveur de l'égalité de traitement en matière d'emploi et de travail*. Disponível em: <http://eur-lex.europa.eu/ legal-content/FR/TXT/HTML/?uri=CELEX:32000L0078>. Acesso em: 16 out. 2014.

(48) "*Employers are legally responsible for the sexual harassment and harassment of employees carried out by co-employees, clients, customers or other business contacts of the employer.*" (IRLANDA. *Employment Equality Act 1998 (Code of Practice) (Harassment) Order 2012*. Disponível em: <http://www.irishstatutebook.ie/pdf/2012/en.si.2012.0208.pdf>. Acesso em: 09 jan. 2014)

(49) Como, *e.g.*, demonstrado no seguinte acórdão: "O empregador, ao dirigir a prestação pessoal de serviços, deve diligenciar a manutenção de um ambiente de trabalho que favoreça o adequado cumprimento das atividades profissionais incumbidas aos empregados, inclusive no que reporta aos aspectos emocionais e psicológicos correspondentes à prestação laboral. No caso sob exame, encontra-se perfeitamente configurada a conduta antijurídica e culposa da empresa, porquanto não fora capaz de se organizar apropriadamente para cumprir os compromissos assumidos perante os respectivos clientes, expondo os empregados a um ambiente de trabalho hostil e vexatório. Não há dúvida de que essa situação, causada pelo indébito atraso e cancelamento dos voos programados pela empresa, causou enorme constrangimento e desgaste emocional, vulnerando a integridade moral do trabalhador, de forma a determinar a postulada reparação, a teor art. 5º, incisos V e X, da Constituição." (MINAS GERAIS. Tribunal Regional do Trabalho da 3ª Região. 7ª Turma. Processo 00363-2012-092-03-00-9. Relator: Marcelo Lamego Pertence. Publicação em 15 mar. 2013)

(50) Segundo o qual as despesas com prevenção, redução e luta contra a poluição devem ser suportadas pelo poluidor, conforme definição do Código Ambiental francês: "*3º Le principe pollueur-payeur, selon lequel les frais résultant des mesures de prévention, de réduction de la pollution et de lutte contre celle-ci doivent être supportés par le pollueur.*" (FRANÇA. *Code de l'environnement*. Article L110-1. (Modifié par Loi 2010-788 du 12 juillet 2010). Disponível em: <http://www.legifrance.gouv.fr>. Acesso em: 13 out. 2014)

(51) De acordo com o vaticínio da doutrina: "Todo o direito ambiental, queiramos ou não, gira em torno do princípio do poluidor-pagador, já que é este que orienta — ou deve orientar — sua vocação redistributiva, ou seja, sua função de enfrentamento das deficiências do sistema de preços" (BENJAMIN, Antônio Herman V. O princípio do poluidor-pagador e a reparação do dano ambiental. In:_____ (Coord.). *Dano ambiental: prevenção, reparação e repressão*. São Paulo: RT, 1992).

(52) A ideia é defendida por: SOARES, Angelo. *Quand le travail devient indécent*: le harcèlement psychologique au travail. Montreal: CSQ, 2002. p. 5.

ela ficou, durante muito tempo, confinada apenas a uma relação de troca mercantil, com a prestação de serviços do empregado, de um lado, e a contraprestação salarial pelo empregador, do outro, numa miopia patrimonialista que menoscabava os direitos da personalidade[53].

De qualquer forma, o assédio moral passou a ter grande destaque na doutrina e na jurisprudência a partir da década de 1990, consolidando-se a partir do conceito de Hirigoyen. Ela o definiu como toda conduta abusiva — composta de gestos, palavras, comportamentos ou atitudes — que atenta, por sua repetição ou sistematização, contra a dignidade ou a integridade física ou psíquica de uma pessoa, colocando em risco o seu emprego, deteriorando o ambiente de trabalho[54] e estigmatizando-a[55]. Tanto os Estados Unidos da América[56] quanto a Europa[57] optaram por classificá-lo como espécie do gênero discriminação, taxonomia que não pode ser desprezada, mas que não encerra todas as dimensões fenomênicas, além de possuir inconvenientes se analisado de forma sectária. O primeiro deles concerne às dificuldades de se provar um comportamento discriminatório por parte do ofensor, como se já não bastassem os obstáculos à demonstração do próprio assédio, porquanto "aquele que propositadamente pratica um ilícito, salvo por extrema ingenuidade, não o faz às claras. Busca, sempre, as trevas[58]".

A postura hermética em relação aos diversos contextos em que pode ocorrer o assédio despreza, por exemplo, a possibilidade do enquadramento da conduta como violação do direito do trabalhador ao meio ambiente equilibrado, que gera, como contrapartida, uma "obrigação de segurança de resultado ao empregador", conforme entendimento da Corte de Cassação francesa[59]. Outrossim, torna epistemologicamente impossível caracterizar a "gestão por injúrias" como assédio moral, como se o fato de o facínora aterrorizar coletiva e indistintamente todos os seus empregados ao, *e.g.*, cobrar metas, pudesse descaracterizá-lo[60]. Diante disso, parece ser mais recomendável compreender o assédio genericamente como uma forma de violação à dignidade humana, como faz o Código do Trabalho do Chile[61].

---

(53) Esse é o diagnóstico de Mallet para o fato de a Consolidação do Trabalho não ter se ocupado, com raríssimas exceções, da tutela dos direitos da personalidade. Para aprofundamento, vide: MALLET, Estêvão. Direitos da Personalidade e Direito do Trabalho. *Revista Magister de Direito Trabalhista e Previdenciário*, n. 1, p. 12-27, jul./ago. 2004, p. 13.

(54) No original: "C'est toute conduite abusive (geste, parole, comportement, attitude...) qui porte atteinte, par sa répétition ou sa systématisation, à la dignité ou à l'intégrité psychique ou physique d'une personne, mettant en péril l'emploi de celle-ci ou dégradant le climat de travail.". (HIRIGOYEN, Marie France. *Malaise dans le travail*: harcèlement moral — démêler le vrai du faux. Paris: Syros, 2001. p. 13).

(55) A última palavra foi agregada a partir dos estudos de: EINARSEN, Stale. The nature and causes of bullying at work. *International Journal of Manpower*, v. 20, n. 1/2, 1999. p. 16-27.

(56) Prova disso está no fato de a agência norte-americana de combate à discriminação ser responsável pela resolução de conflitos antidiscriminatórios e definir o assédio como uma de suas manifestações: "*Harassment is a form of employment discrimination that violates Title VII of the Civil Rights Act of 1964, the Age Discrimination in Employment Act of 1967, (ADEA), and the Americans with Disabilities Act of 1990, (ADA).*" (ESTADOS UNIDOS DA AMÉRICA. U.S. Equal Employment Opportunity Commission. *Harassment*. Disponível em: <http://www.eeoc.gov/laws/types/harassment.cfm>. Acesso em: 22 out. 2014).

(57) Embora cada país possua suas peculiaridades no tratamento e na definição, alude-se à Europa como um todo em face da definição constante da Diretiva do Conselho Europeu:"*"3. Le harcèlement est considéré comme une forme de discrimination au sens du paragraphe 1 lorsqu'un comportement indésirable lié à l'un des motifs visés à l'article 1er se manifeste, qui a pour objet ou pour effet de porter atteinte à la dignité d'une personne et de créer un environnement intimidant, hostile, dégradant, humiliant ou offensant. [...].*" (BÉLGICA. *Directive 2000/78/CE du Conseil du 27 novembre 2000 portant création d'un cadre général en faveur de l'égalité de traitement en matière d'emploi et de travail*. Disponível em: <http://eur-lex.europa.eu/legal-content/FR/TXT/HTML/?uri=CELEX:32000L0078>. Acesso em: 16 out. 2014).

(58) A asserção faz parte da seguinte ementa, que manteve a condenação por assédio moral decorrente da prática de atos de retaliação por força da participação em greve: "ASSÉDIO MORAL — PROVA. Aquele que propositadamente pratica um ilícito, salvo por extrema ingenuidade, não o faz às claras. Busca, sempre, as trevas. Tal quadro obriga o julgador a se valer de circunstâncias indiciárias em quantidade suficiente para gerar uma presunção que o aproxime da verdade." (MATO GROSSO DO SUL. Tribunal Regional do Trabalho da 24ª Região. 1ª Turma. *Processo n. 0000580-07.2012.5.24.0005-RO.1*. Relator: Júlio César Bebber. Diário eletrônico da Justiça do Trabalho 22 abr. 2013. Sem destaques no texto original).

(59) A expressão compõe a "jurisprudência constante" da Corte de Cassação francesa. De efeitos semelhantes aos da responsabilidade objetiva, ela impõe ao empregador zelar pela saúde física e mental de seus empregados, não se exonerando da responsabilidade ainda que comprove a tomada das medidas de precaução para cessar os comportamentos ilícitos, consoante a seguinte ementa: "*L'employeur, tenu d'une obligation de sécurité de résultat en matière de protection de la santé et de la sécurité des travailleurs, manque à cette obligation lorsqu'un salarié est victime sur le lieu de travail de violences physiques ou morales, exercées par l'un ou l'autre de ses salariés, quand bien même il aurait pris des mesures en vue de faire cesser ces agissements.*" (FRANÇA. Cour de Cassation. Chambre Sociale, 3 févr.2010, *n. 08-40.144*. Disponível em: <http://www.legifrance.gouv.fr>. Acesso em: 11 out. 2014).

(60) "[...] não se pode diferenciar a gestão por injúria do assédio moral, com base no ataque diferenciado de uma ou mais pessoas, na medida em que um assediador pode efetuar atos agressivos contra todos os empregados de um setor para forçá-los a se demitir ou, até mesmo, de uma empresa inteira." (THOME, Candy Florencio. *O assédio moral nas relações de emprego*. São Paulo: LTr, 2008. p. 50).

(61) Que assim dispõe, em seu art. 2º: "Art. 2º. Las relaciones laborales deberán siempre fundarse en un trato compatible con la dignidad de la persona. [...] es contrario a la dignidad de la persona el acoso laboral, entendiéndose por tal toda conducta que constituya agresión u hostigamiento reiterados, ejercida por el empleador o por uno o más trabajadores, en contra de otro u otros trabajadores, por cualquier medio, y que tenga como resultado para el o los afectados su menoscabo, maltrato o humillación, o bien que amenace o perjudique su situación laboral o sus oportunidades en el empleo." (CHILE. *Código Del Trabajo (2002)*. Disponível em: <http://www.dt.gob.cl/legislacion/1611/articles-95516_recurso_1.pdf>. Acesso em: 29 set. 2014).

O Código do Trabalho de Portugal, apesar de imbricar o conceito de assédio ao de discriminação, traz importante avanço ao conceituá-lo como a prática que tenha por "objetivo ou efeito" de perturbar ou constranger a pessoa, afetar sua dignidade ou "criar-lhe um ambiente intimidativo, hostil, degradante, humilhante ou desestabilizador[62]." Na mesma linha, o diploma trabalhista francês também se refere ao "objeto ou efeito" do comportamento[63], o que demonstra o desacerto de parte da jurisprudência brasileira ao interpolar o dolo como requisito à sua configuração[64]. Além de a prova da intenção malévola do causador do dano ser de difícil produção, é inaceitável que a boçalidade de determinado empregador ao agir de modo abusivo, vexatório ou humilhante possa servir-lhe de excludente da responsabilidade, pelo simples fato de a sua estupidez não lhe permitir lobrigar que o método de gestão degrada o meio ambiente de trabalho. Para além das táticas acintosas de cobrança, a competitividade excessiva e desmesurada já propicia o clima ideal para que o individualismo instale-se como padrão comportamental, ensejando a ruptura de vínculos e a solidão alienante como tática de sobrevivência no reino do "cada um por si[65]". Em um ambiente marcado pelo pânico, a punição a um único empregado possui um efeito transcendente, uma vez que transmite aos demais a mensagem de que são objetos totalmente descartáveis e, por isso, devem alcançar os objetivos da empresa a qualquer custo, sob pena de suportarem calados todas as zombarias e chacotas decorrentes da sua "ineficiência[66]".

Hodiernamente, há um imenso leque de mecanismos destinados à tutela dos direitos da personalidade, em geral, e de combate ao assédio moral, especificamente. Alguns países, como, por exemplo, a França[67] e a Espanha[68], optaram por tipificar tal conduta como crime, o que parece ser a mais inadequada das providências, em face do princípio da "intervenção penal mínima[69]". Segundo essa orientação, deve-se socorrer do Direito Penal apenas para os crimes mais graves e ultrajantes, quando as demais sanções não forem suficientes ou adequadas à correção do comportamento do réu[70]. Além disso, o Direito Criminal é naturalmente mais garantista, moroso e não resolve o problema do ofendido, além de impor novo sacrifício social, razões que justificaram a orientação de adotá-lo apenas como *ultima ratio*[71].

No campo trabalhista *stricto sensu*, a solução mais corriqueira é a de possibilitar ao empregado que cesse imediatamente o contrato de trabalho, remanescendo o direito à indenização. Trata-se de providência prevista tanto em países de tradição anglo-saxônica como o Canadá[72] e a Inglaterra[73],

---

(62) A definição consta do art. 29º do referido documento (PORTUGAL. Código do Trabalho. *Lei n. 7/2009, de 12 de Fevereiro*. Disponível em: < http://dre.pt/pdf1s/2009/02/03000/0092601029.pdf>. Acesso em: 15 out. 2014)

(63) FRANÇA. *Code du Travail*. Version consolidée au 29 octobre 2014. Disponível em: <http://www.legifrance.gouv.fr>. Acesso em: 29 out. 2014.

(64) Cito, por todos, o seguinte aresto: BAHIA. Tribunal Regional do Trabalho da 5ª Região. 1ª Turma. *RO 0000941-14.2010.5.05.0008*. Relator: Edilton Meireles. Diário da Justiça eletrônico 19 out. 2011.

(65) Transcrevem-se, a respeito, as lições de Dejours e Gernet: "Sabe-se também que certas formas de organização do trabalho podem contribuir para o aparecimento de distúrbios psicopatológicos (depressões, patologias de assédio e suicídios, por exemplo). [...] Por meio de condutas desleais, a confiança e a ajuda mútua desaparecem, é o reino do 'cada um por si'. Nesse contexto, os bons resultados dos colegas acabam representando uma ameaça. [...] O desaparecimento do senso comum fragiliza eletivamente as práticas de resistência coletiva face à dominação e à injustiça. Quando um ataque injusto se produz contra um dos trabalhadores, as marcas da solidariedade são cada vez mais inexistentes. Para a vítima da injustiça resta a perplexidade, fato que agrava a situação." (DEJOURS, Christophe; GERNET, Isabelle. Trabalho, subjetividade e confiança. In: SZNELWAR, Laerte Idal. *Saúde dos Bancários*. São Paulo: Publisher Brasil; Editora Gráfica Atitude Ltda., 2011. p. 37)

(66) "Os castigos vexatórios impostos ao vendedor que não cumpriu sua difícil meta de vendas do mês, além de destruir a autoestima do empregado, informa a todos os colegas sobre sua descartabilidade e os obriga, sob o signo do medo da humilhação, a atingir sua cota a qualquer preço." (SOUZA, Rodrigo Trindade de. Punitive Damages e o Direito do Trabalho Brasileiro: adequação das condenações punitivas para a necessária repressão da delinquência patronal. *Revista do Tribunal Regional do Trabalho da 14ª Região*, v. 2, n. 6, p. 667-713, jul./dez. 2010, p. 697)

(67) FRANÇA. *Code Penall*. Version consolidée au 29 octobre 2014. Article 222-33-2. Disponível em: <http://www.legifrance.gouv.fr>. Acesso em: 29 out. 2014.

(68) ESPANHA. Codigo Penal de España. *Ley Orgánica 10/1995, de 23 de noviembre*. Artículo 173. Disponível em: <https://www.boe.es/buscar/pdf/1995/BOE-A-1995-25444-consolidado.pdf>. Acesso em: 20 out. 2014.

(69) BITENCOURT, Cezar Roberto. Princípios Fundamentais do Direito Penal. *Revista Brasileira de Ciências Criminais*, v. 15, p. 81-88, jul. 1996, p. 82.

(70) OWEN, David G. A Punitive Damages Overview: functions, problems and reform. *Villanova Law Review*, v. 39, p. 363-413, 1994. p. 383-384.

(71) O art. 8º da Declaração Universal dos Direitos do Homem assim dispõe: "*Article VIII. La loi ne doit établir que des peines strictement et évidemment nécessaires, et nul ne peut être puni qu'en vertu d'une Loi établie et promulguée antérieurement au délit, et légalement appliquée.*" (FRANÇA. *Déclaration universelle des droits de l'homme et du citoyen de 1789*. Disponível em: <http://www.assemblee-nationale.fr/histoire/ dudh/ 1789. asp>. Acesso em: 05 jul. 2013. Sem destaques no texto original)

(72) CANADÁ. Supreme Court of Canada. *Janzen v. Platy Enterprises Ltd., [1989] 1 S.C.R. 1252*. Disponível em: <https://archive.org/stream/boi116/boi116_djvu.txt>. Acesso em: 25 out. 2014.

(73) INGLATERRA. Employment Appeal Tribunal. *Bracebridge Engineering Ltd v. Darby [1990] IRLR 3 EAT*. Disponível em: <http://people.exeter.ac.uk/rburnley/empdis/ 1990IRLR3.html>. Acesso em: 26 out. 2014.

em que a expressão jurídica a designar o direito é "*constructive dismissal*[74]", quanto em países de *civil law* como o México e o Brasil, em que o empregado pode pleitear a rescisão indireta do contrato de trabalho, com fulcro no art. 483, alíneas "a", "b", "c", "d" e "e" da CLT[75]. Conquanto tenha a sua importância, por retirar o trabalhador do ambiente de assédio, preservando os direitos econômicos como se tivesse sido dispensado sem justa causa, a solução também não é a ideal, pelo fato de acarretar a perda do emprego pela vítima, embora essa seja a única possibilidade factível em casos extremos.

A vertente mais comum de tutela em face do assédio moral ocorre pela via da responsabilidade civil, mediante condenações em danos extrapatrimoniais. O Brasil já avançou ao ponto de reconhecer que os transtornos afetivos relacionados ao trabalho podem ser a causa da aposentadoria por invalidez[76]. A França foi além, já que o país possui doutrina[77] e jurisprudência no sentido de que até mesmo o suicídio decorrente de transtornos psiquiátricos adquiridos por força de um ambiente de trabalho hostil é caracterizado como acidente de trabalho[78]. Não obstante seja digna de encômios, a responsabilidade civil possui limites claros, haja vista o seu caráter preponderantemente reparatório, circunstância que reclama outros tipos de atuação, até porque é sempre insuficiente compensar perdas em casos de invalidez ou morte.

Desse modo, a grande ênfase para o combate ao assédio moral — sem alijar nenhuma das outras, que devem atuar conjuntamente — reside nos métodos de prevenção ao assédio moral, que englobam políticas de formação, informação, conscientização, treinamento e capacitação, como deixa claro o texto da Convenção n. 155 da Organização Internacional do Trabalho[79]. Finalmente, não se pode deixar de mencionar as tutelas inibitórias, principalmente no âmbito coletivo, a fim de constranger os empregadores à abstenção de práticas de assédio[80].

REFERÊNCIAS BIBLIOGRÁFICAS

ALEXY, Robert. *Teoria dos Direitos Fundamentais*. Tradução de Virgílio Afonso da Silva. São Paulo: Malheiros, 2008.

ANTONMATTEI, Paul-Henri et al. *Les risques psychosociaux: identifier, prévenir, traiter*. Paris: Éditions Lamy, 2010.

ARENHART, Sérgio Cruz. *A tutela inibitória da vida privada*. São Paulo: Revista dos Tribunais, 2000.

ARISTÓTELES. Ética a Nicômaco. Tradução e notas Edson Bini. 3. ed. São Paulo: Edipro, 2009.

BAHIA. Tribunal Regional do Trabalho da 5ª Região. 1ª Turma. *RO 0000941-14.2010.5.05.0008*. Relator: Edilton Meireles. Diário da Justiça eletrônico 19 out. 2011.

BARROS, Alice Monteiro de. *Curso de Direito do Trabalho*. São Paulo: LTr, 2005.

BÉLGICA. *Directive 2000/78/CE du Conseil du 27 novembre 2000 portant création d'un cadre général en faveur de l'égalité de traitement en matière d'emploi et de travail*. Disponível em: <http://eur-lex.europa.eu/legal-content/FR/TXT/HTML/?uri=CELEX:32000L0078>. Acesso em: 16 out. 2014.

---

(74) MÉXICO. *Ley Federal del Trabajo*. Nueva Ley publicada en el Diario Oficial de la Federación el 1º de abril de 1970. Artículos 50 a 52. Disponível em: <http://www.diputados.gob.mx/LeyesBiblio/pdf/125.pdf>. Acesso em: 21 out. 2014.

(75) BRASIL. Consolidação das Leis do Trabalho (1943). Op. cit. A imposição, a fiscalização e a cobrança por metas poderão ser enquadradas em uma ou mais alíneas descritas no art. 483 da CLT, a depender da situação específica.

(76) "[...] a imposição de metas, justamente em um setor (vendas) que está a mercê de diversos fatores externos, ao lado de uma atitude intransigente, a ponto de submeter aqueles que não cumprissem as metas a situações vexatórias, humilhantes e tratamento degradante, consiste em atitude inaceitável, apta a lesar profundamente o psicológico de um ser humano, a ponto de ser em potencial agente exclusivo de traumas capazes de inabilitar uma pessoa para o trabalho, conforme confirmado pelo i. perito na transcrição de suas conclusões. Assim, [...]o ambiente de trabalho a que estava submetida, por si só, tem potencial para levá-la ao estado depressivo ensejador da aposentadoria por invalidez, sendo devido, portanto, pensão mensal correspondente a 100% da remuneração." (BRASIL. Tribunal Superior do Trabalho. 6ª Turma. *RR — 170700-85.2009.5.24.0006*. Julgado em 5 de dezembro de 2012. Relator: Aloysio Corrêa da Veiga. Publicação em 7 dez. 2012)

(77) DEJOURS, Christophe; BÈGUE, Françoise. Suicide et travail: que faire? Paris: PUF, 2009.

(78) "*Attendu que pour accueillir cette demande, l'arrêt retient que, constituant un acte délibéré, le suicide perpétré aux temps et lieu de travail ne peut revêtir le caractère d'un accident du travail que s'il trouve sa cause dans des difficultés d'origine professionnelle, et que c'est à juste titre qu'en l'absence de tout élément de preuve de l'existence de difficultés professionnelles pouvant expliquer le geste de la victime, l'employeur a contesté la décision de prise en charge de ce suicide; Qu'en statuant ainsi, alors qu'André X... étant décédé au temps et au lieu de travail, il appartenait à l'employeur, dans ses rapports avec la caisse primaire, pour écarter la présomption d'imputabilité résultant de l'article L. 411-1 du code de la sécurité sociale, de prouver que ce décès avait une cause totalement étrangère au travail, la cour d'appel a violé le texte susvisé;[...].*" (FRANÇA. Cour de Cassation. Soc., *n. 11-22134*. Julgado em 12 de julho de 2012. Disponível em: <http://www.legifrance.gouv.fr.> Acesso em: 12 out. 2014)

(79) ORGANIZAÇÃO INTERNACIONAL DO TRABALHO. Convenção n. 155. Segurança e Saúde dos Trabalhadores. Disponível em: <http://portal.mte.gov.br/legislacao/convencao-n-155.htm>. Acesso em: 24 out. 2014.

(80) "*Quanto aos direitos da personalidade, contudo, o mesmo não se dá. A tutela de que tal espécie de direitos carece não se harmoniza, de forma alguma, com os instrumentos dados pelo nosso sistema processual. Tanto quanto a proteção do meio ambiente, necessitam de uma tutela especial, que se afasta completamente daquela reparatória (que é impossível, como já vimos, em sede de direitos da personalidade) outorgada aos direitos patrimoniais.*" (ARENHART, Sérgio Cruz. *A tutela inibitória da vida privada*. São Paulo: Revista dos Tribunais, 2000, v. 2, p. 60-61)

BENJAMIN, Antônio Herman V. O princípio do poluidor-pagador e a reparação do dano ambiental. In: _____ (Coord.). *Dano ambiental: prevenção, reparação e repressão.* São Paulo: RT, 1992.

BITENCOURT, Cezar Roberto. Princípios Fundamentais do Direito Penal. *Revista Brasileira de Ciências Criminais,* v. 15, p. 81-88, jul. 1996.

BRASIL. Consolidação das Leis do Trabalho (1943). *CLT Saraiva e Constituição Federal.* 42. ed. São Paulo: Saraiva, 2014.

_____. *Constituição da República Federativa do Brasil.* 19. ed. São Paulo: RT, 2014.

_____. Supremo Tribunal Federal. *RMS 23.452/RJ.* Relator: Celso de Mello. Diário da Justiça 12 maio 2000. Disponível em: <http://redir.stf.jus.br/paginadorpub/paginador.jsp?docTP=AC&docID=85966>. Acesso em: 27 out. 2014.

_____. Tribunal Superior do Trabalho. 4ª Turma. *Processo RR — 1448-15.2011.5.09.0012.* Relator: João Oreste Dalazen. Diário eletrônico da Justiça do Trabalho 22 ago. 2014.

_____. Tribunal Superior do Trabalho. 6ª Turma. *Processo RR — 747-57.2011.5.09.0011,* Rel. Aloysio Corrêa da Veiga. Diário eletrônico da Justiça do Trabalho 1º jul. 2014.

_____. Tribunal Superior do Trabalho. 6ª Turma. *Processo RR — 1627-09.2011.5.04.0231,* Rel. Aloysio Corrêa da Veiga. Diário eletrônico da Justiça do Trabalho 28 mar. 2014.

_____. Tribunal Superior do Trabalho. 6ª Turma. *RR — 170700-85.2009.5.24.0006.* Julgado em 5 de dezembro de 2012. Relator: Aloysio Corrêa da Veiga. Publicação em 7 dez. 2012.

CANADÁ. Supreme Court of Canada. *Janzen v. Platy Enterprises Ltd., [1989] 1 S.C.R. 1252.* Disponível em: <https://archive.org/stream/boi116/boi116_djvu.txt>. Acesso em: 25 out. 2014.

CARROLL, Lewis (pseudônimo de Charles Lutwidge Dodgson). *Alice no País das Maravilhas.* Tradução de Clélia Regina Ramos. Petrópolis: Editora Arara Azul, 2002.

CHILE. *Código Del Trabajo (2002).* Disponível em: <http://www.dt.gob.cl/legislacion/1611/articles-95516_recurso_1.pdf>. Acesso em: 29 set. 2014.

CORDEIRO, António Manuel da Rocha e Menezes. *Da boa-fé no Direito Civil.* Coimbra: Almedina, 2011.

DEJOURS, Christophe; BÈGUE, Françoise. Suicide et travail: que faire? Paris: PUF, 2009.

_____; GERNET, Isabelle. Trabalho, subjetividade e confiança. In: SZNELWAR, Laerte Idal. *Saúde dos Bancários.* São Paulo: Publisher Brasil; Editora Gráfica Atitude Ltda., 2011.

EINARSEN, Stale. The nature and causes of bullying at work. *International Journal of Manpower,* v. 20, n. 1/2, 1999.

EMERICK, Paula Cristina Hott. *Metas — estratégia empresarial de busca agressiva por resultados: incentivo ou constrangimento?* São Paulo: LTr, 2009.

ESPANHA. Codigo Penal de España. *Ley Orgánica 10/1995,* de 23 de noviembre. Artículo 173. Disponível em: <https://www.boe.es/buscar/pdf/1995/BOE-A-1995-25444-consolidado.pdf>. Acesso em: 20 out. 2014.

_____. Tribunal Superior de Justicia de Madrid. *Sentencia 189/2012,* de 14 de marzo. Disponível em: <http://portalprevencion.lexnova.es>. Acesso em: 16 out. 2014.

ESTADOS UNIDOS DA AMÉRICA. U.S. Equal Employment Opportunity Commission. *Harassment.* Disponível em: <http://www.eeoc.gov/laws/types/harassment.cfm>. Acesso em: 22 out. 2014.

_____. Supreme Court of the United States. *Harris v. Forfklift Systems, Inc.* U.S. 1993, n. 92-1168. Disponível em: <http://caselaw.lp.findlaw.com/scripts/getcase.pl?court=US&vol=000&invol=u10433>. Acesso em: 16 out. 2014.

FRANÇA. *Code de l'environnement.* Article L110-1. (Modifié par Loi 2010-788 du 12 juillet 2010). Disponível em: <http://www.legifrance.gouv.fr>. Acesso em: 13 out. 2014.

_____. *Code du Travail.* Version consolidée au 29 octobre 2014. Disponível em: <http://www.legifrance.gouv.fr>. Acesso em: 29 out. 2014.

_____. *Code Penal.* Version consolidée au 29 octobre 2014. Article 222-33-2. Disponível em: <http://www.legifrance.gouv.fr>. Acesso em: 29 out. 2014.

_____. Cour de cassation. Chambre sociale. *27 nov. 2013, 12-22.414.* Disponível em: <http://www.legifrance.gouv.fr>. Acesso em: 12 out. 2014.

_____. Cour de Cassation. Chambre sociale. *10 juillet 2013, 12-17.560.* Disponível em: <http://www.legifrance.gouv.fr>. Acesso em: 28 out. 2014.

_____. Cour de Cassation. Chambre Sociale, *3 févr. 2010, n. 08-40.144.* Disponível em: <http://www.legifrance.gouv.fr>. Acesso em: 11 out. 2014.

_____. Cour de Cassation. Soc., *n. 11-22134.* Julgado em 12 de julho de 2012. Disponível em: <http://www.legifrance.gouv.fr.> Acesso em: 12 out. 2014.

_____. *Déclaration universelle des droits de l'homme et du citoyen de 1789.* Disponível em: <http://www.assemblee-nationale.fr/histoire/dudh/1789.asp>. Acesso em: 05 jul. 2013.

HEGEL, Georg Wilhelm Friedrich. *Enciclopédia das Ciências Filosóficas em compêndio (1830).* Texto completo com os adendos orais. Tradução Paulo Meneses, com a colaboração de José Machado. São Paulo: Loyola, 1995, v. 1.

HESSE, Konrad. *Elementos de Direito Constitucional da República Federal da Alemanha.* Tradução Luís Afonso Heck. Porto Alegre: Sérgio Fabris, 1998.

HIGA, Flávio da Costa. *Assédio Sexual no Trabalho e Discriminação de Gênero*: duas faces da mesma moeda? Inédito.

_____. *Responsabilidade Civil*: a perda de uma chance no Direito do Trabalho. São Paulo: LTr, 2012.

HIRIGOYEN, Marie France. *Malaise dans le travail*: harcèlement moral — démêler le vrai du faux. Paris: Syros, 2001.

INGLATERRA. Employment Appeal Tribunal. *Bracebridge Engineering Ltd v. Darby [1990] IRLR 3 EAT*. Disponível em: <http://people.exeter.ac.uk/rburnley/empdis/1990IRLR3.html>. Acesso em: 26 out. 2014.

IRLANDA. *Employment Equality Act 1998 (Code of Practice) (Harassment) Order 2012*. Disponível em: <http://www.irishstatutebook.ie/pdf/2012/en.si.2012.0208.pdf>. Acesso em: 09 jan. 2014.

ITÁLIA, Cassazione. *Sentenza 112717 del 9 dicembre 1998*. Disponível em: <http://www.cortedicassazione.it/corte-di-cassazione/>. Acesso em: 17 out. 2014.

_____. *Codice Dell'Ambiente (Testo coordinato del Decreto legislativo n. 152 del 3 aprile 2006)*. Disponível em: <http://www.altalex.com/index.php?idnot=33891>. Acesso em: 18 out. 2014.

JAPÃO. *The Constitution of Japan*. Promulgated on November 3, 1946. Disponível em: <http://japan.kantei.go.jp/constitution_and_government_of_japan/constitution_e.html>. Acesso em: 02 out. 2014.

JORNADA DE DIREITO MATERIAL E PROCESSUAL NA JUSTIÇA DO TRABALHO, 1, 2007, Brasília, *Enunciados*. Disponível em: <http://www.anamatra.org.br/jornada/enunciados/enunciados_aprovados.cfm>. Acesso em: 15 out. 2014.

KANT, Immanuel. *Introdução ao Estudo do Direito*: doutrina do Direito. 2. ed. Tradução de Edson Bini. Bauru: Edipro, 2007.

_____. *Fundamentação da Metafísica dos Costumes*. Tradução de Paulo Quintela. Lisboa: Edições 70, 2007.

LUZ, Ana Maria. *Condições Normais de Temperatura e Pressão (CNTP)*. Disponível em: <http://www.infoescola.com/termodinamica/condicoes-normais-de-temperatura-e-pressao-cntp>. Acesso em: 28 out. 2014.

MALLET, Estêvão. Direitos da Personalidade e Direito do Trabalho. *Revista Magister de Direito Trabalhista e Previdenciário*, n. 1, p. 12-27, jul./ago. 2004.

MARX, Karl. *O capital*. v. I. Disponível em: <http://www.marxists.org/portugues/marx/1867/ocapital-v1/vol-1cap07.htm#c7s2>. Acesso em: 07 mar. 2011.

MATO GROSSO DO SUL. Tribunal Regional do Trabalho da 24ª Região. 1ª Turma. *Processo n. 0000580-07.2012.5.24.0005-RO.1*. Relator: Júlio César Bebber. Diário eletrônico da Justiça do Trabalho 22 abr. 2013.

MÉXICO. *Ley Federal del Trabajo*. Nueva Ley publicada en el Diario Oficial de la Federación el 1º de abril de 1970. Artículos 50 a 52. Disponível em: <http://www.diputados.gob.mx/LeyesBiblio/pdf/125.pdf>. Acesso em: 21 out. 2014.

MILL, John Stuart. Sobre a liberdade. Tradução e introdução de Pedro Madeira. São Paulo: Saraiva.

MINAS GERAIS. Tribunal Regional do Trabalho da 3ª Região. 7ª Turma. *Processo 00363-2012-092-03-00-9*. Relator: Marcelo Lamego Pertence. Publicação em 15 mar. 2013.

ORGANIZAÇÃO DAS NAÇÕES UNIDAS. Conferência das Nações Unidas sobre Meio Ambiente e Desenvolvimento. Declaração do Rio sobre Meio Ambiente e Desenvolvimento. *Princípio 1*. Disponível em: <http://www.onu.org.br/rio20/img/2012/01/rio92.pdf>. Acesso em: 10 out. 2014.

ORGANIZAÇÃO INTERNACIONAL DO TRABALHO. *Convenção n. 155*. Segurança e Saúde dos Trabalhadores. Disponível em: <http://portal.mte.gov.br/legislacao/convencao-n-155.htm>. Acesso em: 24 out. 2014.

OWEN, David G. A Punitive Damages Overview: functions, problems and reform. *Villanova Law Review*, v. 39, p. 363-413, 1994.

PINTO, Rafael Morais de Carvalho. Assédio moral no ambiente de trabalho e a política empresarial de metas. 2011, 159f. Dissertação (Mestrado em Direito). PUC — Minas, Belo Horizonte, 2011, I v.

PORTUGAL. Código do Trabalho. *Lei n. 7/2009, de 12 de Fevereiro*. Disponível em: <http://dre.pt/pdf1s/2009/02/03000/0092601029.pdf>. Acesso em: 15 out. 2014.

RAMALHO, Maria do Rosário Palma. Direito do trabalho: parte I — dogmática geral. 2. ed., actualizada ao Código do Trabalho de 2009. Coimbra: Almedina, 2009. v. I.

ROCHEBLAVE, Éric. *Le harcèlement moral en Languedoc-Roussillon*. Disponível em: <http://rocheblave.com/avocats/harcelement-moral-avocat/>. Acesso em: 28 out. 2014.

ROSHCHIN, A. V. Protection of the Working Environment. *International Labour Review*, v. 110, p. 235-249, 1974.

SANTA CATARINA. Tribunal Regional do Trabalho da 12ª Região. 3ª Turma. *RO 0001307-33.2012.5.12.0026*. Relator: José Ernesto Manzi. Publicação em 18 jun. 2013.

SÃO PAULO. *Lei Estadual n. 12.250, de 9 de fevereiro de 2006*. Disponível em: <http://www.al.sp.gov.br/repositorio/legislacao/lei/2006/lei%20n.12.250,%20de%2009.02.2006.htm>. Acesso em: 28 out. 2014.

_____. *Lei Municipal n. 13.288, de 10 de janeiro de 2002*. Disponível em: <http://camaramunicipalsp.qaplaweb.com.br/iah/fulltext/leis/L13288.pdf>. Acesso em: 28 out. 2014.

SARTRE, Jean-Paul. *O existencialismo é um humanismo*: a imaginação — questão de método. Seleção de textos de José Américo Motta Pessanha. Tradução de Rita Correia Gudes e Luiz Roberto Salinas Forte. 3. ed. São Paulo: Nova Cultura, 1987.

SEN, Amartya. Desenvolvimento como liberdade. Tradução de Laura Teixeira Motta. São Paulo: Companhia das Letras, 2000.

SÊNECA. *Ad Lucilium Epistulae Morales*. Tradução para o inglês: Richard M. Gummere. London: William Heinemann Ltd., 1962, v. II, Epistle LXXI.

SHAVELL, Steven. *Foundation of Economic Analisys of Law*. Cambridge: Harvard University Press, 2004, p. 77.

SOARES, Angelo. *Quand le travail devient indécent:* le harcèlement psychologique au travail. Montreal: CSQ, 2002.

SOUZA, Rodrigo Trindade de. Punitive Damages e o Direito do Trabalho Brasileiro: adequação das condenações punitivas para a necessária repressão da delinquência patronal. *Revista do Tribunal Regional do Trabalho da 14ª Região,* v. 2, n. 6, p. 667-713, jul./dez. 2010.

THOME, Candy Florencio. *O assédio moral nas relações de emprego.* São Paulo: LTr, 2008.

Os Impactos dos Movimentos e dos Hábitos de Vida na Saúde do Trabalhador

Pedro Sérgio Zuchi[(*)]

I — INTRODUÇÃO

O ser humano para atender suas necessidades básicas como locomoção, alimentação, comunicação, produção de bens e serviços o faz com movimentos corporais e gestos variados criando facilidades nos hábitos de vida e no trabalho.

A análise pode ser feita em dois prismas: o primeiro seria a partir dos hábitos de vida quando o trabalhador tem plena liberdade para decidir se quer levar a vida de forma sedentária ou saudável com práticas de exercícios físicos.

A segunda é no ambiente de trabalho quando dependendo da atividade e da organização do trabalho ele fica submetido a condições que limitam a liberdade de movimentos ou até mesmo impõem movimentos de grupos musculares específicos trazendo como consequência patologias que podem levar à incapacidade temporária ou até mesmo permanente para o trabalho.

Os impactos da incapacidade para o trabalho leva a mudança de hábitos de vida principalmente quando esta é permanente.

O artigo procura discutir os movimentos e hábitos de vida na saúde dos trabalhadores em duas perspectivas: dentro e fora do trabalho

II — EVOLUÇÃO HISTÓRICA DOS PROCESSOS PRODUTIVOS E SUA RELAÇÃO COM MOVIMENTOS CORPORAIS E MUDANÇAS NOS HÁBITOS DE VIDA

Nos primórdios o homem nômade tinha por hábito deslocamentos frequentes na busca da caça, pesca colheita frutos retirando da natureza aquilo que ela lhe oferecia garantindo sua sobrevivência mantendo equilíbrio com ela e para tanto utilizava indistintamente todos os grupos musculares do corpo em plena atividade física para caminhar, pescar, caçar, colher frutos mantendo equilíbrio de movimentos já que tinha total liberdade para usar seu corpo da forma que lhe conviesse.

No processo evolutivo o homem em dado momento deixa de ser nômade agrupando em tribos constituindo famílias passando a produzir alimentos em espaço limitado, criando animais domésticos reduzindo a necessidade de grandes deslocamentos para obtenção de alimentos.

Nesse período surge o trabalho artesanal em que o que se produzia como excedente era trocado entre famílias de forma a suprir necessidades básicas sem a preocupação de aumentar a produção.

A transformação do sistema de vida nômade isolacionista para a constituição de grupos familiares não tira a característica de liberdade mantendo as pessoas livres para decidirem o que era melhor para sua vida.

Essa liberdade possibilitava o uso do corpo para produção de alimentos e artigos artesanais sem pressão de tempo, com movimentos corporais em cadência definida pelo próprio artesão respeitando as características do meio interno e individualidade de cada um.

(*) Mestre em Engenharia de Produção — Área de Concentração em Ergonomia e Organização do Trabalho. Pesquisador da FUNDACENTRO. Professor Adjunto da PUCMINAS nos Cursos de Graduação em Engenharia Mecânica, Mecatrônica e Elétrica. Professor na FUMEC, no IEC/PUCMINAS e FUMEC e no Curso de Medicina do Trabalho na Faculdade de Ciências Médicas.

É verdade que esse estilo de vida apresenta características próprias com baixa produtividade, decorrente do uso de instrumentos rústicos para produção, sem metas a serem atingidas já que a preocupação na época era viver com liberdade para fazer aquilo que dava vontade sem se preocupar com tempo de execução das tarefas.

Nesse sistema, os movimentos corporais são simples e variados, não há aceleração de movimentos, utiliza todo o segmento corporal sem pressão temporal para atingir metas de produção. Por outro lado, a produção é baixa e atende apenas às necessidades básicas das famílias com pouco excedentes.

A Revolução Industrial, com a descoberta da energia hidráulica e logo em seguida a energia a vapor reduz a necessidade da dependência do trabalho artesanal e possibilita aumento da produtividade.

É uma transformação radical, cujo trabalho artesanal é substituído pelo industrial, com formalização de jornada, metas de produção, e por que não dizer, seleção de movimentos para execução das tarefas.

Inicia a mudança na forma de produzir substituindo gradualmente o trabalho manual pela maquinária, retirando liberdades dos trabalhadores que ficam submetidos à extensa jornada de trabalho, com metas de produção, normas e procedimentos, além da utilização de menores. Surge neste período processo de adoecimento dos trabalhadores decorrentes de condições adversas de trabalho, jornadas excessivas, trabalho de menor culminando em 1802 com a primeira Lei de Proteção ao Trabalhador denominada: "Lei de Saúde e Moral dos Aprendizes", que estabelecia jornada de doze horas de trabalho, proibia trabalho noturno, obrigava os empregadores a lavarem as paredes das fábricas duas vezes por ano e tornava obrigatória a ventilação do ambiente.

Outros dispositivos legais surgiram posteriormente todos eles visando a proteção do trabalhador.

O médico Bernardino Ramazzine antes da Revolução Industrial, no ano de 1700 pública a obra "De Morbis Artificum Diatriba", em que o autor descreveu uma série de doenças relacionadas a cerca de 50 profissões nas corporações de ofício e entre elas consta a doença dos Escribas que redigiam longos textos com movimentos repetitivos.

O estudo de Ramazzine é retomado pelo médico inglês Robert Baker — que nomeado pelo parlamento britânico como Inspetor Médico de Fábrica usou os achados para auxiliá-lo quanto à melhor forma de proteger a saúde dos operários decorrentes da nova forma de produzir.

O trabalho de Baker teve como desfecho em 1831 o relatório da comissão parlamentar de inquérito, sob a chefia de Michael Saddler, que culminou com a "Factory Act, 1833", a Lei das Fábricas.

O que fica evidenciado é a mudança nos hábitos de vida daquelas pessoas acostumadas à liberdade de decidir o que era melhor para elas, quando e quanto deveriam produzir, e a partir da Revolução Industrial migram para fábricas com imposição de horários de trabalho, metas de produção modificando significativamente o modo de vida.

Este é o ponto de partida para análise dos impactos dos movimentos e dos hábitos de vida na saúde do trabalhador, com certeza a migração do nomadismo para vida em grupo familiar trouxe mudanças substanciais nos movimentos corporais para produzir alimentos e produtos artesanais e principalmente nos hábitos de vida quando o viver em coletividade exigiu uma série de adaptações para perfeita integração. Por outro lado não houve perda de liberdade, pois as pessoas produziam aquilo que queriam e da forma que melhor desejassem.

A Revolução Industrial com uso de máquinas no processo produtivo, delimitação de jornada de trabalho, metas de produção, alteram a forma de vida daqueles artesãos que passam a ter movimentos direcionados de acordo com os comandos das máquinas, e o modo de vida muda completamente provocando agravos à saúde até então desconhecidos.

A etapa seguinte na evolução histórica dos processos produtivos encontramos Taylor que entendia que os métodos de trabalho da época guardavam tradições das corporações de ofício e, portanto, eram ineficientes para atender as necessidades econômicas e aumentar a produtividade.

Constatou que o sistema tradicional funcionava apoiado no mecanismo de iniciativa e incentivo, deixando ao livre arbítrio do trabalhador a melhor forma de produzir e a partir do seu desempenho recebia como incentivo: progressão salarial, promoções, prêmios etc.

Com isto ele introduz o que denominou Administração Científica do Trabalho que tem como princípios:

- dividir o trabalho em movimentos elementares;

- selecionar todos os movimentos desnecessários que devem ser eliminados;
- observar como vários operários habilidosos executam cada movimento elementar e com auxílio de um cronômetro, escolher o melhor e mais rápido método de se executar cada um deles;
- descrever, registrar e codificar cada movimento elementar com o seu respectivo tempo de forma que possa ser facilmente identificável;
- estudar e registrar a porcentagem que deve ser adicionada ao tempo selecionado para cobrir a inexperiência do operário nas primeiras vezes que ele executa a operação;
- estudar e registrar a porcentagem de tempo, que deve ser tolerada para descanso e os intervalos em que o descanso deve ser efetuado a fim de eliminar a fadiga física.

Aqui muda completamente a configuração no modo de execução da atividade, na revolução industrial havia exigências de movimentos que variavam de acordo com o trabalho executado eles não eram padronizados e se alternavam em função do tipo de serviço realizado, posicionamento dos comandos das máquinas. A atividade era realizada na postura de pé com movimentações frequentes e o trabalhador participava de todo o processo produtivo com liberdade de movimentos e posturas.

Neste período, com a introdução das fábricas, havia problemas sérios de impactos sobre a saúde decorrentes do trabalho do menor, excesso de jornada, esforço físico entre outros que impactaram os hábitos de vida daqueles que estavam acostumados a trabalhar em casa como artesãos com plena liberdade de controle sobre a produção da forma que melhor lhes conviessem.

A grande diferença é que o taylorismo tira do trabalhador o que lhe é mais importante como conhecimento do conteúdo da tarefa tornando seu trabalho simples e monótono com movimentos pré-estabelecidos e com tempo exíguo para execução.

O trabalhador passa executar tarefas de baixa complexidade já que o conhecimento é transferido para supervisão. O planejamento das tarefas determina movimentos padronizados sem alternância e focados na produção com tempo exíguo para sua execução.

A alternância de posturas e movimentos é fundamental para superar desgastes físicos e o taylorismo, ao definir tarefas com movimentos padronizados e cronometrados, tira a liberdade do trabalhador de ter momentos de recuperação comprometendo seu sistema musculoesquelético.

O trabalhador, ao perder a liberdade de participar do planejamento do processo da produção realizando tarefas simples sem a possibilidade de pensar e interagir com seu ambiente de trabalho aliado aos movimentos padronizados e cronometrados pela supervisão, acaba por perder a motivação para o trabalho e muitas vezes o interesse em participar de grupos internos como a Comissão Interna de Prevenção de Acidentes.

Na sequência ao Taylorismo temos Henry Ford que, ao instituir a linha de montagem, limita ainda mais as possibilidades de liberdade de movimentos como ele mesmo afirma:

> "sempre que for possível, o trabalhador não dará um passo supérfluo";
> — "não permitir, em caso algum, que ele se canse inutilmente"

Estas expressões mostram que cada vez mais os movimentos realizados pelos trabalhadores passam a ser padronizados, cronometrados e monitorado pela supervisão impedindo liberdade de movimentos tão necessária a regulação do corpo humano,

Podemos inferir que o sistema de produção adotado é que vai determinar as condições de trabalho e os movimentos necessários para execução da tarefa, quanto mais padronizado menor será o grau de liberdade do trabalhador e maior a probabilidade de transtornos no sistema musculoesquelético bem como na qualidade de vida no trabalho.

III — VISÃO PRÁTICA DOS MOVIMENTOS E DOS HÁBITOS DE VIDA NA SAÚDE DOS TRABALHADORES

3.1. Os Movimentos e Exigências Posturais no Trabalho

A evolução histórica dos sistemas de produção comprova que existe uma relação direta entre o modelo organizacional de produção e as exigências de movimentos e posturas impostos ao trabalhador para execução das tarefas refletindo nos hábitos de vida e na sua saúde.

O Manual de Aplicação da Norma Regulamentadora 17, editado pelo Ministério do Trabalho, ao descrever algumas características psicofisiológicas do ser humano elenca duas delas que servirão de ponto de partida para compreendermos a relação entre exigências da produção, movimentos e posturas.

Segundo o citado manual, o ser humano prefere:

- *escolher livremente sua postura, dependendo das exigências da tarefa e do estado de seu meio interno;*
- *utilizar alternadamente toda a musculatura corporal e não apenas determinados segmentos corporais;*

De início podemos deduzir que tanto o sistema taylorista como o fordista apresentam antagonismos com as referidas características psicofisiológicas senão vejamos:

Os dois sistemas determinam movimentos padronizados voltados para produção evitando o que eles denominam "supérfluos" e que sem sombra de dúvidas permitiriam o trabalhador alternar movimentos, relaxar musculatura evitando ocorrência de lesões musculoesqueléticas.

Se por um lado o trabalhador prefere escolher livremente a melhor postura para executar a tarefa por outro é preciso avaliar se esta escolha está levando em conta as posturas estereotipadas que ele assume com riscos à sua saúde em função de inadequações do posto e das condições de trabalho.

Em Levantamentos Ergonômicos realizados em empresas de diversos ramos de atividade temos observado com frequência que os postos de trabalho não foram adequadamente planejados e neles encontramos espaços reduzidos para execução das tarefas obrigando o trabalhador com frequência assumir posturas com flexão e rotação tronco, elevação de braços acima do ombro, trabalho na postura de pé.

As alturas de bancadas e zonas de alcance não são levadas em consideração no planejamento do posto de trabalho obrigando o trabalhador a extensão de braços, flexão de tronco e pescoço para executar a tarefa.

O planejamento inadequado do posto de trabalho aliado à pressão temporal para cumprimento de metas leva o trabalhador a acelerar movimentos com posturas estereotipadas e a consequência é surgimento de queixas de dores em diversos segmentos musculares podendo acarretar lesões osteomusculares aumentando absenteísmo e incapacidade laborativa temporária ou até mesmo permanente.

Muitas vezes queixas relatadas pelos trabalhadores por ocasião dos exames periódicos não são objetos de estudo epidemiológico para identificação das causas e somente aqueles casos onde o nexo é evidente são tratados pela Medicina do Trabalho.

Da mesma forma percebemos que não há estímulo para que o empregado relate à empresa dores que por acaso venha sentir no desenvolvimento do seu trabalho.

Para ilustrar nosso argumento apresentamos relatos de queixas de dores levantadas por ocasião de levantamentos ergonômicos realizados em empresas pelo autor em diferentes ramos de atividades.

O objetivo é mostrar que parte significativa dos trabalhadores quando estimulados relatam dores e desconfortos na realização das atividades.

É a partir das queixas e absenteísmos que buscamos identificar nos postos de trabalho, no planejamento da produção, na organização do trabalho as causas e/ou potencialidades de agravos à saúde.

O quadro a seguir mostra o percentual de queixas de dores em 4 diferentes ramos de atividade:

Queixas de Dores	Têxtil	Informática	Logística	Metalúrgica	
			Administrativo	Operacional	
Sim	56%	46%	53%	50%	69%
Não	44%	54%	47%	50%	31%

A primeira observação é que o percentual de trabalhadores com queixas supera 46% sendo este percentual significativo.

O quadro a seguir identifica os segmentos corporais onde se manifestaram as dores também por ramo de atividade.

A empresa de logística o trabalho foi realizado na área administrativa e operacional (armazenamento, movimentação e transporte), razão pela qual temos os dois resultados.

Na indústria têxtil e metalúrgica as avaliações foram realizadas nas áreas de produção. Na informática somente na administrativa.

Parte do Corpo	Têxtil (Produção)	Informática (Administrativo)	Logística		Metalúrgica (Produção)
			Administrativo	Operacional	
Pescoço	4%	50%	35%	33%	8%
Coluna/Lombar	44%	45%	45%	63%	46%
Braços	14%	17%	10%	33%	38%
Punho	5%	25%	10%	33%	23%
Mãos	5%	4%	5%	33%	23%
Pernas	17%	4%	5%	33%	31%
Pés	7%	0%	10%	33%	8%

Observação: houve casos em que o mesmo trabalhador relatou queixas em mais de uma parte do corpo.

O objetivo do quadro é demonstrar que existem segmentos corporais que são mais vulneráveis quando submetidos a esforço por tempo prolongado e sem possibilidade de alternância de posturas e movimentos.

Se compararmos as queixas de dores na região da coluna/ lombar elas estão muito próximas para 3 setores sendo que o operacional da logística apresentou percentual maior e aqui temos situação particular onde os motoristas dormem dentro do caminhão quando em viagem e relataram este fato como a razão para dores na referida região da coluna/ lombar.

É de se considerar que os hábitos de vida dos motoristas diferem dos demais trabalhadores já que eles permanecem a maior parte da semana em viagem, longe do convívio com a família, tendo que repousar no próprio caminhão que dispõe de cama, porém sem o devido conforto e espaço para permitir o descanso.

Nos demais casos, temos trabalho predominantemente na postura de pé com movimentação durante todo o turno de trabalho como é o caso da indústria têxtil onde o operador é responsável pelo controle de um grupo de máquinas, realizando intervenções sempre que necessário utilizando movimentos variados de membros superiores.

As queixas predominam na região da coluna/lombar e pernas que são decorrentes do trabalho na postura de pé durante toda a jornada sem pausas regulamentares.

O setor de informática bem como o administrativo na logística tem em comum o trabalho por longos períodos na postura sentada o que também sugere as queixas de dores na coluna/lombar.

As dores nos membros superiores decorrem de longos períodos em serviços de digitação sem alternância de postura e movimentos, tendo aqui a repetitividade como elemento principal para dores nos braços, punhos, mãos.

No setor operacional da logística os motoristas e ajudantes movimentam cargas com solicitação de todos os segmentos corporais e talvez esteja aí a não diferenciação em termos percentuais de queixas em relação aos diversos segmentos corporais.

No setor metalúrgico a análise foi realizada com Operadores de Produção que utilizam ferramentas pneumáticas para serviços de lixamento e rebarbação, são ferramentas pesadas e que exigem força na operação.

O quadro mostra queixas de dores na região da coluna/lombar, mas também são significativas as queixas de dores nos braços, punhos, mãos e pernas. O trabalho é realizado na postura de pé com flexão de tronco, flexão de braços, extensão e flexão de punhos e mãos e dedo em gatilho além da sustentação de peso.

O trabalho muscular ocorre pela contração de determinados músculos e relaxamento de outros; no trabalho muscular estático ocorre contração prolongada da musculatura, o músculo não alonga seu comprimento e permanece em estado de tensão produzindo força por período prolongado.

A fadiga muscular é decorrente de compressão de vasos sanguíneos que inibem o fornecimento de oxigênio e os resíduos metabólicos não são retirados acumulando nos músculos provocando fadiga.

Segundo Couto (2002), os transtornos da coluna (lombalgias e dorsalgias) se constituem em uma das maiores causas de afastamento prolongado do trabalho e sofrimento humano. Uma correta postura para desenvolver a atividade de trabalho, as alternâncias de posturas durante a jornada, associada ao treinamento sobre a utilização correta dos mobiliários e equipamentos utilizados em seu trabalho é uma das formas de prevenção contra aparecimento de doenças.

Os fatores ligados à organização do trabalho é fundamental na ocorrência de doenças musculo-esqueléticas já que ela determina o trabalho prescrito, as metas de produção, a pressão temporal entre outros. As falas dos trabalhadores colhidas durante os levantamentos ergonômicos possibilitam a compreensão das prováveis causas de queixas de dores:

"No meu local de trabalho, é necessário o uso dos braços e mãos o dia todo, a coluna e o joelho. A gente se esforça muito ao passar peças para a correia".

"Movimentos repetitivos realizados por longo período".

"Todos os dias, suporte às vezes insuficientes, falta de componentes, estrutura da célula incompatível à execução do serviço, problemas de fadiga e ergométricos, insatisfação psicológica".

"Eu faço a mesma coisa o tempo todo e com isso se torna cansativo".

"Cansativo porque trabalho em pé e ando o dia inteiro".

"Trabalho em pé, embalando ou rebarbando peças".

As falas demonstram que as queixas de dores estão vinculadas à organização do trabalho. Observe que os trabalhadores têm perfeito sentimento dos fatores que levam às referidas queixas e elas estão relacionadas às exigências posturais, repetitividade, entre outros.

3.2. As Mudanças nos Hábitos de Vida

As reações e mudanças nos hábitos de vida dos trabalhadores que ficaram com limitações para o trabalho em decorrência de problemas osteomusculares são individualizadas e dependem da personalidade de cada um podendo influenciar nas atitudes, como sentimento de culpa caso ele perceba que teve participação direta na causa do adoecimento.

Imputar a causa do adoecimento ao trabalhador mesmo que ele se sinta culpado é deixar de considerar os fatores internos do processo de trabalho que levam a exigências de movimentos acelerados, posturas estereotipadas, esforço físico exagerado.

Temos trabalhadores que mesmo sentindo dores continuam a trabalhar no mesmo ritmo, às vezes escondendo o fato por receio de perder o emprego e quando se afastam com limitações definitivas físicas e funcionais perdem a auto-confiança muitas vezes deixando de participar de atividades de lazer, entrando em estado de depressão e isolamento.

O grau de compreensão que o trabalhador tem sobre seu estado de saúde pode influenciar na recuperação, aqui reside a importância de informar ao trabalhador as causas que levaram ao adoecimento e as medidas preventivas que devem ser adotadas para completa recuperação.

Em alguns indivíduos a dor pode evoluir para quadro crônico e incapacitante, desenvolvendo estresse psicológico, perda do condicionamento físico por falta de atividade, dependência farmacológica (Eimer & Freeman,1998).

Morse *et al* (1998) estudando as dificuldades nas tarefas diárias de vítimas de perturbações musculoesqueléticas nos dá uma ideia do que pode mudar nos hábitos de vida dos trabalhadores com limitações de movimentos decorrentes de condições de trabalho adversas.

	Casos de Doença Profissional de natureza músculo-esquelética	
	N.	%
Escrita	96	32,9
Preensão	69	23,6
Tarefa domésticas	135	46,2
Abertura de recipientes	142	48,6
Cuidar de crianças	69	23,6
Carregar sacos	139	47,6
Escovar	80	27,4
Tomar banho	91	31,2
Conduzir	113	38,7

A Associação Médica Americana (Guide to Evaluation of Permanent Impairment — 1995) apresenta dois critérios para avaliar as perturbações sendo eles a dor e a amplitude de movimentos (limitações). A dor não é mensurável, portanto é de difícil avaliação dada a sua subjetividade por parte do avaliador. As limitações de movimento são perfeitamente avaliáveis usando tabelas, gráficos e até mesmo instrumentos.

Os trabalhadores que apresentam dores frequentes e crônicas mudam os hábitos de vida passando a consumir medicamentos do tipo analgésico muitas vezes sem prescrição médica e que trazem efeitos colaterais indesejáveis e perigosos.

IV — CONCLUSÃO

O texto foi direcionado para as implicações sobre a saúde e hábitos de vida decorrentes das exigências de movimentos e posturas estereotipadas no trabalho.

Neste contexto ficou evidenciado que a organização do trabalho tem influência preponderante no processo de adoecimento quando existe inflexibilidade e alta exigência no ritmo de trabalho, incidência de movimentos repetitivos em velocidade, sobrecarga de determinados grupos musculares, ausência de controle sobre o ritmo de trabalho, ausência de pausas de recuperação, exigência de produtividade acima dos limites do trabalhador, mobiliário e equipamentos inadequados.

Os movimentos, no trabalho, esporte, lazer, cotidiano são necessários e permitem o ser humano sair do sedentarismo levando uma vida ativa e saudável.

Ocorre que se no trabalho a programação da produção exige movimentos em ciclos muito curtos temos repetitividade e se muitas operações são realizadas em curtos espaços de tempo demanda do trabalhador esforços nos segmentos musculares e articulares ficando as estruturas anatômicas sobrecarregadas.

Mesmo em ciclos mais longos com movimentos diferentes se não houver mecanismo de regulação ao final da jornada de trabalho, em função da quantidade de movimentos pode haver sobrecarga músculo esquelética.

Como contra ponto verificamos que nas atividades esportivas competitivas existe preocupação em dosar a carga de exercícios com avaliação do desgaste muscular para que o atleta possa desempenhar sua missão sem comprometimento do sistema músculo-esquelético.

As lesões que inibem movimentos ou mesmo as que criam limitações repercutem sobre a mudança de hábitos de vida dos trabalhadores, que vão desde a dependência total do auxílio de outra pessoa quando a incapacidade é total e permanente até as dificuldades no dia a dia, quando a limitação de movimentos é parcial e o portador de necessidades especiais tem que exercer esforço maior para executar determinadas tarefas ou mesmo fica com limitações para exercer suas atividades habituais tendo que ser preparado para nova função por meio de processo de reabilitação.

Gaedke, M. A. & Krug, S. B. F., demonstraram mudanças de hábitos de vida ao tratar das perspectivas em portadoras de LER quando identificaram que a maioria não acreditava que poderia melhorar de vida sem exercer atividades que estavam habituadas e acabaram criando repulsa em relação à doença, com sentimento de perda e o direito de viver com dignidade com depreciação da auto-estima, aguçando conflitos no âmbito profissional, familiar e doméstico.

Barbosa MSA, Santos RM, Tereza MCSF. Relatam evidências de depressão, ansiedade e angústia em portadores de LER/DORT com perda da identidade no trabalho, na família e no círculo social.

A solução para evitar processo de adoecimento com implicações na qualidade de vida deve ser preventiva e começa nas atitudes pessoais do dia a dia buscando evitar o sedentarismo através de atividade física. Em casa deve-se estar atento em manter utensílios de uso frequentes guardados em locais mais próximos evitando necessidade de elevar os braços acima do ombro, flexão de tronco, posturas de cócoras para ter acesso aos mesmos.

Pela manhã, ao levantar, deve ter o cuidado de fazer sem pressa para evitar riscos de distensões musculares.

No trabalho, a ginástica laboral contribui para evitar lesões, mas só ela não é suficiente. É preciso que o posto de trabalho esteja adequado às características antropométricas do trabalhador, que o ritmo de trabalho seja planejado de tal forma que permita pausas para recuperação de grupos musculares onde são exigidos esforços para execução da tarefa.

O trabalhador deve ser treinado para adoção de posturas corretas ao executar sua atividade, as posições devem alternar entre sentada e de pé com momentos de pausas de forma a alterar os músculos solicitados para manter a postura reduzindo a fadiga.

A possibilidade de alternância de postura na execução das tarefas é de fundamental importância, pois todo esforço de manutenção postural implica na solicitação de grupamentos musculares com contração estática que deve ser evitada, pois podem ser prejudiciais à saúde.

Finalizando, podemos concluir que os movimentos, quando realizados em uma cadência definida pelo trabalhador, com variabilidade de posturas, mesmo que ocorra momentos que demandem posturas estereotipadas, não ocasionarão fadiga muscular.

REFERÊNCIAS BIBLIOGRÁFICAS

ABRAHÃO, J. I. *Reestruturação produtiva e variabilidade do trabalho:* uma abordagem da ergonomia. Psicologia: teoria e pesquisa, v. 16, n. 1, p. 49-54, 2000.

_____ . *Acidentes do Trabalho e Doenças Profissionais em Portugal:* Impacto nos Trabalhadores e Família — CRPG, dezembro 2005, <www.crpg.pt>.

BARBOSA, M. S. A., SANTOS, R. M., TREZZA, M. C. S. F. A vida do trabalhador antes e após a Lesão por Esforço Repetitivo (LER) e Doença Osteomuscular Relacionada ao Trabalho (DORT) *Rev Bras Enferm*, 2007 set-out; 60(5): 491-6.

COUTO, H. A, *Como implantar Ergonomia na Empresa* — A prática dos comitês de ergonomia. Belo Horizonte: Ergo, 2002.

FLEURY, Afonso Carlos Correia. *Organização do Trabalho:* uma abordagem interdisciplinar: sete casos brasileiros para estudo? Afonso Celso Corrêa Fleury, Nilton Vargas. São Paulo: Atlas, 1983.

GAEDKE, M. A.; KRUG, S. B. F. Quem eu sou? A identidade de trabalhadoras portadoras de LER/DORT *Revista Textos & Contextos*. Porto Alegre v. 7 n. 1 p. 120-137. jan./jun. 2008.

GRANDJEAN, E. *Manual de Ergonomia* — Adaptando o trabalho ao homem. Porto Alegre: Bookman, 1998.

HUBERMAN, L. *A História da Riqueza do Homem*. 21. ed. Rio de Janeiro: Guanabara, 1986.

MINISTÉRIO DO TRABALHO, *Manual de Aplicação da Norma Regulamentadora n. 17*. 2. ed. Brasília: MIE, SIT, 2002.

WOMACK, James. P; JONES, T. Daniel; ROOS, Daniel; *A Maquina que Mudou o Mundo*. 11. ed. Rio de Janeiro: Campus, 1996.

Aspectos Criminais Referentes aos Acidentes do Trabalho

Flávio Eduardo Turessi[(*)]

INTRODUÇÃO

A constatação fática e jurídica de que o trabalho se caracteriza como uma atividade concreta e potencialmente perigosa decorre do próprio processo de produção e transformação de bens e serviços que exige do trabalhador verdadeira integração com um meio permeado por máquinas, substâncias químicas e diversas fontes de energia que, por vezes, se revelam hostis e extremamente danosas para a sua saúde e para sua própria vida.

O desenvolvimento da atividade laboral em uma empresa apresenta-se, pois, como uma das áreas de maior produção de riscos para bens jurídicos relevantes à pessoa humana.

No Brasil, o número total de acidentes do trabalho[(1)] anualmente registrados é alarmante. Dados estatísticos divulgados pelo Ministério da Previdência Social revelam que, somente no ano de 2010, foram registrados 709.474 casos, com 2.753 mortes noticiadas, e, no ano de 2011, 711.164 casos, com o registro de 2.884 mortes[(2)].

Mas o problema, que não respeita fronteiras ou convenções geopolíticas, não se restringe ao solo brasileiro.

A título meramente ilustrativo, Rafael Berruezo estima que, em território argentino:

> "se producen unos 35 mil accidentes laborales por mes. Los sectores más afectados son las industrias manufactureras y de servicios. En el año 2002 hubo un total de 281.910 accidentes; en 2003 un total de 344.561; en 2004 llegamos a 412.961, y en 2005 la suma llegó a 476.920. Este crecimiento significó un aumento promedio de 65.000 accidentes de trabajo más por año. Esto nos permite afirmar que para el año 2009, se producirán, aproximadamente, 736.923, y para el año 2010, 801.923 "acidentes". Esto arroja un total de 2197 accidentes por día. La medición atende sólo a los empleados formales, en una economía que funciona con la mitad de sus trabajadores "en negro".[(3)]"

As cifras aqui apresentadas só não causam maior perplexidade do que a constatação feita pela Organização Internacional do Trabalho — OIT — que, debruçando-se sobre as causas dos acidentes do trabalho com evento morte, afirma que 80% (oitenta por cento) deles poderiam ser evitados.

(*) Mestre em Direito Penal pela PUCSP. Especialista em Direito Penal pela Escola Paulista da Magistratura. Promotor de Justiça do Ministério Público do Estado de São Paulo. Ex-assessor do Centro de Apoio Operacional das Promotorias de Justiça Criminais (CAO-Crim). Assessor do setor de crimes de Prefeitos da Subprocuradoria-Geral de Justiça Jurídica. Ex-delegado de Polícia/SP (2000). Ex-membro da Advocacia-Geral da União/AGU (2001). Professor convidado do curso de pós-graduação *lato sensu* em Direito Penal e Direito Processual Penal do Complexo Educacional Damásio de Jesus, do curso de pós-graduação *lato sensu* da PUCSP (COGEAE) e do curso de pós-graduação *lato sensu* em Direito Médico e Hospitalar da Escola Paulista de Direito.

(1) De acordo com o artigo 19, *caput*, da Lei n. 8.213/1991, acidente do trabalho "é o que ocorre pelo exercício do trabalho a serviço da empresa ou pelo exercício do trabalho dos segurados referidos no inciso VII do art. 11 desta Lei, provocando lesão corporal ou perturbação funcional que cause a morte ou a perda ou redução, permanente ou temporária, da capacidade para o trabalho.".

(2) Disponível em: <http://www.tst.jus.br/web/trabalhoseguro/dados-nacionais>. Acesso em: 24 set. 2014.

(3) BERRUEZO, Rafael. *Derecho penal laboral. In: Derecho penal laboral*: delitos contra los trabajadores. Montevideo: Editorial B de F, 2011. p. 1-46.

De toda a sorte, os dados estatísticos trazidos à colação revelam, dentre outras realidades, indisfarçável deficiência no aparato de prevenção existente no meio ambiente do trabalho. Revelam, também, inevitável impacto negativo na economia e desenvolvimento da própria empresa decorrente de afastamentos, tratamentos médicos, incapacidades e, no mais das vezes, indenizações. Revelam, por fim, altos custos para o Estado com a prestação de benefícios administrados pelo Instituto Nacional do Seguro Social — INSS.

Não é por outra razão que o texto ora apresentado, que se propõe a analisar os aspectos criminais decorrentes dos acidentes do trabalho, enxerga a dignidade da pessoa humana, um dos fundamentos da República Federativa do Brasil, como diretriz orientadora de uma análise sistêmica que, por um lado, estabelece barreiras à atuação estatal, mas, de outro, impõe a todos, Poder Público e particulares, a necessidade de se buscar um ambiente do trabalho mais digno e seguro para os trabalhadores.

À evidência, o respeito à dignidade humana do trabalhador não se restringe à proteção do salário. Alcança, pois, o meio ambiente em que se encontra inserido e a vedação da sua instrumentalização como objeto disponível e substituível a qualquer tempo.

Nessa quadra, sob as luzes de um Estado democrático de Direito, os Direitos Fundamentais, dos quais os direitos sociais fazem parte, exigem inequívocos deveres de proteção como imperativos de tutela.

Para Ingo Wolgang Sarlet:

"Partindo-se de possível e prestigiada (embora não incontroversa) distinção entre uma dimensão negativa e positiva dos direitos fundamentais, convém relembrar que, na sua função como direitos de defesa os direitos fundamentais constituem limites (negativos) à atuação do Poder Público, impedindo ingerências indevidas na esfera dos bens jurídicos fundamentais, ao passo que, atuando na sua função de deveres de proteção (imperativos de tutela), as normas de direitos fundamentais implicam uma atuação positiva do Estado, notadamente, obrigando-o a intervir (preventiva ou repressivamente) inclusive quando se tratar de agressão oriunda de outros particulares, dever este que — para além de expressamente previsto em alguns preceitos constitucionais contendo normas jusfundamentais, pode ser reconduzido ao princípio do Estado de Direito, na medida em que o Estado é o detentor do monopólio, tanto da aplicação da força, quando no âmbito da solução dos litígios entre os particulares, que (salvo em hipóteses excepcionais, como o da legítima defesa), não podem valer-se da força para impedir e, especialmente, corrigir agressões oriundas de outros particulares"[4].

Assim sendo, força é convir que a escolha do modelo de Estado promovida pelo legislador constituinte originário no artigo 1º, *caput*, da Carta de Princípios de 1988[5] impõe uma mudança paradigmática ao Direito Penal. Outrora marcado por forte influência liberal-individualista, o Direito Penal de um Estado Democrático de Direito deve buscar, agora, a efetiva tutela dos direitos fundamentais à luz da dignidade da pessoa humana.

Nessa linha de intelecção, assim como a própria dignidade da pessoa humana, o Direito Penal democrático também oferece uma dupla face, uma vez que, por um lado, afigura-se como instrumento colocado à disposição do Estado de restrição aos valores fundamentais do indivíduo, notadamente de liberdades públicas, mas, por outro lado, "ele é imprescindível para a própria defesa dos valores essenciais à vida do homem em sociedade"[6].

Dentro dessa perspectiva, tem-se que o Direito Penal manejado em um Estado democrático de Direito não pode ser mais visto como um inimigo dos direitos sociais que, sendo também fundamentais, "não podem deixar de dispor de garantias jurídicas correspondentes à sua qualidade de direitos essenciais, que visam à defesa da dignidade de seres humanos concretos.[7]" Pode-se afirmar, no ponto,

---

(4) SARLET, Ingo Wolfgang. *Constituição e proporcionalidade*: o direito penal e os direitos fundamentais. Entre proibição de excesso e de insuficiência. Revista da Ajuris, ano XXXII, n. 98, junho/2005, p. 129.

(5) Artigo 1º "A República Federativa do Brasil, formada pela união indissolúvel dos Estados e Municípios e do Distrito Federal, constitui-se em Estado Democrático de Direito e tem como fundamentos: I — a soberania; II — a cidadania; III — a dignidade da pessoa humana; IV — os valores sociais do trabalho e da livre iniciativa; V — o pluralismo político.

(6) CUNHA, Maria da Conceição Ferreira da. *Constituição e crime*: uma perspectiva da criminalização e da descriminalização. Porto: Universidade Católica Portuguesa, 1995. p. 272.

(7) CARVALHO, Márcia Dometila Lima de. *Fundamentação constitucional do direito penal*. Porto Alegre: Sergio Antonio Fabris Editor, 1992. p. 28.

que para atender aos anseios sociais previstos na Carta Política de 1988, o Direito Penal não pode permanecer distante.

1. MANDADOS DE CRIMINALIZAÇÃO E INGERÊNCIA PENAL DO MEIO AMBIENTE DO TRABALHO

Quando se investiga a função do Direito Penal em um Estado democrático de Direito, "La mayoría de la doctrina admite como uno de los límites al *ius puniendi* el denominado principio de exclusiva protección de bienes jurídicos. En virtud del mismo, el Derecho penal tan sólo ha de intervenir cuando se trata de proteger bienes jurídicos (penales).[8]"

Com efeito, o princípio da exclusiva proteção de bens jurídicos caracteriza-se como uma das maiores garantias do moderno Direito Penal, pois, limitando a intervenção punitiva do Estado, proíbe que condutas puramente morais ou que não lesionem ou ponham em perigo de lesão determinado bem jurídico sejam objeto de atenção pelo legislador penal ordinário.

De acordo com Ana Elisa Liberatore Silva Bechara:

> "A identificação da função da intervenção penal com a proteção de bens jurídico-penais, cumprida a partir da determinação do conteúdo material do delito, impede, assim, que qualquer tipo de interesse ou convicção moral cuja violação não tenha repercussão social negativa relevante possa servir de fundamento de incriminação, constituindo, portanto, garantia fundamental do Direito Penal moderno.[9]"

Ocorre que, não obstante a assertiva acima apresentada, força é convir que a concretização do conteúdo material do delito, vale dizer, a identificação de quais condutas humanas merecem ser criminalizadas implica na exteriorização e no manejo de inequívocos juízos de valor que, de maneira indisfarçável, são claramente influenciados pelo meio e variam de acordo com o momento histórico vivido em determinado corpo social.

Para Muñoz Conde e García Arán,

> "La determinación de los bienes jurídicos a proteger supone una valoración que, como tal, está condicionada históricamente. Los valores que en cada época determinada el legislador somete a tutela penal, dependen no solamente de las necesidades sociales concretas, sino también, y quizás en primera línea, de las concepciones morales dominantes en la sociedad.[10]"

Dessa forma, resta claro que os critérios de seleção de bens e valores dignos e merecedores de atenção pelo Direito Penal não seguem padrões rígidos e imutáveis de aplicação. Variam, pois, de acordo com o momento histórico e o modelo de Estado adotado. Não é por outra razão que o art. 3º do Código Penal Soviético de 1922 previa expressamente a retroatividade da lei penal para alcançar todos os comportamentos antirrevolucionários que, antes de 1922, não eram tipificados como crime e que, na China, a retroatividade da lei penal foi norma vigente até ser revogada pelo atual Código Penal, em vigor a partir de 1º de janeiro de 1980[11].

Não é por outra razão, ainda, que, no Título IV de sua Parte Especial, o Código Penal brasileiro de 1940, conferindo viés marcadamente autoritário ao bem jurídico-penal protegido, a despeito de alguns tipos penais que buscam tutelar direitos do trabalhador[12], lança mão da expressão "Dos crimes contra a organização do trabalho", com indisfarçável preferência pela proteção de interesses patronais[13].

---

(8) AGUADO CORREA, Teresa. *El principio de proporcionalidad en derecho penal*. Madrid: Edersa, 1999. p. 160-161.
(9) BECHARA, Ana Elisa Liberatore Silva. *Bem jurídico-penal*. São Paulo: Quartier Latin, 2014. p. 71.
(10) MUÑOZ CONDE, Francisco; GARCÍA ARÁN, Mercedes. *Derecho penal*: parte general. 2. ed. Valencia: Tirant lo blanch, 1996. p. 59-60.
(11) BUSATO, Paulo César; HUAPAYA, Sandro Montes. *Introdução ao direito penal*: fundamentos para um sistema penal democrático. 2. ed. Rio de Janeiro: Lumen Juris, 2007. p. 136-137.
(12) Nessa linha, confira-se os arts. 203, 206 e 207, do Código Penal.
(13) No ponto, Fábio André Guaragni destaca que "Nos arts. 200 a 202, o Código preserva, nitidamente, interesses do empregador. A participação em movimentos paredistas, desde que coligada a determinadas circunstâncias (prática de violência contra pessoa ou coisa, no caso do art. 200; provocação da interrupção de obras públicas ou serviços coletivos, na hipótese do art. 201), é criminalizada. É certo que o *lock-out* — suspensão patronal das atividades — é criminalizado quando ocorrente nas mesmas condições. Porém, trata-se de hipótese raramente factível. Na prática, repita-se, há preponderante preservação dos interesses patronais, pois o cometimento de excessos, geradores de violência contra coisas ou pessoas, é comum sobretudo quando os movimentos grevistas vinculam-se a ambientes de exaltação emocional, próprios de situações de impasse negocial envolvendo trabalhadores e patrões diretamente, ou quando as divergências se dão entre entidades de representação." GUARAGNI, Fábio André. Organização do trabalho: contornos atuais do bem jurídico-penal. *In*: BARACAT, Eduardo Milléo (Coord.). *Direito penal do trabalho*: reflexões atuais. Belo Horizonte: Fórum, 2010. p. 131-153.

De toda a sorte, malgrado correta, a assertiva que remete o Direito Penal democrático à tutela subsidiária de bens jurídicos, por si só, não faz derivar consequências práticas para o legislador penal.

Assim é que, buscando conferir musculatura ao conteúdo material do delito, as modernas teorias do bem jurídico penal passam a conferir aos textos constitucionais dos diversos ordenamentos jurídicos relevante papel na delimitação de quais bens e valores devem ser considerados dignos e merecedores da tutela penal pelo Estado.

Em um Estado democrático de Direito a Carta de Princípios passa a ser não apenas o limite para o exercício do *ius puniendi*, mas, também, seu fundamento.

Elegendo a Constituição Federal como a estrutura fundante do sistema penal, Ferreira da Cunha afirma que:

> "Ela contém os princípios fundamentais de defesa do indivíduo face ao poder estadual — os limites ao exercício do poder em ordem a eliminar o arbítrio e a defender a segurança e a justiça nas relações cidadão/Estado (herança, desenvolvida e aprofundada, da época liberal — da própria origem do constitucionalismo), em especial em relação ao poder penal. Mas, por outro lado, preocupada com a defesa activa do indivíduo e da sociedade em geral, e tendo em conta que os direitos individuais e os bens sociais, para serem efetivamente tutelados, podem não se bastar com a mera omissão estadual, não devendo ser apenas protegidos face a ataques estaduais, mas também face a ataques de terceiros, ela pressupõe (e impõe) uma actuação estadual no sentido protector dos valores fundamentais (os valores que ela própria, por essência, consagra).(14)"

Assim, a existência de uma verdadeira simbiose entre a o texto constitucional e a identificação de quais bens e valores devem ser objeto de proteção pelo Direito Penal reclama, do legislador penal ordinário, a necessidade de despenalização de certas condutas, de incriminação de outras e, até mesmo, do agravamento ou abrandamento da resposta penal já existente em determinados casos.

Nessa ordem de valores, vale a pena registrar que, instituir o texto constitucional como parâmetro de legitimação para a criminalização de condutas pelo legislador penal ordinário não implica em exaurir sua proteção única e exclusivamente sobre os bens nele tratados.

Essa, inclusive, é a orientação dada por Antonio Carlos da Ponte, para quem:

> "A Constituição Federal atua como limite negativo do Direito Penal, posto que será admitida toda criminalização que não atente contra o texto constitucional. Destarte, não é necessário que a Constituição tenha eleito um dado bem jurídico como passível de proteção, para que haja necessidade de previsão na lei penal. A eleição de bens jurídicos passíveis de proteção penal pode ser realizada aleatoriamente, desde que os valores constitucionais tenham sido preservados.(15)"

Destarte, é justamente com base nessa opção de leitura constitucional do Direito Penal que "A Constituição Federal brasileira, seguindo o modelo de algumas constituições europeias, como as da Alemanha, Espanha, Itália, França e da própria Comunidade Européia(16)", houve por bem apresentar expressivo rol de normas que determinam, de forma expressa, a criminalização de condutas(17). Assim, ao se debruçar sobre os chamados mandados de criminalização, o legislador penal não goza de liberdade de conformação, vale dizer, não dispõe de liberdade de escolha, sendo imperativo o dever de legislar, criminalizando os comportamentos indicados pelo legislador constituinte.

Para Luiz Carlos dos Santos Gonçalves, ao estabelecer mandados de criminalização,

> "a Constituição priva o legislador ordinário da discussão sobre se haverá criminalização, avança no detalhamento do tratamento penal do assunto e não deixa qualquer opção sobre quando deverá ocorrer a tipificação.

---

(14) CUNHA, Maria da Conceição Ferreira da. *Constituição e crime*: uma perspectiva da criminalização e da descriminalização. Porto: Universidade Católica Portuguesa, 1995. p. 273.
(15) PONTE, Antonio Carlos da. *Crimes eleitorais*. São Paulo: Saraiva, 2008. p. 164.
(16) PONTE, Antonio Carlos da. *Crimes eleitorais*. São Paulo: Saraiva, 1998. p. 149-150.
(17) São mandados explícitos de criminalização as determinações contidas no art. 5º, incisos XLII, XLIII e XLIV, art. 5º, § 3º, art. 7º, inciso X, art. 225, § 3º, e art. 227, § 4º, todos da Constituição Federal de 1988.

Os mandados expressos de criminalização trazem decisões constitucionais sobre a maneira como deverão ser protegidos direitos fundamentais. A atuação do legislador no sentido de promover a proteção desses direitos recebe um elemento de vinculação. Ele pode até valer-se de outros instrumentos, mas a previsão de sanções penais perde seu caráter de subsidiariedade e torna-se obrigatória.[18]"

Aliás, a previsão expressa no texto constitucional de obrigações de criminalização que, valendo-se do Direito Penal, impõem ao legislador ordinário deveres de atuação, reforça a ideia inicial deste trabalho de que os direitos fundamentais exprimem, por um lado, proibições de ingerência (*Eingriffsverbote*), mas, por outro, postulados de efetiva intervenção (*Schutzgebote*) por parte do próprio Estado.

Esse é o caso do bem jurídico meio ambiente. Considerado pelo legislador constituinte originário como bem de uso comum do povo e essencial à sadia qualidade de vida, o direito ao meio ambiente ecologicamente equilibrado foi finalmente consagrado como direito fundamental.

Mais disso. Cuida-se do único bem jurídico-penal de cariz universal objeto de expresso mandado de criminalização em nosso texto constitucional.

Ocorre que, não obstante tratada com *status* constitucional somente a partir da Carta de Princípios de 1988, a questão ambiental já era objeto de preocupação do legislador infraconstitucional que, no art. 3º, inciso I, da Lei n. 6.938/81 (Lei da Política Nacional do Meio Ambiente), cuidou de conceituar meio ambiente como "o conjunto de condições, leis, influências e interações de ordem física, química e biológica, que permite, abriga e rege a vida em todas as suas formas".

Malgrado extremamente amplo, o conceito legal de meio ambiente não ficou imune às críticas. Preferindo abandonar a orientação conceitual dada pelo legislador ordinário, em conhecida lição, José Afonso da Silva divide o meio ambiente em três facetas:

"I — *meio ambiente artificial*, constituído pelo espaço urbano construído, consubstanciado no conjunto de edificações (*espaço urbano fachado*) e dos equipamentos públicos (ruas, praças, áreas verdes, espaços livres em geral: *espaço urbano aberto*); II — *meio ambiente cultural*, integrado pelo patrimônio histórico, artístico, arqueológico, paisagístico, turístico, que, embora artificial, em regra, como obra do Homem, difere do anterior (que também é cultural) pelo sentido de valor especial que adquiriu ou de que se impregnou; III — *meio ambiente natural*, ou *físico*, constituído pelo solo, a água, o ar atmosférico, a flora; enfim, pela interação dos seres vivos e seu meio, onde se dá a correlação recíproca entre as espécies e as relações destas com o ambiente físico que ocupam.[19]"

Mas não é só. Aos três aspectos apresentados pelo mencionado jurista deve-se acrescentar, ainda, o *meio ambiente do trabalho* que, tutelado de forma expressa no art. 200, inciso VIII, da Constituição Federal de 1988[20], representa o "espaço-meio de desenvolvimento da atividade laboral, como o local hígido, sem periculosidade, com harmonia para o desenvolvimento da produção e respeito à dignidade da pessoa.[21]"

Assim é que, buscando o atendimento ao mandado expresso de criminalização insculpido no art. 225, § 3º, da Constituição Federal[22], o legislador penal ordinário editou, em nosso ordenamento jurídico, a Lei n. 9.605, de 12 de fevereiro de 1998.

Olvidando-se da necessidade de se conferir a devida proteção penal ao *meio ambiente do trabalho*, a Lei n. 9.605/98 incluiu em sua esfera de proteção a fauna, a flora, o ordenamento urbano e o patrimônio cultural. Omitiu-se, portanto, em oferecer a devida proteção penal a uma faceta do meio ambiente expressamente prevista no texto constitucional, tornando incompleto e insatisfatório o cumprimento ao mandado expresso de criminalização já destacado.

---

(18) GONÇALVES, Luiz Carlos dos Santos. *Mandados expressos de criminalização e a proteção de direitos fundamentais na Constituição brasileira de 1988*. Belo Horizonte: Fórum, 2007. p. 138-139.
(19) SILVA, José Afonso da. *Direito ambiental constitucional*. 4. ed. 2ª tiragem. São Paulo: Malheiros, 2003. p. 21.
(20) Art. 200. Ao sistema único de saúde compete, além de outras atribuições, nos termos da lei: (...). VIII — colaborar na proteção do meio ambiente, nele compreendido o do trabalho.
(21) DAVID ARAÚJO, Luiz Alberto; NUNES JÚNIOR, Vidal Serrano. *Curso de direito constitucional*. São Paulo: Saraiva, 1988, p. 355.
(22) Art. 225. (...). § 3º As condutas e atividades consideradas lesivas ao meio ambiente sujeitarão os infratores, pessoas físicas ou jurídicas, a sanções penais e administrativas, independentemente da obrigação de reparar os danos causados.

Assim, como demonstrado no item que segue, é chegado o momento de se identificar, à luz do mandado de criminalização previsto no art. 225, § 3º, da Constituição Federal de 1988, a segurança do trabalho com bem jurídico digno e merecedor de tutela pelo Direito Penal que, no caso, deverá atuar de forma prospectiva, voltado ao risco, evitando-se a verificação de resultados de impossível reparação.

2. SEGURANÇA DO TRABALHADOR COMO BEM JURÍDICO-PENAL COLETIVO

Quando se investiga os limites da ingerência penal diante dos acidentes do trabalho, o caminho a ser percorrido remete ao necessário enfrentamento de uma questão mais abrangente: cabe ao Direito Penal tutelar bens e valores de cariz coletivo? O bem jurídico a ser protegido tem natureza individual, como a vida, a integridade física e a saúde dos empregados, ou tem natureza coletiva, como a segurança de todos os trabalhadores?

Entendendo-se que somente bens de natureza individual podem ser dignos e merecedores da tutela penal pelo Estado, maneja-se um Direito Penal de resultado, reativo, que, diante das peculiaridades existentes no âmbito do meio ambiente do trabalho, enfrenta sérias dificuldades no processo de individualização das condutas criminosas.

A empresa, como ente gerador de riscos, submete o trabalhador a uma série de perigos que, durante o processo produtivo, encontram-se espalhados em diversos setores e sob a coordenação de diversas pessoas, que se interligam até o resultado final, dificultando a exegese de imputação e individualização da responsabilidade penal que, como se sabe, não é objetiva.

Ademais,

"Es relevante resaltar que la posición desde la que el trabajador interacciona con esos peligros es peculiar, ya que se encuentra inmerso en una relación de dependencia. El poder de dirección del empresario, el deber de obediencia del trabajador, confieren unas notas propias a la relación entre riesgo y trabajo, que el ámbito penal no puede desconocer.[23]"

De outro vértice, permitindo-se ao Direito Penal tutelar bens e valores de cariz coletivo, o bem jurídico-penal a ser tutelado passa a ser a segurança do trabalhador, vale dizer, a maior redução possível de riscos para a sua vida e para a sua saúde, proporcionando-lhe condições seguras para o desenvolvimento digno de sua atividade laboral. Aqui, o Direito Penal passa a ser muito mais prospectivo do que reativo, e o bem jurídico-penal passa a ter autonomia em relação aos bens jurídicos de cunho individual.

A tomada de postura, como não poderia deixar de ser, passa necessariamente em revista a orientação dada pela política criminal de cada ordenamento jurídico.

O Código Penal Espanhol de 1995, por exemplo, no Título XV de seu Livro II, cuida dos delitos contra os direitos dos trabalhadores, tipificando, do art. 311 ao art. 318, condutas que atentam contra a segurança dos empregados, com especial destaque para o seu art. 316 que, manejando um Direito Penal prospectivo, tipifica como crime o não cumprimento das medidas de segurança no trabalho[24], e, ainda, para o seu art. 318, que, não se olvidando dos problemas de individualização de condutas em sistemas complexos, permite a responsabilização penal da pessoa jurídica criminosa[25], com a previsão de penas que transitam desde a suspensão das suas atividades até a sua dissolução.

No Peru, assim como na Espanha, o Código Penal também prevê, em seu art. 168, 3, tipo penal que, buscando tutelar bem jurídico de natureza coletiva, trabalha com a ideia de perigo em matéria de segurança do trabalho[26].

---

(23) BERRUEZO, Rafael. *Derecho penal laboral*. In: *Derecho penal laboral*: delitos contra los trabajadores. Montevideo: Editorial B de F, 2011. p. 1-46.

(24) Art. 316. Los que con infracción de las normas de prevención de riesgos laborales y estando legalmente obligados, no faciliten los médios necesarios para que los trabajadores desempeñem su actividad con las medidas de seguridad e higiene adecuadas, de forma que pongan así en peligro grave su vida, salud o integridad física, serán castigados con las penas de prisión de seis meses a tres años y multa de seis a doce meses.

(25) Art. 318. Cuando los hechos previstos en los artículos de este título se atribuyeran a personas jurídicas, se impondrá la pena señalada a los administradores o encargados del servicio que hayan sido responsables de los mismos y a quienes, conociéndolos y pudiendo remediarlo, no hubieran adoptado medidas para ello. En estos supuestos la autoridad judicial podrá decretar, además, alguna o algunas de las medidas previstas en el artículo 129 de este Código.

(26) Art. 168. Será reprimido con pena privativa de libertad no mayor de dos años el que obliga a otro, mediante violencia o amenaza, a realizar cualquiera de los actos siguientes: 3. Trabajar sin las condiciones de seguridad e higiene industriales determinadas por la autoridad. La misma pena se aplicará al que incumple las resoluciones consentidas o ejecutoriadas dictadas por la autoridad competente; y al que disminuye o distorsiona la producción, simula causales para el cierre del centro de trabajo o abandona éste para extinguir las relaciones laborales.

Já no Brasil, como se não bastasse o atendimento incompleto ao mandado de criminalização já explicitado no item anterior, ao lado da contravenção penal insculpida no art. 19 da Lei n. 8.213/1991[27], o único tipo penal que, de forma genérica, pode ser utilizado de maneira prospectiva para a proteção do meio ambiente do trabalho é o vetusto crime de perigo para a vida ou saúde de outrem, previsto no art. 132 do Código Penal[28]. Inspirado no Código Penal suíço do começo do século XX, o legislador penal de 1940 buscou, com a sua idealização, prevenir justamente os acidentes do trabalho.

Ocorre que, nos dias de hoje, de acordo com Cezar Roberto Bitencourt,

> "Esse fundamento, contudo, parece ter sido praticamente esquecido, pois não é nada incomum a ocorrência de acidentes de trabalho, quando, por exemplo, o empregador, para minimizar os custos com medidas técnicas e material necessário, na execução da obra, expõe o operário a grave risco de acidente.[29]"

Ademais, por se tratar de tipo penal de abrangência genérica e residual, não se pode afirmar que a norma penal sob exame tutele bem jurídico de cunho coletivo. O bem jurídico-penal aqui tutelado é a vida e a saúde da pessoa humana, ou seja, bens jurídico-penais de matiz individual.

3. OS CRIMES CULPOSOS

Inexistindo em nosso ordenamento jurídico tipo penal específico para a tutela da segurança do trabalhador, bem jurídico-penal de cariz coletivo já reconhecido em ordenamentos jurídicos de outros países, verificado o resultado naturalístico decorrente de um acidente do trabalho restará ao Direito Penal, em regra, inferir a configuração de eventual crime culposo que, como se sabe, "decorre de um processo de imputação que tem por fundamento a realização de uma conduta que exceda os limites do risco autorizado e se veja assinalada como penalmente relevante em um tipo de delito.[30]"

Longas e complexas investigações criminais, permeadas pela necessidade de esclarecimentos técnico-periciais e pela oitiva de dezenas de testemunhas destinam-se a servir de lastro para a apuração de condutas que se justapõem aos crimes de lesão corporal culposa e homicídio culposo, o primeiro, infração penal de menor potencial ofensivo à luz da Lei n. 9.099/95[31] e, portanto, sujeito à transação penal[32], e, o segundo, infração penal que comporta o oferecimento da suspensão condicional do processo[33], instituto despenalizador também incorporado ao nosso sistema jurídico-penal pela mesma Lei n. 9.099/95, salvo por questões de ordem subjetiva ou se estiverem presentes algumas das hipóteses de aumento de pena previstas no art. 121, § 4º, do Código Penal.

Com isso, cada vez mais raros são os casos de acidentes de trabalho que, levados ao conhecimento do Ministério Público, permitem o oferecimento de denúncia e efetiva análise de mérito pelo Poder Judiciário. Por conseguinte, cada vez mais escassas são as execuções de sentenças penais condenatórias que buscam, ante a sua natureza de título executivo, a justa reparação civil dos danos[34].

CONCLUSÃO

Séria e comprometida análise dos aspectos criminais referentes aos acidentes do trabalho no

---

(27) Art. 19 (...). § 2º Constitui contravenção penal, punível com multa, deixar a empresa de cumprir as normas de segurança e higiene do trabalho.
(28) Art. 132. Expor a vida ou a saúde de outrem a perigo direto e iminente. Pena — detenção, de 3 (três) meses a 1 (um) ano, se o fato não constitui crime mais grave. Parágrafo único. A pena é aumentada de 1/6 (um sexto) a 1/3 (um terço) se a exposição da vida ou da saúde de outrem a perigo decorre do transporte de pessoas para a prestação de serviços em estabelecimentos de qualquer natureza, em desacordo com as normas legais.
(29) BITENCOURT, Cezar Roberto. *Tratado de direito penal*, 2: parte especial: dos crimes contra a pessoa. 14ª edição. São Paulo: Saraiva, 2014. p. 251-252.
(30) TAVARES, Juarez. *Teoria do crime culposo*. 3ª edição. Rio de Janeiro: Lumen Juris, 2009. p. 3.
(31) Nos exatos termos do art. 61 da Lei n. 9.099/95, "Consideram-se infrações penais de menor potencial ofensivo, para os efeitos desta Lei, as contravenções penais e os crimes a que a lei comine pena máxima não superior a 2 (dois) anos, cumulada ou não com multa".
(32) A transação penal está disciplinada no art. 76, *caput*, da Lei n. 9.099/95, *verbis*: "Havendo representação ou tratando-se de crime de ação penal pública incondicionada, não sendo caso de arquivamento, o Ministério Público poderá propor a aplicação imediata de pena restritiva de direitos ou multas, a ser especificada na proposta".
(33) Por força do disposto no art. 89, *caput*, da Lei n. 9.099/95, "Nos crimes em que a pena mínima cominada for igual ou inferior a 1 (um) ano, abrangidas ou não por esta Lei, o Ministério Público, ao oferecer a denúncia, poderá propor a suspensão do processo, por 2 (dois) a 4 (quatro) anos, desde que o acusado não esteja sendo processado ou não tenha sido condenado por outro crime, presentes os demais requisitos que autorizariam a suspensão condicional da pena (art. 77 do Código Penal)".
(34) De acordo com o art. 91, inc. I, do Código Penal, é efeito da condenação tornar certa a obrigação de indenizar o dano causado pelo crime. De outro giro, de acordo com o art. 387, inc. IV, do Código de Processo Penal, com a redação que lhe foi dada pela Lei n. 11.719/2008, pode o juiz criminal, ao lançar sua sentença condenatória, fixar valor mínimo de indenização civil em decorrência da prática da infração penal por ele reconhecida.

Brasil revela que não existe, em nosso ordenamento jurídico, algo que se possa minimamente chamar de "Direito Penal dos trabalhadores" ou "Direito Penal do trabalho", tal como verificado no Título XV, do Livro II, do Código Penal espanhol de 1995.

Assim é que, buscando-se conferir mínimas condições de segurança ao meio ambiente do trabalho manejam-se, em solo brasileiro, disposições administrativas e tipos penais que, atuando em descompasso com o bem jurídico que se pretende tutelar, revelam a existência de verdadeiro *déficit* de proteção jurídico-penal ao trabalhador brasileiro.

A necessidade de serem impostas sanções administrativas ao empregador que se olvida da segurança de seus empregados não afasta a necessária ingerência penal nesse campo, pois, como se sabe, "el Derecho penal cumple una función de reestabilización de expectativas sociales esenciales defraudadas que el Derecho administrativo sancionador no puede solventar por sí mismo.[35]"

Dessa forma, é chegado o momento de, à luz da teoria dos mandados de criminalização, promover-se a devida proteção jurídico-penal ao meio ambiente do trabalho, com a consequente identificação da segurança do trabalhador como bem jurídico digno e merecedor desta especial forma de tutela pelo Estado. É chegado o momento, pois, de se lançar um olhar normativo mais atento à pessoa jurídica e à permissão constitucional de sua responsabilização penal. As grandes empresas de hoje não são mais os pequenos grupos familiares do passado. O poderio econômico de muitas delas faz com que se dividam em inúmeros setores que, por vezes, somente podem ser efetivamente controlados e dirigidos por determinados diretores que, por não manterem contato direto com os empregados, raramente são atingidos pela lei penal, que se volta aos agentes diretos das transgressões, empregados de nível intermediário na escala produtiva que se revelam substituíveis a qualquer tempo e de pouca influência na cadeia decisória empresarial. É chegado o momento, enfim, de se indignar com as estatísticas.

REFERÊNCIAS BLIBLIOGRÁFICAS

ARAÚJO, Luiz Alberto David; NUNES JÚNIOR, Vidal Serrano. *Curso de direito constitucional*. São Paulo: Saraiva, 1988.

CAVERO, Percy García. *La persona jurídica como sujeto penalmente responsable*. In, Derecho penal laboral: delitos contra los trabajadores. Montevideo: Editorial B de F, 2011.

CORREA, Teresa Aguado. *El principio de proporcionalidad en derecho penal*. Madrid: Edersa, 1999.

BECHARA, Ana Elisa Liberatore Silva. *Bem jurídico-penal*. São Paulo: Quartier Latin, 2014.

BERRUEZO, Rafael. *Derecho penal laboral*. In: *Derecho penal laboral*: delitos contra los trabajadores. Montevideo: Editorial B de F, 2011. p. 1-46.

BITENCOURT, Cezar Roberto. *Tratado de direito penal*. 2: parte especial: dos crimes contra a pessoa. 14. ed. São Paulo: Saraiva, 2014.

BUSATO, Paulo César; HUAPAYA, Sandro Montes. *Introdução ao direito penal*: fundamentos para um sistema penal democrático. 2. ed. Rio de Janeiro: Lúmen Júris, 2007.

CARVALHO, Márcia Dometila Lima de. *Fundamentação constitucional do Direito Penal*. Porto Alegre: Sergio Antonio Fabris Editor, 1992.

CONDE, Francisco Muñoz; ARÁN, Mercedes García. *Derecho penal*: parte general. 2. edición. Valencia: Tirant lo blanch, 1996.

CUNHA, Maria da Conceição Ferreira da. *Constituição e crime*: uma perspectiva da criminalização e da descriminalização. Porto: Universidade Católica Portuguesa, 1995.

GONÇALVES, Luiz Carlos dos Santos. *Mandados expressos de criminalização e a proteção de direitos fundamentais na Constituição brasileira de 1988*. Belo Horizonte: Fórum, 2007.

GUARAGNI, Fábio André. Organização do trabalho: contornos atuais do bem jurídico-penal. In: BARACAT, Eduardo Milléo (Coord.). *Direito penal do trabalho*: reflexões atuais. Belo Horizonte: Fórum, 2010.

PONTE, Antonio Carlos da. *Crimes eleitorais*. São Paulo: Saraiva, 2008.

SARLET, Ingo Wolfgang. Constituição e proporcionalidade: o direito penal e os direitos fundamentais entre proibição de excesso e de insuficiência. *Revista da Ajuris*, ano XXXII, n. 98, junho/2005.

SILVA, José Afonso da. *Direito ambiental constitucional*. 4. ed. 2ª tiragem. São Paulo: Malheiros, 2003.

SITE CONSULTADO

<http://www.tst.jus.br/web/trabalhoseguro/dados-nacionais>. Acesso em: 24 sete. 2014.

---

(35) GARCÍA CAVERO, Percy. *La persona jurídica como sujeto penalmente responsable*. In: *Derecho penal laboral*: delitos contra los trabajadores. Montevideo: Editorial B de F, 2011. p. 143-177.

Protección Social de Los Trabajadores a Tiempo Parcial

Maria José Romero Rodenas[*]

1. DELIMITACIÓN DEL CONTRATO A TIEMPO PARCIAL: MARCO NORMATIVO Y MODALIDADES

La fisonomía actual del contrato a tiempo parcial tiene su origen en el RDL 15/1998, de 27 de noviembre, que transpuso al ordenamiento interno la Directiva 97/81/CE, relativa al Acuerdo Marco sobre Trabajo a Tiempo Parcial[1], cuya norma da nueva redacción al art. 12 ET, definiendo el trabajo a tiempo parcial como el concertado para la prestación de servicios durante un número de horas al día, a la semana, al mes o al año inferior al 77 por 100 de la jornada a tiempo completo establecida en el Convenio Colectivo de aplicación o, en su defecto, de la jornada ordinaria máxima legal[2].

La Disposición Adicional Única del citado RDL contemplaba la posibilidad de promover cambios en la regulación legal del trabajo a tiempo parcial, una vez evaluados los resultados de la reforma llevada a cabo, y en base a tal previsión normativa la Ley 12/2001, de 9 de junio, de Medidas Urgentes para la Reforma del Mercado de Trabajo, modificó de nuevo el art. 12.1 ET, disponiendo que el contrato de trabajo se entenderá celebrado a tiempo parcial cuando se haya acordado la prestación de servicios durante un número de horas al día, a la semana, al mes o al año, inferior a la jornada de trabajo de un trabajador a tiempo comparable, señalando que se entenderá por tal a un trabajador a tiempo completo de la misma empresa y centro de trabajo, con el mismo tipo de contrato y que realice un trabajo idéntico o similar, matizando que si en la empresa no hubiera ningún trabajador comparable a tiempo completo, se considerará como jornada a tiempo completo la prevista en el Convenio Colectivo de aplicación o, en su defecto la máxima legal. Esta definición del trabajo a tiempo parcial se ha mantenido hasta el día de hoy, ya que las modificaciones legales posteriores han afectado a otras materias de esta modalidad de contrato[3].

Aunque la actual redacción del art. 12.e) ET hace referencia en su enunciado al contrato a tiempo parcial y al contrato de relevo, en la redacción del precepto y más concretamente en su apartado 3, se contempla otra modalidad específica de contrato a tiempo parcial al referirse al concertado para realizar trabajos fijos y periódicos dentro del volumen normal de actividad de la empresa, habiendo dejado fuera del concepto de trabajo a tiempo parcial a las actividades de carácter fijo discontinuo que no se repite en fechas ciertas y en cuya regulación actual de carácter sustantivo se contiene en el art. 15.8

(*) Es Catedrática Acreditada y Profesora Titular de Derecho del Trabajo y Seguridad Social de la Universidad de Castilla- la Mancha y Vicedecana de la Facultad de Relaciones Laborales y Recursos Humanos. Autora de diversos libros y artículos jurídicos.
(1) CABEZA PEREIRO J.: *El trabajo a tiempo parcial y las debilidades del modelo español*. Bomarzo: Albacete, 2013. p. 9.
(2) En la legislación precedente el contrato a tiempo parcial no podía superar los dos tercios de la jornada habitual de la actividad.
(3) La Disposición Final Primera de la Ley 27/2011, de 1 de agosto, modificó el apartado 6 del art. 12 ET en lo referente a la jubilación parcial y contrato de relevo; el RDL 3/2012, de 10 de febrero, dio nueva redacción al apartado 4.c) del citado artículo admitiendo la posibilidad de que los trabajadores a tiempo parcial pudieran realizar horas extraordinarias, lo que más tarde se dejó sin efecto por medio del RDL 16/2013, de 20 de diciembre; el RD 5/2013, de 15 de marzo, nuevamente modifica la jubilación parcial y el contrato de relevo dando nueva redacción a los apartados 6 y 7 del art. 12 ET y, finalmente, el citado RDL 16/2013 modifica ampliamente los apartados 4 y 5 estableciendo las reglas por la que se rige el trabajo a tiempo parcial y el nuevo régimen de las horas complementarias.

ET[4]. Asimismo en el apartado 6 del citado artículo se contiene otra modalidad específica de trabajo a tiempo parcial cual es la que deriva del acceso a la jubilación parcial.

En definitiva, dentro del art. 12 ET podemos diferenciar cuatro modalidades de contrato de trabajo a tiempo parcial: el contrato a tiempo parcial común u ordinario, el contrato para trabajos fijos y periódicos que se repitan en fechas ciertas, el contrato a tiempo parcial por jubilación parcial y el contrato de relevo[5], si bien este último puede ser concertado tanto a tiempo parcial como a jornada completa.

Pero nuestro ordenamiento jurídico admite otros supuestos en los que el trabajador presta servicios en jornada inferior a la normal u ordinaria y en estos casos se trataría de precisar si a tales modalidades de trabajo le son de aplicación las especificidades del trabajo a tiempo parcial del art. 12 ET. Nos referimos en concreto a las reducciones de jornada por guarda legal en las distintas modalidades que contempla el art. 37 ET, a la reducción temporal de jornada por causas económicas, técnicas, organizativas o de producción, así como a las que obedezcan a fuerza mayor, al amparo del art. 47 ET y al conflictivo supuesto de la reducción de jornada en aplicación de lo establecido en el art. 41 ET, por la vía de modificación sustancial de condiciones de trabajo.

Según el Convenio 175 OIT (no ratificado hasta el día de hoy por España) y el Acuerdo Marco sobre el trabajo a tiempo parcial transpuesto al ordenamiento interno por el RDL 15/1998, las situaciones antes descritas sobre reducción de jornada tienen el tratamiento propio del contrato a tiempo parcial[6], pero no sucede así en nuestro ordenamiento interno, de modo que dichas situaciones aun cuando impliquen la realización de una jornada de trabajo inferior a la ordinaria, no pueden considerarse como contratación a tiempo parcial y la consecuencia es, en materia de protección social, la no aplicación de las normas específicas que en materia de seguridad social son aplicables a los contratos a tiempo parcial incluidos en el marco normativo del art. 12 ET.

Los supuestos de reducción de jornada que contempla el art. 37 ET son los siguientes:

Ausencia al trabajo durante una hora para la lactancia del menor, en los supuestos de nacimiento de hijo, adopción o acogimiento, que se incrementará proporcionalmente en los casos de parto, adopción o acogimiento múltiple[7]. En estos casos, la prestación efectiva de servicios no será nunca superior a las 35 horas semanales y si aplicáramos el art. 12.1 ET dicha jornada de trabajo tendría el tratamiento propio de un contrato a tiempo parcial, cuando en realidad no es así, ya que la reducción de jornada no viene acompañada de una reducción de salario, por lo que el tratamiento del período de lactancia no presenta singularidad alguna en materia de Seguridad Social, puesto que la cotización se sigue realizando a jornada completa.

Ausencia al trabajo durante una hora o reducción de jornada hasta un máximo de dos horas, en este último caso con reducción proporcional del salario, por nacimiento de hijos prematuros o que, por cualquier causa, deban de permanecer hospitalizados después del parto[8]. En este supuesto cuando se trata de ausencia al trabajo la cotización se mantiene íntegramente, mientras que si el trabajador se acoge a la reducción de jornada la cotización se efectúa por las horas realmente trabajadas.

Reducción de la jornada de trabajo diaria, con disminución proporcional del salario entre, al menos, un octavo y un máximo de la mitad de su duración, a quien por razones de guarda legal tenga a su cuidado directo a algún menor de 12 años[9]. En este caso al

---

(4) La reforma del art. 12 ET llevada a cabo por la Ley 12/2011, excluyo de la regulación del trabajo a tiempo parcial a los trabajadores fijos discontinuos cuya actividad no se repite en fechas ciertas y que vienen siendo identificados como trabajadores fijos discontinuos irregulares, a diferencia de los trabajos fijos regulares que son los encuadrados en el art. 12 ET como modalidad a tiempo parcial.
(5) RUIZ SALVADOR J.A.: *El contrato de trabajo a tiempo parcial*. Bomarzo: Albacete, 2004. p. 20.
(6) Como señala CABEZA PEREIRO J.: *El trabajo a tiempo parcial....op. cit.* p. 9 "para el Acuerdo Marco, aquel trabajador cuya jornada se identifique con la descrita en su cláusula tercera, ostenta la condición de trabajadora a tiempo parcial".
(7) Art. 37.4 ET.
(8) Art. 37.4 bis ET y 48 del Estatuto Básico del Empleado Público (EBEP), si bien en esta última norma los funcionarios dispondrán de dos horas sin pérdida de retribución y dos horas con reducción salarial.
(9) Art. 37.5 inciso primero, ET.

existir reducción proporcional del salario la cotización se efectúa en función de la retribución satisfecha, si bien las cotizaciones realizadas se computarán, durante dos años, incrementadas al 100 por 100[10], a efectos de las prestaciones por jubilación, incapacidad permanente, muerte y supervivencia, maternidad y paternidad.

Reducción de jornada por cuidado de una persona con discapacidad física, psíquica o sensorial, que no desempeñe una actividad retribuida[11]. Aquí el incremento al 100 por 100 vendrá exclusivamente referido al primer año de la reducción de jornada para las prestaciones de Seguridad Social señaladas anteriormente[12].

Reducción de jornada por cuidado directo de un familiar, hasta el segundo grado de consaguinidad o afinidad, que por razones de edad, accidente o enfermedad no pueda valerse por sí mismo y siempre que no desempeñe actividad retribuida. Dicha reducción deberá estar comprendida entre un octavo y un máximo de la mitad de la duración de la jornada[13]. En este caso, y al igual que en el supuesto precedente el incremento al 100 por 100 de la cotización se produce durante el primer año.

Reducción de jornada, de al menos la mitad de su duración, para el cuidado de un menor afectado por cáncer o enfermedad grave, durante la hospitalización y tratamiento continuado, hasta que el menor cumpla los 18 años[14]. En tal supuesto, se computan las cotizaciones incrementadas al 100 por 100 mientras persita tal situación[15]. La reducción de jornada da derecho al percibo de un subsidio del 100 por 100 de la base reguladora y en proporción a la reducción de jornada[16], sin que resulte de aplicación a los funcionarios públicos incluidos en el Régimen General de la Seguridad Social, ya que conforme a la normativa específica a tales funcionarios, esta reducción de jornada se produce sin merma retributiva alguna[17].

Reducciones de jornada previas a la excedencia por cuidado de hijo o menor acogido y por cuidado de familiares hasta el segundo grado de consaguinidad o afinidad[18]. Para este supuesto los períodos de cotización se habrán realizado en función del trabajo efectivo realizado, si bien se computan tales períodos incrementados al 100 por 100 mientras persista dicha situación[19].

En todos los casos de reducción de jornada con disminución proporcional del salario se podrá suscribir Convenio especial con la Seguridad Social a fin de mantener las bases de cotización en las cuantías por las que se venía cotizando con anterioridad a la reducción de jornada[20], con la particularidad de que en los periodos durante los cuales las cotizaciones se computen incrementadas al 100 por 100, en aplicación de las normas citadas, no procederá la aplicación del Convenio especial. Así pues, la no suscripción del Convenio tendrá como consecuencia una disminución sensible de las bases de cotización en todos aquellos supuestos en los que se supere el plazo de elevación al 100 por 100 de la cotización, con la consiguiente repercusión en el conjunto de las prestaciones de Seguridad Social, al incidir en el cálculo de la base reguladora.

En cuanto a la reducción temporal de jornada por causas económicas, técnicas organizativas o de producción o derivadas de fuerza mayor, en base a las previsiones de los arts. 47 y 51.7 ET, o bien por la

---

(10) Art. 180.3 Texto Refundido de la Ley General de la Seguridad Social de 20 de junio de 1994 (TRLGSS).
(11) Art. 37.5 ET.
(12) Art. 180.3 inciso final TRLGSS.
(13) Art. 37.5 párrafo segundo ET.
(14) Las condiciones de acceso a esta reducción de jornada se contienen en el art. 37.5 párrafo tercero ET.
(15) Art. 180.3 párrafo segundo TRLGSS, añadido con efectos de 1 de enero de 2011 y vigencia indefinida por la Disposición Final 21.3 de la Ley 39/2010, de 22 de diciembre.
(16) Art. 135 quater TRLGSS y efectos de 1 de enero de 2011.
(17) Párrafo noveno del art. 135 quater TRLGSS añadido por la Disposición Final 7.2 de la Ley 27/2011, de 1 de agosto, en relación con el art. 49.e) EBEP a cuyo tenor el funcionario percibirá las retribuciones integras con cargo a los presupuestos del órgano o entidad donde venga prestando sus servicios, de aquí que a no experimentar reducción retributiva alguna, no resulta de aplicación el subsidio referido.
(18) Tales excedencias vienen reguladas en el art. 46.3 ET.
(19) Art. 180.4 TRLGSS.
(20) Art. 21 de la Orden de 13 de octubre de 2003, por la que se regula el Convenio especial en el sistema de la Seguridad Social.

vía del art. 64 de la Ley 22/2003, de 9 de julio, Concursal, tales reducciones de jornada tampoco implican la transformación del contrato, temporalmente, en contratación a tiempo parcial, continuando la cotización a la Seguridad Social en los mismos términos que con anterioridad a la reducción de jornada[21], de modo que ninguna repercusión habría de tener dicha situación en lo que se refiere a la protección social de los trabajadores, salvo en materia de prestación por desempleo.

Por último, más problemática se presenta la reducción de jornada por la vía del art. 41 ET, particularmente tras la STS de 7 de octubre de 2011, rec. 144/2011[22], en la que se contempla un supuesto de reducción de jornada acordada por el empresario al amparo del art. 41 ET, admitiendo la validez de tal reducción con la consiguiente repercusión en el salario, y con carácter definitivo, si bien los trabajadores afectados por la reducción mantienen la condición de trabajadores a jornada completa, aunque trabajen por debajo de la jornada ordinaria[23], y ello por entender que el contrato a tiempo parcial ha de ser necesariamente voluntario, requisito que no concurre cuando la reducción de jornada opera por la vía del art. 41 ET y por decisión unilateral del empresario. En definitiva, parece que tras esta Sentencia procede diferenciar entre la reducción de jornada en un contrato a jornada completa que se posibilitaría por la vía del art. 41 ET y la novación del contrato transformando un contrato de trabajo a tiempo completo en otro a tiempo parcial, que exigiría necesariamente el consenso del trabajador conforme a lo establecido en el art. 12.4 e) ET, tesis que ya ha sido mantenida en algunos pronunciamientos de distintos Tribunales Superiores de Justicia[24].

Es por ello que, en estos casos de reducción permanente de la jornada de trabajo por la vía del art. 41 ET, no estaríamos en presencia de un contrato de trabajo a tiempo parcial al que resultaran de aplicación las previsiones contenidas en el art. 12 ET, sino que seguiría siendo un contrato de trabajo a tiempo completo pero con jornada reducida.

En base a todo lo expuesto, las singularidades de la protección social de los trabajadores a tiempo parcial solo serán de aplicación a las modalidades contenidas en el art. 12 ET, quedando fuera las reducciones de jornada por cualquier causa.

2. PROTECCIÓN SOCIAL

2.1. Marco normativo

La normativa básica sobre protección de los trabajadores a tiempo parcial viene constituida por la Disposición Adicional Séptima (DA 7ª TRLGSS), conforme a la redacción dada por el RDL 11/2013, 2 de agosto y posterior Ley 1/2014, de 28 de febrero, cuya disposición adicional, con el título de "Normas aplicables a los trabajadores contratados a tiempo parcial", contiene los aspectos fundamentales, aunque no todos, en materia de protección social de este colectivo, si bien el propio TRLGSS contiene otras normas específicas en materia de jubilación parcial y prestación por desempleo de dichos trabajadores[25].

El RDL 11/2013, no ha afectado al cálculo de la base reguladora de las distintas prestaciones de la Seguridad Social, estando vigentes, como normas reglamentarias, el RDL 1131/2002, de 31 de octubre, que ha sido objeto de diversas modificaciones legales, y el RD 295/2009, referido, entre otras materias a las prestaciones a tiempo parcial de maternidad, paternidad, riesgo durante el embarazo y riesgo durante la lactancia natural.

Asimismo, en materia de suscripción de Convenios especiales de la Seguridad Social son de apli-

---

(21) De conformidad con lo establecido en el art. 8.2 de la Orden TAS/106/2014, de 31 de enero, la cotización a la Seguridad Social durante la reducción de jornada se efectuara por el promedio de las bases de cotización de los últimos 6 meses.

(22) Un comentario a dicha Sentencia puede verse en, CABEZA PEREIRO, J. y FERNÁNDEZ DOCAMPO, B.: "Reducción de la jornada por el "ordeno y mando", RDS núm. 58 (2012) p. 171 y ss.

(23) Conforme a la citada Sentencia " para calificar a una relación como contrato de trabajo a tiempo parcial no basta que la reducción del tiempo de trabajo sea inferior a la jornada ordinaria a tiempo completo, sino que es preciso que la reducción de jornada sea voluntariamente adoptada con sujeción a la concreta modalidad de contrato a tiempo parcial", añadiendo que "la imposición unilateral de jornada reducida (con carácter individual o colectivo) e incluso la modificación colectiva acordada de consuno con los representantes de los trabajadores, no determinan la mutación del contrato tiempo completo/tiempo parcial, sino la mera reducción de la jornada en contrato a tiempo completo que persiste como tal categoría jurídica, pues la específica modalidad de que tratamos (contrato a tiempo parcial) únicamente puede ser fruto de una conversión contractual que se instrumente por medio de una novación extintiva, que en todo caso es requirente de la voluntad concorde del trabajador)".

(24) Sobre el particular pueden consultarse las SSTSJ de Castilla-La Mancha de 17 de marzo de 2014, rec. 1302/2013 y 10 de mayo de 2012, rec. 314/2012; Andalucía (Sevilla) de 19 de septiembre de 2013, rec. 1144/2013.

(25) Arts. 166 y 206 TRLGSS.

cación a los trabajadores a tiempo parcial los arts. 22 y 24 de la Orden TAS/2865/2003, de 13 de octubre.

2.2. Cotización a la Seguridad Social de los trabajadores a tiempo parcial

La base de cotización a la Seguridad Social será siempre mensual y estará constituida por las retribuciones efectivamente percibidas en función de las horas trabajadas, tanto ordinarias como complementarias[26].

Para el cálculo de la base reguladora se tendrán en cuenta las reglas generales establecidas para los trabajadores a jornada completa[27], sin que en ningún caso dicha base de cotización pueda ser inferior a la cuantía reglamentariamente establecida por cada hora trabajada. En concreto y para el año 2014 las bases mínimas de cotización por contingencias comunes son las siguientes[28]:

Grupo de cotización	Categorías profesionales	Base mínima por hora — Euros/mes
1	Ingenieros y Licenciados. Personal de alta dirección no incluido en el artículo 1.3.c) del Estatuto de los Trabajadores	6,33
2	Ingenieros Técnicos, Peritos y Ayudantes Titulados	5,25
3	Jefes Administrativos y de Taller	4,57
4	Ayudantes no Titulados	4,54
5	Oficiales Administrativos	4,54
6	Subalternos	4,54
7	Auxiliares Administrativos	4,54
8	Oficiales de primera y segunda	4,54
9	Oficiales de tercera y Especialistas	4,54
10	Peones	4,54
11	Trabajadores menores de 18 años	4,54

La base mínima de cotización es el resultado de multiplicar el número de horas realmente trabajadas por la base mínima horaria.

Para determinar la base de cotización procederá diferenciar entre contingencias comunes, profesionales y cotización por horas extraordinarias y complementarias, existiendo asimismo un conjunto de reglas especiales para los contratos a tiempo parcial concentrado y para las situaciones de incapacidad temporal, riesgo durante el embarazo, riesgo durante la lactancia natural y paternidad o maternidad.

Para determinar la base de cotización mensual correspondiente a contingencias comunes se computa la remuneración devengada por las horas ordinarias y complementarias trabajadas en el mes a que se refiere dicha cotización[29] y en el supuesto de que se hubieran trabajado más horas complementarias de las establecidas en el contrato o incluso si se superara el máximo legal, tales horas deberían cotizar con tal carácter de complementarias ya que en ningún caso tendrían la consideración de horas extraordinarias[30], si bien el TS en reciente senten-

---

(26) DA 7ª, 1, primera, a) TRLGSS en relación con el art. 65 RD 2064/1995, por el que se aprueba el reglamento general de cotización y liquidación de la Seguridad Social y art. 36 de la Orden Ministerial ESS/106/2014, relativo a la cotización de los trabajadores a tiempo parcial durante 2014.
(27) Art. 23 RD 2064/1995, conforme a la redacción dada por el art. único del RD 637/2014, de 25 de julio.
(28) Art. 36 OM ESS/106/2014.
(29) Art. 36.2 OM ESS/106/2014.
(30) LÓPEZ GANDÍA, J. y TOSCANI GIMÉNEZ, D., *La protección social de los trabajadores a tiempo parcial y fijos discontinuos*, Albacete, 2014, Editorial Bomarzo, p. 19. En el mismo sentido LOUSADA AROCHENA, J.F. y CABEZA PEREIRO, J., "El nuevo régimen legal del trabajo a tiempo parcial". Granada, 1999. p. 151 a 153.
Inciso final del apartado b) de la regla segunda de la DA 7ª TRLGSS.

cia de 11 de junio de 2014, rec. 1039/2013 ha establecido que las horas que se llevan a cabo más allá de las complementarias pactadas tienen el carácter de horas extraordinarias, con independencia de que exista prohibición de realizarlas[31]. A dicha remuneración procede añadir la parte proporcional que corresponda en concepto de descanso semanal y festivos, pagas extraordinarias y aquellos otros conceptos retributivos que tengan una periodicidad en su devengo superior a la mensual, y si el resultado de la base de cotización calculada conforme a las reglas anteriores fuera inferior a las bases mínimas antes indicadas, se aplicarán en tal caso dichas bases mínimas.

Para el cálculo de la base de cotización por las contingencias de accidentes de trabajo y enfermedades profesionales, desempleo, FOGASA y formación profesional, se aplicarán las reglas anteriores, computando también, en su caso, la remuneración correspondiente a las horas extraordinarias motivadas por fuerza mayor que hubieran podido ser realizadas sin que en ningún caso la base así obtenida pueda ser superior al tope máximo establecido con carácter general, que para el año 2014 asciende a 3.597 euros/mes, ni inferior al importe establecido para la base mínima por cada hora trabajada que en 2014 asciende a 4,54 euros/hora[32].

La cotización por horas extraordinarias debidas a fuerza mayor[33] queda sujeta a la cotización adicional, aplicando a la base de cotización el tipo del 14,00 por 100, del que el 12,00 por 100 será a cargo de la empresa y el 2,00 por 100 a cargo del trabajador[34], recordando que si se trata de horas complementarias estas se retribuyen como ordinarias y se computan integrando la base de cotización en los términos que han quedado expuestos.

Respecto de los trabajadores con contrato a tiempo parcial que hayan acordado con su empresa que la totalidad de las horas de trabajo que anualmente deben realizar se presten en determinados periodos de cada año, existiendo periodos de inactividad superiores al mensual, tales trabajadores permanecerán en alta mientras no se extinga su relación laboral, de manera que aun cuando trabajen solamente varios meses el alta se extenderá durante todo el año. En estos casos la base de cotización se determinará al celebrarse el contrato de trabajo y al inicio de cada año en el que el trabajador se encuentre en tal situación, computando el importe total de las remuneraciones que tenga derecho a percibir en ese año y el importe así obtenido se prorrateará entre los doce meses del año, obteniéndose así la cuantía de la base de cotización correspondiente a cada mes, sin que la base mensual de cotización así obtenida pueda ser inferior al importe de la base mínima de cotización vigente en cada momento[35]. Si al final del ejercicio el trabajador hubiera percibido remuneraciones por importe distinto al inicialmente considerado en ese año, se procederá a realizar la correspondiente regularización dentro del mes de enero del año siguiente.

En las situaciones de incapacidad temporal, maternidad, paternidad, riesgo durante el embarazo y riesgo durante la lactancia natural, la base diaria de cotización será el resultado de dividir las sumas de las bases de cotización acreditadas en la empresa durante los tres meses anteriores a la fecha del hecho causante por el número de días trabajados y cotizados en dicho periodo, aplicándose dicha base exclusivamente a los días en los que el trabajador hubiera estado obligados a prestar servicios en la empresa[36].

---

(31) La citada sentencia contempla el supuesto de una trabajadora que había realizado una jornada de trabajo notoriamente superior a la acordada, superando con mucho las horas complementarias. El TSJ de Andalucía estimó que dichas horas debían ser retribuidas como ordinarias y el TS casa la sentencia y establece que con independencia de la aparición de realizar horas extraordinarias, las que sin tener la condición de complementarias superan la jornada pactada en el contrato a tiempo parcial, tales horas tienen la consideración de extraordinarias y deben ser retribuidas como tal, solución esta que si bien beneficia a la trabajadora desde el punto de vista contributivo le ocasiona un notorio perjuicio en lo que se refiere al cómputo de jornada a efectos de protección social.

(32) Art. 36.3 OM ESS/106/2014.

(33) Ha de tenerse en cuenta que a partir del 22 de diciembre de 2013 los trabajadores a tiempo parcial no pueden realizar horas extraordinaria, salvo aquellas que sean precisas para prevención o reparación de siniestros y otros daños extraordinarios y urgentes. Por el contrario si se tratara de trabajadores fijos discontinuos (art. 15.8 ET) sí podrían realizar tales horas extraordinarias que cotizarían de acuerdo con lo previsto en las normas generales establecidas para los trabajadores a jornada completa mediante la aplicación del tipo del 28,30 por 100, del que el 23,60 es a cargo de la empresa y el 4,70 a cargo del trabajador.

(34) Art. 5, en relación con el art. 36.4 OM ESS/106/2014.

(35) Art. 65.3 RD 2064/1995 y art. 40 OM ESS/106/2014.

(36) Art. 65.4 RD 2064/1995 y art. 38.4 OM ESS/106/2014.

2.3. Cómputo de cotizaciones para el acceso a las prestaciones del Sistema de Seguridad Social

2.3.1. Situación anterior a la entrada en vigor del RDL 11/2013

La DA 7ª, segunda, TRLGSS establecía que para el cálculo de los períodos de cotización necesarios para causar derecho a las prestaciones de Seguridad Social, salvo para desempleo, el número de horas trabajadas se dividía por cinco, obteniéndose así los días de cotización computables, y tratándose de la pensión de jubilación y de la incapacidad permanente derivada de contingencia común, el resultado de la operación anterior se multiplicaba por 1.5, obteniéndose de este modo el número de días que se consideraban acreditados para el acceso a las prestaciones. En definitiva, los periodos de cotización exigibles eran los mismos que para los trabajadores a tiempo completo, si bien se establecía el factor de corrección a que se ha hecho referencia, aplicable solamente a las prestaciones que exigían dilatados periodos de carencia, de modo que si, por ejemplo, un trabajador a tiempo parcial acreditaba un total de 10.000 horas trabajadas, estas eran equivalentes a 2.000 días de cotización efectiva y tratándose de las pensiones de jubilación e incapacidad permanente a esos días se les aplicaba el coeficiente expresado, alcanzando así un total de 3.000 días.

Vigente la normativa a la que hemos hecho referencia, el Tribunal de Justicia de la Unión Europea mediante Sentencia de 22 de noviembre de 2012 resuelve una cuestión prejudicial planteada por un Juzgado de lo Social de Barcelona, Asunto C-385/11, declarando que el art. 4 de la Directiva 79/7/CEE del Consejo, de 19 de diciembre de 1978, relativa a la aplicación progresiva del principio de igualdad de trato entre hombres y mujeres en materia de Seguridad Social, debe interpretarse en el sentido de que se opone a la normativa de un Estado miembro, en este caso España, que exige a los trabajadores a tiempo parcial, en su inmensa mayoría mujeres, en comparación con los trabajadores a tiempo completo, un periodo de cotización proporcionalmente mayor para acceder, en su caso, a una pensión de jubilación contributiva, en cuantía proporcionalmente reducida a la parcialidad de su jornada.

El supuesto de hecho contemplado por la STJUE viene referido a una trabajadora que había prestado servicios durante dieciocho años en jornada a tiempo parcial de 4 horas semanales y que al cumplir la edad de jubilación ordinaria solicita del INSS el reconocimiento y abono de la pensión, siéndole denegada por la Entidad Gestora por no reunir el periodo mínimo de carencia exigido de 15 años, ya que con la fórmula a la que hemos hecho referencia anteriormente no alcanzaba la cotización mínima.

Poco después el Tribunal Constitucional en Sentencia 61/2013, de 14 de marzo, resolviendo una cuestión de inconstitucionalidad planteada por el TSJ Galicia declara inconstitucional y nula la regla segunda del apartado uno de la DA 7ª TRLGSS, al entender que las diferencias de trato en materia de acceso a las prestaciones de Seguridad Social entre trabajadores a tiempo parcial y trabajadores a jornada completa carecen de justificación razonable y vulneran el derecho fundamental a la igualdad ante la Ley.

En este caso, se trataba de una trabajadora que había realizado actividad laboral entre mayo de 1981 y octubre de 1999, si bien desde noviembre de 1988 había trabajado a tiempo parcial con jornada equivalente al 18.4 por cien del habitual, por lo que aplicando las reglas de computo de cotización citadas, distaba mucho de alcanzar los 15 años de cotización exigible, pese a que en la fecha del hecho causante eran computables dos pagas extraordinarias por cada año trabajado[37].

Como consecuencia de haber quedado fuera del ordenamiento jurídico la regla sobre cómputo de cotizaciones contenida en la DA 7ª TRLGSS y en el RD 1131/2002, que la desarrollaba, se cuestionó por el INSS cual había de ser la normativa aplicable para cubrir el vacío legal producido, máxime teniendo en cuenta que la normativa precedente en la materia también había sido declarada inconstitucional, por lo que, la Entidad Gestora optó por seguir aplicando la norma anulada en aquellos casos en que con tal aplicación se tuviera derecho al reconocimiento de la prestación, resolviendo las solicitudes presentadas de forma provisional y dejando sin resolver aquellas otras que aplicando tal normativa no generaba tal derecho a prestación, y todo ello hasta tanto se aprobará un nuevo marco normativo para lo cual ya se habían iniciado consultas entre Gobierno, Patronal y Sindicatos.

---

(37) A la citada STC siguieron la 71/2013, 8 de abril; 72/2013, 8 de abril; 116/2013, 20 de mayo, recaídas en recursos de amparo.

Fruto de las conversaciones mantenidas el 31 de julio de 2012, se alcanzó un Acuerdo Tripartito suscrito por los agentes sociales más representativos (CCOO y UGT, CEOE y CEPYME) y el Gobierno, que asumiendo la Jurisprudencia constitucional citada establece las bases para una regulación de la protección social de los trabajadores a tiempo parcial y fijos discontinuos, sobre tres pilares básicos:

— Se podrá acceder a la pensión de jubilación contributiva cuando se reúna un periodo de alta de 15 años naturales, con independencia de la jornada de trabajo, extendiendo la regla a las restantes prestaciones del sistema.

— Para las pensiones de jubilación e incapacidad permanente derivada de enfermedad común se establece un coeficiente multiplicador del 1.5 aplicable exclusivamente para calcular el porcentaje sobre la base reguladora en función de los meses cotizados, pero no para alcanzar el periodo de carencia.

— Se mantienen los coeficientes al máximo con los mismos límites que para los trabajadores a tiempo completo.

2.3.2. Modificaciones introducidas por el RDL 5/2011, de 2 de agosto convertido posteriormente en Ley 1/2014 de 28 de febrero

2.3.2.1. Cálculo de los días teóricos de cotización de los trabajadores a tiempo parcial

Establece ahora la regla segunda de la DA 7ª TRGLSS que para calcular los periodos de cotización, salvo para desempleo, "se tendrán en cuenta los distintos periodos durante los cuales el trabajador haya permanecido en alta, cualquiera que sea la duración de la jornada realizada en cada uno de ellos", de forma que, inicialmente se parte de todos los días naturales durante los cuales el trabajador ha estado de alta, y así por ejemplo, si ha estado de alta durante dos años habría que partir del cómputo de un total de 720 días y ello con independencia de la jornada efectivamente realizada o de que hubiera trabajado solamente algunos días de la semana[38].

Una vez conocido el número de días en alta, a dicho período se le aplica el "coeficiente de parcialidad", que es el porcentaje de jornada que ha realizado el trabajador a tiempo parcial, por lo que si dicho porcentaje es del 20, del 30, del 40 por 100 de la jornada de un trabajador a tiempo completo etc., el coeficiente de parcialidad será, respectivamente, del 0.20, 0.30, 0.40 y así sucesivamente.

Aplicando este coeficiente de parcialidad sobre los días en los que el trabajador ha permanecido en alta obtendremos "el número de días que se consideran efectivamente trabajados en cada período". De esta forma, si el trabajador ha permanecido en alta, por ejemplo, 720 días con una jornada equivalente al 30 por 100, resultará que los días de cotización que acredita son 216, resultado de multiplicar el porcentaje de jornada por los días en alta (0.30 por 720 días).

Como es normal que el trabajador no siempre haya trabajado el mismo porcentaje de jornada, a cada periodo en alta, con distinta jornada, se le aplica su correspondiente coeficiente de parcialidad y así, en el ejemplo anterior si el porcentaje de jornada hubiera sido del 40 por 100 durante 300 días y el 30 por 100 sobre los 420 días restantes, en el primer período acreditaría como días cotizados un total de 120 (0.40 por 300) y en el segundo 126 días (0.30 por 420), por lo que en tal caso el total de días teóricos de cotización acreditados sería el de 246.

Al número de días que resulten de la aplicación del coeficiente de parcialidad se le suman, en su caso, "los días cotizados a tiempo completo, siendo el resultado el total de días de cotización acreditados computables para el acceso a las prestaciones", de modo que retomando el último ejemplo en el que el trabajador acreditaba 246 días por los periodos que había permanecido en alta a tiempo parcial, si hubiera trabajado otros 500 días a jornada completa, resultaría que a efectos de acceso a las prestaciones de la Seguridad Social tendría un total de 746 días, de los que 246 correspondería a los periodos trabajados a tiempo parcial y el resto a los trabajados a jornada completa.

Llegados a este punto y aun cuando nada dice al respecto la DA 7ª TRLGSS, a los días efectivos de cotización acreditados en la forma expuesta, pro-

---

[38] Ha de tenerse en cuenta que si se trata de un trabajador a tiempo parcial con jornada concentrada el periodo a tomar en consideración no es el correspondiente a los días en que se concentra el trabajo sino todo el periodo durante el cual se extiende el contrato. Sin embargo en los casos de trabajo a tiempo parcial discontinuo los periodos en alta a computar serán solamente aquellos en los que se realiza actividad o los periodos en situación de desempleo contributivo.

cederá a sumar las cotizaciones ficticias a las que el trabajador tuviera derecho, es decir, aquellas que no han sido efectivamente realizadas pero que son computables para reunir el periodo de carencia que permita el acceso a las prestaciones de Seguridad Social, y en concreto las siguientes:

Para la prestación de incapacidad permanente, se asimila a cotización efectiva la que hubiera correspondido a los días que faltan para agotar el período de incapacidad temporal[39], siendo imprescindible para llevar a cabo dicho computo que se haya accedido a la situación de incapacidad temporal y que se de solución de continuidad entre esta y la incapacidad permanente[40], si bien a este periodo que falta para agotar la incapacidad temporal no se aplica la parte proporcional de pagas extraordinarias, de forma que se computan como días naturales y no como días cuota[41], aunque en la actualidad los días cuota no son aplicables para alcanzar el periodo de carencia en la pensión de jubilación, aunque si lo son para el resto de prestaciones del sistema.

Con relación a las pensiones de jubilación e incapacidad permanente se computan a favor de las trabajadoras un total de 112 días de cotización por cada parto de un solo hijo y 14 días más a partir del segundo, este incluido, si el parto fuera múltiple, salvo que por ser trabajadora o funcionaria en el momento del parto se hubiera ya cotizado por el citado periodo[42].

Respecto de las prestaciones de jubilación, incapacidad permanente, muerte o supervivencia, maternidad, paternidad y cuidado de menor afectado por cáncer u otra enfermedad grave, es computable como cotizado el período por maternidad o paternidad que subsista a la fecha de extinción del contrato de trabajo o de agotamiento de la prestación por desempleo[43].

Igualmente se computan como cotizados los tres primeros años de excedencia por cuidado de hijos o de menor acogido, excepto para las prestaciones por desempleo o incapacidad temporal[44], y siempre que la excedencia se haya producido con posterioridad al 1 de enero de 2013, ya que las excedencias por tal motivo producidas con anterioridad solo daban derecho a computar como cotizado un periodo máximo de dos años.

Tratándose de excedencia para atender al cuidado de otro familiar hasta el segundo grado de consanguinidad o afinidad, concurriendo los requisitos del art. 46.3, párrafo segundo ET, se considera efectivamente cotizado hasta el máximo de un año[45].

En los casos de suspensión de contrato por violencia de género se considera cotización efectiva todo el tiempo que dure la suspensión hasta un máximo de 6 meses, pudiendo ser objeto de prorroga por periodos de tres meses y hasta un máximo de 18 meses[46].

En todos los supuestos anteriores las cotizaciones computables se toman en consideración tanto para completar el periodo de carencia que permite el acceso a las prestaciones como para el calculo del porcentaje aplicable a la base reguladora para cuantificar el importe de la pensión de jubilación o, en su caso para determinar la base reguladora de la incapacidad permanente derivada de enfermedad común. Sin embargo, existen otros supuestos de cotizaciones ficticias y que por tanto no han sido efectivamente satisfechas, que no se tienen en cuenta para alcanzar el periodo de carencia, pero si para cuantificar el importe de las prestaciones en aquellos casos en los que se reúnen los requisitos legalmente exigibles para el acceso a la prestación de que se trate, sin tener en cuenta estas cotizaciones. Se trata de los siguientes supuestos:

Beneficios por cuidado de hijos o menores[47]. Este beneficio se aplica con efectos de 1 de enero de 2013 para aquellos casos en los que se haya inte-

---

(39) Apartado 4 del art. 4 del RD 1799/1985, de 2 de octubre, en la redacción dada por la DA 7ª del RD 4/ 1996, de 9 de enero.
(40) SSTS 13 de noviembre de 2007, rec. 3424/2005; 13 de marzo de 2007, rec. 4843/2004; 14 de febrero de 2005, rec. 2029/2004; 2 de diciembre de 2004, rec. 6149/2003; 14 de mayo de 2004, rec. 3162/2003 y 2 de febrero de 2004, rec. 4806/2002 en la que se inicia un cambio de doctrina que se corresponde con la que ha quedado expresada.
(41) STS 10 de diciembre de 1992, rec. 918/1992.
(42) Disposición Adicional Cuadragésima Cuarta TRLGSS.
(43) Art. 124.6 TRLGSS.
(44) Art. 180.1 TRLGSS y art. 89.4 EBEP.
(45) Art. 180. 2 TRLGSS.
(46) Art. 21 de la Ley Orgánica 1/2004, de 28 de diciembre, de Violencia de Género y arts. 45. 1 n) y 48.6 ET.
(47) Disposición Adicional Sexagésima TRLGSS y arts. 5 al 9 RD 1716/2012, de 28 de diciembre dictado en desarrollo de la Ley 27/2011, de 1 de agosto.

rrumpido la cotización por extinción del contrato o finalización de la prestación por desempleo, siempre que tal interrupción haya tenido lugar durante el periodo comprendido entre los 9 meses anteriores al nacimiento (o tres meses si se trata de adopción o acogimiento) y la finalización del sexto año siguiente al parto. El periodo que se computa como cotizado es de 112 días en 2013; 138 días en 2014; 164 en 2015; 191 en 2016; 217 en 2017; 243 en 2018 y 270 a partir de 2019. Los periodos computables se reconocerán a uno solo de los progenitores y en caso de controversia a la madre, sin que puedan superar cinco años por beneficiario, aplicándose esta limitación cuando concurra con excedencia por cuidado de hijos[48]. Estos días efectivos de cotización por cuidado de hijos o menores son compatibles y acumulables con los periodos de cotización asimilados por parto establecidos en la Disposición Adicional 44ª TRLGSS a que nos hemos referido anteriormente, reiterando que no pueden ser tomados en consideración cuando se trate de alcanzar el periodo mínimo de carencia exigible para el acceso a la prestación de que se trate.

Beneficios de cotización para la pensión de jubilación de quien tuvieran la condición de mutualistas con anterioridad al 1 de enero de 1967, a los cuales les resultará de aplicación la escala legalmente establecida en función de la edad que tuviera el trabajador en dicha fecha[49].

En definitiva, el total de los periodos de cotización de los trabajadores a tiempo parcial para el acceso a las prestaciones del sistema de Seguridad Social, será el resultado de aplicar el coeficiente de parcialidad a los periodos en alta, sumando a los días obtenidos las cotizaciones correspondientes a los periodos a jornada completa y las cotizaciones ficticias a que nos hemos referidos anteriormente.

2.3.2.2. Cálculo del Coeficiente Global de Parcialidad (CGP)

Determinado el número de días de cotización acreditados conforme a las reglas que han quedado expuestas "se procederá a calcular el coeficiente global de parcialidad, siendo este el porcentaje que representa el número de días trabajados y acreditados como cotizados ... sobre el total de días en alta a lo largo de toda la vida laboral del trabajador"[50].

Así pues, para calcular el coeficiente global de parcialidad se parte de un dividendo integrado por el número de días de cotización acreditados, sin incluir los días de cotización ficticia[51], y de un divisor equivalente a un total de días en alta, que dependerá del tipo de contrato a tiempo parcial, ya que si se trata de un contrato continuado en el que se hayan prestado servicios todos los días (contrato a tiempo parcial horizontal) o de un contrato a tiempo parcial concentrado (contrato a tiempo parcial horizontal), los días en alta se corresponden con los de vigencia del contrato, mientras que cuando la prestación de servicios es de carácter discontinuo, en cualquiera de las modalidades a que se refieren los artículo 12.4 y 15.8 ET, los días en alta se corresponderán con los periodos de actividad.

Por tanto, si el trabajador, por ejemplo ha permanecido en alta 2.000 días y acredita un total de 1.000 días teóricos de cotización, el coeficiente global de parcialidad será equivalente al 0,50, elevándose dicho coeficiente cuando mayor sea el número de días teóricos de cotización del periodo en alta, por lo que si incluyéramos los días teóricos que no corresponden a cotizaciones reales (excedencia por cuidado de hijos, por familiares a cargo, etc.), el citado coeficiente será más elevado y, como veremos, repercutiría en el periodo de carencia exigida para acceder a cualquier prestación.

Como hemos dicho el coeficiente global de parcialidad se obtiene dividiendo los días trabajados y cotizados por los días en alta a lo largo de la vida laboral, pero esta sería la regla general, ya que tratándose de subsidio por incapacidad temporal, el cálculo del coeficiente se realizará exclusivamente sobre los últimos cinco años, y si se trata del subsidio por maternidad y paternidad su cálculo se llevará a cabo sobre los últimos siete años o, en su caso, sobre toda la vida laboral[52].

---

[48] Art. 180.1 TRLGSS.
[49] Disposición Transitoria Segunda TRLGSS y Orden de 18 de enero de 1967.
[50] DA 7ª, regla segunda, b) TRLGSS.
[51] Surge aquí la duda acerca de si el número de días acreditados incluye las cotizaciones ficticias y no efectivamente realizadas, entendiendo que no debe ser así ya que la norma habla de "días trabajados y acreditados como cotizados", y esta cotización ficticia corresponde a periodos que ni se han trabajado ni se han cotizado. Sobre el tema y manteniendo igual criterio véase BARCELÓN CABEDO, S., *Trabajo a tiempo parcial y Seguridad Social (con las reformas introducidas por el RDL 11/2013)*, Valencia, 2013, Tirant lo Blanch, p. 97, y LÓPEZ GANDÍA, J. y TOSCANI GIMÉNEZ, D., *La protección social...op. cit.* p. 40.
[52] Inciso final del apartado b) de la regla segunda de la DA 7ª TRLGSS.

2.3.2.3. Determinación del periodo de carencia exigible a los trabajadores a tiempo parcial para acceder a cualquier tipo de prestación

Establecido cual sea el coeficiente global de parcialidad, la normativa reguladora previene que "el periodo mínimo de cotización exigido a los trabajadores a tiempo parcial para cada una de las prestaciones económicas que lo tengan establecido, será el resultado de aplicar al periodo regulado con carácter general el coeficiente global de parcialidad"[53]. En base a ello procederá calcular en primer lugar cual es el periodo de carencia exigible a un trabajador a tiempo completo, en función de la prestación de que se trate, y a dicho periodo se el aplicará el coeficiente global de parcialidad.

Así, si se trata de una pensión de jubilación en la que el periodo mínimo de cotización es el de 5.475 días (15 años) procederemos a aplicar el coeficiente global de parcialidad sobre dicho periodo y el resultado serán los días exigibles al trabajador para el acceso a la pensión de jubilación, de manera que con dichas reglas si el trabajador ha permanecido en alta quince años tendrá derecho en cualquier caso a la pensión de jubilación con independencia de la jornada efectivamente realizada.

Veámoslo con un ejemplo práctico: si un trabajador acredita un total de 2.000 días de cotización, incluyendo los días trabajados a tiempo parcial y los de jornada completa, y el número de días en que ha permanecido en alta es el de 3.600, resultará que dividiendo los días de cotización acreditados (2.000) por los días en alta (3.600) el resultado será de 0,5555, por lo que el coeficiente global de parcialidad es en este caso el del 55,55 por 100. Aplicando este coeficiente a los 5.475 días exigibles para el acceso a la pensión de jubilación, el resultado es el de 3.041 días y este será el periodo mínimo de cotización que habrá de acreditar el trabajador para tener derecho a la pensión de jubilación, de manera que como en este caso solo acredita 2.000 días, no reunirá el periodo exigido y en consecuencia carecerá del derecho a la pensión de jubilación.

Veamos ahora que ocurriría si el trabajador ha prestado servicios a tiempo parcial durante 16 años, equivalentes a 5.840 días (365 x 16), con una jornada de trabajo de 4 horas semanales que suponen 208 horas al año y 3.328 durante los 16 años. En este caso la jornada del trabajador es equivalente al 10 por 100 de la ordinaria, por lo que el coeficiente de parcialidad será del 0,10, y si ha permanecido en alta 5.840 días, aplicando el coeficiente de parcialidad del 10 por 100 dará como resultado un total de días acreditados de cotización de 584. En este caso el coeficiente de parcialidad y el coeficiente global de parcialidad son coincidentes, ya que el trabajador ha realizado siempre la misma jornada, por lo que procederá aplicar dicho coeficiente del 10 por 100 sobre el número de días de carencia exigible con carácter general, es decir, sobre 5.475, dando como resultado 547,5 días, que sería la cotización exigida a este trabajador para acceder a la pensión de jubilación y como resulta que acredita 584 días, en este caso tendría derecho a la pensión de jubilación.

Como hemos visto en estos casos es necesario conocer cual es el periodo de cotización exigible a un trabajador a tiempo completo, indicando a continuación, a efectos meramente ilustrativos, cuales son esos periodos en función de la prestación de que se trate y teniendo en cuenta que la carencia no es exigible para los supuestos de prestación derivada de contingencia profesional o de accidente no laboral en situación de alta.

Prestación		Periodo mínimo de cotización exigido	Periodo de carencia específico
Subsidio de incapacidad temporal		180 días, dentro de los 5 años anteriores al hecho causante	
Maternidad	Entre 21 a 26 años	90 días dentro de los 7 años anteriores al hecho causante o 180 días en toda la vida laboral	
	Más de 26 años	180 días dentro de los 7 años anteriores al hecho causante o 360 días en toda la vida laboral	
Paternidad		180 días dentro de los 7 años anteriores al hecho causante o 360 días en toda la vida laboral	

---

(53) DA 7ª, regla segunda, c) TRLGSS

Prestación		Periodo mínimo de cotización exigido	Periodo de carencia específico
Incapacidad permanente parcial		1.800 días de cotización dentro de los 10 años anteriores a la fecha del hecho causante	
IPT, IPA Y GI	Menos de 31 años	1/3 del tiempo transcurrido entre la fecha que cumplió los 16 años y el hecho causante	
	31 o más años	1/4 del tiempo entre el cumplimiento de los 20 y la fecha del hecho causante, con un mínimo de 5 años	1/5 del periodo debe estar comprendido en los 10 años anteriores al hecho causante
IPA y GI desde situación de no alta		15 años	1/5 dentro de los 10 años anteriores al hecho causante
Jubilación		15 años	2 años dentro de los 15 anteriores al hecho causante
Prestación de muerte y supervivencia		500 días dentro de los 5 años anteriores al hecho causante	
Prestaciones de muerte y supervivencia desde situación de no alta		15 años	

IPT: incapacidad permanente total; IPA: incapacidad permanente absoluta; GI: gran invalidez.

3. Cálculo del importe de la prestación de Seguridad Social para los trabajadores a tiempo parcial

Una vez que hemos comprobado que el trabajador reúne el periodo de cotización exigible para el acceso a la prestación de que se trate, procede calcular el importe de la misma.

Para ello y salvo que sean prestaciones de pago único a tanto alzado (incapacidad permanente parcial, indemnización a tanto alzado por fallecimiento a consecuencia de accidente de trabajo, auxilio por defunción, etc.) es necesario calcular en primer lugar la base reguladora de la prestación y sobre ella aplicar el porcentaje establecido para cada caso.

3.1. Cálculo de la base reguladora de la prestación

En esta materia no ha existido modificación legal alguna, por lo que son de aplicación las disposiciones contenidas en la normativa general de la Seguridad Social[54], teniendo en cuenta que si se hubieran trabajado horas extraordinarias durante el exiguo periodo en que pudo hacerse[55], estas se tendrán en cuenta para el cálculo de la base reguladora.

En concreto las reglas aplicables a cada prestación para el cálculo de la base reguladora son las siguientes:

3.1.1. Incapacidad temporal

La base reguladora diaria de la prestación será el resultado de dividir la suma de las bases de cotización acreditadas en la empresa durante los tres meses inmediatamente anteriores a la fecha del hecho causante, entre el número de días efectivamente trabajados y por tanto cotizados. En este caso, la prestación se abonará durante los días contratados como de trabajo efectivo[56].

De este modo si un trabajador a tiempo parcial acredita un total de 36 días trabajados en los tres meses anteriores a la baja y la suma de cotización en

---

(54) En concreto resulta de aplicación la regla tercera de la DA 7ª TRLGSS, el RD 1131/2002, de 31 de octubre y el RD 295/2009, de 6 de marzo, este último referido a las prestaciones de maternidad, paternidad, riesgo durante el embarazo y riesgo durante la lactancia natural.
(55) La posibilidad de trabajar horas extraordinarias en los contratos a tiempo parcial se introdujo por Ley 3/2012, de 6 de julio, que modificó el artículo 12.4 ET disponiendo en el apartado c) que "los trabajadores a tiempo parcial podrán realizar horas extraordinarias", siendo su número proporcional a la jornada pactada. Tal autorización quedó sin efecto por medio del RDL 16/2013, de 20 de diciembre, que dio la actual redacción al citado apartado estableciendo que "los trabajadores a tiempo parcial no podrán realizar horas extraordinarias, salvo en los supuestos a los que se refiere el artículo 35.3".
(56) Artículo 4.1.a) RD 1131/2002.

ese periodo es de 1.080 euros, resultará que la base de cotización asciende a 30 euros diarios, resultado de dividir el total cotizado por el número de días efectivos trabajados.

En caso de interrumpirse la actividad persistiendo la situación de IT, asumiendo la entidad gestora o colaboradora el pago del subsidio, se procederá de nuevo a calcular la base reguladora y en este caso dicha base será el resultado de dividir las bases de cotización de los tres meses anteriores por los días naturales comprendidos en ese periodo[57], abonándose el subsidio por días naturales.

Por último, cuando por extinción del contrato de trabajo el pago de la prestación haya de ser asumido directamente por la entidad gestora o por la entidad colaboradora, la base reguladora será equivalente a la que correspondería a la prestación por desempleo[58].

3.1.2. *Riesgo durante el embarazo y durante la lactancia natural*

Para estas prestaciones no se requiere periodo alguno de cotización desde el 24 de marzo de 2007 al haberse asimilado a contingencias profesionales y la base reguladora será el resultado de dividir la suma de las bases de cotización acreditadas en la empresa durante los tres meses inmediatamente anteriores a la fecha del inicio de la suspensión laboral, entre el número de días naturales de dicho periodo, con la salvedad de que de ser menor la antigüedad de la trabajadora en la empresa la base reguladora será el resultado de dividir la suma de las bases de cotización acreditadas durante el número de días naturales a que estas correspondan, abonándose la prestación por días naturales[59].

Así, si una trabajadora a tiempo parcial suspende su contrato de trabajo a consecuencia de riesgo por embarazo y en ese momento lleva de alta en la empresa 60 días, se tomarán las bases de cotización de ese periodo y su importe se dividirá por 60 siendo el resultado la base reguladora de la prestación.

3.1.3. *Subsidios de maternidad y paternidad*

La base reguladora diaria de la prestación será el resultado de dividir la suma de las bases de cotización acreditadas en la empresa durante el año anterior a la fecha del hecho causante entre 365. Si la antigüedad en la empresa del beneficiario fuera menor de un año, la base reguladora será el resultado de dividir el total de las bases acreditadas por el número de días naturales a que éstas correspondan[60].

Por lo tanto, si una trabajadora a tiempo parcial cotiza mensualmente por contingencias comunes 500 euros resultará que el total anual cotizado asciende a 6.000 euros que divididos por los 365 días dan como resultado 16,43 euros, cantidad esta que constituirá la base reguladora de la prestación de maternidad.

3.1.4. *Prestaciones por muerte y supervivencia derivada de contingencia común*

La determinación de la base reguladora en estos casos se lleva a cabo aplicando las reglas generales, de forma que la base reguladora será el cociente que resulte de dividir por 28 la suma de las bases de cotización del causante durante un periodo ininterrumpido de 24 meses elegido por el beneficiario dentro de los 15 años inmediatamente anteriores a la fecha del hecho causante[61].

En este supuesto, si un trabajador a tiempo parcial tiene acreditados en los últimos 24 meses una base de cotización por contingencias comunes de 15.000 euros y se produce su fallecimiento por enfermedad común, resultará que la base reguladora de la pensión de viudedad será el resultado de dividir por 28 la cantidad anterior, obteniéndose una base reguladora mensual de 535,71 euros.

Si el trabajador previamente hubiera sido declarado en situación de incapacidad permanente, en los grados de total, absoluta o gran invalidez, la base reguladora de la pensión de viudedad será la misma que se hubiera tomado para el cálculo de dicha pensión de incapacidad, sin perjuicio de aplicar las revalorizaciones producidas desde la fecha del hecho causante de la incapacidad.

Cuando la prestación deriva de contingencia profesional son de aplicación las reglas contenidas en el artículo 7.3 del RD 1131/2002, a las que poste-

---

(57) Artículo 4.1.b) RD 1131/2002.
(58) Artículo 222.1 TRLGSS, en relación con artículo 4.1.c) RD 1131/2002.
(59) Art. 34.4 y art. 50 RD 295/2009 y art. 5 RD 1131/2002.
(60) DA 7ª, regla tercera, a) TRLGSS, en relación con art. 7.2 y 25.2 RD 295/2009 y art. 6 RD 1131/2002.
(61) Artículo 7 Real Decreto 1646/72 en la redacción dada por el Real Decreto 1795/2003, a cuya normativa se remite el artículo 7.1 del RD 1131/2002.

riormente habremos de hacer referencia al tratar la situación de incapacidad permanente.

3.1.5. *Pensión de incapacidad permanente*

Conforme a lo establecido en el artículo 7.1 del RD 1131/2002 a efectos del cálculo de la base reguladora se aplicarán las normas establecidas con carácter general para la determinación de la cuantía de estas pensiones, sin perjuicio de las reglas específicas que se contienen en el citado artículo.

Si la pensión de incapacidad permanente deriva de enfermedad común se tendrán en cuenta las cotizaciones realizadas por el trabajador en los ocho años anteriores al reconocimiento de la incapacidad, con la particularidad de que los dos años más próximos a tal declaración se computan por el importe real cotizado, mientras que las cotizaciones de los 6 años anteriores se revalorizan con la aplicación del IPC. Una vez obtenido el importe total de las cotizaciones a tiempo parcial en estos 8 años, con sus revalorizaciones, su importe se divide por 112.

De esta forma, suponiendo que en los ocho años anteriores al hecho causante de la incapacidad permanente el trabajador a tiempo parcial hubiera cotizado un total de 78.400 euros, incluidas las revalorizaciones, al dividir dicha cantidad por 112 daría como resultado 700 euros.

A continuación se suman los años efectivamente cotizados por el trabajador y los que le falten para acceder a la jubilación ordinaria que en el 2014 será a los 65 años y dos mes, salvo que el trabajador acredite un periodo cotizado de 35 años y seis meses o más, en cuyo caso la jubilación podría producirse a los 65 años.

De esta forma, si el trabajador a que se refiere el ejemplo anterior tuviera 60 años de edad y 15 años de cotización efectiva, procedería sumar a dicha cotización efectiva (180 meses) los 5 años y dos mes (62 meses) que le faltan para cumplir la edad ordinaria de jubilación, dando como resultado un total de 242 meses, aplicando a dicho periodo la escala establecida en el artículo 163.1 LGSS que regula los porcentajes de la pensión de jubilación en función del periodo cotizado; de forma que por los 15 primeros años de cotización se aplicaría el 50 por 100 y por los 62 meses restantes se aplicaría el 0,21 por 100, equivalente al 13,02 por 100, de forma que el porcentaje total (50 + 13,02) sería el 63,02 por 100.

Este porcentaje así obtenido se le aplicaría a los 700 euros obtenidos por la suma de las bases de cotización de los últimos 8 años y el resultado de 441,14 euros será la base reguladora de la pensión de incapacidad permanente de este trabajador a tiempo parcial.

Es importante señalar que si en los 8 años tomados en consideración para el cálculo de la base reguladora hay periodos durante los que no haya existido obligación de cotizar, dichos periodos se integrarán con la base mínima de cotización aplicable en cada momento, correspondiente al número de horas contratadas en al fecha en que se interrumpió o extinguió la obligación de cotizar, con la particularidad de que en ningún caso se considerarán lagunas de cotización las horas o días en que no se trabaje en razón de las interrupciones en la prestación de servicios derivadas del propio contrato a tiempo parcial[62].

Si durante los ocho años tomados en cuenta para calcular la base reguladora de la prestación existen periodos en descubierto durante los que no haya habido obligación de cotizar, la integración de dichos periodos se llevará a cabo con la base mínima de cotización de entre las aplicables en cada momento, correspondiente al número de horas contratadas en último término[63], entendiendo que en estos casos la integración se produce en los términos expuestos hasta un máximo de 48 mensualidades y el resto que supere dicho periodo se integrará con el 50 por 100 de la base correspondiente[64].

En aquellos casos en los que la pensión de incapacidad permanente derive de accidente no laboral, estando el trabajador en situación de alta o asimilada, la base reguladora será el resultado de dividir por 28 la suma de 24 mensualidades elegidas por el beneficiario en los 7 años inmediatamente anteriores a la incapacidad, si bien en este caso de existir lagunas de cotización en el periodo elegido, éstas no se integran con la base mínima[65].

---

(62) Artículo 7.2 RD 1131/2002.
(63) DA 7ª, regla tercera, b) TRLGSS.
(64) Artículo 140.4 conforme a la modificación introducida por la Disposición final 20.1 de la Ley 3/2012, de 6 de julio.
(65) SSTS 1 de febrero de 2010, rec. 359/2009 y 4 de abril de 2007, rec. 5571/2005.

Si el trabajador no estuviera en situación de alta o asimilada solo tendría derecho a la pensión de incapacidad permanente derivada de accidente no laboral si el grado de incapacidad reconocido fuera el de absoluta para todo tipo de trabajo o gran invalidez para los cuales no se exige la situación de alta, pero en este caso la base reguladora se calcularía teniendo en cuenta los últimos 8 años de cotización y dividiendo su importe por 112, sin aplicación de ningún otro factor de corrección como sucede para los casos de incapacidad permanente derivada de enfermedad común.

Por último si la incapacidad permanente derivada de contingencia profesional la base reguladora se calculará teniendo en cuenta lo establecido en el artículo 7.3 del RD 1131/2002, a cuyo tenor "en los supuestos en que el trabajador no preste servicios todos los días o, prestándolos, su jornada de trabajo sea no obstante irregular o variable el salario diario será el que resulte de dividir entre 7 o 30 el semanal o mensual pactado en función de la distribución de las horas de trabajo concretadas en el contrato para cada uno de esos periodos", añadiendo el párrafo segundo del precepto citado que en el caso de contratos de trabajo fijo-discontinuo, el salario diario será el que resulte de dividir entre el número de días naturales de campaña transcurridos hasta la fecha del hecho causante, los salarios percibidos por el trabajador en el mismo periodo.

3.1.6. *Pensión de jubilación*

La base reguladora de la pensión de jubilación, para 2014, es el resultado de dividir entre 238 la suma de las 204 mensualidades (17 años) anteriores al mes previo del hecho causante de la pensión, debiendo tenerse en cuenta que en los años sucesivos se incrementará un año más el periodo de cómputo hasta que a partir del 1 de enero de 2022 la base reguladora de la pensión de jubilación sea el cociente de dividir por 350 las bases de cotización del beneficiario durante los 300 meses inmediatamente anteriores al mes previo al hecho causante, pasándose, por tanto del anterior cómputo de los últimos 15 años, vigente hasta el 31 de diciembre de 2012, al nuevo de 25 años, de forma progresiva.

En materia de integración de bases por periodos en descubierto, se aplican las mismas reglas que en la integración de bases de la incapacidad permanente.

3.2. *Porcentaje aplicable sobre la base reguladora para cuantificar el importe de la prestación*

Como ya se ha indicado anteriormente, la cuantía de las prestaciones económicas de la Seguridad Social se calcula aplicando a la base reguladora un determinado porcentaje que es diferente en función de la clase de prestación (60 o 75 por 100 para incapacidad temporal; 100 por 100 para las prestaciones de riesgo por embarazo, riesgo durante la lactancia natural, maternidad o paternidad; 55 por 100 para la incapacidad permanente total; 75 por 100 para la incapacidad permanente total para mayores de 55 años, 100 por 100 para incapacidad permanente absoluta etc.).

Tras la entrada en vigor del RDL 11/2013 se aplican las reglas generales para todas las prestaciones, salvo para las pensiones de jubilación y de incapacidad permanente derivada de enfermedad común, respecto de las cuales el número de días teóricos de cotización que resulte de la aplicación del coeficiente de parcialidad al periodo que se haya permanecido en situación de alta, se incrementará con el coeficiente del 1,5, sin que el número de días resultante pueda ser superior al número de días en alta a tiempo parcial[66], de forma que la aplicación de este coeficiente, a diferencia de lo que sucedía en la legislación precedente, ya no se aplica para calcular los días de cotización que permitían el acceso al periodo de carencia de las pensiones de jubilación e incapacidad permanente derivada de enfermedad común, sino que se tiene en cuenta exclusivamente para cuantificar el importe de la pensión, es decir, para calcular el porcentaje aplicable a la base reguladora.

Veamos un ejemplo ilustrativo al respecto: si un trabajador ha permanecido en alta 3.000 días mediante un contrato a tiempo parcial del 50 por 100 de la jornada, y además tiene otros 3.000 días trabajados a tiempo completo y le corresponde 720 días más por cotizaciones ficticias derivadas de excedencia por cuidado de hijos y de familiares a cargo,

---

[66] Conforme a lo establecido en el apartado c) de la regla tercera de la DA 7ª TRLGSS "a efectos de la determinación del a cuantía de las pensiones de jubilación y de incapacidad permanente derivada de enfermedad común, el número de días cotizados que resulten de lo establecido en el segundo párrafo de la letra a) de la regla segunda, se incrementará con la aplicación del coeficiente del 1,5, sin que el número de días resultante pueda ser superior al periodo de alta a tiempo parcial".

resultará que el coeficiente multiplicador del 1,5 solo se aplica al periodo que ha trabajado a tiempo parcial, de forma que si la aplicación del coeficiente de parcialidad del 50 por 100 a los 3.000 días dan como resultado 1.500 días, para el cálculo del importe de la pensión a estos 1.500 días se le aplica el citado coeficiente, con lo cual pasan a ser 2.250 días y a este periodo le sumaremos los días de jornada completa y los de cotizaciones no reales o ficticias.

Para calcular el importe de la pensión de jubilación "el porcentaje a aplicar sobre la respectiva base reguladora se determinará conforme a la escala general a que se refiere el apartado uno del artículo 163 y la Disposición transitoria vigésima primera, con la siguiente excepción:

Periodo de cotización acreditado	% sobre base reguladora
— Por los primeros 15 años (180 meses)	50,00
— Por cada mensualidad entre la 181 y 343	0,21
— Por cada mensualidad adicional	0,19

Así, si el trabajador acredita, por ejemplo, 15 años de cotización (una vez aplicado el coeficiente del 1,5) por haber trabajado 20 años con jornada del 50 por 100 de la ordinaria (20 años x 0,50 de coeficiente de parcialidad y x 1,5), la cuantía de la pensión de jubilación será el resultado de aplicar el 50 por 100 a la base reguladora.

Si se acreditan menos de 15 años de cotización, aun aplicando el coeficiente del 1,5, el porcentaje a aplicar sobre la base reguladora será proporcional al que represente el periodo de cotización acreditado sobre los 15 años.

Por ejemplo, si el trabajador a tiempo parcial acredita un total de 4.000 días de cotización, una vez aplicado el coeficiente del 1,5, como dicho periodo es inferior a los 5.475 días (15 años), el porcentaje aplicable a la base reguladora será el resultado de dividir los 4.000 días acreditados por los 5.475 días y multiplicando el resultado por 0,5, lo que supondría un porcentaje en este caso del 36,52 por 100.

Cuando el interesado acredite un periodo de cotización inferior a 15 años considerando la suma de los días a tiempo completo con los días a tiempo parcial incrementados ya estos últimos con el coeficiente del 1,5, el porcentaje a aplicar sobre la respectiva base reguladora será el equivalente al que resulte de aplicar a 50 el porcentaje que represente el periodo de cotización acreditado por el trabajador sobre 15 años"[67].

Lo anterior significa que la norma diferencia entre que se acredite o no un periodo de cotización efectiva de 15 años. Si se acreditan 15 o más años se aplican para el ejercicio de 2014 las reglas siguientes:

4. Pensión mínima

El RDL 11/2013 no incorpora modificación alguna en lo que a la pensión mínima se refiere, de forma que cuando el interesado cause una pensión con un importe inferior a la pensión mínima, tiene derecho a percibir el correspondiente complemento al mínimo, siempre que se acredite la concurrencia de los requisitos a los que se supedita el percibo de tales complementos, con el límite de que la cuantía del complemento no pueda superar el importe de la pensión no contributiva que para el año 2014 asciende a 5.122,60 euros/año o 365,90 euros en 14 pagas anuales.

5. Prestaciones por desempleo

En la nueva regulación establecida en materia de prestaciones respecto de los trabajadores a tiempo parcial no afecta a la prestación por desempleo que se seguirá regulando por la normativa precedente y particularmente por lo establecido en la TRLGSS y en el Real Decreto 625/1985, de 2 de abril.

---

(67) Apartado c) de la regla tercera de la DA 7ª TRLGSS.

La Seguridad Social, un Elemento Esencial de la Democracia

Joaquín Aparicio Tovar[(*)]

1. INTRODUCCIÓN

Afirmar que la Seguridad Social es un elemento esencial de la democracia es tanto como decir que es el núcleo o corazón del Estado Social y Democrático de Derecho. Con frecuencia se suele utilizar la expresión Estado de bienestar de modo indistinto con la de Estado Social, pero si aquí se usa la expresión Estado Social es por el contenido normativo que tiene a partir la recepción de la cláusula de Estado Social en las constituciones europeas posteriores a la segunda postguerra mundial (por ejemplo el art. 1.1 de la Constitución española de 1978 declara que "España se constituye en un Estado social y democrático de Derecho" en el que está presente la influencia de la constitución de la República Federal alemana.). Esa recepción liga de modo indisoluble el Estado Social con la democracia. La ligazón entre Estado Social y democracia no es una decisión caprichosa del constituyente español, sino que ambos conceptos son inseparables en el camino de una mejor realización de la idea democrática que corrija las limitaciones de las imperfectas formas participación ciudadana en la toma de las decisiones políticas que a todos atañen en los regímenes políticos representativos. Democracia y Estado social son inseparables porque el Estado social es "un sistema en el que la sociedad no sólo participa pasivamente como recipiendaria de bienes y servicios, sino que, a través de sus organizaciones toma parte activa tanto en la formación de la voluntad general del Estado, como en la formulación de políticas distributivas y otras prestaciones estatales" que implica "un proceso democrático, más complejo [...] que el de la simple democracia política, puesto que ha de extenderse a otras dimensiones" lo que excluye completamente cualquier identificación con un régimen autoritario. Estado social y régimen autoritario se repugnan entre sí[(1)]. El franquismo, por ejemplo, puso en práctica diversos Seguros Sociales sobre los que articuló, con la Ley de Bases de 1963, los rudimentos de la Seguridad Social española que empezaron a operar a partir de 1967, pero eso no permite calificar como Estado social a aquél régimen protector de las clases privilegiadas tradicionales de España que cercenó la voluntad popular a sangre y fuego. La política de seguros sociales fue para el franquismo, así como para otros regímenes autoritarios o fascistas, un instrumento de búsqueda de una legitimación que un régimen impuesto por las armas no tenía.

Si aceptamos esta premisa como punto de partida, tendremos que aceptar que un deterioro de lo que constituye el Estado social, y por extensión un deterioro de la Seguridad Social, es un deterioro de la democracia misma. Aquí se está partiendo de la consideración de que el Estado social es distinto del Estado de Bienestar porque este último aludiría a una función del Estado y no a su "configuración global"[(2)]. De la unión entre democracia y Estado

---

(*) Catedrático de Derecho del Trabajo y de la Seguridad Social de la Universidad de Castilla-la Mancha y Decano de la Facultad de Relaciones Laborales y Recursos Humanos. Autor de diversos libros y artículos jurídicos.

(1) M. García Pelayo, *Las transformaciones del Estado contemporâneo*. Madrid: Alianza Editorial, 1985. p. 48.

(2) No es algo unánimemente aceptado, I. Sotelo, por ejemplo, considera que el Estado de bienestar es una invención de la constitución de Weimar (aunque no lo denominase así) que implica la necesidad de eliminar el capitalismo por métodos democráticos mediante la acción del Estado, por

social se desprende el primado de la política sobre la economía. Son decisiones políticas las que llevan a la realización de la idea social porque implican la adopción de medidas por parte del Estado en los ámbitos de la producción y de la distribución para la satisfacción de las necesidades sociales de todos los individuos. Decisiones que pueden traer transformaciones de la estructura social tan profundas cuanto sean necesarias pues para la satisfacción de las necesidades hay que disponer de recursos que deben ser generados previamente y después redistribuidos con criterios de justicia[3]. Hay un primado de la decisión política en pro de la justicia que no implica contradicción entre libertad e igualdad. Los detractores del Estado social le presentan como un aberrante monstruo que en nombre de la igualdad acaba con la libertad de los individuos. Volvamos de nuevo a las constituciones, en concreto al art.. 9.2 de la española en donde leemos: "corresponde a los poderes públicos promover las condiciones para que la libertad y la igualdad del individuo y de los grupos en que se integra sean reales y efectivas; remover los obstáculos que impidan o dificulten su plenitud y facilitar la participación de los ciudadanos en la vida política, económica, cultural y social". Si un mandato de este tipo dirigido a los poderes públicos ha llegado a las constituciones europeas de nuestro tiempo es porque a lo largo de los siglos XIX y primeros años del XX se han constado las insuficiencias democráticas de los regímenes representativos liberales que bajo el manto de la igualdad formal ante la ley excluían a una gran parte de la población del goce de los derechos fundamentales (en un primer momento incluso del derecho de voto), ya que por efecto de la libertad económica se generaba una enorme desigualdad social. Ese panorama de desigualdad real e igualdad formal tenía como marco una separación conceptual entre el Estado y la sociedad. La sociedad, se dice, discurre con sus propias reglas, las reglas del mercado, y el Estado ha de limitarse a no invadir la esfera de autonomía individual y a garantizar el orden interno (policía) y externo (ejercito). En esa sociedad dividida en clases se encuentran los individuos jurídicamente iguales que en uso de su libertad consienten e intercambian bienes y servicios unos con los otros (libre comercio) mediante el contrato. Pero la mistificación de esta construcción se vino abajo cuando los excluidos pusieron en cuestión todo el orden social. El punto de fractura vino, como no podía ser de otra forma, cuando los que tenían que vender la única mercancía que poseían, el trabajo, se veían socialmente forzados a ceder "libremente", es decir mediante contrato y en expresión de su autonomía como individuos, ese preciado bien que por ser inseparable de su persona implicaba someterse al poder de otro, el empresario. Gran paradoja que en uso de la propia libertad el trabajador se vea privado de ella. Uno manda y otro obedece. "Mientras que es cierto que la autodeterminación del individuo reclama libertad contractual, no es cierto que la libertad contractual garantice la auto-determinación del individuo (como la memoria histórica del derecho del trabajo enseña, puede ser el instrumento técnico para sancionar la legitimidad jurídica de la más brutal esclavitud del hombre)"[4]. Por el contrato de trabajo el empresario adquiere, no poder sobre cosas, sino sobre personas. La consecuencia es clara, la desigualdad trae consigo la pérdida de libertad. Sin libertad y sin igualdad los trabajadores no tuvieron otro remedio que soportar la imposición de bajos salarios, jornadas extenuantes, insalubridad en el medio de trabajo y de habitación, en definitiva, la explotación que es una consecuencia inevitable del orden competitivo liberal y no producto de la voluntad perversa de cada uno de los explotadores individuales. Un orden de tal naturaleza no puede, en puridad, llamarse democrático. Es la igualdad la profunda aspiración de todos los movimientos emancipatorios, unida inextricablemente a la libertad ("los hombres nacen libres e iguales") como el estallido de la Revolución francesa evidencia[5].

---

generar desigualdades que acaban atentando contra la dignidad humana. El Estado ha de intervenir en la producción. El Estado social, desde su punto de vista, por el contrario, no pone en cuestión al capitalismo, sino que lo refuerza aunque dispensa una serie de prestaciones sociales mediante seguros sociales, que tienen por efecto integrar a los trabajadores para hacer imposible la transformación social profunda. Cfr. *Estado social. Antecedentes, origen, desarrollo y declive*, Trotta, Madrid, 2010. Pero este punto de vista es discutible.

(3) W. Beveridge *Full Employment in a free Society*, George Allenand Unwin Ltd, London, 1944 (se usa aquí la traducción española de P. López, *Pleno empleo en una sociedad libre*, Ministerio de Trabajo y Seguridad Social, Madrid, 1989, afirmaba que si para conseguir el pleno empleo se demuestra por argumentos teóricos o por datos de la experiencia que es necesario abolir la propiedad privada de los medios de producción, así se debería hacer, sin que por ello se resintieran los valores esenciales de la sociedad británica, porque ese tipo de propiedad nunca ha sido ni será algo de lo que disfrute la mayoría del pueblo. Aunque su hipótesis es que no es necesaria esa medida porque puede lograrse el pleno empleo sin abolir la propiedad privada.

(4) M. D'Antona, "Uguaglianze difficili", en M. D'Antona *Opere* (a cura di S. Sciarra y B.Caruso). Milano: Giuffré, 2000. p. 166.

(5) "Para los franceses de 1789, entendemos por ello la masa de la nación, la libertad yla igualdad eran inseparables, y como dos palabras para designar la misma cosa. Si hubiera sido posible escoger, no cabe duda alguna: se hubiesen aferrado por encima de todo a la igualdad" Cfr. A. Soboul, *La Revolución francesa. Principios ideológicosy protagonistas colectivos*. Barcelona: Crítica, 1987. p. 119.

Abrir huecos por los que avance la democracia implica abandonar la concepción de la sociedad y el Estado como dos compartimentos separados y con pocos puntos de contacto, y con ello el abandono de la idea del individuo autosuficiente separado de las organizaciones en las que puede integrarse, es decir, reconocer que el individuo vive en sociedad y en la relación con sus semejantes se desarrolla como ser humano y crea vínculos políticos que generan instituciones que garantizan la seguridad y la libertad, todo ello sobre la premisa de la igualdad. Pero la igualdad, es obvio después de lo dicho, no puede ser la igualdad abstracta y formal, sino real, y nuestra historia nos muestra que solo es alcanzable dando al trabajo la centralidad que de hecho tiene en nuestra sociedad, incluso ahora que se habla del "fin del trabajo". Dar centralidad al trabajo es reconocer a la persona que trabaja derechos que le permitan ser partícipe de los goces de la vida política, económica, cultural y social, para lo que es necesario reconocer la dimensión colectiva de los trabajadores ya que de otro modo no podrán compensar la dispar situación de poder que se da en la relación de trabajo. La "identidad colectiva" va unida a la idea emancipadora en pos de la igualdad real que tiene en el sindicato la expresión institucional y le convierte en "representante general" de la fuerza de trabajo[6]. A través de la acción colectiva se trata de alcanzar la dignidad perdida en la relación individual empresario-trabajador. Reconocer la dimensión colectiva de los trabajadores, reconocer a sus representantes, de modo señalado al sindicato, la capacidad para establecer reglas negociadas con los representantes del empresario o con el empresario individual que sean inderogables por los acuerdos individuales, reconocer la legitimidad de ir al conflicto, a la huelga, promulgar normas estatales que limiten la autonomía individual y establezcan la irrenunciabilidad de los derechos en ellas reconocidos a los trabajadores, crear, en fin, medios institucionales específicos para la solución de las controversias que surjan en la relación de trabajo (el proceso laboral entre otros), es lo que constituye la nueva rama del ordenamiento jurídico que conocemos como Derecho del Trabajo. Un derecho que "desde sus comienzos ha ido en búsqueda de otra idea de libertad"[7]. La protección en el trabajo, especialmente frente al despido, que se busca por medio del derecho del trabajo está en la esencia del Estado Social. El reconocimiento del sindicato como "representante general" de los trabajadores a través de la idea, no de representación, sino de representatividad, le convierte en un sujeto político capaz de expresar intereses más amplios que los estrictamente ligados a la relación de trabajo, intereses que canaliza de forma autónoma sin la mediación de los partidos políticos. La concertación social en Europa ha sido un instrumento que ha servido para mejorar el permanente problema de la representatividad de la democracia representativa. Ha enriquecido la vida política. El gran problema de la democracia que no sea directa es cómo conseguir una más real representación y vinculación de los ciudadanos con los órganos representativos. Problema que se ha agudizado con las políticas que con la excusa de la crisis económica imponen recortes en los derechos sociales contra el sentir de los ciudadanos.

Pero todo eso no es suficiente porque la protección de la persona que trabaja y el reconocimiento de la acción sindical en su más amplia acepción no resuelve el problema de qué hacer cuando las fuentes ordinarias de obtención de rentas (normalmente el trabajo) fallan, o se producen situaciones de necesidad que el individuo no puede afrontar por si mismo (enfermedad, invalidez, etc…), es decir los individuos se encuentran tanto ante un defecto de ingresos como un exceso de gastos.

2. *EL VALOR UNIVERSAL DE LA SEGURIDAD SOCIAL*

El siglo XX, con su pasado de guerras y destrucciones, y precisamente como respuesta a ellas, ha dejado la buena herencia del otro aspecto del Estado social, la provisión de prestaciones para hacer posible el goce de derechos sociales, como el de la educación y, muy en concreto, los derechos que garantiza a través del Sistema de la Seguridad Social. Una parte importante de la población europea ha podido, después de penurias seculares acentuadas por espantosas guerras y duras postguerras, hacer "previsiones razonables" ligadas al trabajo estable y con derechos que permitía disponer de medios para una vida al abrigo de la miseria, ha podido disfrutar de garantías de provisión de rentas cuando por alguna razón (vejez, invalidez, desempleo…) el tra-

---
(6) A. Baylos, "Igualdad, uniformidad y diferencia en el derecho del trabajo", *Revista de Derecho Social*, n. 1 (1998), p. 15.
(7) U. Romagnoli, "La libertad según la Carta de Niza", *Revista de Derecho Social*, n. 45 (2009), p. 15.

bajo falla, y de atención sanitaria decente frente en los casos de alteraciones de la salud. Lo que quiere decir que se alumbraron soluciones a los muy antiguos problemas de menesterosidad y estados desprivatización de los individuos poniendo coto a la hasta entonces azarosa existencia de la mayoría de la población. En definitiva, se les dio seguridad para una vida más digna.

Esta forma de entender la democracia implica que los individuos abandonan el espacio de la inseguridad vital gracias a que se les reconocen derechos que les permiten "ocupar un puesto como miembros de pleno derecho de la sociedad, es decir, como ciudadanos"[8]. Las democracias liberales europeas, con la segregación entre el ámbito de lo político, en el que los ciudadanos ejercían sus derechos de participación política en pos del "interés general" y el ámbito privado, dominado por el mercado en el que prima la consecución del propio interés, hay que insistir, expulsaban de la esfera de la participación política (de una u otra forma) a todos aquellos que no obtuviesen por si mismos recursos para garantizarse la subsistencia. Se suponía que la garantía de la subsistencia era (y todavía hoy algunos lo creen) tarea exclusivamente individual, por lo que caer en la desprivatización, en la menesterosidad, era producto de la incuria personal y por tanto le invalidaba para acceder al ámbito en el que se dilucidaban los asuntos del interés general. Los mecanismos de representación de estas democracias son extraordinariamente deficientes[9]. Los derechos, especialmente los derechos sociales, son el reverso positivo de las deficiencias de los mecanismos de representación propios de las democracias liberales clásicas, que todavía hoy en gran medida dejan sentir su peso hasta en los mejores sistemas. Los derechos son las "luces de la constitución"[10].

El reconocimiento de derechos sociales fue fruto, ciertamente, de la rebelión social y política de las clases trabajadoras, pero se hizo asumiendo por el conjunto de la sociedad el hecho evidente de que los individuos en una sociedad cada vez más compleja, en la que se encuentran inevitablemente interconectados e interdependientes como lo no han estado nunca, han "perdido crecientemente el control sobre la estructura y medios de su propia existencia" y, por tanto, la necesidad de "utilizar bienes y servicios sobre los que carecen de poder de ordenación y disposición directa, produce la "menesterosidad social", es decir, la inestabilidad de la existencia"[11]. Y esto le ocurre a la mayoría de la población, no solo para ciertas clases sociales tradicionalmente empobrecidas y excluidas. La garantía por el Estado de los derechos a prestaciones ante los estados de necesidad implica una profunda transformación del Estado mismo que le exige poner en pié una institución que cree un campo jurídico en el que se integren los ciudadanos y en el que se establezcan cargas y ventajas (obligaciones y derechos), una institución que necesita disponer de enormes recursos económicos para hacer frente a los estados de desprivatización de los individuos. Significa, ni más ni menos, "la opción a favor de la Seguridad Social"[12].

La Seguridad Social se convierte en un instrumento esencial para la garantía de las condiciones de existencia de los individuos, y por ello en el núcleo o corazón del Estado Social y Democrático de Derecho porque no es otra cosa que "la seguridad del individuo, organizada por el estado, contra los riesgos a que está expuesto el individuo, aún cuando la sociedad se organice de la mejor forma posible". Pero no hay que olvidar, como el propio W. Beveridge se encarga de dejar meridianamente claro, que la Seguridad Social es un plan especifico y preciso a disposición de todo gobierno nacional que previamente adopte la decisión política de abolir la miseria, cuya puesta en práctica puede exigir, según los casos, medidas técnicas más o menos complejas, pero eso es meramente un "problema administrativo y de ejecución"[13]. Lo importante es "la opción por la Seguridad Social" que en la mayoría de los estados europeos y algunos otros países Latinoamericanos ya está hecha por el constituyente (en el art. 41 de la Constitución española se dice que "los poderes públicos mantendrán un régimen público de Seguridad Social para todos los ciudadanos, que garantice la asistencia y prestaciones sociales suficientes ante las situaciones de necesidad") y por tanto queda limitada la libertad del legislativo en

---

(8) T.H. Marshall. *Ciudadanía y Clase Social*. Madrid: Alianza Editorial, 1998. p. 20.
(9) Cfr. L. Canfora. *La democracia. Historia de una ideología*. Barcelona: Crítica, 2004. p. 81-91.
(10) J.R. Capella. "Una soberanía apacentada", en J.R.Capella (dir) *Las sombras del sistema constitucional español*. Madrid: Trotta, 2003. p. 9.
(11) M. Garcia Pelayo. *Las transformaciones del Estado contemporáneo*, cit., p. 28.
(12) M. Alonso Olea. "La política de la Seguridad Social", *Boletín de EstudiosEconómicos,* Deusto, 1965, n. 64, p. 33.
(13) W. Beveridge. *Full Employment in a Free Society*, cit. p. 11.

este punto, que no puede sino mantener el Sistema de Seguridad Social protegido así por una garantía institucional[14], como más adelante se insistirá. Esa fuerte protección constitucional, está justificada porque, como ya se ha dicho, es el núcleo del Estado Social ya que su puesta en práctica abre un "camino hacia la Libertad desde la Necesidad"[15]. Se asume por el constituyente, porque una dura experiencia histórica así lo ha impuesto, que no puede haber libertad allí donde los individuos se encuentran en estado de necesidad. La situación ahora no es la misma que la de los años sesenta o setenta del pasado siglo, que si bien es verdad fueron "los años dorados"[16] para algunos países europeos no lo fueron para otros muchos, en concreto para España.

Hoy las cosas han cambiado. En muchas zonas del planeta ha habido importante crecimiento económico, pero estamos viendo cómo la miseria y la enfermedad se han hecho más intensas en continentes en los que el bienestar nunca se había generalizado, aunque privilegiadas y minoritarias capas de sus sociedades gozan de extraordinarios recursos. La crisis de 2008 que ha golpeado a los países desarrollados ha acentuado la reducción de la cantidad de trabajo necesaria al proceso productivo lo que está dando lugar, junto a otras causas, a que "la producción social de la riqueza va acompañada sistemáticamente por la producción social de riesgos"[17], algunos de los cuales (por ejemplo, aunque no son los únicos, los relativos al ambiente) se extienden más allá de las fronteras nacionales y, a su vez, dentro de las mismas se reparten de modo desigual. La flexibilidad (entendida como mayor disponibilidad del empresario en el uso de la fuerza de trabajo, incluida una mayor facilidad para el despido) que comporta precariedad significa, ni más ni menos," que el Estado y la economía traspasan los riesgos a los individuos"[18], lo que es ir en la dirección contraria a la de poner al abrigo de las consecuencias de los riesgos sociales a todos los integrantes de la sociedad. Por otro lado los recortes en los derechos a prestaciones que se pretenden justificar por la amenaza de una crisis financiera de los Sistemas de Seguridad Social, contribuyen a generalizar entre la población un estado de ánimo de que el futuro está marcado por la inseguridad con una vuelta a una existencia azarosa cosa que la experiencia ha probado no está justificada y puede ser evitada. Está reverdeciendo la vieja idea, descalificada por los hechos históricos, que concibe al individuo como ser autónomo que puede alcanzar con su esfuerzo la satisfacción de sus necesidades.

Una idea mistificadora que prende bien en algunas capas de la población de aquellos países, como los Estados Unidos, en los que impera la cultura del pionero que se adentró en un territorio nuevo y, alejado de la ciudad, lucha contra la naturaleza y contra todo ser humano que encuentre, sin supervisión de autoridad alguna, lo que hace desarrollar un espíritu individualista[19]. Una cultura que se pretende exportar a todo el mundo, aún cuando sea extraña a la mayoría de las regiones del planeta[20].

Es más que probable que esta regresión sea una respuesta de fuerzas conservadoras al debilitamiento de la disciplina laboral producido por el pleno empleo de los años sesenta y primeros setenta del pasado siglo, pero eso implica que "el capitalismo de los propietarios, que no tiene otro objetivo que los beneficios y produce un divorcio entre trabajadores, Estado (asistencial) y democracia, está renegando de su propia legitimidad. La utopía neoliberal es una forma de analfabetismo democrático"[21].

La experiencia de América Latina es particularmente ilustrativa. En la mayoría de los países de la región hasta los años sesenta del siglo pasado se fueron consolidando programas de Seguros Sociales, en algunos casos bastante avanzados[22], programas que como en tantos países europeos su desarrollo iba en la dirección de abocar a la instauración de Sistemas de Seguridad Social con cobertura a la totalidad de la población. Es decir, en este punto la evolución tenía muchas semejanzas con la europea. Pero en los

---

(14) J. Aparicio Tovar. *La Seguridad Social y la protección de la Salud*. Madrid: Civitas, 1989. p. 66-78.
(15) W. Beveridge. *Social Insurance and Allied Services*. London: HMSO, 1942. p. 7.
(16) E. Hobsbawm. *Historia del Siglo XX*. Barcelona: Crítica, 1995. p. 260 y ss.
(17) U. Beck. *La sociedad del riesgo*. Barcelona, Buenos Aires, México: Paidós, 1998. p.25.
(18) *Ibidem*, p.37.
(19) Cfr. R. Pound. "The administrative application of legal standars", 44 *Rep American Bar Association,* 1921. p. 450.
(20) P. Bourdieu. *Contrafuegos 2*. Barcelona: Anagrama, 2001. p. 32.
(21) U. Beck. *Un nuevo mundo feliz. La precariedad del trabajo en la era de la globalización*. Barcelona: Paidós, 2007. p. 12.
(22) Argentina, Chile o Costa Rica tenían programas de Seguros Sociales comparables (en algunos casos con prestaciones mejores) a españoles de ese tiempo.

años setenta y posteriores se interrumpió bruscamente. En algunos países las dictaduras militares de corte fascista que asolaran muchos de los países del continente impusieron a sangre y fuego un esquema neoliberal (Chile) que acabó con la existencia de los Seguros Sociales. La posterior recuperación de la libertades no trajo consigo una recuperación de la evolución interrumpida, sino que, por el contrario, el gran problema de las salidas a las dictaduras fue que los nuevos regímenes insistieron en el desmantelamiento de los seguros sociales con la cobertura ideológica de la ineficiencia de lo público y la mayor garantía de los esquemas de ahorro privado basados en la capitalización individual. Las consecuencias están a la vista[23], el número de personas desprotegidas y su caída en la menesterosidad a aumentado y con ella la violencia. La calidad de la vida democrática está seriamente resentida. Las deferencias de rentas se ha acentuado y con ello la exclusión social. La corrección de esta situación es una necesidad que empieza a hacerse evidente para la inmensa mayoría, para lo cual recuperar en serio la opción por la Seguridad Social parece tarea necesaria y urgente.

No es infrecuente que para argumentar en contra de la adopción de un plan definido de Seguridad Social se alegue que solo puede ponerse en práctica en países desarrollados, de ese modo se pretende justificar la carencia de políticas efectivas de eliminación de la miseria en algunos estados. La experiencia de América Latina que se acaba de señalar indica lo inexacto de esta argumentación. Ya se ha dicho que hubo una importante evolución, comparable a la de algunos países europeos en un cierto momento de su historia, en la creación de importantes Seguros Sociales que, de no haberse interrumpido, podrían haber dado lugar a auténticos Sistemas de Seguridad Social, cierto que adaptados a las características de las sociedades en donde cada uno de ellos se hubiese implantado. No hay un solo Sistema de Seguridad Social idéntico a otro ni en la calidad de las prestaciones ni en los requisitos para acceder al derecho a las mismas, aunque como luego se verá, todos responden a unos principios comunes que nos permiten saber cuando estamos ante un Sistema de Seguridad Social y cuando no lo estamos. Hay que tener en cuenta, además, que la Seguridad Social es una construcción original producto de la voluntad política, sin la cual no puede existir. No existe una realidad social previa que haya que ordenar jurídicamente, como se hace, por ejemplo, con el contrato de compraventa. La única realidad social que encontramos es la existencia de estados de necesidad de los individuos, pero afrontar ese problema con la técnica de la Seguridad Social exige organizar una formidable estructura que la humanidad ha ido ha alumbrado después de la Segunda guerra mundial y que, aunque su realización se haya plasmado de modo más acabado en los países europeos, ha llegado a entenderse como una conquista de civilización con valor universal.

Precisamente la otra gran herencia del siglo XX ha sido la aspiración a hacer universales y efectivos los derechos humanos en tanto que son el medio esencial para garantizar la común dignidad de todos los seres humanos. El derecho a la Seguridad Social está incluido entre los derechos que todo ser humano debe disfrutar, como han establecido tanto la Declaración Universal de Derechos Humanos, de 10 de diciembre de 1948[24], como el Pacto de los Derechos Económicos, Sociales y Culturales, de 19 de diciembre de 1966 [25]. El Convenio 102 OIT, de norma mínima de Seguridad Social, adoptado en la Conferencia de 1952, tiene como objetivo que los Sistemas de Seguridad Social se pongan en práctica en todos los países, para lo que deja claro cuál es el conjunto de riesgos sociales que generan estados de necesidad contra los cuales deben de organizarse los Sistemas nacionales. Ciertamente este Convenio no reposa sobre una idea onmicompresiva[26] de la protección contra los estados de necesidad, pero señala un mínimo asumible por los Estados de acuerdo con el "ideal de cobertura" de su tiempo. En Europa, la Carta Social Europea de 1961, que ha sido ratificada por la mayoría de los países, establece también la obligación para los signatarios de sostener Sistemas de Seguridad Social, tomando como referencia el

---

(23) Son abrumadoras las pruebas del fracaso de los sistemas privados. A modo de ejemplo cfr. Asociación de Abogados Laboralistas de Chile, "La reforma del Sistema de Pensiones en Chile" *Revista de Derecho Social. Latinoamérica*, n. 1, p. 235-247; A.Jimenez, "Reflexiones sobre las reformas de los Sistemas de pensiones en América Latina", *Revista del Ministerio de Trabajo* (España), n. extraordinario sobre Reforma de la Seguridad Social, 2006. p. 71-86.
(24) Art. 22.- Toda persona, como miembro de la sociedad, tiene derecho a la seguridad social, y a obtener, mediante el esfuerzo nacional y la cooperación internacional, habida cuenta de la organización y recursos de cada Estado, la satisfacción de los derechos económicos, sociales y culturales, indispensables a su dignidad y al libre desarrollo de su personalidad.
(25) Art. 9.- Los estados Partes en el presente Pacto reconocen el derecho de toda persona a la seguridad social, incluso al seguro social.
(26) M.R. ALARCÓN CARACUEL. *La Seguridad Social en España*. Espanha: Aranzadi, 1999. p. 42.

Convenio 102 OIT, pero con el compromiso adicional de su perfeccionamiento progresivo[27] a medida que las circunstancias lo vayan demandando.

Frente a la idea del carácter programático del derecho a la Seguridad Social, como uno de los derechos sociales más importantes, se alza el texto mismo de los instrumentos internacionales citados, de los que derivan para los Estados obligaciones de respeto, protección y satisfacción[28], en este caso satisfacción a través de la obligación de la puesta en práctica de la institución que conocemos Seguridad Social, aunque sea de acuerdo a las condiciones sociales y económicas de cada uno de los países. Precisamente el Convenio 102 OIT da la posibilidad a los Estados establecer algunas excepciones temporales en la protección contra algunos riesgos sociales en razón de las condiciones sociales y/o económicas de país de que se trate.

Podemos concluir, por tanto, que la Seguridad Social se ha convertido en un valor universal en si mismo, en tanto en cuanto es instrumento de garantía de derechos a prestaciones que hacen posible el acceso a la dignidad que como personas y ciudadanos todo ser humano tiene. Se trata ahora de determinar que debe entenderse por Seguridad Social para saber con cierta precisión a que es a lo que están comprometidos los Estados signatarios de los grandes instrumentos internacionales de protección de los derechos humanos.

3. CONCEPTO DE SEGURIDAD SOCIAL Y SUS PRINCIPIOS ORIENTADORES

Si es necesario dedicar alguna atención a lo que debemos entender por Seguridad Social, no solo es por la razón apuntada anteriormente, sino, además, porque este concepto ha estado lleno de no poca confusión y se ha prestado a un uso propagandístico y escasamente técnico. En parte porque, al contrario de lo que pretenden las corrientes de pensamiento contrarias al mismo, goza de una gran popularidad, de ahí que en algunos países se presenten algunas medidas de política social como si fueran de Seguridad Social cuando, sin embargo, nada tienen que ver con una recta forma de entenderla. Se procede así a una especie de contrabando intelectual, al que se recurre precisamente porque la Seguridad Social ha sido aceptada como un valor universal, como acabamos de ver.

Uno de los motivos por los que se puede proceder a esa operación de contrabando se debe a que, como ya se ha repetido, la Seguridad Social es una idea original fruto de la voluntad política que "no responde a las categorías jurídicas tradicionales"[29] y, por tanto, su código epistemológico puede ser manipulado con relativa facilidad.

La aproximación a una idea de Seguridad Social tiene como punto seguro de partida la afirmación ya hecha anteriormente de que se trata de una institución que tiene como fin la garantía de la permanencia y la continuidad en el alivio de los estados de necesidad que en determinados momentos pueden verse los individuos, dando así seguridad a su existencia. La seguridad ante los estados de necesidad en los que puede sumirse el individuo, aún cuando la sociedad se organice de la mejor forma posible es el primer rasgo que ya hemos visto destacaba Beveridge. La Seguridad Social responde así a una ética que se expresa en la obligación de los poderes públicos de garantizar a los individuos "tutela contra las consecuencias dañosas que se derivan de los eventos de la vida individual, familiar y colectiva"[30] y se asume, por tanto, que los estados de necesidad no son consecuencia de la incuria del individuo, por lo que es una responsabilidad colectiva organizar su alivio[31], para lo cual a través de la Seguridad Social se dispensan prestaciones, la mayoría individualizadas, tanto económicas como en especie, a los ciudadanos y residentes en el territorio del Estado.

---

(27) El art.12 de la Carta dice así: "Para garantizar el ejercicio efectivo del derecho a la seguridad social, las Partes Contratantes se comprometen:1. A establecer o mantener un régimen de seguridad social. 2. A mantener el de seguridad social en un nivel satisfactorio, equivalente, por lo menos, al exigido para la ratificación del Convenio internacional del trabajo (número 102) sobre normas mínimas de seguridad social. 3. A esforzarse por elevar progresivamente el nivel del régimen de seguridad social

(28) V. ABRAMOVICH y C. COURTIS. *Los derechos Sociales como derechos exigibles*. Madrid: Trotta, 2002. p. 31.

(29) P. DURAND. *La politique contemporaine de Securité Sociale*. Paris: Dalloz, 1953. p. 13.

(30) A. VENTURI. *I fondamenti scientifici della Sicurezza Sociale*. Milano: Giuffré, 1954. p. 273.

(31) Es la misma impronta ética que encontramos en el Derecho del Trabajo como instrumento de consecución de "la nivelación de la desigualdad económica y social, sobre la base de la entronización de lo colectivo", vid. A. BAYLOS, "Igualdad, uniformidad y diferencia en el Derecho del Trabajo", *RDS* ,n. 1, 1998. p. 12. También la misma que le llevaba a BEVERIDGE a proponer una sociedad en la que el mercado de trabajo fuera un mercado de vendedores, no de compradores, vid. *Full Employment*…, cit., p. 22.

Pero hay que dejar claro dos aspectos, el primero de ellos es que a través de la Seguridad Social se realiza una de las funciones del Estado Social cual es alcanzar la igualdad real para todos los ciudadanos. La garantía de la existencia no es algo unido a la idea de Seguridad Social si solamente alcanza a dispensar un límite mínimo de subsistencia que, sin embargo, no permite el goce en plenitud de los derechos de ciudadanía. Cuando se habla de Seguridad Social se está hablando de una "actividad pública dirigida a tutelar al ciudadano en las situaciones de necesidad con el fin de promover la igualdad sustancial"[32]. Es decir, lo que distingue a la Seguridad Social, ante todo, es su finalidad. Pero, en segundo lugar, también se distingue porque es un medio característico puesto en marcha por el Estado para alcanzar ese fin. La historia nos enseña que estados de necesidad han existido siempre y también que se han arbitrado instrumentos, incluso por el mismo Estado, para atenderlos, pero lo especifico ahora es el "modo especial de proveer su cobertura"[33] a través de este medio original. Ese medio es la institución corporativa que conocemos como Seguridad Social que debe de ser distinguida de otros medios que han existido o existen para el alivio de las necesidades.

El alivio de la miseria siempre ha sido una preocupación en todas las sociedades por una u otras razones, desde el control de la delincuencia hasta consideraciones religiosas. También que se han arbitrado medios diversos. Dejando al margen el ahorro de los propios sujetos para atender sus necesidades en el porvenir, que siempre ha sido un instrumento limitado a una privilegiada capa de la población porque exige de ellos que dispongan de suficientes rentas como para subvenir a sus necesidades actuales y, además, reservar parte de ellas para atender las eventuales necesidades futuras, otros medios han sido la caridad o filantropía públicas o privadas, la Beneficencia pública, la Asistencia Social, sobre la que volveremos más adelante cuando hablemos de la igualdad como principio informador del Sistema de la Seguridad Social, los Seguros Sociales y finalmente la Seguridad Social.

La Beneficencia pública no es más que la "compasión oficial, que ampara al desvalido"[34], o "la beneficencia colectiva, la caridad ejercida en su más lata esfera, derramando sus tesoros a expensas y en nombre del estado"[35]. Fue una válvula de escape a la que recurrió el Estado liberal ante la evidencia del fracaso de sus presupuestos ideológicos. En efecto, el liberalismo se asiente sobre la idea de la lucha competitiva y de la responsabilidad individual, por lo que cada uno es responsable de su propia existencia y, en su caso, de su estado de depauperación. La propiedad a la que todos pueden idealmente acceder resolvería el problema de la menesterosidad, pero la dura realidad mostraba como los menesterosos siguen existiendo por lo que el sistema necesita correctivos para atenuar algunos de sus efectos e insuficiencias y hacerlas más soportables[36]. Correctivos que se presentan como fruto de la generosidad, pero que estaban muy lejos de serlo. Para empezar porque no todo el mundo tenía derecho a esos auxilios, sino solamente aquellos que se encontrasen en estado de necesidad corriendo, además, con la obligación de la carga de la prueba de su estado menesteroso. Solamente los "pobres de solemnidad", según lo atestiguaba una cedula expedida por el alcalde de la localidad o el párroco respectivo en el caso español, podrían acceder a las ayudas dispensadas por la Beneficencia, que eran escasas y, al ser otorgadas a título gratuito, no existía derecho alguno a las misma. Su concesión era discrecional. No muy diferente era la asistencia que se dispensaba a través de las *Poor Laws* británicas. La idea era que esos auxilios deberían de dispensarse en condiciones de dureza tal que solo recurrirían a ellos los verdaderamente necesitados, librándose de ese modo el Estado de enojosos pedigüeños. La consecuencia se hizo evidente: estigmatizaban a quienes recurrían a estas ayudas y su conversión en ciudadanos de segunda clase, por lo que una parte importante de quienes estuviesen en estado de necesidad no recurrían a dichas auxilios por un sentido de orgullo, dignidad o vergüenza, al tiempo que se iba acrecentando el sentimiento de revuelta contra un orden social tan injusto y duro.

Los Seguros Sociales han sido una pieza central en evolución histórica hacia un Sistema de Seguridad Social. Como es bien sabido, el primero de ellos fue ideado por el canciller Bismarck en

---

(32) G. G. BALANDI. "Sicurezza Sociale. Un itinerario tra le voci di una enciclopedia giuridica", *Política del Diritto*, a. XVI, n. 2, 1985, p. 317.
(33) M. ALONSO OLEA y J.L. TORTUERO. *Instituciones de Seguridad Social*. 17. ed. Madrid: Civitas, 2000. p. 26.
(34) C. ARENAL. *La Beneficencia, la Filantropía y la Caridad*. Madrid, 1861, reed. de 1927, p. 74.
(35) M. COLMEIRO. *Derecho Administrativo español*, Tomo I, Madrid, 1850, p. 426.
(36) J. APARICIO TOVAR, *La Seguridad Social*…cit., p. 175.

1883. Su estructura consiste en identificar un riesgo cuya concreción en un individuo le produce un estado de necesidad (le enfermedad fue el primero). Al añadirse el adjetivo de social, se quería decir que ese riesgo es generado por vida social, por lo que sus consecuencias sobre el individuo no son producto de la incuria personal y deben ser atendidas por la propia sociedad. Si alguien que puede y quiere trabajar y no encuentra donde hacerlo, por ejemplo, no es por su culpa, sino porque la sociedad no le da esa oportunidad. La sociabilidad del riesgo es un rasgo esencial que ha pasado a los Sistemas de Seguridad Social. Los Seguros Sociales parten del esquema de los seguros privados pero lo modifican sustancialmente. Eliminan el ánimo de lucro y lo publican con la intervención de un ente estatal en el lugar del asegurador privado. Pero los Seguros Sociales solo cubrían a una parte limitada de la población y tenían una organización administrativa separada para cada uno de ellos. Pero, aún con sus limitaciones, tuvieron un enorme éxito, en importante medida debido a que daban sus prestaciones con el título jurídico de derecho subjetivo a quienes entraban en su esquema protector y cumplían con los requisitos de la ley para tener derecho a las mismas sin demostración de ninguna otra condición personal, es decir, sin prueba de la necesidad. El ejercicio o el disfrute de un derecho, no solo no estigmatiza y segrega, sino que es manifestación de ciudadanía. Fue un gran paso adelante que se ha consolidado con los Sistemas de Seguridad Social.

3.1. *La Seguridad Social como garantía institucional*

Como ya se ha dicho, no existe un Sistema de Seguridad Social idéntico a otro, ni siquiera en los países europeos, pero no hay duda que si somos capaces de distinguir entre Seguros Sociales y Seguridad Social es porque la segunda, además de contar con una administración y gestión hecha por organismos unificados, responde a unos principios que nos permiten saber cuando estamos ante una institución que responde al *nomen iuris* de lo que conocemos por Seguridad Social. Esto es muy importante porque es lo que permite el control de los Estados que en sus Constituciones, o mediante la suscripción de tratados internacionales como los antes citados, han asumido la obligación de sostener un Sistema de Seguridad Social. No cualquier cosa vale para hacerla pasar bajo ese nombre. Es lo que ha hecho el Tribunal Constitucional español aceptando la idea de la garantía institucional desde la temprana STC 32/1981, de 28 de julio, en la que reconocía que "el orden jurídico-político establecido por la Constitución asegura la existencia de determinadas instituciones, a las que considera como componentes esenciales y cuya preservación se juzga indispensable para asegurar los principios constitucionales". Sin embargo, la configuración concreta de algunas de ellas se difiere al legislador ordinario, "al que no se fija más límite que el reducto indisponible o núcleo esencial de la institución", lo que le obliga a "la preservación de una institución en términos recognoscibles para la imagen que de la misma tiene la conciencia social en cada tiempo y lugar". La garantía es desconocida "cuando la institución es limitada de tal modo que se le priva prácticamente de sus posibilidades de existencia real como institución para convertirse en un simple nombre" (fundamento 3º). Lo que, referido a la Seguridad Social en concreto obliga "a que no se pongan en cuestión los rasgos estructurales de la institución Seguridad Social a la que pertenecen" (STC 37/1994, fundamento 4º, entre otras). Los rasgos del Sistema son los que le dan sus principios informadores, pero hay que aclarar que, por eso mismo, porque dan su impronta al Sistema, estos principios no son entelequias que se mueven en el terreno de lo programático, son normativos, aunque lo sean como tales principios, es decir, no como una regla de derecho dotada de un supuesto de hecho y una precisa consecuencia jurídica, "son los pensamientos de regulación que subyacen bajo ella y desde los cuales la regulación aparece como algo dotado de sentido"[(37)].

Estos son, en primer lugar, *Dinamismo*. El dinamismo es algo propio de todo Sistema de Seguridad Social. Es necesario explicar una aparente paradoja cual es que junto a la necesaria estabilidad del Sistema, esto es la garantía en la continuidad de la protección de las situaciones de necesidad (de ahí que las reformas si quieren ser justas deben resolver delicadas cuestiones de derecho transitorio), y precisamente para conseguir esa garantía, debe de ser dinámico, lo que exige una movilidad legislativa para adaptarse a las nuevas situaciones sociales. Las reformas que tengan que hacerse entonces, no solo no tienen nada de dramático, ni tienen porque necesariamente implicar una crisis degenerativa, sino

---
(37) K. LARENZ. *Derecho Justo. Fundamentos de ética jurídica*. Madrid: Civitas, 1985. p. 35.

que por el contrario son expresión de esa característica interna del Sistema, su dinamismo, que empuja por una parte hacia la consecución de la **universalidad subjetiva** de cobertura (todos los ciudadanos y incluso residentes en el territorio del Estado deben estar integrados en el campo de aplicación del Sistema), y la **universalidad objetiva**, esto es, la protección frente a los estados de necesidad en que pueden verse los individuos cuando se concretan en ellos ciertos riesgos sociales identificados según "el ideal de cobertura"[38] alumbrado por nuestra civilización. Esos riesgos sociales en su expresión mínima cristalizaron en el Convenio 102 (llamado precisamente de norma mínima) de la OIT, como ya se ha dicho, pero no pueden permanecer fosilizados por la sencilla razón de que van apareciendo nuevas necesidades debidas a los cambios en la forma de vivir y hay transformaciones en la sociedad que obligan a una adaptación de los instrumentos utilizados por el Sistema de Seguridad Social. Los Estados europeos signatarios de la Carta Social Europea, de 18 de octubre de 1961, conscientes de esta idea, asumieron el compromiso de que los niveles de protección del Convenio 102 OIT deberían de ser superados, como ya se indicó que se establece en el art. 12 de la Carta, porque la Seguridad Social hace "aflorar necesidades nuevas cuando se cubren las que estaban mal o simplemente no atendidas"[39], para las que es necesario proveer prestaciones. Los cambios sociales, como cambios en los modos de trabajar, modificaciones en la estructura familiar o las modificaciones de la población debida a la baja tasa de natalidad o el envejecimiento de la población que se observa en muchos países europeos, tienen necesariamente que encontrar respuesta en las reformas del Sistema para realizar su función de provisión de prestaciones frente a las situaciones de necesidad que van surgiendo.

El dinamismo, por otro lado, no tiene porqué generar la sensación de caos que las dificultades de conocimiento del derecho de la Seguridad Social provoca en el estudioso. Al no responder a categorías jurídicas tradicionales, como ya se ha dicho, algunas dificultades pueden estar justificadas, pero con ciertos límites. Ciertas carencias de técnica jurídica que a veces se observan son injustificables porque generan una sensación de inseguridad (justamente lo contrario de lo que es una de las finalidades del Sistema) pues como desde hace tiempo se señaló, las técnicas con las que opera permanecen sustancialmente con pocas variaciones[40]. La Seguridad Social es la garantía de permanencia y continuidad en el alivio de los estados de necesidad de los individuos, hay que insistir. Las carencias de técnica legislativa pueden ser entonces expresión de algo más profundo, de una crisis que no es ya de crecimiento y perfeccionamiento, sino degenerativa, porque la calidad de las leyes "no es aquí un lujo más o menos prescindible, sino un ingrediente necesario de la calidad de la prestación dispensada"[41]. El gran problema que plantea el dinamismo es que, conseguida la universalidad subjetiva de cobertura, la universalidad objetiva parece no tener fin porque nos aboca al gran problema de que necesidades deben estar cubiertas por el Sistema y hasta que nivel. Ya hemos dicho que no puede bastar una cobertura de mínimos de subsistencia que mantenga en la exclusión social a los recipiendarios, han de ser prestaciones "suficientes" para una vida digna, pero la suficiencia de las prestaciones es un concepto indeterminado que debe determinarse de acuerdo con las circunstancias históricas de cada momento y exige una profundo y abierto debate en los órganos de expresión de la voluntad popular[42].

En segundo lugar, *Solidaridad*. La solidaridad no es una proclamación demagógica o propagandística. Es ante todo "la expresión de un eje fundamental de la convivencia política basada en un gran pacto social cuyo cumplimiento, desde luego, solo puede ser garantizado por el Estado"[43]. Ese gran pacto social se formaliza en el texto constitucional y se expresa, entre otras fórmulas, en la adopción de la forma de Estado Social y Democrático de derecho y en la opción a favor de la Seguridad Social, como ya

---

(38) M.ALONSO OLEA y J.L. TORTUERO. *Instituciones de Seguridad Social*. 17. ed. Madrid: Civitas, 2000. p. 23.
(39) M. ALONSO OLEA. *El dinamismo de la Seguridad Social*. Murcia, 1971. p. 11.
(40) Hace ya muchos años que la doctrina española llamó la atención sobre este extremo, cfr. M. ALONSO GARCÍA, "La estabilización jurídica de la Seguridad Social", *Revista Iberoamericana de Seguridad Social*, n. 1, 1960,especialmente p. 12-21.
(41) A. MARTÍN VALVERDE, "La estructura del ordenamiento de la Seguridad Social", en vol. Pensiones Sociales. Problemas y alternativas". Actas del IX Congreso de Derecho del Trabajo y de la Seguridad Social, (II), Ministerio de Trabajo, Madrid, 1999. p. 363.
(42) J. APARICIO TOVAR. "Sobre la suficiencia de las prestaciones con ocasión de las recientes reformas del Sistema de la Seguridad Social", *RDS* n. 17, 2002. p.235.
(43) M.R. ALARCÓN CARACUEL, "Los principios jurídicos de la Seguridad Social", en vol J. López y C. Chacartegui (Coord.), *Las últimas reformas (2004) y el futuro de la Seguridad Soci*al. Bomarzo: Albacete, 2005. p. 25.

se ha dicho. Es también una forma de legitimación del Estado en una comunidad determinada, porque la pertenencia de los individuos a esa organización política regida por el Estado no es voluntaria, por lo que la vinculación forzada necesita alguna clase de justificación, que en importante medida se consigue al alcanzar un cierto grado de paz social[44], solo dado cuando se compensan a través de la Seguridad Social algunas de las desigualdades producidas por la libertad económica. Es por esto que la Seguridad Social tiene que operar sacando del mercado la satisfacción de algunas necesidades vitales para los individuos. Por otro lado los vínculos solidarios que se ponen en marcha con el Sistema de Seguridad Social refuerzan el sentido de pertenencia y de identidad de esa misma comunidad política, de ahí que la Seguridad Social sea coextensa con el ámbito sobre el que el Estado ejerce la soberanía.

La solidaridad se plasma en técnicas muy precisas, de las que hay que destacar, en primer lugar, la consideración conjunta de contingencias, lo que separa a la Seguridad Social de los Seguros Sociales. La consideración conjunta de contingencias, expresada por Beveridge con la imagen muy gráfica de meter todas las contingencias en un mismo compartimento a modo de pileta (*pooling*), consiste en que todos los recursos que se alleguen para el mantenimiento del Sistema se considerarán como una unidad para garantizar las prestaciones causadas por los sujetos protegidos por cualesquiera de las contingencias previstas por el Sistema. Todo lo que se recaude sirve para financiar todo lo que se proteja, sin distinciones. Como consecuencia, ello exige la existencia de una Caja Única para la administración de todos los recursos financieros. La unidad en la gestión de los recursos (y más allá en el reconocimiento del derecho a las prestaciones) separa a la Seguridad Social de los Seguros Sociales.

La solidaridad implica una es la ruptura del sinalagma entre las aportaciones que de un modo u otro puedan hacer los sujetos obligados a ello y las prestaciones que reciban, cosa que ya habían hecho en alguna medida los seguros sociales. Es algo complementario a la consideración conjunta de contingencias. Si todo lo aportado va a una Caja Única de la cual saldrán los recursos para las prestaciones a las que dan lugar las contingencias protegidas, lo que cada uno deba aportar será lo que se establezca en la ley y lo que cada uno debe recibir, será también lo que se establezca en la ley. Siempre encontraremos la mediación de la ley entre lo aportado y lo recibido, sin que exista una relación directa entre ambas cosas. La ruptura del sinalagma entre lo aportado y lo recibido es esencial para que pueda darse una redistribución de rentas entre los incluidos en el campo de aplicación del Sistema, que como ya vimos, y de acuerdo con la universalidad subjetiva de cobertura, son todos los integrantes de una comunidad políticamente organizada por el Estado. Esa redistribución de rentas es esencial para que los que menos tienen puedan obtener satisfacción de sus necesidades gracias a las aportaciones de los que más tienen[45]. Si no existe relación sinalagmática entre lo aportado y lo recibido entonces el sistema financiero que tiene que aplicarse necesariamente es el de reparto, es decir, las aportaciones actuales son las que financian las prestaciones actuales. O dicho de otro modo, los actuales activos son los que se hacen cargo de los actuales pasivos. Se trata de una solidaridad intergeneracional.

Por una elemental prudencia política, cuando las prestaciones consistan en rentas de sustitución (es decir, las que se proveen cuando falla las que se obtienen por el trabajo, tanto por cuenta propia como por cuenta ajena) se procura que no haya un salto muy brusco en lo percibido, especialmente hacia abajo. Para ello se usan diversas técnicas, como calcular la prestación de un modo teórico en relación con las bases de cotización, que a su vez, guarda una relación con los salarios o rentas percibidas. Pero hay que insistir que son técnicas decididas por el legislador que no suponen relación directa entre las aportaciones y las prestaciones. Es algo alejado de los sistemas de capitalización individual, que cada uno recibe lo que aporta y no aporta para otro, sino para si. Por ello los más pobres nunca llegan a tener una prestación decente (si es que la tienen), ya que no hay redistribución de rentas alguna. En las prestaciones en especie, como las sanitarias, la ruptura del sinalagma es más evidente. Cada uno recibe las prestaciones disponibles por igual a todos los suje-

---

(44) K. LARENZ, Derecho justo…cit., p. 136.
(45) La ley española de bases de la Seguridad de 1963 expresaba bien esta principio cuando establecía que la Seguridad Social se "concibe como una tarea nacional que impone sacrificio a los jóvenes respecto de los viejos; a los sanos respecto de los enfermos; a los ocupados respecto de los que se hallan en situación de desempleo; a los vivos respecto de las familias de los fallecidos; a los que no tienen cargas familiares respecto de los que las tienen; a los de actividades económicas en auge y prosperidad, en fin, respecto de los sectores deprimidos"

tos protegidos según su necesidad para recuperar la salud alterada[46].

En tercer lugar, la *Obligatoriedad*. El esquema solidario no existiría si se dejara a los individuos estar dentro o fuera de él según su voluntad. Nadie puede decidir por si mismo entrar o no entrar en el Sistema, decisión que normalmente cada uno la tomaría según que sus posibilidades fueran mayores o menores de ser desempleado, o enfermo, o invalido[47]. O lo que es lo mismo, los ricos deben estar juntos con los pobres en la organización técnica de la solidaridad en la comunidad políticamente organizada por el Estado, creándose así vínculos de pertenencia que tienden a impedir la exclusión social. Este rasgo excluye de la Seguridad Social a los sistemas de previsión que estén basados en la voluntariedad. Así como nadie elige nacer mexicano, español, argelino o brasileño, cuando en una comunidad se ha adoptado el pacto fundamente de establecer un sistema solidario como el que aquí se ha indicado, no es dado a individuo alguno romper unilateralmente dicho pacto. La experiencia histórica ha probado que la solidaridad tiene que ser impuesta, de otro modo no existe, por eso hizo fortuna la frase de que "el seguro obrero será obligatorio o no será". Si como acaba de verse no hay relación directa entre lo aportado y lo percibido y que siempre encontramos la mediación de la ley, queremos decir que el mundo de la Seguridad Social está extramuros del mundo de la voluntariedad.

En cuarto lugar la *Publicidad*. Si, como se acaba de decir, la voluntariedad está fuera de la Seguridad Social, se está diciendo que de su ámbito está excluido el contrato y que, por el contrario, es un mundo disciplinado por la ley. El contrato reina en mundo de lo privado, pero aquí no tiene espacio, porque esta exclusión se deriva de una elemental exigencia de justicia y de una sana técnica jurídica. Como es bien sabido, para que los contratos sean de acuerdo a derecho deben de garantizar un equilibrio, al menos aproximado, entre prestación y contraprestación, una relación sinalagmática que se da cuando la posición entre las partes es más o menos igual. Pues bien, ni la posición entre las partes puede ser igual cuando para una de ellas las prestaciones que espera obtener resultan vitales para la subsistencia (entre una aseguradora privada y una persona individual, por ejemplo), ni la prestación resultar suficiente en el caso de los menos pudientes si tiene que responder al equilibrio entre prestaciones, porque al tener poco, poco puede dar y poco recibir. Organizar la solidaridad incluye excluir el ánimo de lucro para realizar la redistribución.

Por otro lado la organización técnica de la solidaridad en que consiste la Seguridad Social no es posible sin la directa implicación del Estado en el uso de sus poderes de supremacía porque es una de sus funciones, de la que no puede abdicar, ya que sobre él recae la obligación de buscar la igualdad sustancial, como ya se ha dicho. La comunidad tiene que organizarse de tal manera que el remedio de la necesidad no puede quedar al azar de la acción individual egoísta o el sentimiento generoso, sino que tiene que estar previsto y regulado[48]. Nadie, sino es el Estado puede imponer a un ciudadano obligatoriamente pertenecer al esquema solidario. Solidaridad y publicidad están unidas. Por esto con toda razón se ha dicho que "conceptualmente los términos "Seguridad Social" y "privada" se repelen entre si"[49]. No empece, sin embargo a este principio, que mantenida la publificación institucional, los entes públicos gestores del Sistema puedan concertar con privados la prestación de algunos servicios, siempre que sean limitados y no pongan en cuestión el basamento público del Sistema.

En quinto lugar la *Igualdad*. La igualdad es el fin de la institución, para lo cual es esencial el modo en que dispensa el grueso de sus prestaciones. Lo característico de la Seguridad Social es que garantiza las prestaciones de un modo fuerte, esto es, mediante el conferimiento al sujeto protegido de derechos subjetivos solo condicionados al cumplimiento de los requisitos establecidos en las normas, lo que quiere decir que las circunstancias personales (como tener recursos económicos o no tenerlos) son indiferentes. Es esto lo que verdaderamente distingue a la Seguridad Social de otros medios históricamente conocidos y también arbitrados por

---

(46) Todo lo contrario a los seguros privados que van aumentando la prima exigida por el asegurado a media que las necesidades sanitarias se presumen sean mayores, como es el caso de los ancianos.
(47) La Seguridad Social es una institución que "implica es obligatoria y que los hombres se mantienen juntos con sus semejantes…No se admite más que el ciudadano individual pueda reclamar el compartir el seguro nacional o estar fuera de él, manteniendo las ventajas de su situación individual de más bajo riesgo de desempleo, enfermedad o accidente" W. BEVERIDGE, *Social Insurance and Allied Services*. London: HMSO, 1942. p. 13.
(48) M. ALONSO OLEA. "Cien años de Seguridad Social", *Papeles de Economía Española*, n. 13, 1983. p. 108.
(49) M.R. ALARCÓN y S. GONZALEZ. *Compendio de Seguridad Social*. Madrid: Tecnos, 1991. p. 47.

el Estado para el alivio de las necesidades sociales, como han sido la Beneficencia o la Asistencia Social, como ya se ha dicho, que dispensaban sus prestaciones a título gratuito y tras superar la prueba de la necesidad, para cuya valoración el ente dispensador se reservaba grandes dosis de discrecionalidad, especialmente en la Beneficencia. Este modo de proceder estigmatizaba socialmente el receptor de la prestación y de ese modo le convertía en un ciudadano de segunda clase. La Seguridad Social hay que repetir, al dispensar el grueso de sus prestaciones con el título de derecho subjetivo coloca a los sujetos protegidos en pié de igualdad, pues el ejercicio de los derechos no solo no estigmatiza, sino que supone ejercer las ventajas de la ciudadanía. Ha sido un logro de civilización. Algunas prestaciones que provee el Sistema están condicionadas a la superación de la prueba de la necesidad, son las llamadas prestaciones asistenciales, pero estas prestaciones están reservadas, o bien para necesidades excepcionales que puedan afectar a determinados individuos o grupos, que precisamente por su excepcionalidad son difícilmente previsibles[50], o bien tienen como finalidad cubrir vacíos de protección en que por muy diversas razones puedan verse los individuos. En estos casos la prueba de la necesidad ha de ser objetiva y no debe haber discrecionalidad en el ente dispensador, pues de otro modo la estigmatización social del perceptor de la prestación es un riesgo muy alto. Superada la prueba de modo objetivo (la simple demostración de no alcanzar cierto nivel de rentas por ejemplo) debe nacer un auténtico derecho subjetivo a la prestación. A través de estas dos vías, esto es, la vía de las prestaciones sin prueba de la necesidad, que se la está haciendo coincidir con la llamada contributiva[51], y la asistencial se debe garantizar a los individuos una existencia que posibilite el goce en plenitud de los derechos reconocidos para todos y las ventajas de la vida colectiva. Lo que es propio de la Seguridad Social es que estas dos vías son inseparables, actúan a la vez complementándose. Ciertamente la modernidad de la institución Seguridad Social ha influido en que no siempre se distinga bien de la Asistencia Social. El caso europeo es interesante en este sentido, pues en algunos países existen prestaciones de Asistencia Social bastante importantes que están fuera de lo que se entiende por Seguridad Social al objeto de coordinar los diferentes sistemas nacionales por exigencias de la libre circulación de nacionales de los Estados miembros dentro del espacio de la Unión Europea, de tal manera que las prestaciones puramente de Asistencia Social no están dentro del ámbito de aplicación de las normas comunitarias de coordinación y, por tanto, la residencia en distintos países de la Unión no puede ser utilizada para causar derecho alguno sobre ellas. Pues bien, el Tribunal de Justicia de las Comunidad Europea ha resuelto esta cuestión adoptando un concepto expansivo de lo que debe de entenderse por Seguridad Social en la línea de lo que aquí se mantiene, recientemente ha establecido que "según reiterada jurisprudencia, una prestación sólo puede considerarse una prestación de seguridad social si […] se concede a los beneficiarios sobre la base de una situación legalmente definida, al margen de cualquier apreciación individual y discrecional de las necesidades personales"[52]. Con lo que deja claro que puede haber prestaciones asistenciales que exijan la prueba de la necesidad, pero siempre que estén legalmente definidas y objetivadas y no haya espacio a la discrecionalidad en su concesión se consideraran incursas dentro del concepto de Seguridad Social que debe ser objeto de coordinación.

Cuando se habla de igualdad no se está diciendo uniformidad, pues pueden existir distintas situaciones dentro del Sistema reguladas por distintos regímenes legales, lo que dará lugar a prestaciones diferentes, pero esas diferencias tienen que estar justificadas. Es aquí donde despliegan su eficacia los principios de racionalidad, razonabilidad y proporcionalidad que disciplinan las diferencias de trato.

Como se ha dicho, el fin de la Seguridad Social es la igualdad real lo que implica la utilización de recursos económicos que para la realización de este principio lo que tiene lugar mediante una redistribución de rentas con la que pretende conseguirse una cierta "nivelación social", sin la cual ni se puede hablar de un derecho justo[53], ni la Seguridad Social

---

(50) Un ejemplo en España fueron las prestaciones que articularon los Reales Decretos 2448/1981 y 1276/1982 con ocasión del llamado síndrome tóxico producido en muchos individuos por la ingesta de aceite de uso industrial criminalmente desviado al consumo humano.
(51) La clasificación de las prestaciones entre contributivas y no contributivas no coincide exactamente con la que se hace entre asistenciales y no asistenciales porque el criterio de clasificación es distinto, aunque confusamente se está extendiendo la idea de que las contributivas son las que no exigen prueba de la necesidad y las no contributivas las que la exigen, pero eso no es muy exacto y puede llevar a algunas perturbaciones.
(52) STJCE 20 de enero de 2005, *Noteboom*, asunto C-104/04.
(53) K. LARENZ. *Derecho justo. Fundamentos de ética jurídica*. Madrid: Civitas, 1985. p. 147.

puede cumplir con las exigencias del principio de igualdad.

Para la realización de estos principios El Estado tiene que crear un campo jurídico que define desde la ley la posición de los distintos sujetos, sus cargas u obligaciones y sus ventajas o derechos, sin que exista relación directa entre obligaciones y derechos, hay que insistir. En los últimos tiempos la relevancia de lo jurídico es frecuentemente infravalorada en favor de los aspectos relativos a financiación que, sin dejar de tener importancia, en realidad son meramente instrumentales. Este enfoque tiene el peligro de reducir la Seguridad Social a una cuestión de hecho regida por la oportunidad política, debilitando así la posición dentro del Sistema del sujeto protegido[54], que acaba siendo engullido por exigencias económicas de un equilibrio financiero que cada vez más aparece como un imperativo autónomo, como un fin en si mismo, no como un medio que realmente es.

Los principios que aquí se están tratando son predicables de cualquier Sistema de Seguridad Social que se pretenda tal, aunque su nivel y forma de realización difieran en cada país de acuerdo con sus condiciones políticas, sociales, culturales y de desarrollo económico. Son los que arrojan luz y permiten hacer un juicio sobre el ordenamiento concreto.

4. EL ATAQUE A LA SEGURIDAD SOCIAL EN LA CRISIS DE 2008: LA POLÍTICA DE LA UNIÓN EUROPEA

Todos los países de la Unión Europea están sumidos desde 2008 en una dura crisis económica de la que no parece se vea una salida. Es una crisis que está poniendo en peligro la propia Unión, pero también está poniendo en peligro la democracia. No todos los países están en la misma situación económica y es apreciable una división entre el centro y la periferia de Europa. No hubo en los inicios de la crisis una respuesta única cuando más se necesitaba y se puso así de manifiesto la debilidad de la construcción de la integración europea. Cada unos de los Estados miembros adoptaron por su cuenta medidas de urgencia. Los buenos propósitos iniciales de acometer profundas reformas para atajar las causas de la crisis han desaparecido y las mismas políticas que condujeron al actual desastre son las que ahora se están aplicando con resultados catastróficos. La contención de los déficits públicos y de la deuda de los Estados se ha elevado a condición de dogma y está provocando un retroceso, impensable hace unos años, en la garantía de los derechos sociales. Se está aprovechando la crisis para aplicar programas políticos caducos del más profundo estilo neoliberal, que ya han sido experimentados en América Latina con costes sociales altísimos. La Seguridad Social está en el punto de mira de esos ataques.

Las reformas regresivas de la Seguridad Social, como otras veces, se pretenden justificar con el manido y falso argumento pseudocientífico de la evolución demográfica y el envejecimiento de la población, pero no impide que se siga utilizando, especialmente por la Comisión Europea que desde hace algunos años está continuamente presionado de modo abierto para llevar a cabo reformas en materia de Seguridad Social que llevarían, de seguir esas directrices, a una transformación radical de Sistemas como el español. El Libro Verde *Toward adecuate, sustainable and safe European pension system* de 7 de julio de 2010 (COM (2010) 365 final) empieza con la afirmación de que estamos ante una Europa envejecida por lo que hay que hacer reformas en las pensiones aceptando como punto de partida que los sistemas de solidaridad intergeneracional son importantes, pero recuerda que las reformas deben de hacerse dentro del funcionamiento del mercado interno y los requerimientos del Pacto de Estabilidad y Crecimiento, así como de acuerdo con la estrategia Europa 2020, que propugna limitar "los impuestos sobre el trabajo" y la reducción de la presión fiscal a las empresas. El Libro Verde comparte con el presidente de la Comisión Europea, Durao Barroso, que "los fondos de pensiones son una parte integral del mercado financiero" y afirma que "completar el mercado interior con productos de pensiones tiene un directo impacto con el crecimiento potencial de la UE y, por tanto, contribuye directamente a alcanzar los objetivos de Europa 2020". De acuerdo con sus estimaciones, los problemas en 2060 serán grandes ya que el alargamiento de la esperanza de vida dará lugar a un gran aumento de población envejecida y la tasa de natalidad no será suficiente para compensarlo. Este es un argumento tan repetido como falso. En pri-

---

[54] J. APARICIO TOVAR. "La reforma de la Seguridad Social. Un punto desconsiderado: la posición del sujeto", *Cuadernos de Relaciones Laborales*, n.12, 1998. p. 12.

mer lugar porque las investigaciones demográficas serias siempre dejan claro que no pueden hacerse proyecciones tan a largo plazo porque las variables que pueden surgir son muchas y no se pueden ser tenidas en cuenta en la actualidad. Por ejemplo, cuando esos mismos argumentos se esgrimieron hace unos años, no se tuvo en cuenta los cambios demográficos que ha traído después el fenómeno migratorio. Tampoco ahora se tiene en cuenta que la introducción de políticas sociales de apoyo a la natalidad y podría dar lugar en los países del sur de Europa (con baja natalidad por las dificultades de las mujeres jóvenes en el acceso al trabajo) a un cambio en las tasas de natalidad muy importante. La esperanza de vida no mide los años que viven las personas, sino que es un promedio estimado que, además, es sensible a las diferencia de clase. En segundo lugar, esas proyecciones no tienen en cuenta las variaciones el crecimiento del Producto Interior Bruto. Con un crecimiento modesto de la productividad habrá mucho más recursos que los actuales para las pensiones. En tercer lugar la financiación no tiene porque ser siempre hecha con cuotas sobre los salarios, puede hacerse por otros medios. Si con menos trabajadores se producen más bienes y servicios, es perfectamente posible establecer un tributo sobre los beneficios, un tributo que sea progresivo. Esa es la cuestión: la redistribución de rentas.

Las propuestas de la Comisión Europea, en cambio, son claras: por una parte trabajar más y subir la edad pensionable y, por otra, los Sistemas de los Estados miembros deben ser complejos, de varios pilares, siguiendo las recomendaciones del Banco Mundial de 1994. Deben consistir en una pensión pública y mínima garantizada por el Estado, fondos de empleo privados y obligatorios, y fondos privados colectivos o individuales pero voluntarios. Los fondos de pensiones, de acuerdo con el G 20, tienen que llegar a ser "importantes jugadores en los mercados financieros", pero, aunque reconoce sus pérdidas (cita la pérdida del 20% de 2008 y su no recuperación en los años posteriores), con una gran fe difícil de compartir si hay un mínimo de sensatez, propone desarrollar el mercado interior de las pensiones con un marco regulador a escala de la UE para regímenes privados de pensiones que los haga más seguros. El único problema es que ese modelo ya no es Seguridad Social, es por una parte asistencialismo y por otra ahorro que se entrega a las manos de entidades financieras. Es un ataque al Estado Social que reservaría el brazo asistencial para la población con una trayectoria profesional azarosa: los precarios cada vez en mayor número. Los otros regímenes serían para quienes tengan una carrera profesional más estable y para los más pudientes. Para estas dos últimas capas de la población las mejoras sobre el mínimo provienen de su propio ahorro y de ese modo están escapando del principio solidario y redistributivo. Es un mecanismo que no resuelve el problema de los estados de necesidad de la mayoría de la población, hace huir al Estado de sus compromisos de procura asistencial y abre al mercado, al negocio, la garantía de la existencia negando la evidente realidad de la sociabilidad del riesgo de la vejez, que queda, de ese modo, abandonado a la responsabilidad individual. Ese modo de proceder de la Comisión Europea está alentando ataques al Estado Social, ataques a la democracia y trata de premiar a los que han causado la presente crisis. Sus propuestas no pueden ser atendibles porque son contrarias a la intangibilidad de las estructuras fundamentales del sistema constitucional español, que no pueden ser afectadas por la cesión de competencias a la UE.

La elevación de la edad pensionable a 67 años o más allá, que se ha impuesto, es particularmente injusta. Va en la línea de reducción de gastos, pero también de reducción del derecho. Hay medios para ir ajustando los recursos necesarios para cubrir las necesidades del Sistema a medida que van cambiando las necesidades. El argumento de que la edad de 65 años se estableció en muchos Sistemas cuando la esperanza de vida era mucho más baja que hoy no es atendible. La España de los años sesenta del pasado siglo (que fue cuando se pusieron en marcha los rudimentos de la Seguridad Social), por ejemplo, ofrecía a las clases trabajadoras unas condiciones de vida miserables. Baste recordar que la emigración fue el destino de varios millones de españoles que consiguieron mejorar con su trabajo en Europa su pensión de jubilación. Ahora, que poco a poco se están consiguiendo muy modestas mejoras en el bienestar no es razonable presentar el duro pasado como ejemplo de racionalidad. Las aspiraciones al progreso social lo rechazan. No es un disparate que la edad pensionable se fije en 65 años como límite mínimo general. Elevar la edad de jubilación con carácter general resulta injusto porque es tratar de modo igual a los desiguales, en concreto a los que más necesitan la jubilación que son los trabajadores de profesiones más duras con exigencias de menores cualificaciones profesionales y por lo general no muy bien remuneradas. Esos trabajadores pertenecen a la clase obrera tradicional y muchos se incorporaron en edades juveniles al trabajo empujados por las necesidades económicas de sus familias, por lo que cuando llegan a los 65 años ya podemos decir que están en una edad provecta. No ocurre lo mismo con trabajadores de altas cualificaciones, que pasan un largo periodo formativo, con titulación universitaria, por ejemplo, por lo que se incorporan más tarde al trabajo. Pero también estos trabajadores están con frecuencia sometidos a situaciones de estrés que hacen poco aconsejable el mantenimiento de la cotidiana actividad laboral debido a las nuevas formas de organizar el trabajo (distribución irregular de la jornada, remuneración por objetivos, etc..). Pueden recordarse los suicidios en France Telecom o en el centro de investigación y diseño de Renault. Por otro lado, en un país como España, con una tasa de paro por encima del 25%, elevar la edad de jubilación aboca al problema social de qué hacer con los desempleados. Lo más razonable y justo es mantener la edad pensionable en los 65 años y dejar a la negociación colectiva la búsqueda de otros incentivos de jubilación flexible, adicionales o complementarios a los establecidos por ley. Una subida de la edad pensionable es en este momento inoportuna porque las clases populares, que no han sido las que han provocado la crisis, están soportando sus costes por medio de reducciones de salario, aumento de impuestos indirectos, reducción de prestaciones sociales y ven cómo las diferencias de rentas con las clases acomodadas aumentan.

Lo que está en juego es la propia existencia de la democracia tal y como se entiende por la mayoría de las constituciones de los Estados Miembros de la Unión Europea. Con la excusa de una emergencia económica se está entrando en Europa en una emergencia democrática.

Dano Patrimonial e Dano Existencial

Gianluigi Morlini[(*)]

1. A EVOLUÇÃO JURISPRUDENCIAL DO RESSARCIMENTO DO DANO PATRIMONIAL

Em notável e estimulante artigo publicado em 1985 na revista "Contrato e Empresa", o Professor Francesco Galgano falava das "fronteiras móveis do dano injusto" e, qualificava a noção do dano injusto juridicamente passível de ressarcimento como aquele de "um universo em expansão".

A representação da imagem da área do dano passível de ressarcimento como de um "um universo em expansão", fotografa perfeitamente, a evolução de um sistema que, efetivamente, dos anos sessenta em diante, foi constantemente ampliado com relação ao dano que pode ser objeto de ressarcimento.

Sob tal aspecto, pode-se talvez observar que a expansão dos aspectos que tratava pontualmente o Professor Galgano, foi integrada por uma reforma passiva, no sentido de que sem modificações legislativas ou arguição de ilegitimidade constitucional, verificou-se, simplesmente, uma modificação de interpretação por parte da jurisprudência, inicialmente de mérito e, posteriormente, sob seus aspectos de legitimidade, em relação aos precedentes codificados, reinterpretados à luz de uma sensibilidade renovada com respeito aos valores constitucionais em discussão. Houve, portanto, a intervenção da Corte Constitucional que não teve outra conduta, senão "blindar" os fundamentos sobre os quais a jurisprudência já havia autonomamente se posicionado com decisões interpretativas de rejeição (célebre, a sentença da Corte Constitucional n. 184/1986 a respeito de dano biológico, ou a mais recente, mas de toda forma notável, da mesma Corte n. 233/2003, sobre o ressarcimento do dano não patrimonial em caso de lesão de valores constitucionalmente protegidos).

Referida expansão, resguardou inicialmente, a matéria do dano patrimonial e foi focada em uma releitura ampliativa do dano injusto tratado no art. 2.043 do Código Civil. Sucessiva e particularmente, a partir do nascimento do dano biológico é que a área do dano não patrimonial foi objeto de ampliação e o interesse da jurisprudência focou-se sobre a diretriz do art. 2.059 do Estatuto Civil.

Possivelmente, a sentença da Corte de Cassação n. 269-5/2008, por meio de sua Sessão Unida (as Sessões Unidas agrupam os mais representativos magistrados integrantes das diversas Sessões que pronunciam-se sobre matérias de real importância ou sobre temas que as Sessões, singularmente, tenham decidido de modo diverso, sendo, portanto, necessária a uniformização dos entendimentos) tenha sido o marco da primeira inversão de tendência com relação a esta constante ampliação da área de dano passível de ressarcimento, tendo referida decisão, restringido sensivelmente a área do dano não patrimonial passível de ressarcimento, como se verá oportunamente.

Procurando seguir uma ordem, inicia-se com a evolução jurisprudencial quanto ao disposto no art. 2.043 do CC, por meio da releitura da noção de dano injusto e sua consequente ampliação na categoria de dano patrimonial indenizável.

(*) Juiz do Tribunal de Reggio Emilia- Itália. Membro do Conselho Judiciário da Corte de Apelação de Bolonha. Itália. Tradução: Yone Frediani.

O dano injusto é a lesão de um interesse dentre outros que merece proteção segundo o ordenamento jurídico italiano. O ressarcimento de cada dano qualificável como injusto constitui uma cláusula geral inserta no art. 2.043 do CC, que, sancionou o princípio da atipicidade do ilícito civil, em antítese àquela da tipicidade do ilícito penal: quando não é a lei que estabelece que, determinado dano é injusto, a valoração é remetida à apreciação do magistrado que decide, caso a caso, verificando se o problema enquadra-se na correta noção de dano injusto.

Pretendendo esquematizar os limites que interessam, quanto a evolução interpretativa do art. 2.043 do CC, pode-se dizer que, inicialmente, o dano injusto foi qualificado como lesão dos direitos subjetivos absolutos, enquanto existem outros, sucessivamente compreendidos, entre os direitos relativos, as situações meramente de fato e, enfim, chega-se a considerar-se injusta também a lesão dos interesses legítimos. Portanto, esclarece-se que referida sequência é uma sequência lógica, mas não rigorosamente cronológica; de fato, a passagem do ressarcimento dos direitos absolutos aos relativos foi assinalada pela célebre decisão da Sessão Unida da Corte de Cassação n. 174/1971 em 26.01.71 (sentença Meroni), precedida do ressarcimento da lesão de algumas situações de fato.

Mais especificamente:

— a orientação jurisprudencial inicial era de compreender em sentido restrito o dano injusto, ancorando sua noção à lesão de um direito absoluto. Particularmente, as hipóteses de dano injusto eram dadas pela lesão de um direito da personalidade, de um direito real (por exemplo, propriedade ou servidão), de um direito à manutenção ou aos alimentos seguido de homicídio de uma pessoa ao mesmo dependente;

— a noção de dano injusto como lesão de um direito absoluto foi ampliada por meio do reconhecimento da ressarcibilidade de situações de fato, tais como a expectativa de prestações familiares e o exercício do direito de posse;

— foi com a famosa sentença Meroni que a jurisprudência estendeu a aplicabilidade do art. 2.043 do CC também aos direitos de crédito, reconhecendo como potencialmente ressarcível o dano sofrido por uma entidade futebolística em virtude de acidente automobilístico que provocou lesões a um jogador contratualmente obrigado com referida entidade. Em referida decisão, a Corte de Cassação esclareceu que o princípio de ressarcimento da lesão do direito de crédito, pressupõe o respeito de duas condições, quais sejam, a extinção da obrigação e a infungibilidade da prestação;

— nos anos imediatamente posteriores à decisão de 1971, a Corte de Cassação aperfeiçoou sua própria orientação, revogando os limites precedentemente fixados ao ressarcimento do direito de crédito: considerou ressarcível a lesão de crédito, também nas hipóteses em que o fato de terceiros não extingue a relação obrigatória e ainda, no caso de prestação fungível;

— uma última ampliação da tutela aquiliana surgiu com enquadramento no art. 2.043 do Código Civil, contemplando lesão à liberdade contratual. A hipótese mais frequente é aquela das falsas informações de terceiros (especialmente junto a bancos) a respeito das condições de solvência da parte, informações que induzem à conclusão de que um contrato que não seria concluído em condições normais; o dano injusto é aqui examinado em face da depauperização do patrimônio em relação às informações prestadas. O mesmo conceito em relação à falsa informação da qualidade do bem, foi analisada na célebre sentença De Chirico (Corte de Cassação n. 2765/1982, em 4.5.82); em referido caso, um famoso pintor havia, de fato, certificado como original e autêntico, um quadro seu, tendo sido condenado a ressarcir o dano sofrido ao comprador da obra confiante na assinatura de De Chirico;

— com a histórica sentença n. 500/199, as Sessões Unidas da Corte de Cassação entenderam, admissível também o ressarcimento dos interesses legítimos, que, por longos anos foi negado sem exitação alguma à unanimidade da jurisprudência.

Examinada a evolução interpretativa do art. 2.043 do CC, observou-se que, por muito tempo, também o dano à pessoa era visto como integrante da noção de dano patrimonial no âmbito de uma visão da vida meramente produtiva.

Durante anos, de fato, foi identificado o dano à integridade física da pessoa consistente *"na perda econômica que decorria de uma determinada modificação prejudicial da capacidade econômica"* (Gentile).

Com base neste princípio, a valoração do dano passível de ressarcimento não se fundou na diminuição física em si, mas, levou em consideração somente as consequências econômicas da mesma. Com fundamento em tal entendimento, o poliédrico estudioso Melchiorre Gioia, no início de 1800 enunciou a famosa regra do sapateiro: *"um sapateiro, por exemplo, produzia dois sapatos e meio ao dia; pelo enfraquecimento de suas mãos, não consegue mais produzir um sapato; portanto, será devido o valor de um sapato e um quarto multiplicado pelo número de dias que lhe restarão de vida, deduzidos os feriados"*.

Evidente a razão de tal concessão aplicável em face do que se produz e do que se ganha: recompor o dano não em razão da lesão em si considerada, mas limitá-lo à falta do rendimento, significa, realmente, considerar a integridade física e a saúde do homem como valor em si, mas, como simples instrumento produtivo de força de trabalho, com consequente mercantilização da pessoa humana.

O primeiro passo, ainda que muito parcial, para correção do sistema descrito, foi a criação do dano patrimonial presumido: ainda que remanescendo consistente o princípio do dano como diminuição da capacidade de ganho, partindo-se do dano efetivo, obtém-se também, o ressarcimento do dano determinado com critérios presumidos, para tutelar quem ainda não é produtor de qualquer rendimento. Portanto, tais critérios presumidos são largamente discricionários, senão arbitrários, fontes de incertezas, equívocos e injustiças.

Para esclarecer as condições do desenvolvimento jurisprudencial quanto ao tema do dano à pessoa, no início dos anos setenta e talvez no período histórico no qual a Corte de Cassação com a sentença Meroni representava, substancialmente, muitos passos à frente no que pertine à tutela do crédito, basta citar o famoso caso Gennarino (Tribunal de Milão em 18.1.1971): relativo à diminuição sofrida por um menino ao concluir que: *"a sua atividade futura previsível e o total presumível de ganhos futuros, são determinados com base no trabalho desenvolvido por seu pai, devendo-se entender que o menino, no futuro, desenvolverá a mesma profissão do pai e obterá um equivalente grau de especialização"* (na caso, um operário geral). De fato, a sistematização do dano presumido permaneceu firmemente ligada a uma visão produtiva da vida, enfatizando-se que *"o bem comprometido que constitui a base do direito ao ressarcimento não é o organismo em si, mas, sua eficiência.... podem existir homens sem qualquer valor. Este é o caso dos que em razão da velhice, doença ou outras causas, apresentam-se como incapazes de realizar qualquer ocupação rentável"* (Tribunal de Firenze em 5.1.1967).

É evidente como tal entendimento acarreta sérios problemas de compatibilidade, seja com relação ao princípio constitucional de tutela do indivíduo, visto que este vinha sendo considerado unicamente em sua dimensão econômica e não pessoal, seja com referência ao princípio constitucional da igualdade, na medida em que, a paridade de lesões, tem gerado indenizações diversas segundo os respectivos rendimentos.

Mesmo antes do reconhecimento do dano biológico, para corrigir o arbítrio e a iniquidade que deriva da aplicação rígida dos princípios tradicionais, um segundo passo conduziu a criação de correções ao sistema por meio da individualização de danos diversos daqueles comprometedores da eficiência laboral, tais como o dano à vida econômica, dano estético, dano sexual, o dano patrimonial indireto e outros. O conceito de patrimonialidade do dano é talvez mais amplo do que aquele da perda patrimonial, antes mesmo da criação da figura do dano biológico.

Portanto, evidencia-se que, nesta fase histórica, a tentativa de alargamento do conceito de patrimonialidade do dano, foi concluída com a noção de dano não patrimonial ao rigor da regra contida no art. 2.059 do CC; mas, ao contrário, restringindo tal noção e ampliando as possibilidades de dano patrimonial segundo o disposto no art. 2.043 do CC, norma considerada de maior e mais fácil utilização para conceder a tutela de ressarcimento, com a referida técnica de esvaziamento da área do dano extrapatrimonial em favor de um aumento da área patrimonial.

2. O NASCIMENTO DO DANO BIOLÓGICO E AMPLIAÇÃO DO DANO MORAL

O reconhecimento jurisprudencial do dano biológico produziu uma verdadeira e real "reviravolta dogmática" e a lesão à integridade física revelou-se, finalmente, relevante quanto ao aspecto autônomo do dano extrapatrimonial.

O nascimento do dano biológico está ligado à sentença do Tribunal de Genova de 25.5.74, seguindo-se analogia adotada pelo mesmo Tribunal nos anos seguintes, tal como em 20.10.75. As Cortes de mérito genovesas assim procederam a partir de 1979 em diante, dando lugar à denominada jurisprudência alternativa. Em pouco tempo, o conceito de dano biológico foi reconhecido também, sob o plano da jurisprudência constitucional (Corte Constitucional n. 87/1979 e 88/1979) e pela jurisprudência de legitimidade (Corte de Cassação ns. 3675/81, 2396/93, 4661/84, 1130/85 e 3025/86).

Portanto, estabeleceu-se que deve ser ressarcida a diminuição da integridade psicofísica do sujeito em si e por si considerada, prescindindo-se da efetiva incidência sobre a capacidade laboral e da renda. A pessoa deve, de fato, ser tutelada em todas as suas dimensões concretas, sociais, culturais e estéticas. O dano biológico pode então causar, invalidez, diminuição, perturbação, impotência sexual, doenças nervosas, insônia, alterações mentais e quaisquer outras lesões da realidade corporal ou mental da pessoa.

Argumenta-se que o reconhecimento do dano biológico é expressão de crescente atenção do direito da pessoa humana na sua realidade global e em todos os seus valores. Além disso, encontra respaldo também em outras experiências jurídicas, visto que na Gran Bretanha, França e nos Estados Unidos, o dano à pessoa era, há algum tempo considerado tanto sob o aspecto econômico, quanto sob o caráter extra patrimonial.

Pode-se resumir o entendimento de Giannini quanto a noção de dano biológico como "*qualquer violação injusta da integridade psicofísica da pessoa, que modifique em sentido pior seu modo de ser e que incida negativamente sobre a esfera individual do sujeito nas suas manifestações de vida juridicamente relevantes*". Esclareceu a Corte de Cassação que, no dano biológico encontram-se todas as figuras de dano não patrimoniais, entre os quais o dano estético, sexual e os referentes à vida social.

O nascimento do dano biológico ocorreu por meio de uma reforma passiva consistente na releitura dos preceitos legais existentes, sinalizadas por obra fundamental desenvolvida pela Corte Constitucional, consistente na confirmação seguida dos exames de mérito por meio de sentença interpretativa de rejeição. Especialmente, a sentença que, por clareza expositiva e exaustiva da motivação foi considerada como a teorização definitiva do dano biológico, segundo a decisão da mesma Corte n. 184/1986.

O núcleo central da decisão de cerca de cinquenta páginas, continua atual, segundo o *iter* de argumentação que atribui um valor à pessoa a parte da capacidade de produzir rendimentos, reconhecendo que a pessoa vale por si, e não por aquilo que produz, afirmando que o gozo da vida em perfeitas condições físicas é um valor tutelar. O dano biológico consiste, então, na lesão do direito do homem à plenitude da vida e ao exercício da própria personalidade moral, intelectual e cultural. A lesão da saúde produz consequências danosas, pois priva o homem daquelas faculdades que provocam um estado de bem-estar ideal e o ressarcimento deve restituir à vítima no que esta perdeu em relação ao bem-estar psicofísico.

Somente após cerca de vinte e cinco anos da primeira iniciativa jurisprudencial do Tribunal de Genova com a mencionada sentença de 25.5.1974, é que o legislador, finalmente, reconheceu a existência do dano biológico.

De fato, o art. 13 do Dec.Leg. n. 38 de 23.2.2000, estabeleceu uma definição experimental para fins de tutelar o seguro obrigatório contra acidentes do trabalho e doenças profissionais, qualificando o dano biológico como "*a lesão à integridade psicofísica, suscetível de valoração médico-legal da pessoa*". Coerentemente, com a longa elaboração jurisprudencial precedente, esclarece-se que o ressarcimento de tal dano é determinado "*em medida independente da capacidade produtiva da vítima*".

De forma semelhante, o art. 5º, § 3º da Lei n. 57/2001, referindo-se aos sinistros relativos à circulação de veículos motores e similares, definiu o dano biológico como "*a lesão à integridade psicofísica da pessoa suscetível de apuração médico-legal*", esclarecendo "*ser indenizável independentemente de sua incidência sobre a capacidade produtiva da vítima*".

Para a quantificação do ressarcimento do dano biológico, o legislador disciplinou somente duas hipóteses de lesões até 9% derivadas da circulação rodoviária (art. 138/9 Dec. Leg 209/2005 do Código de Segurança) e das lesões dos acidentes do trabalho ou doenças profissionais (art. 13, §§ 2º e 3º do Dec. Leg. 38/2000).

Relativamente às outras situações passíveis de ressarcimento, a partir de 1993 a Corte de Cassação entendeu ilegítimo o critério tríplice da pensão social, inicialmente utilizado pela jurisprudência majoritária, sob o pressuposto que, na liquidação do dano extra patrimonial é totalmente irrelevante a capacidade produtiva da vítima. Portanto, foi sendo consolidado o critério de tabelamento (atualmente, as tabelas de grande utilização são aquelas elaboradas pelos Juízes do Tribunal de Milão), perseguindo-se o objetivo de uma progressividade da soma a ser liquidada em correspondência com as lesões em grau percentualmente mais elevado.

De igual forma, ocorreu o debate temático para configuração de um dano biológico no caso de morte, dano tanatológico, sendo necessário distinguir-se duas situações.

No caso de morte imediata, a Corte Constitucional, pela sentença n. 372/1994, negou o ressarcimento do dano, sendo responsável pelo direcionamento da jurisprudência nesse sentido. Argumenta-se a propósito, sob um primeiro ponto de vista que a morte não constitui a lesão máxima do direito à saúde, mas incide sobre bem jurídico diverso, a vida: por conseguinte, a lesão à integridade física com fim letal não pode ser configurada como simples hipótese da lesão à saúde, o que implica na permanência da vida do sujeito atingido com diminuição incapacitante; e, no caso de morte, não se pode falar em dano biológico, compreendido como a lesão do direito à saúde que exige, necessariamente, a permanência da vida da vítima em condições desfavoráveis. Sob um segundo aspecto, observa-se que para o bem da vida não se concebe um ressarcimento equivalente, como aquele atribuído a título de ressarcimento por lesões biológicas, com função recuperatória e não mais sancionatória. Além disso, evidencia-se que, de um ponto de vista estritamente técnico jurídico, a vítima que conserva a vida, não suporta nenhuma perda e a que faleceu não se encontra em condições de adquirir qualquer direito de ressarcimento a ser transmitido por meio da sucessão hereditária. Por último, esclarece-se que não há como opor-se que, desta forma resulta economicamente mais conveniente a morte do que suportar uma lesão permanente, atentando-se que no ordenamento italiano o sistema de ressarcimento não constitui o único meio de proteção do direito à vida, que é amplamente tutelado também na esfera penal (arts. 575 e 589 do Código Penal).

Ao contrário, na hipótese de morte, porém, não imediata, a Suprema Corte fixou-se no entendimento de que os herdeiros tem direito a um ressarcimento pelo período transcorrido entre a lesão e a morte derivada desta (superada, portanto, a tese da Corte de Cassação n. 8204/2003, que entendia pelo ressarcimento do dano não em virtude da duração efetiva da vida, mas, à esperança de vida futura), desde que, entre o acidente e a própria morte haja um decurso apreciável de tempo. O dano biológico neste caso, é calculado com referência à incapacidade temporária máxima, tendo-se presente que as características peculiares do dano sofrido impliquem em lesão, ainda que temporária, porém, necessariamente de adequada personalização (Corte de Cassação n. 18.163/2007).

A noção de dano biológico, foi consolidada a partir de 2003 com a ampliação do entendimento jurisprudencial da área de operatividade do dano moral, compreendido como perturbação temporária do estado de ânimo da vítima.

Em particular, inovando a posição jurisprudencial da Suprema Corte, que exigia do Magistrado Civil a adequação incidental, mas efetiva do elemento objetivo e subjetivo da infração penal, inicialmente a Corte de Cassação (ns. 7.281/2003, 7.282/2033, 7.283/2003, 3.872/2004, 6.748/2004 e 20.814/2004) e, posteriormente, a Corte Constitucional (n. 233/2003), entenderam que para fins de ressarcimento do dano extra patrimonial segundo o disposto nos arts. 2.059 do Código Civil e 185 do Código de Processo Civil, não basta a falta de comprovação positiva da culpa do autor, como prevista pelos arts. 2.050/54 do Código Civil, mas, deve-se ter como subsistente com base em previsão da lei civil, recorrendo-se à culpa como fato qualificável e como infração à norma penal. Além disso, uma leitura constitucionalmente orientada pelo art. 2.059 do Código Civil, impõe entender-se passível de ressarcimento o dano não patrimonial, também fora das hipóteses de infração à norma penal, quando lesados valores constitucionais posto que, caso contrário, constituiriam direitos da pessoa sem conotação de natureza econômica, mas considerados invioláveis pela Carta Fundamental privados de tutela (Corte de Cassação ns. 882/2003 e 8828/2003).

O alargamento do âmbito de abrangência do art. 2.059 do Código Civil, com a possibilidade de tutela de ressarcimento também na hipótese de ausência de infração à norma legal, permitiu, de um lado, a reconstrução da área do dano passível de ressarcimento na bifurcação dos danos patrimoniais de acordo com os arts. 2.043 do Código Civil — dano extra patrimonial e 2.059 do mesmo diploma legal; de outro lado, verificou-se a confluência em sede natural do art. 2.059, de todos os danos extra patrimoniais, compreendido o dano biológico (Corte de Cassação n. 8827/2003, 8828/2003, 16525/2003, 16716/2003, 19057/2003, 2050/2004, 3399/2004 e 4118/2004), que a decisão da Corte Constitucional n. 184/1986 havia colocado no âmbito do art. 2.043 do Código Civil, com a evidente finalidade de tornar possível o ressarcimento mesmo na ausência de infração à norma penal.

Portanto, abandonada a reconstrução da Corte Constitucional n. 184/1986 relativa ao biológico como dano-evento, isto é, presente em todo ato ilícito que cause prejuízo à pessoa e, dessa forma, passível de ressarcimento, construiu-se o biológico, ao lado de outra forma de dano, como dano-consequência. Saliente-se que a parte deve alegar os fatos e provar o prejuízo, ainda que seja possível recorrer-se à prudente apreciação do Juiz, a fotos notórios ou a máximas da experiência comum, utilizando-se como parâmetro de liquidação equitativa as normas dos arts. 1.226 e 2.056 do Código Civil (Corte de Cassação ns. 8.827/2003, 8.828/2003, 12.124/2003, 16.946/2003 e 17.429/2003).

3. *O PANORAMA JURÍDICO ANTES DA INTERVENÇÃO DA SESSÃO UNIDA E A PROBLEMÁTICA DO DANO EXISTENCIAL*

Como acima apontado, a partir das sentenças da Corte de Cassação ns. 8.827/2003 e 8.828/2003, imediatamente consolidou-se a jurisprudência no sentido de que, o sistema de ressarcimento abandonou definitivamente a tripartição do dano segundo o entendimento da Corte Constitucional n. 184/1986, entre dano patrimonial segundo o disposto no art. 2.043 do Código Civil, dano biológico de acordo com os arts. 2.043 do Código Civil e 32 da Constituição e dano moral segundo o art. 2.059 do diploma civil; referido sistema foi reconstruído com base em uma estrutura bipolar que encontra o dano patrimonial no art. 2.043 e o dano extra patrimonial no art. 2.059, ambos do Código Civil.

Por sua vez, o dano extra patrimonial foi articulado no dano biológico, moral subjetivo e existencial, (decisões da Corte Constitucional n. 233/2003 e da Corte de Cassação n. 13.546/2006, 15.022/2005, 9.801/2005, 8.827/2003, 8.828/2003, 16.525/2003 que, superou o enquadramento do dano existencial previsto no art. 2.043 do Código Civil, com base no entendimento da Corte de Cassação n. 77.113/2000), posto que os danos moral, biológico e existencial implicam em noções distintas e descrevem prejuízos diversos entre si (Corte de Cassação ns. 13.546/2006, 20.355/2005, 20.323/2005, 20.205/2005 e 729/2005).

O dano extra patrimonial segundo o art. 2.059 do Código Civil, de fato, não pode mais ser identificado somente com o dano moral subjetivo e de acordo com uma leitura constitucionalmente orientada pela norma, deve compreender, também os casos nos quais se verifica uma lesão injusta dos valores da pessoa constitucionalmente garantidos e que, em razão da lesão provocam prejuízos insuscetíveis de valoração econômica e passíveis de ressarcimento sem submissão ao limite da reserva legal correlata do art. 185 do Código Penal (Corte de Cassação ns. 20.205/2005, 19.354/2005, 15.022/2005, 14.302/2006, 20.323/2005, 10.482/2004, 16.525/2003, 8.828/2003, 8.827/2003). De fato, é bem verdade que para o dano patrimonial vigora o princípio da atipicidade (referindo-se o art. 2.043 do Código Civil, genericamente ao dano injusto), enquanto que para o dano extra patrimonial vigora o princípio oposto da tipicidade (referindo-se o art. 2.059 às hipóteses previstas em lei); mas, por meio de uma leitura orientada constitucionalmente pela norma, impõe-se constatar que a referência prende-se não só à lei ordinária, mas aos casos de lesões de valores da pessoa humana constitucionalmente protegidos, quais sejam, saúde, família e reputação (Corte de Cassação n. 9.861/2007 e 9.510/2007) E o dano extra patrimonial foi reconhecido, também em função das pessoas jurídicas (Corte de Cassação n. 2.367/2000).

Antes das decisões de San Matino, o sistema de ressarcimento era delineado nos seguintes termos: dano patrimonial passível de ressarcimento segundo o art. 2.043 do Código Civil, norma interpretada pela jurisprudência na máxima extensão possível, como anteriormente mencionado; dano extra patrimonial passível de ressarcimento na forma do art. 2.059, também do diploma civil, sob as formas de dano biológico, moral e existencial.

Particularmente, o dano biológico entendido como lesão relevante da integridade psicofísica sob o aspecto médico-legal, é, normalmente apurado em sua existência e elaborado por um CTU(expert nomeado pelo Juiz para matérias específicas como um médico, engenheiro, arquiteto etc.); o dano moral, compreendido como o sofrimento suportado pela vítima e a perturbação de seu estado de ânimo, é substancialmente presumido *iuris et de iure* e considerado *in re ipsa,* sempre em presença de um dano biológico, sendo indenizado com um valor normalmente compreendido entre um quarto e a metade daquele fixado a título de dano biológico; eventual e ulterior dano existencial, consistente em renúncia forçosa de um fazer que comporta um benefício não exatamente expresso em critério produtivo, refere-se aos valores constitucionalmente protegidos, devendo, ao contrário, ser rigorosamente comprovado, sendo indenizado por meio de um valor equitativo.

Decorrente da própria subcategoria do referido dano existencial e, exclusivamente, a propósito do dano, desenvolveu-se, desde o início dos anos 2000, um aceso debate na doutrina e na jurisprudência, culminando com a prolação da sentença da Corte de Cassação n. 26.972-5/2008.

A categoria do dano existencial foi definida como alteração das próprias rotinas habituais da vida em face de forçosa renúncia ao desenvolvimento de atividade não remunerada, fonte de satisfação ou de bem-estar para a vítima, ou seja, a necessidade de fazer qualquer coisa de insatisfatório, em cada caso, impedindo a plena realização da própria pessoa; consiste em prejuízo não produtivo do sujeito que altere seus hábitos de vida e os aspectos sociais do mesmo, induzindo à uma escolha de vida diversa em sua expressão e realização da sua personalidade no mundo externo (na doutrina, especialmente a Escola de Trieste, tendo como suas maiores expressões o Professor Cendon e a Professora Ziviz. No que respeita à jurisprudência, a primeira sentença de legitimidade que trata do dano existencial é proveniente da Corte de Cassação n. 7.713/2000 e, posteriormente, as 1.516/2001, 4.881/2001, 6.507/2001, 9.009/2001, 15.449/2002, 12.124/2003, 16.716/2003, 16.946/2003, 6.732/2005, 19.345/2005, 13.546/2006 e 2.311/2007; ponto de chegada às Sessões Unidas que entendiam haver consagrado em definitivo a figura, como a decisão da Corte de Cassação Sessão Unida n. 6.572/2006, referente à matéria laboral em que um dos setores onde o dano existencial foi extremamente estudado e aplicado, especialmente com relação ao *mobbing* e ao rebaixamento de funções do trabalhador).

Diferentemente do biológico, o dano existencial subsiste independentemente de uma lesão física ou psíquica, suscetível de apreciação e valoração médico-legal (conforme arts. 13 do Dec.Leg. n. 38/2000 e 5º da Lei 57/2001); relativamente ao moral, compreendido como a perturbação temporária do estado de ânimo da vítima, não consiste em sofrimento ou dor, mas, na renúncia a uma atividade concreta e em prejuízo da qualidade de vida; diversamente do patrimonial, exige uma diminuição de rendimentos (Corte de Cassação ns. 13546/2006, 8827/2003, 8828/2003 e Sessão Unida 6572/2006).

De forma direta, ressalta-se que o dano moral consiste em um "sentir", o dano existencial em um "não poder mais fazer, fazer de modo diverso ou em um fazer em face da lesão sofrida" (Tribunal da Lombardia n. 3.438/2005).

Evidente a razão da individualização de tal forma de dano é a de estender o mecanismo da tutela de ressarcimento à lesão dos interesses constitucionalmente protegidos, ainda que diversos do direito à saúde que não podem ser compreendidos no dano biológico (Corte de Cassação ns. 16.716/2003 e 9.009/2001).

Na casuística jurisprudencial de legitimidade, a respeito do reconhecimento do dano existencial, podem ser ressaltados: a morte de um parente (Corte de Cassação ns. 13.546/2006, 11.761/2006, 15.022/2005 e 4.118/2004), lesão à relação de parentesco (Corte de Cassação ns. 8.828/2003, 8.827/2003 e 1.516/2001), doenças sexuais (Corte de Cassação n. 143/2000), perda ou comprometimento da capacidade sexual (Corte de Cassação n. 2.311/2007), atraso do pai em relação ao filho da obrigação de alimentos (Corte de Cassação n. 7.713/2001), falta de comunicação à mulher da própria impotência sexual (Corte de Cassação n. 9.801/2005), apontamento ilegítimo de protesto (Corte de Cassação ns. 6.732/2005 e 4.881/2001), lesão à honra e à reputação ainda que na ausência de infração da norma penal (Corte de Cassação n.5.677/2005), comunicação ao empregador de notícias lesivas à reputação pessoal do trabalhador (Corte de Cassação n. 6.507/2001), ausência de concessão ao repouso semanal do trabalhador (Corte de Cassação n. 9.009/2001), despedida ilegal (Corte de Cassação n. 7.980/2004), *mobbing* (Corte de Cassação n. 9.009/2001, Tribunais de Agrigento em 1º.2.2005, Milão em 28.2.2003, Pinerolo em 6.2.2003, Pisa em 6.10.2001, Forli em 15.3.2001), rebaixamento (Corte de Cassação ns. 19.965/2006, 17.774/2066, 21.282/2006, 10.361/2004, 10.157/2004, 8.904/2003, 7.980/2004, 1.307/2000 e Sessão Unida n. 6.572/2006.

De acordo com a jurisprudência de mérito, tratou-se do dano existencial relativo a: emissão intolerável de fumaças, rumores e perturbações (Corte de Apelação de Milão em 14.2.2003 e 6.12.2001, Tribunal de Milão n. 17595/2003, Gorizia em 24.9.2001, Veneza em 27.9.2000, Milão em 21.10.1999, Juiz de Paz Frosinone em 11.10.2001), redução do gozo à moradia (Tribunal Ivrea n. 977/2004, Roma em 10.10.2001, Corte de Apelação de Aquila em 27.2.2001 e Roma em 18.5.2003), renúncia forçada às relações sexuais com o cônjuge (Tribunal de Lecce em 5.10.2001), violência sexual contra parentes (Tribunal de Agrigento em 4.6.2001), férias perdidas, nascimento de filho indesejado ou portador de qualquer malformação (Tribunal de Apelação de Perugia em 15.12.2004, Busto Arsizio em 17.7.2001 e Locri em 6.10.2000), violação pelos pais, quanto às obrigações de assistência moral e material aos filhos (Tribunal de Veneza em 30.6.2004, n. 1292/2004), lesões sofridas como dano injusto (Tribunal da Lombardia n. 3.438/2005), lide temerária segundo o art. 96 do Código de Processo Civil (Tribunal de Bolonha em 27.1.2005).

No que respeita ao mecanismo de ressarcimento, evidenciou-se, no caso de lesão de um interesse constitucionalmente protegido, como o previsto nos arts. 2º, 29 e 30 da Constituição, que o prejuízo sofrido integra um dano extra patrimonial que será ressarcido independentemente do fato de haver a apreciação de infração à norma penal, considerando-se a responsabilidade do infrator com base em presunção ou responsabilidade objetiva em razão da natureza do valor lesado.

Na realidade, um exame do art. 2.059 do Código Civil sob a luz da orientação constitucional, impõe considerar-se inoperante referido limite, com a finalidade de ajustar sempre a tutela às situações reconhecidas na Constituição quanto aos direitos invioláveis inerentes à pessoa, ainda que sem expressão econômica que, necessariamente, exigem uma tutela de ressarcimento (Corte de Cassação ns. 15.022/2005, 9.801/2005, 20.814/2004, 14.488/2004, 10.482/2004, 19.057/2003, 17.429/2003, 16.716/2003, 12.124/2003, 10.482/2003, 8.872/2003 e 8.828/2003).

É bem verdade que, na perspectiva do legislador civil o ressarcimento do dano extra patrimonial estava subordinado à comprovação de um fato consiste em infração à norma penal (arts. 2.059 do Código Civil e 185 do Código Penal); entretanto é verdade que, na progressão do tempo foram expressamente reconhecidos sob o plano legislativo casos de ressarcimento do dano não patrimonial, além das hipóteses de infração à norma penal (art. 2º, § 1º da Lei 117/98, relativa à responsabilidade civil dos magistrados pela privação da liberdade pessoal no exercício de funções judiciárias e danos derivados de detenção injusta; art. 29, § 9º da Lei 675/96, atualmente art. 152, § 2º do Dec. Leg. 196/03, relativo ao recolhimento ilícito de dados pessoais; art. 44, § 7º do DLGS (Decreto Legislativo, também com a abreviação Dec. Leg.) 286/98, sobre adoção de atos discriminatórios por motivos raciais, étnicos e religiosos; art. 2º, § 1º da Lei 89/01 sobre a injustificada duração do processo).

O dano existencial, foi portanto, definido como dano direto, não transmissível, dano-consequência e não dano-evento, se for usada a terminologia da Corte Constitucional na decisão n. 184/96.

Importante realçar que a parte deve alegar os fatos e provar o dano, ainda que possível recorrer com base na prudente apreciação do Magistrado, a fotos notórios, máximas da experiência comum ou presunções e ainda utilizar o parâmetro de liquidação equitativa segundo as regras dos arts. 1.226 e 2.059 do Código Civil (Corte de Cassação n. 19.965/2006, 13.546/2006, 15.022/2005, 20.989/2004, 10.361/2004, 17.429/2003, 16.946/2003, 12.124/2003, 8.827/2003, 9.928/2003 e Sessão Unida n. 6.572/2006).

Com referência ao aspecto processual, o pedido de ressarcimento do dano extra patrimonial formulado em termos gerais não pode ser entendida pelo Magistrado com referência limitada a somente algumas formas de dano, visto que referida limitação constitui resposta ao princípio da ação, à escolha da vítima que se limita a fazer valer somente algumas das três espécies de categoria do dano não patrimonial (Corte de Cassação n. 1.583/2005 e 22.987/2004).

Em cada caso, deve-se evitar o risco de duplicidade do ressarcimento e o Juiz deverá assegurar seja obtido o justo equilíbrio, entre as diversas espécies que concorrem para determinar o complessivo ressarcimento entre as várias formas de dano (Corte de Cassação n. 4.118/2004, 16.946/2003 e 8.828/2003).

Dessa forma, delineado o sistema, pode-se concluir que, na verdade, a única questão interpretativa que parecia em discussão antes das sentenças de San Martino em 2008, era aquela dogmática no sentido de que se o dano existencial constituía uma categoria jurídico sistemática autônoma, relativa a uma tipologia específica de dano, ontologicamente diversa do dano moral e do dano biológico (tese proposta pelos existencialistas); ou então, uma categoria meramente descritiva de danos merecedores de ressarcimento (tese dos não existencialistas).

Não se duvida pois, do efetivo ressarcimento das "*lesões de valores específicos constitucionalmente protegidos*" (Corte de Cassação ns. 15.022/2005 e 14.488/2004), sendo comumente passível de ressarcimento o "*dano da lesão de valores da pessoa*" (Corte de Cassação n. 10.482/2004). A Corte de Cassação havia anteriormente negado a recondução das várias hipóteses de dano em discussão, à noção unitária de dano existencial(Corte de Cassação ns. 15.022/2005 e 1.448/2004), combatendo a autonomia da categoria jurídico sistemática e reservando a esta uma mera função descritiva; assim sendo, ao contrário, fez uso da categoria geral do dano existencial (Corte de Cassação ns. 19354/2005, Corte de Cassação Penal em 22.1.2004, Conselho de Estado ns. 125/2006, 1.096/2005 e 4/2005, Corte dos Condes n. 224-a/2004 — a Corte dos Condes é uma terceira forma de jurisdição existente na Itália, denominada também como jurisdição contábil, além da jurisdição ordinária — Tribunal e Corte de Apelação — e da administrativa — Conselho de Estado, existe referida jurisdição que se ocupa de matérias limitadas dentre elas a mais relevante é aquela da responsabilidade da administração pública que gerência recursos públicos).

4. A INTERVENÇÃO DA SESSÃO UNIDA E A DECISÃO N. 26.972-5/2008

Nos últimos anos, o confronto entre as teses existenciais e não existenciais foi intensificado, criando-se uma verdadeira contraposição de escolas no plano doutrinário e um rompimento no aspecto jurisprudencial. Inúmeras foram as sentenças e matérias publicadas sobre o tema nas principais revistas jurídicas; os resultados foram frequentemente exasperantes ao ponto de que alguns articulistas haviam tratado o assunto como "torcidas de estádio" na dialética jurídica.

Sob referido clima, chegou-se a uma intervenção esclarecedora por meio da Sessão Unida, posicionando-se sobre as questões em discussão, como substancialmente relativas ao enquadramento sistemático do dano existencial e à sua modalidade de ressarcimento.

Relativamente à elaboração jurisprudencial citada, introduziu-se a intervenção das Sessões Unidas com a decisão n. 26.972/2008 que interveio excessivamente, além da problemática real objeto do conflito para, ao contrário, reconstruir complessivamente, por inteiro, o sistema do dano extra patrimonial.

Ponto de partida da reflexão havida na Suprema Corte foi a confirmação da bipolaridade do dano, articulado em patrimonial de acordo com o art. 2.043 do Código Civil e extra patrimonial, segundo a regra do art. 2.059 do mesmo diploma legal. As duas hipóteses, todavia, diferenciam-se na questão do evento danoso; enquanto para o dano patrimonial vigora o princípio da atipicidade (referindo-se o art. 2.043 do Código Civil, genericamente ao "*dano injusto)*", para o dano não patrimonial vigora o oposto, ou seja, o princípio da tipicidade (referindo-se ao art. 2.059 do Estatuto Civil que, contempla, somente "*os casos previstos em lei*").

O primeiro dos três casos previstos em lei para o ressarcimento do dano extra patrimonial de acordo com o art. 185 do Código Penal, exige a materialização de infração à norma penal, ainda que incidentalmente apurado pelo Juiz Civil (Corte de Cassação ns. 3.747/2001, 3.536/2000 e 1.643/2000), com culpa presumida, segundo as disposições legais civis (Corte de Cassação ns. 238/2007, 720/2006, 15.044/2005, 20.814/2004, 15.179/2004, 10.489/2004, 6.383/2004, 4.906/2004, 4.359/2004, 7.283/2003, 7.282/2003, 7.281/2003 e Corte Constitucional n. 233/2003) e também se o réu for inimputável, como por exemplo, os menores de 14 anos (Corte de Cassação ns. 11.198/1990, 3.664/1985, 565/1985 e Sessão Unida n. 6.651/1982). Em tal hipótese por expressa opção normativa, são passíveis de ressarcimento somente os danos derivados de qualquer lesão e, não somente, das lesões que envolvem valores constitucionalmente protegidos. A responsabilidade civil do réu subsiste então "*não somente em relação à ofensa do bem objeto da tutela penal específica, mas, também, em relação a qualquer outro interesse abrangido no âmbito da conduta delituosa em virtude de nexo etiológico*" (Corte de Cassação Penal n. 7.259/2004).

Sob um segundo aspecto, o dano extrapatrimonial é passível de ressarcimento em todos os casos nos quais a indenização é prevista pelas leis ordinárias (arts. 89 do Código de Processo Civil pelo uso de expressões ofensivas durante um procedimento civil; 158, § 3º da Lei 633/1941 relativo à violação de direito do autor; art. 2º, § 1º da Lei 177/1988 dispõe sobre responsabilidade civil dos magistrados em face da privação da liberdade pessoal no exercício de funções judiciárias e danos decorrentes de detenção injusta; 44, § 7º do Dec. Leg. 286/1998 trata da adoção de atos discriminatórios por motivação racial, étnica ou religiosa; 2º, § 1º da Lei 89/2001 referente à injustificada duração do processo; 4º, § 5º do Dec. Leg. 216/2003 dispõe sobre discriminação no trabalho; 15, § 2º do Dec. Leg. 1962003 relativa à pesquisa ilícita de dados pessoais; 125 do Dec. Leg. 30/2005 sobre violação de marca industrial; 3º, § 3º da Lei 67/2006 referente à discriminação de portadores de deficiência; 37, § 3º e 55, § 7º do Dec. Leg. 198/2006 sobre discriminação entre homens e mulheres para o acesso ao fornecimento de bens e serviços).

Enfim e sob um terceiro ângulo, em virtude do princípio da tutela mínima de ressarcimento relativa aos direitos constitucionalmente invioláveis e em razão, talvez de uma interpretação constitucionalmente orientada pelo art. 2.059 do Código Civil, o ressarcimento por danos extrapatrimoniais refere-se, também, à lesão de *"direitos invioláveis"* da pessoa previstos na Constituição. Relativamente às sentenças gêmeas ns. 8827 e 8828 de 2003, de um lado, a referência não mais a todos os direitos *"constitucionalmente protegidos"* ou de *"cunho constitucional"*, mas, tão somente àqueles considerados invioláveis (indicados limitadamente quanto à saúde conforme art. 32; família nos arts. 2º, 29 e 30; identidade pessoal e reputação, imagem, nome, privacidade e dignidade, segundo os arts. 2 e 3); de outro lado, a tutela é ainda limitada quanto ressarcimento representado pelo fato que o direito deve ser considerado em face de um valor mínimo da ofensa, representada pela *"gravidade da ofensa e seriedade do dano"*, considerando-se que o sistema imporia um grau mínimo de tolerância com base no art. 2º da Constituição (*"claramente não meritória da tutela de ressarcimento, invocada a título de dano existencial, são os prejuízos consistentes em desconforto, cansaço, desapontamento, ansiedade e qualquer outro tipo de insatisfação concernente aos aspectos mais diversos da vida cotidiana"*).

O catálogo de tais danos não constitui um número fechado, mas, em virtude do disposto no art. 2º da Constituição, pode ser objeto de uma interpretação evolutiva, com referência a novos interesses emergentes na realidade social. Nem mesmo é possível verificar-se uma ilegitimidade constitucional do art. 2.059 do Código Civil, como interpretado pelas sentenças gêmeas de 2003, no que respeita à opção de ressarcimento além dos casos previstos legalmente, quais sejam, somente os danos extrapatrimoniais da lesão dos direitos constitucionalmente protegidos, entendendo-se que a tutela de ressarcimento mínima e insuprimível vale somente para a lesão dos direitos invioláveis.

Diante do exposto, clarificaram, pois, as Sessões Unidas que, o dano não patrimonial será ressarcido como fonte de responsabilidade contratual ou extracontratual, visto que se de um lado, falta no âmbito da responsabilidade contratual uma norma análoga àquela do art. 2.059 do Código Civil, de outro, o ressarcimento do dano não patrimonial no âmbito contratual funda-se no art. 1.174 do mesmo diploma legal.

Segundo as decisões mencionadas, o dano extrapatrimonial é, pois, um dano-consequência, que deve ser alegado e provado, diversamente do dano-evento (conforme as decisões da Corte de Cassação n. 531/2014 e Sessão Unida n. 3.677/2009) e também no caso de lesão de valores da pessoa, encontra-se a tese que trata do dano *in re ipsa*.

Em um dos mais importantes fundamentos das decisões de San Martino em 2008, estabeleceu-se que dano extrapatrimonial não pode ser articulado como subcategoria.

No âmbito da categoria unitária e geral do dano extra patrimonial, não existem, de fato, sub categorias distintas diversamente identificadas, mas, coexistem somente casos específicos e determinados previstos por lei. Somente com finalidade descritiva fala-se em dano moral; o dano biológico, foi reconhecido normativamente pelo art. 138/9 do Código de Seguridade, para a lesão da saúde; dano pela perda parental em face da lesão dos direitos de família; dano existencial pela fata de gozo do repouso semanal ou pelo rebaixamento nos casos de lesões ao Direito do Trabalho.

Porém, por um lado, deve ser superada a categoria tradicional do dano moral subjetivo e passageiro, que, não individualiza uma subcategoria autônoma de dano, mas, descreve, entre os vários possíveis prejuízos não patrimoniais, um tipo de dano. De outro lado, não se pode fazer referência a uma subcategoria genérica de dano existencial, porque através desta estaria abrangido, também, o dano extrapatrimonial no âmbito da atipicidade, por meio da individualização da aparente e típica figura da categoria do dano existencial.

Portanto, constitui missão do Magistrado, segundo a Suprema Corte e a Sessão Unida, adequar a efetiva consistência do prejuízo alegado pela parte, prescindindo-se da nomenclatura atribuída e *"garantindo o integral ressarcimento do dano, mas jamais, além"*.

Isto posto, deve-se entender que o dano biológico foi *"reconhecido tendencialmente e confirmado pela definição normativa adotada pelo Dec. Leg. n. 209/2005"*.

Assim sendo, determina uma *"duplicidade de ressarcimento a atribuição conjunta do dano biológico e moral, liquidado no percentual atribuído ao primeiro"*: o moral, porém, deve, ser liquidado personalizando-se as tabelas do biológico.

Determina, igualmente, a duplicidade de ressarcimento, a atribuição conjunta do dano moral e do dano pela perda de uma relação de parentesco.

Podem, pois, constituir somente sugestão do biológico e prejuízos existenciais relativos aos aspectos relacionados à vida e referentes a lesões da integridade psicofísica.

Incluído, acertadamente, no dano biológico se derivado da lesão psicofísica, é o dano decorrente da perda ou comprometimento da sexualidade e também o dano estético.

O Juiz poderá liquidar somente o dano moral em face do sofrimento psíquico experimentado pela vítima de lesões físicas, seguidas depois de pouco tempo à morte desde que tenha permanecido lúcido durante a agonia.

5. O PANORAMA JURÍDICO DEPOIS DA INTERVENÇÃO DAS SESSÕES UNIDAS

À luz do quanto disposto anteriormente e considerando que cada esquematização, se excessiva, corre o risco de ser lacunosa, pode-se afirmar que são dois os principais fundamentos relativos aos entendimentos das **Sessões Unidas**; a adesão à tese antiexistencialista e a negociação da autonomia conceitual também na figura do dano moral.

À primeira vista, verificou-se que foi constatada uma inequívoca adesão à referida tese antiexistencialista. De fato, sob o aspecto dogmático, foi negada a existência de uma categoria jurídico sistemática autônoma que refira-se à unidade de todas as hipóteses de danos qualificados como existenciais; de outro, e sob o aspecto estritamente mais prático do prejuízo existencial, foi dada uma noção extremamente reduzida, entendendo-se que o ressarcimento está subordinado à lesão dos direitos invioláveis da pessoa previstos pela Constituição e, somente, no caso de registro de comprovação da gravidade da ofensa e seriedade do dano.

Dessa forma, sinteticamente, a Corte de Cassação aderiu a uma das duas reconstruções objetivamente presentes no panorama jurisprudencial-doutrinário, negando autonomia conceitual à categoria do dano existencial e compondo o objetivo em contraste, por meio da opção pela tese antiexistencialista (sob esse aspecto, pode ser útil observar que a Suprema Corte, como motivação, adotou, inteiramente, as razões oriundas da Sessão Unida em suas máximas, redigidas por Rossetti, um dos mais conhecidos como autoridade expoente da Escola antiexistencialista); por conseguinte, em relação aos direitos constitucionalmente invioláveis ofendidos de maneira grave e séria, houve a definição de prejuízo existencial mais reduzido que aquele em que os antiexistencialistas adotaram precedentemente.

Entretanto, no caso do segundo fundamento relativo à negociação da configuração autônoma do dano moral, sob o pressuposto de que o dano extrapatrimonial não pode ser articulado em subcategorias e que o dano biológico tem, tendencialmente, consideração de dano não patrimonial, deve ser observado que a pronuncia ordenatória relativa a uma temática que anteriormente, nenhuma discordância ou contraste havia se verificado, entendendo a jurisprudência de mérito e de legitimidade há anos, e, pacificamente, no sentido exatamente contrário àquele indicado pelas Sessões Unidas. Com efeito, argumentou-se que para espécie de somatização do dano moral se o sofrimento degenerar em patologia, será ressarcido apenas o prejuízo à saúde, absorvido referido prejuízo no moral. As Cortes Superiores, em inúmeras oportunidades esclareceram que dano biológico e moral *"tem natureza diversa e não se identificam de maneira alguma"* (Corte de Cassação n. 293/1996), porque *"o dano biológico consiste na lesão da integridade psicofísica, enquanto o dano moral é constituído da lesão à integridade moral"* (Corte de Cassação n. 15.760/2006).

Observa-se que a análise recebeu, obviamente, além da aprovação de alguns comentaristas, uma quantidade de críticas de relevância como talvez jamais no passado se havia verificado relativamente a uma sentença das Sessões Unidas.

Pessoalmente, verifico três perplexidades da leitura da longa decisão.

A primeira dúvida, nasce da afirmação do dispositivo legal de que o dano biológico exaure, o dano não patrimonial, objeto, talvez, de uma *reductio ad unum*.

De fato, se inicialmente a doutrina havia estendido ao dano biológico uma noção efetivamente compreensiva (já que no dizer de Giannini *"qualquer violação injusta da integridade psicofísica da pessoa capaz de modificar para pior seu modo de ser e que incide, negativamente, sobre a esfera individual do sujeito nas suas manifestação de vida juridicamente relevantes"*); atualmente, a definição de dano biológico dada pelo *legislador* (*"lesão"* que seja *"suscetível de valoração médico legal"*: art. 13 do Dec. Leg. 38/2000 relativo ao seguro contra os acidentes do trabalho e 138/9 do Dec. Leg. 209/2005 do Código de Seguros), não parece ser exaustiva a cada prejuízo extrapatrimonial.

De fato, se a pessoa constitui um valor em si a ser tutelado e se o dano biológico pressupõe uma lesão suscetível de valoração médico legal, o problema do ressarcimento deriva de um ilícito civil que comporte um sofrimento diverso de uma lesão à integridade psicofísica constatada por via médico-legal.

Uma segunda dúvida, refere-se, ao contrário, a equívoco operado com as expressões *"seriedade do dano"* e à *"gravidade da ofensa"* como limite do ressarcimento.

Realmente, se tal referência diz respeito à tipologia da violação e à qualidade do bem atingido, trata-se de uma manifesta duplicação aos direitos constitucionalmente invioláveis como únicos direitos aos quais a violação permite um ressarcimento; se a referência volta-se, como parece, à entidade da lesão provocada, introduz uma verdadeira e real "liberdade" de ressarcimento, que parece, não possa de modo algum ser justificada com a referência ao art. 2º da Constituição, o qual não a enuncia, de fato, motivo pelo qual seriam ressarcidos somente os danos que superem um certo limite.

Portanto, trata-se de uma modalidade mais detalhada com a vontade "política" de colocar um realce ao difundir-se o descontrole dos danos de pouco valor, com a aplicação de uma argumentação lógica jurídica.

Sob um terceiro aspecto, muito forçada e pouco convincente, revela-se a pesquisa de continuidade que a Corte de Cassação invoca com seus próprios precedentes, particularmente, com as sentenças gêmeas de 2003 e com as Sessões Unidas de 2006, repetidamente citadas nas motivações como expressões dos princípios que seriam rebatidos pelos fundamentos de San Martino em 2008.

As sentenças da Corte de Cassação ns. 8.827-8.828/2003, subordinavam o ressarcimento à simples lesão de valores constitucionalmente relevantes e, não estando restritas às lesões de valores constitucionalmente invioláveis e nem faziam qualquer referência aos ulteriores requisitos da gravidade da ofensa e da seriedade do dano; quanto à Corte de Cassação, Sessões Unidas n. 6.572/2006, no que pertine ao dimensionamento no Direito do Trabalho, previu, expressamente, a existência da categoria do dano existencial que as Sessões Unidas de 2008 haviam negado.

Por conseguinte, evidentemente, que a referência operou-se para comprovar a exatidão do entendimento sob argumentação de precedentes que deram um significado diverso daquele que se pretendia acenar, reforçando a tese em desenvolvimento e contribuindo para seu enfraquecimento.

Expostas minhas perplexidades, creio poder revelar que são três, também, ao menos até o momento, as declarações que não correspondem à realidade e que as Sessões Unidas deverão revisar.

A primeira é relativa ao fato de que a Suprema Corte em brevíssimo período suscitou repetidos desmentidos, não só por parte da jurisprudência de mérito, mas de legitimidade. De fato, com referência ao dano existencial, parece que a Corte de Cassação — Sessão Trabalhista n. 29.832/2008 rebateu a existência de referida categoria de dano *"entendendo como qualquer prejuízo de natureza não meramente emotiva e interior (mas, objetivamente consistente), provocado sobre o fazer não produtivo do sujeito, que altere seus hábitos e aspectos próprios, induzindo-o a uma escolha de vida diversa em termos de expressão e realização de sua personalidade no mundo externo"*; A Corte de Cassação n. 7.875/2009, confirmou uma decisão de mérito que havia liquidado uma soma a título de dano existencial; Corte de Cassação — Sessão Trabalhista n. 21.223/2009 e Corte de Cassação Sessões Unidas n. 4.063/2010 expressamente trataram do dano existencial e do rebaixamento; Corte de Cassação ns. 10.527/2011 e 14.402/2011, tratam do dano parental como dano existencial; Corte de Cassação Penal n. 19.678/2009 referiu-se, expressamente do dano existencial; Corte de Cassação n. 30.668/2011 definiu o dano existencial como o *"prejuízo ao fazer não produtivo, determinante de uma modificação em condições piores que acarretam uma perturbação da existência e em particular, dos hábitos de vida com alteração do modo de relacionar-se com os outros no âmbito de uma vida comum de relação interna ou externamente ao núcleo familiar";* Corte de Cassação n. 2.228/2012 refere-se expressamente ao dano existencial; Corte de Cassação ns. 20.292/2012 e 22.585/2013 permite a liquidação autônoma do dano, inclusive o existencial; Corte de Cassação n. 1.361/2014, o Magistrado Scarano, expressamente estatuiu que *"deve-se esclarecer que as Sessões Unidas em 2008, negaram a configuração e a relevância com fins de ressarcimento do dano existencial"*, o qual, constitui *"um aspecto peculiar do dano extra patrimonial, distinto do dano moral e do biológico, com os quais concorre na categoria unitária do dano não patrimonial".*

Com relação ao dano moral, concretamente discutido o assunto da não configuração e sua categoria autônoma dogmática, reafirma a *"autonomia ontológica do dano moral"* que *"deve ser considerado em relação à diversidade do bem protegido, que respeita a esfera da dignidade moral das pessoas"* e *"atinente a um direito inviolável da pessoa" (corte de Cassação n. 29.191/2008, segundo entendimento do magistrado Petti; e posteriormente as sucessivas manifestações da Corte de Cassação ns. 2.8407/2008, 28.423/2008, 29.191/2008, 379/2009, 479/ 2009, 4.053/2009, 10.864/2009, 11.059/2009, 11.701/2009, 13.530/2009, 14.551/2009, 16.448/2009, 20.949/2009, 702/2010, 5.770/2010, 9.238/2011, 25.222/2011, 228/2012, 16.041/2013, 22.585/2013, 1.361/2014, 4.493/2009 e* Sessão Unida n. 557/2009, sustentando que, no juízo de equidade perante o Juiz e Paz, não se opera a limitação do ressarcimento do dano extra patrimonial, salvo as hipóteses previstas em lei; para as Cortes de Cassação ns. 2.228/2012 e 22.909/2012, textualmente *"o dano moral, ainda que constituindo um prejuízo não patrimonial comparado ao dano biológico, não se inclui neste último e deve ser liquidado à parte").*

Ainda em relação ao dano moral, as decisões reiteradas da jurisprudência de mérito que, realmente, seguiram os ensinamentos das Sessões Unidas, evitando a liquidação automática, considerada em duplicidade, em decorrência de uma indenização a título de dano moral, seguida da liquidação do dano biológico, representa minoria e, tal, fato é oriundo da jurisprudência de mérito majoritária que, também declarou a necessidade de adequação aos fundamentos das decisões de San Martino de 2008, e o fez, porém, de modo formal, ampliando o aspecto biológico do mesmo dano, precedentemente reconhecido a título diverso, qual seja, como dano moral ou existencial. Referida majoração foi adotada com base superior aos limites previstos nos arts. 138/9 do Código de Seguridade (ou seja, 20% para as micropermanentes e 30% para as macro), devendo os mesmos referirem-se unicamente à personalização inerente ao aspecto dinâmico relacional do dano biológico e também ao dano não patrimonial, incluído, compreensivamente, seja porque na época do surgimento da norma era pacífico o ressarcimento do dano moral, seja porque o prejuízo denominado moral constitui um fator da personalização diferente daquele biológico, sendo que esta personalização não deve encontrar limites extrínsecos.

A segunda questão decorreu do mesmo legislador que por duas vezes, através de normativas setoriais, volta a referir-se ao dano moral como categoria autônoma de dano.

De fato, com a introdução do art. 5º, § 1º, letra "c" do DPR (Decreto do Presidente da República) n. 37 de 3.3.2009, versando sobre o ressarcimento do dano não patrimonial ao pessoal integrante da carreira militar e empregados em missões no exterior, qualificou o dano moral como categoria autônoma de dano extrapatrimonial, calculado em percentual sobre o dano biológico, exatamente o que as Sessões Unidas, entendiam impossível. Sucessivamente, com os arts. 1º e 4º do DPR n. 181/2009 relativos à apuração e determinação do dano para as vítimas de terrorismo, não só entendeu distintas as duas hipóteses de dano biológico e moral, mas trouxe uma definição normativa autônoma quanto ao dano moral.

Sucessivamente, a mesma Suprema Corte, por meio de uma decisão, reconheceu que, o legislador *"inequivocamente manifestou sua vontade de distinguir conceitualmente antes mesmo que juridicamente"* dano biológico e moral; por outro lado, afirmou vigorosamente que as Sessões Unidas *"na verdade, por uma leitura atenta, jamais atribuíram um princípio de direito funcional à falta diante da absorção do dano moral dentro do dano biológico"* (Corte de Cassação n. 18.641/2011, magistrado Travaglino; no mesmo sentido as decisões da Corte de Cassação — Sessão Trabalhista ns. 30.668/2011 e 19.402/2013).

A terceira questão ao contrário, encontra-se organizada pelas Tabelas de Milão válidas para 2009, as quais, depois de terem formalmente declarado a intenção de acolhimento dos entendimentos das Sessões Unidas, substancialmente desatendendo o espírito e a letra, introduziram um padrão generalizado e mais significativo quanto ao percentual biológico que, passou a compreender diretamente em si o valor monetário do prejuízo anteriormente reconhecido a título de dano moral, restando a possibilidade de uma ulterior personalização de aumento com referência às situações anteriormente compensadas com a liquidação do dano existencial. Nesse sentido, necessário ressaltar a importância prática de tal novidade, em razão da difundida utilização das tabelas oriundas do Observatório da Justiça Civil do Tribunal de Milão, sendo que referidas tabelas por muitos anos, assumiram um papel de guia em matéria de liquidação do dano extrapatrimonial, substancialmente reconduzindo à unidade, por meio da *vis attractiva* nos contornos da grande parte dos Tribunais italianos quando o panorama jurisprudencial primeiramente era muito diversificado.

Recentemente a mesma Suprema Corte erigiu as tabelas milanesas como meios corretos da liquidação do dano não patrimonial (nesse sentido Corte de Cassação ns. 12.408/2011, 14.402/2011, 17.879/2011, 2.228/2012, 12.464/2012, 19.376/2012, 134/2013).

6. A SUPERAÇÃO DA SESSÃO UNIDA PELA CORTE DE CASSAÇÃO. SESSÃO III, N. 1.361/2014

A substancial e completa superação das reconstruções teóricas oriundas das Sessões Unidas em 2008, eclodiu no início de 2014, com uma grandiosa sentença de 110 páginas prolatada pela 3ª sessão, tendo como Relator Scarano.

Verdadeiramente, aparentando dar continuidade ao precedente das sentenças de San Martino, a Corte de Cassação, por meio de uma motivação extremamente culta e minuciosa, enunciou os seguintes princípios de direito:

— a categoria geral do dano não patrimonial é de natureza composta e articula-se nas três espécies de danos: moral, biológico e existencial;

— o dano moral é considerado como o sofrimento, dor interior ou perturbação psíquica, como lesão da dignidade ou integridade moral com a máxima expressão da dignidade humana;

— o dano existencial consiste na devastação da existência substancialmente relativa aos hábitos da vida, com alteração do modo de referir-se com o próximo, no âmbito da vida comum social, seja interna ou externamente ao núcleo familiar ou com fundamentais e radicais escolhas de vida diversa;

— o dano extrapatrimonial constitui o dano da perda da vida, devido, também no caso de morte imediata ou instantânea, sem que assumam relevo nem a persistência da vida, nem a consciente e lúcida percepção do ineludível acréscimo do próprio fim; o direito ao ressarcimento de referido dano é transmissível *iure hereditatis* e o dano liquidado equitativamente, não estando contemplado pelas tabelas do Tribunal de Milão.

Após a prolação de referida sentença, imediatamente a Corte de Cassação n. 5.056/2014 remeteu os feitos às Sessões Unidas para solução da controvérsia, com a finalidade de confirmar a decisão de 2008 ou aderir à nova reconstrução do entendimento.

Procurou-se demonstrar que, logo após a sentença articulada das Sessões Unidas que, negaram existência autônoma à categoria do dano moral e proibiram o cálculo do mesmo em percentual sobre o dano biológico, determinando, proceda-se, primeiramente à liquidação do dano biológico com valor monetário que compreenda automática e exatamente ao que anteriormente era liquidado a título de dano moral e, sucessivamente, voltou-se a advogar a existência da categoria autônoma do dano moral e do dano existencial.

Utilizando uma citação literária para descrever referida situação, a única escolha possível é a da fábula do "Gato pardo", quando Tomás de Lampedusa falando com Tancredo quando este se dirige ao tio, Don Fabrizio, príncipe de Salina: "*se quiserem que tudo permaneça como está, é preciso que tudo seja mudado*".

REFERÊNCIAS BIBLIOGRÁFICAS

AA. VV., *Il danno non patrimoniale. Guida commentata alle decisioni delle S.U. 11 novembre 2008 nn. 26972/3/4/5*, Milano 2009.

BARGELLI. *Danno non patrimoniale*: la messa a punto delle Sezioni Unite. In: *NGCC*, 2009, 117 ss.

DI MARZIO. *Danno non patrimoniale: grande è la confusione sotto il cielo, la situazione non è eccellente*. In: *NGCC*, 2009, 122 ss.

BILOTTA. *I pregiudizi esistenziali: il cuore del danno non patrimoniale dopo le Sezioni Unite del 2008*. In: *La responsabilità Civile*, 2009, 45.

BILOTTA. *Le sentenze di merito dopo le sezioni unite del 2008 sul danno non patrimoniale*. In: *Responsabilità Civile Previdenza*, 2009, 1499.

BILOTTA-ZIVIZ. *Il nuovo danno esistenziale*, Bologna, 2009.

BONA. *Danno biologico e pregiudizi morali nelle sentenze delle Sezioni Unite: un deciso no alla reductio ad unum*. In: *Altalex* quotidiano on line del 27.11.2008.

BUFFONE. *Possibili censure di costituzionalità sul danno biologico omnicomprensivo*. In: *Altalex quotidiano on line* del 28.5.2009.

BUFFONE. *Cambiata la giurisprudenza devono cambiare le tabelle*. In: *Altalex* quotidiano on line del 28.5.2009.

BUFFONE. *I limiti legali al risarcimento del danno alla salute dopo le Sezioni Unite del 2008*. In: *Responsabilità civile e previdenza*, 2009, 7-8, 1674.

BUFFONE. *Liquidazione del danno biologico e del danno morale, da sinistro stradale: progressiva erosione della tesi della somatizzazione (SS.UU. 26972/2008)*. In: *Archivio giuridico della circolazione e dei sinistri*, 2009, fasc. 10, 783.

BUSNELLI. *Le Sezioni Unite e il danno non patrimoniale*. In: *Rivista di diritto civile*, 2009, 97.

CASSANO. *Danno non patrimoniale ed esistenziale: primissime note critiche a Cass. Sez. Un. 11 novembre 2008 n. 26972*. In: *Giur. It.*, 2009, 259.

CASTRONOVO. *Danno esistenziale: il lungo addio*. In: *Danno e responsabilità*, 2009, 5.

CENDON. *Non con l'accetta, per favore*. In: *Personaedanno.it*.

CENDON. *Ha da passà a nuttata*. In: *Personaedanno.it*.

CENDON. *L'araba fenice. Più vivo che mai il danno esistenziale presso i giudici italiani*, relazione tenuta a Bari il 5.1.2009 ad un corso di formazione per magistrati;

CENDON-ROSSI. *Danno esistenziale e danno morale: a ciascuno la sua parte*. In: *Responsabilità civile e previdenza*, 2009, 1375.

CHINDEMI. *Una nevicata in un campo di grano*. In: *Responsabilità civile e previdenza*, 2009, 219.

CHINDEMI. *Danno morale: alla morte segue la resurrezione*. In: *Responsabilità civile e previdenza*, 2009, 814.

COMANDE'. *Interventi per mantenere il sistema in equilibrio e restituire dignità alla personalizzazione del danno*. In: *Guida al Diritto*, 2009, n. 48, 11.

COSTANZA. *Le Sezioni Unite e il danno esistenziale: meno tutela della persona e la proposta di un 'nuovo' danno patrimoniale*. In: *Iustizia*, 2009, 95.

CRICENTI. *Alcune questioni sul danno non patrimoniale a seguito della sentenza delle Sezioni Unite n. 26972-2008*. In: *Altalex quotidiano on line* del 28.5.2009.

DI MAJO. *Danno esistenziale o di tipo esistenziale: quale l'esito*. In: *Corriere Giuridico*, 2009, 410.

FACCI. *Il danno non patrimoniale dopo le sentenze del 11 novembre 2008*. In: *La responsabilità civile*, 2009, 52.

FACCI. *Verso un decalogo delle Sezioni Unite sul danno esistenziale*. In: *Responsabilità civile e previdenza*, 2008, 1559.

FRANZONI. *I diritti della personalità, il danno esistenziale e la funzione della responsabilità civile*. In: *Contratto e Impresa*, 2009, 1.

FRANZONI. *Cosa è successo al 2059?* In: *La responsabilità civile*, 2009, 20.

GAZZARA. *Danno non patrimoniale da inadempimento: le ss. uu. e le prime applicazioni nella giurisprudenza di merito*. In: *Danno e responsabilità*, 2009, 279.

GAZZONI. *Il danno esistenziale cacciato, come meritava, dalla porta, rientrerà dalla finestra*. In: *Iudicium.it*.

GRASSO. *Integrale risarcimento del danno morale richiesto dai genitori del neonato macroleso: le Sezioni Unite del novembre 2008 costituiscono un precedente apparente?* In: *Famiglia e Diritto*, 11/2009, 1002.

LAMARQUE. *Il nuovo danno non patrimoniale sotto la lente del costituzionalista*. In: *Danno e responsabilità*, 2009, 363.

MAIETTA. *La resurrezione del danno esistenziale dopo le sezioni unite*. In: *Il Corriere del Merito*, 2009, 264.

MAZZAMUTO. *Il rapporto tra gli articoli 2059 e 2043 c.c. e le ambiguità delle Sezioni Unite a proposito della risarcibilità del danno non patrimoniale*. In: *Contratto e Impresa*, 2009, 588.

MAZZUCCHELLI. *La componente morale come l'araba fenice, legislatore e giurisprudenza ancora in antitesi*. In: *Guida al Diritto*, 2010, 6, 29.

MONATERI. *Il pregiudizio esistenziale come voce del danno non patrimoniale*. In: *Responsabilità civile e previdenza*, 2009, 38.

NAVARETTA. *Danni non patrimoniali: il compimento della drittwirkung e il declino delle antinomie*. In: *NGCC*, 2009, II, 81.

NAVARETTA. *Il valore della persona nei diritti inviolabili e la sostanza dei danni non patrimoniali*. In: *Foro It.*, 2009, I, 139.

PALMIERI. *La rifondazione del danno non patrimoniale, all'insegna della tipicità dell'interesse leso (con qualche attenuazione) e dell'unitarietà*. In: *Foro It.*, 2009, I, 122.

PAPI. *Riflessioni medico legali sulle sentenze delle sezioni unite*. In: *Responsabilità civile e Previdenza*, 2009, 709.

PARDOLESI-SIMONE. *Danno esistenziale (e sistema fragile): die hard*. In: *Foro It.*, 2009, I, 122.

PARTISANI. *Il Danno non patrimoniale da inadempimento della obbligazione nella rilettura costituzionalmente orientata dell'art. 1218 c.c.*. In: *La responsabilità civile*, 2009, 68.

PATTI. *Le Sezioni Unite e la parabola del danno esistenziale.* In: *Corriere Giuridico*, 2009, 415.

PERLINGIERI. *L'onnipresente art. 2.059 c.c. e la tipicità del danno alla persona.* In: *Rassegna di diritto civile*, 2009, 520.

ROSSETTI. *Post nubilia phoebus, ovvero gli effetti della sentenza delle sezioni unite n. 26972 del 2008 in tema di danno non patrimoniale.* In: *Giust. Civ.*, 2009, 930.

TESCIONE. *Per una concezione unitaria del danno non patrimoniale anche oltre l'art. 2.059 c.c..* In: *Rassegna di diritto civile*, 2009, 520.

PAPARO. *La Suprema Corte verso il riconoscimento agli eredi del danno da morte immediata.* In: *Giur. It.*, 2014, 5, 1081.

PLENTEDA. *I danni non patrimoniali cagionati dall'avvocato.* In: *La responsabilità civile*, 2009, 242.

PLENTEDA. *Il protesto illegittimo genera ancora un danno non patrimoniale risarcibile.* In: *Altalex* quotidiano on line del 28.5.2009.

PONCIBO'. *Gli enti: dal danno morale al nuovo danno non patrimoniale.* In: *Danno e responsabilità*, 2009, 37.

PONZANELLI. *La prevista esclusione del danno esistenziale e il principio di integrale riparazione del danno: verso un nuovo sistema di riparazione del danno alla persona.* In: *NGCC*, 2009, II 90.

PONZANELLI. *Sezioni Unite:* il nuovo statuto del danno non patrimoniale. In: *Foro It.*, 2009, 134.

SCOGNAMIGLIO. *Il sistema del danno non patrimoniale dopo le decisioni delle Sezioni Unite.* In: *Responsabilità Civile Previdenza*, 2009, 261.

TESCIONE. *Il danno non patrimoniale da contratto:* le apparenti asimmetrie sistemiche. In: *Danno e responsabilità*, 2009, 373.

VALORE. *La risarcibilità del danno da perdita della vita.* In: *Giur. It.*, 2014, 4, 813.

VANACORE. *Danno esistenziale da stress et similia:* prima, durante, dopo e oltre Cass. n. 26972/2008. In: *La responsabilità civile*, 2009, 309.

VETTORI. *Danno non patrimoniale e diritti inviolabili.* In: *La responsabilità civile*, 2009, 103.

VIOLA. Il danno nelle relazioni affettive con cose e animali, *La responsabilità civile*, 2009, 269.

ZACCARIA. Il risarcimento del danno non patrimoniale in sede contrattuale, *La responsabilità civile*, 2009, 28.

ZIVIZ. *Le 'magnifiche sorti e progressive' dell'impianto teorico disegnato dalle Sezioni Unite.* In: *Responsabilità Civile Previdenza*, 2009, 765.

Reflexões Sobre a Ineficiência dos Equipamentos de Proteção Individual

Homero Batista Mateus da Silva(*)

1. REFERÊNCIAS DA CONSTITUIÇÃO DE 1988

O sistema brasileiro de promoção da saúde, higiene e segurança do trabalho é todo ele alicerçado em portarias do Ministério do Trabalho e Emprego, regulamentos da burocracia estatal e pareceres técnicos. E, de fato, somos todos forçados a reconhecer que, neste campo, impera a produção normativa dos órgãos auxiliares do Poder Executivo, com baixa incidência das normas de hierarquia superior, mais estáveis e de mais fácil acesso[1].

Argumenta-se em prol da produção normativa de hierarquia inferior que esta é a forma mais eficaz de se alcançarem todos os escaninhos da saúde do trabalhador, repletos de dados técnicos e peculiaridades inatingíveis pelas leis ordinárias e constitucionais. Para estas, reserva-se apenas o papel de marco regulatório, com os preceitos fundamentais e as diretrizes básicas; para as portarias e regulamentos, ficariam os dados, percentuais, índices e demais singularidades de um segmento tão minucioso, em que o direito é confrontando com as ciências biológicas.

Os argumentos são aceitos pelo legislador brasileiro, que delega os temas de saúde e segurança do trabalho para a regulamentação do executivo, mas não se pode perder de vista que esta fragmentação dificulta sua eficácia e reduz o grau de segurança e de previsibilidade do sistema. Isso sem contar o risco, não desprezível, de se fomentar um balcão de negócios em torno da saúde e segurança do trabalho, em que se criam dificuldades e se vendem facilidades, sem que o empresário saiba o que exatamente é o certo e o errado neste território.

Daí a necessidade de normas enxutas, estáveis e conhecidas, acessíveis a toda população, que deve saber exatamente onde procurar as informações sobre determinado incômodo presente no ambiente de trabalho, como temperaturas extremas, ruídos elevados, elementos cancerígenos e assim por diante[2].

No plano constitucional, há diversos dispositivos que referem normas gerais de saúde e de meio ambiente, como se sabe. São dignos de nota o art. 7º, XXXIII, acerca da monetarização da insalubridade, da periculosidade e da penosidade (esta, nunca regu-

---

(*) Juiz titular da 88ª Vara do Trabalho de São Paulo e Professor da Faculdade de Direito do Largo de São Francisco, Universidade de São Paulo. Autor da coleção *Curso de Direito do Trabalho Aplicado*, 10 volumes, Editora Campus.

(1) OLIVEIRA, Sebastião Geraldo de. Estrutura normativa da segurança e saúde do trabalhador no Brasil. *Revista LTr.* São Paulo, a. 70, t. II, n. 12, p. 1430-1442, dez. 2006.

(2) Por exemplo, as Normas Regulamentadoras (NRs), que representam a quase totalidade do regramento de saúde e segurança do trabalho no sistema brasileiro, não aparecem nos sites do Palácio do Planalto e do Senado Federal, que são referência em matéria de consulta a leis, decretos e normas jurídicas. O site do Ministério do Trabalho e Emprego e alguns outros sites especializados dispõem dos textos dessas normas, apresentando-os, todavia, de modo confuso e sem que se consiga concluir, numa primeira leitura, sobre o que está e o que não está em vigor. A propósito, se o pesquisador quiser localizar a redação original das NRs, não as encontrará no Ministério do Trabalho e Emprego, precisando lançar mão de pesquisa em meio físico, como livros publicados à época da Portaria n. 3.214/1978, a qual até hoje é a principal fonte das NRs. Daí à instalação de um balcão de negócios, em que se negociam as disposições de saúde e segurança do trabalho, vai apenas um passo.

lamentada), bem assim o 7º, XXVIII, sobre o tema do seguro contra acidentes de trabalho; o art. 200, VIII, que exige a participação do Sistema Único de Saúde na colaboração à proteção do meio ambiente do trabalho; e, ainda, o muito citado art. 225, sobre o meio ambiente sadio e sobre a responsabilidade objetiva dos agentes causadores de danos, além do próprio princípio do desenvolvimento econômico sustentável, extraído do art. 170.

No entanto, neste artigo dedicado aos equipamentos de proteção individual, a ideia central é a prevenção, de modo que há que ser destacado o art. 7º, XXII, que insere no rol de direito dos trabalhadores urbanos e rurais[3] a "redução dos riscos inerentes ao trabalho, por meio de normas de saúde, higiene e segurança"[4]. A higine ocupacional precisa ser mais conhecida e estudada, porquanto diretamente ligada à antecipação dos riscos e suas formas de controle[5].

Não se engane, todavia, quanto à expressão "redução dos riscos", presente no mencionado dispositivo constitucional.

Não seria razoável que os esforços em torno da melhoria das condições de trabalho se contentassem com tão pouco quanto uma simples diminuição dos fatores hostis no ambiente de trabalho. A palavra redução deve ser compreendida em seu sentido mais amplo, capaz de alcançar também a eliminação dos fatores agressivos (redução tendente a zero, digamos assim).

Melhor seria se a Constituição Federal de 1988 houvesse utilizado a expressão "redução e eliminação", como aparece em vários dispositivos ordinários[6], para salientar que a diminuição somente tem lugar quando realmente, naquele contexto, a eliminação da agressividade da máquina ou do ambiente ainda não for plenamente possível — por problemas tecnológicos, por obras em andamento ou por qualquer outro fundamento racional.

2. POSIÇÃO DA CONSOLIDAÇÃO DAS LEIS DO TRABALHO

Apresentado este rápido panorama constitucional, cumpre salientar que a redação original da Consolidação das Leis do Trabalho, de 1943, era omissa a respeito de eventual necessidade de equipamentos de proteção individual, e, de maneira geral, ignorava a urgência da higiene do trabalho.

Com a reforma empreendida pela Lei n. 6.514/1977, verdadeiro marco da saúde e segurança do trabalho no Brasil, foram inseridos dois dispositivos concernentes ao fornecimento e uso dos equipamentos de proteção individual, além de vários outros comandos sobre a saúde do trabalhador.

> Art. 166. A empresa é obrigada a fornecer aos empregados, gratuitamente, equipamento de proteção individual adequado ao risco e em perfeito estado de conservação e funcionamento, **sempre que as medidas de ordem geral não ofereçam completa proteção contra os riscos de acidentes e danos à saúde dos empregados**[7]. (Grifo do autor.)
>
> Art. 167. O equipamento de proteção só poderá ser posto à venda ou utilizado com a indicação do Certificado de Aprovação do Ministério do Trabalho.

Embora os equipamentos de proteção individual sejam muito conhecidos no Brasil, entre os trabalhadores e os empregadores, o art. 166 parece não ter adquirido a notoriedade desejada, haja vista que quase não se comenta acerca de sua locução final:

---

(3) Há, também, algumas alterações no tocante aos empregados domésticos. A Emenda Constitucional n. 72/2013, que expandiu os direitos trabalhistas dos empregados domésticos, fez inserir o inciso XXII no rol do parágrafo único do art. 7º da Constituição, de sorte que os empregados doravante são destinatários obrigatórios das normas de proteção à saúde e segurança do trabalho. Antes também já eram, mas por vias tortuosas de interpretação constitucional ou de tratados internacionais. Vale lembrar que o inciso XXIII, aquele que refere o direito ao adicional de insalubridade, ao adicional de periculosidade e ao futuro adicional de penosidade, não foi encampado pela Emenda n. 72 e, portanto, não se acha no parágrafo único do art. 7º.

(4) GIGLIO, Marisa Domingos. Redução dos riscos inerentes ao trabalho: direito social, previsto no art. 7º, inc. XXII, capítulo II, do título II "dos direitos e garantias fundamentais" na Constituição. *Cadernos de Direito Constitucional e Ciência Política*. São Paulo, a. 5, n. 19, p. 253-66, abr./jun. 1997.

(5) Embora haja controvérsia acadêmica sobre a existência da higiene ocupacional, ela passou a desfrutar da assento constitucional e deve ser considerada como ramo independente, dedicado ao estudo das diversas formas de antecipação, reconhecimento, avaliação e controle dos fatores ambientais e agentes originados dentro do trabalho ou a partir do trabalho, capazes de causar danos à saúde, ao bem-estar ou à eficiência dos trabalhadores e membros da comunidade. A propósito de eventuais antecipações aos riscos, surge a discussão sobre o uso dos equipamentos de proteção individual, cerne deste artigo. Sobre o tema, são conhecidos os trabalhos das associações da classe no Brasil (Associação Brasileira dos Higienistas Ocupacionais: <www.abho.org.br>) e nos Estados Unidos (American Conference of Governmental Industrial Hygienists: <www.acgih.org>). A ACGIH é citada expressamente pela legislação brasileira como fonte subsidiária de informações sobre higiene ocupacional (item 9.3.5.1.C da NR 9, Portaria n. 3.214/1978 do Ministério do Trabalho e Emprego e atualização em 1994).

(6) Tomem-se, por exemplos, o art. 191 da Consolidação das Leis do Trabalho e o importante item 15.4, da NR-15, Portaria n. 3.214/1978.

(7) BARCELOS, Mary Ângela. Mapeamento de riscos ambientais. In: VIEIRA, Sebastião Ivone (coord.). *Manual de saúde e segurança do trabalho*: v. 3 — Segurança, higiene e medicina do trabalho. São Paulo: LTr, 2005. 350 p.

os equipamentos somente podem ser fornecidos (e seu uso exigido) quando comprovado que medidas outras, de ordem geral, se mostraram ineficazes para a solução do problema.

Os equipamentos de proteção individual não podem nem devem ter prioriedade sobre as medidas de ordem geral. São incômodos na maioria das vezes, inconvenientes e limitadores de movimentos e de convívio social. Alguns provocam irritação na pele e disparam fatores alergênicos. Desnecessário grande experiência de vida para se ter ideia do desconforto provocado por uma máscara de respiração presa à face por oito horas ou pelo uso de luvas de aço ao longo de todo expediente.

A indagação a ser feita é se aquele ambiente de trabalho não comportava outra solução quanto ao processo produtivo, quanto ao modo de operação ou quanto à própria disposição do mobiliário. A situação se torna ainda mais clamorosa quando se sabe que já existe tecnologia, por exemplo, para tornar mais silenciosas algumas máquinas, mas cuja fabricação continua a ser feita com base nos ruídos elevados de seu projeto original. Alguns países proíbem a comercialização das máquinas barulhentas em seu território, mas não proíbem a fabricação, dado que sempre haverá outro país, cujas leis fracas não inibem a importação de produtos de tecnologia superada.

De toda sorte, a redação do art. 166 da Consolidação das Leis do Trabalho não deixa dúvidas quanto à desconfiança da eficácia dos equipamentos de proteção individual, pois eles foram deixados expressamente no plano secundário, rogando o legislador que a prioridade recaia sobre medidas de ordem geral, de qualquer espectro.

O desconhecimento do art. 166 da Consolidação tem custado caro para a sociedade brasileira. Há um ciclo vicioso em que o empregador que fornece os equipamentos aparece como cumpridor da legislação, os empregados aparecem como protegidos pelos capacetes e protetores de ouvido, o juiz indefere as pretensões alusivas à saúde e segurança do trabalho e o auditor fiscal do trabalho não tem instrumentos efetivos para censurar a conduta da empresa — quando, na verdade, aqueles equipamentos não serão capazes de evitar um mal maior e podem ser irrelevantes, por exemplo, para as pessoas hipersensíveis a determinados agentes agressores, físicos, químicos ou biológicos[8].

3. *MARCO JURISPRUDENCIAL*

A jurisprudência trabalhista se mostra bastante entusiasmada com os equipamentos de proteção individual. Contanto que o empregador se encarregue de fornecê-los e, também, de fiscalizar seu uso, declara-se a eficácia da proteção, com a eliminação da insalubridade.

Sabemos que, na verdade, não é exatamente isso que ocorre. O ambiente ruidoso não se torna mais silencioso com o tampão nos ouvidos. Além da irritabilidade provocada pela condução óssea e pela impossibilidade de comunicar com os colegas e superiores hierárquicos, o trabalhador submetido ao uso do protetor auricular poderá, também, desenvolver problemas auditivos, a depender do tempo de exposição ao ruído e de sua maior ou menor sensibilidade.

Os problemas brasileiros no campo trabalhista são tão variados e tão enraizados que essa afirmação, sobre a possível ineficácia ou insuficiência do protetor auricular, chega a ser incompreensível: melhor trabalhar num ambiente ruidoso, com protetor de ouvido, de que trabalhar num ambiente ruidoso sem protetor de ouvido — ou melhor do que não trabalhar, dirá o cínico. Certo que é melhor ter algum nível de proteção quando se está diante do perigo, mas todos sabemos que não havia apenas essas duas alternativas, à luz do desenvolvimento da sociedade contemporânea. Havemos de buscar outras alternativas, como trabalhar no mesmo local, mas sem a fonte de barulho excessivo, seja encapsulando a máquina, seja reformando-a ou trocando-a. O equívoco, repita-se, reside em jogar toda a responsabilidade sobre o protetor de ouvido — e, daí, sobre o trabalhador no zelo por seu uso.

É revelador fazer uma leitura rápida de três súmulas a respeito da matéria:

---

(8) Isso tudo para não falar da aplicação de dispensa por justa causa ao empregado recalcitrante, flagrado sem a proteção fornecida pelo empregador, conforme consta expressamente do art. 158, § único, da CLT. Há que se indagar, todavia, se uma pessoa realmente deseja que o pior lhe aconteça, retirando o equipamento de proteção para contrair doenças ocupacionais ou para atrair o perigo. Certamente que não é esse o anseio do trabalhador quando ele deixa de lado, momentaneamente ou o dia inteiro, a proteção que lhe foi concedida. As investigações de acidente de trabalho não podem ser limitadas ao uso ou não uso dos equipamentos, sendo necessariamente multifatorial. Indagar o que levou o trabalhador a se afastar dos equipamentos de proteção individual é também uma forma de conhecer melhor as aflições daquele processo produtivo. Indagar sobre o que levou o empregador a fornecer os equipamentos também o é.

Em 1978, o Tribunal Superior do Trabalho decide pela eficácia plena dos equipamentos de proteção individual, cujo fornecimento exclui o direito ao adicional de insalubridade (Súmula n. 80)[9].

Em 1988, o Tribunal Superior do Trabalho edita nova súmula para explicar que não basta o simples fornecimento (evidentemente), sendo necessário que o empregador fiscalize e cobre o uso dos produtos. A virtude da Súmula n. 289 está em ter se lembrado de dizer que, se possível, o empregador pode aproveitar para tomar medidas de ordem geral, capazes de suavizar o ambiente de trabalho[10].

Em 2003, a Turma Nacional de Uniformização da Justiça Federal[11] divulgou súmula que distingue a insalubridade para os fins trabalhistas — leia-se, a monetarização para fins do pagamento do adicional de insalubridade — do conceito de trabalho insalubre, capaz de ensejar a aposentadoria especial. Correto o raciocínio da Súmula n. 9 da TNU: "O uso de Equipamento de Proteção Individual (EPI), ainda que elimine a insalubridade, no caso de exposição a ruído, não descaracteriza o tempo de serviço especial prestado".

4. CONSENSO NA ORGANIZAÇÃO INTERNACIONAL DO TRABALHO

O Brasil é signatário de alguns tratados internacionais que versam sobre o tema da prevenção em matéria de saúde ocupacional, inclusive no que diz respeito ao uso dos equipamentos de proteção individual. Importante lembrar que, segundo a posição contemporânea do Supremo Tribunal Federal, ostentam esses tratados o status de norma supra-legal[12]. Caso, aliás, sejam ratificados com o quórum qualificado previsto na nova redação do art. 5º, § 3º, da Constituição Federal de 1988, e veiculem conteúdo atinente aos direitos humanos, podem atingir o próprio patamar constitucional[13].

No caso da Convenção 170 da Organização Internacional do Trabalho (manejo de produtos químicos[14]), há expressa referência no art. 13 quanto a uma espécie de ordem lógica e cronológica de medidas a serem tomadas, para se evitar o contágio do trabalhador com substâncias nocivas, somente se chegando ao uso dos equipamentos de proteção individual quando nada mais der certo. Para maior clareza, trasncreve-se a íntegra do dispositivo:

> Artigo 13. 1. Os empregadores deverão avaliar os riscos dimanantes da utilização de produtos químicos no trabalho, e assegurar a proteção dos trabalhadores contra tais riscos pelos meios apropriados, e especialmente:
>
> a) escolhendo os produtos químicos que eliminem ou reduzam ao mínimo o grau de risco;
>
> b) elegendo tecnologia que elimine ou reduza ao mínimo o grau de risco;
>
> c) aplicando medidas adequadas de controle técnico;
>
> d) adotando sistemas e métodos de trabalho que eliminem ou reduzam ao mínimo o grau de risco;
>
> e) adotando medidas adequadas de higiene do trabalho;
>
> f) **quando as medidas que acabam de ser enunciadas não forem suficientes**, facilitando, sem ônus para o trabalhador, equipamentos de proteção pessoal e roupas protetoras, assegurando a adequada manutenção e zelando pela utilização desses meios de proteção. (Grifo do autor.)

---

(9) Súmula n. 80 do Tribunal Superior do Trabalho: "A eliminação da insalubridade mediante fornecimento de aparelhos protetores aprovados pelo órgão competente do Poder Executivo exclui a percepção do respectivo adicional".

(10) Súmula 289: "O simples fornecimento do aparelho de proteção pelo empregador não o exime do pagamento do adicional de insalubridade. Cabe-lhe tomar as medidas que conduzam à diminuição ou eliminação da nocividade, entre as quais as relativas ao uso efetivo do equipamento pelo empregado".

(11) "Compete à Turma Nacional processar e julgar o incidente de uniformização de interpretação de lei federal em questões de direito material fundado em divergência entre decisões de turmas recursais de diferentes regiões ou em face de decisão de uma turma recursal proferida em contrariedade à súmula ou jurisprudência dominante do Superior Tribunal de Justiça. Compõem a Turma Nacional 10 juízes federais provenientes das turmas recursais dos juizados, sendo 2 juízes federais de cada Região. Sua presidência é exercida pelo Corregedor-Geral da Justiça Federal. A criação, competência e modo de funcionamento estão previstos na Lei dos Juizados Especiais Federais (Lei n. 10.259/2001) e no Regimento Interno da TNU". Conceito apresentado pela página inicial do site da TNU: < https://www2.jf.jus.br/phpdoc/virtus/>. Acesso em: 28 ago. 2013.

(12) OLIVEIRA, Sebastião Geraldo de. *Proteção jurídica à saúde do trabalhador*. 6. ed. rev. e atual. São Paulo: LTr, 2011. 608 p. A propósito, conferir, também, a decisão paradigmática do Supremo Tribunal Federal, que enfrentou a natureza jurídica do Pacto de São José da Costa Rica e concluiu por sua posição supra-legal, ou seja, hierarquicamente acima de toda a legislação ordinária ou complementar, mas abaixo da própria Constituição: Recurso Extraordinário 466.343, julgado em 3.12.2008.

(13) Artigo 5º, § 3º, da Constituição Federal de 1988, conforme redação dada pela Emenda Constitucional 45/2004: "Os tratados e convenções internacionais sobre direitos humanos que forem aprovados, em cada Casa do Congresso Nacional, em dois turnos, por três quintos dos votos dos respectivos membros, serão equivalentes às emendas constitucionais".

(14) A Convenção n. 170 entrou em vigência internacional em 4.11.1993 e foi ratificada pelo Brasil em 23.12.1996. Dados disponíveis em: <www.ilo.org/dyn/normlex/en/f?p=1000:11300:0::NO:11300:P11300_INSTRUMENT_ID:312315>. Acesso em: 2 set. 2013.

O mesmo raciocínio de hierarquia se aplicou no art. 7º da Convenção n. 136 (1971), sobre o benzeno, e no art. 10º da Convenção n. 148 (1977) sobre meio ambiente de trabalho (ar, ruídos e vibrações), ambas ratificadas pelo Brasil.

Para trabalhos realizados em minas e subsolo, relevante citar o art. 6º da Convenção n. 176[15]:

> Ao adotar as medidas de prevenção e proteção previstas nessa parte da Convenção, o empregador deverá avaliar os riscos e tratá-los na seguinte ordem de prioridade:
>
> (a) eliminar os riscos;
>
> (b) controlar os riscos em sua fonte;
>
> (c) reduzir os riscos ao mínimo mediante medidas que incluam a elaboração de métodos de trabalho seguros;
>
> (d) **enquanto perdure a situação de risco**, prever a utilização de equipamentos de proteção pessoal, levando em consideração o que seja razoável, praticável e factível e o que esteja em consonância com a prática e o exercício da devida diligência. (Grifo do autor.)

Por fim, convém citar o art. 28 da Convenção n. 167[16], sobre trabalho em construção civil[17]:

> Riscos para a saúde.
>
> 1. Quando um trabalhador possa estar exposto a qualquer risco químico, físico, ou biológico, em grau que possa resultar perigoso para sua saúde, deverão ser tomadas medidas apropriadas de prevenção à exposição.
>
> 2. A exposição referida no parágrafo 1 do presente Artigo deverá ser prevenida:
>
> (a) substituindo as substâncias perigosas por substâncias inofensivas ou menos perigosas, sempre que isso for possível; ou
>
> (b) aplicando medidas técnicas à instalação, à maquinaria, aos equipamentos ou aos processos; ou
>
> (c) quando não for possível aplicar os itens (a) nem (b), recorrendo a outras medidas eficazes, particularmente ao uso de roupas e equipamentos de proteção pessoal.

5. PRIORIDADE ÀS MEDIDAS COLETIVAS

Considerando-se que a essência da higiene ocupacional reside na prevenção e na antecipação dos riscos ambientais[18], tem sabor de lugar comum a exigência, encontrada em portaria ministerial, de que por primeiro sejam implementadas as medidas de ordem geral para somente em caso de insuficiência sejam fornecidos os equipamentos de proteção individual. Tome-se por exemplo o disposto na Norma Regulamentadora 9 (NR 9 ou PPRA — Programa de Prevenção de Riscos Ambientais), item 9.3.5.2 e item 9.3.5.4[19]:

> 9.3.5.2. O estudo desenvolvimento e implantação de medidas de proteção coletiva deverão obedecer à seguinte hierarquia:
>
> a) medidas que eliminam ou reduzam a utilização ou a formação de agentes prejudiciais à saúde;
>
> b) medidas que previnam a liberação ou disseminação desses agentes no ambiente de trabalho;
>
> c) medidas que reduzam os níveis ou a concentração desses agentes no ambiente de trabalho.
>
> 9.3.5.4. Quando comprovado pelo empregador ou instituição, a inviabilidade técnica da adoção de medidas de proteção coletiva ou quando estas não forem suficientes ou encontrarem-se em fase de estudo, planejamento ou implantação ou ainda em caráter complementar ou emergencial, deverão ser adotadas outras medidas obedecendo-se à seguinte hierarquia:
>
> a) medidas de caráter administrativo ou de organização do trabalho;
>
> b) utilização de Equipamento de Proteção Individual — EPI.

A redação da portaria ministerial, no particular, é exaustiva e o argumento, irrespondível, dispensando grande esforço hermenêutico: os equipamentos de proteção individual entram em cena

---

(15) A Convenção n. 176 entrou em vigência internacional em 5 de junho de 1998 e foi ratificada pelo Brasil em 18 de maio de 2006. As Convenções têm natureza jurídica de tratato internacional, aberto à ratificação, e representam o exemplo mais apropriado de norma internacional em matéria de direito do trabalho.

(16) A Convenção n. 167, sobre trabalho na construção civil, entrou em vigência internacional em 11 de janeiro de 1991 e, no Brasil, em 19 de maio de 2006.

(17) Sobre a Convenção n. 167 (trabalho na construção civil) e a Convenção n. 176 (trabalho em minas), ver OLIVEIRA, Sebastião Geraldo de. Segurança e saúde dos trabalhadores da mineração e da construção nas convenções da OIT. *Revista da AMATRA XV*. Campinas, n. 4, p. 241-251, 2011.

(18) Uma definição adequada do objeto de que se ocupa a higiene ocupacional aparece na abertura da NR-9, conhecida por PPRA (Programa de Prevenção de Riscos Ambientais): "9.1.1. Esta Norma Regulamentadora — NR estabelece a obrigatoriedade da elaboração e implementação, por parte de todos os empregadores e instituições que admitam trabalhadores como empregados, do Programa de Prevenção de Riscos Ambientais — PPRA, visando à preservação da saúde e da integridade dos trabalhadores, através da antecipação, reconhecimento, avaliação e consequente controle da ocorrência de riscos ambientais existentes ou que venham a existir no ambiente de trabalho, tendo em consideração a proteção do meio ambiente e dos recursos naturais". (NR-9, Portaria n. 3.214/1978 e atualização em 1994 pela Portaria n. 25 da Secretaria de Saúde e Segurança do trabalho do Ministério do Trabalho e Emprego.

(19) Ambos os itens constam da NR-9, Portaria n. 3.214/1978 e atualização em 1994 pela Portaria n. 25 da Secretaria de Saúde e Segurança do trabalho do Ministério do Trabalho e Emprego.

somente — e tão somente — quando esgotados os esforços para se evitar a formação dos agentes insalubres, seguindo-se esforços para se evitar a concentração dos resíduos ou, ainda, para se manter esses resíduos em níveis baixos.

Baldados os esforços ou supondo-se a insuficiência técnica que possa persistir em algumas atividades econômicas, ainda se devem tentar medidas de ordem administrativa ou de organização do trabalho, tais como o revezamento entre trabalhos mais penosos e menos penosos, dentro da mesma jornada ou em jornadas diferentes; a alternância do trabalhador designado para ocupar o posto mais penoso, a alteração do horário do dia, se o problema estiver ligado à exposição ao sol, por exemplo; a oscilação no ritmo de trabalho; e uma longa lista de outras soluções para se diminuir a agressividade do ambiente sobre o organismo do trabalhador.

Se os estabelecimentos realmente seguissem a ordem hierárquica do item 9.3.5.2 (alíneas "a" a "c"), e, ainda, tentassem implementar as medidas organizacionais do item 9.3.5.4, alínea "a", sobraria pouca necessidade do uso dos equipamentos de proteção individual. Por questões de ignorância, pressa ou cálculos mal feitos de custos operacionais, queimam-se rapidamente as etapas e já se declara, de plano, que todos os esforços fracassaram e que o fornecimento dos equipamentos de proteção individual se impõe.

A tese normalmente é vitoriosa, porque neste passo a fiscalização tende a ser muito difícil — teria de haver um levantamento de todas as etapas e de todo o raciocínio feito pelo empregador — e mesmo o controle judicial praticamente inviável.

Não bastasse a redação da NR-9, que é uma espécie de normal geral sobre higiene do trabalho, também a NR-6, específica sobre os equipamentos de proteção individual, faz o alerta quanto a seu caráter supletivo:

> 6.3. A empresa é obrigada a fornecer aos empregados, gratuitamente, EPI adequado ao risco, em perfeito estado de conservação e funcionamento, nas seguintes circunstâncias:
>
> a) sempre que as medidas de ordem geral não ofereçam completa proteção contra os riscos de acidentes do trabalho ou de doenças profissionais e do trabalho;
>
> b) enquanto as medidas de proteção coletiva estiverem sendo implantadas; e,
>
> c) para atender a situações de emergência.

Cumpre frisar que o regulamento próprio do trabalho na zona rural praticamente repete o mesmo raciocínio, a fim de que não se alegue que para o trabalhador rural a situação pudesse ser diferente:

> NR-31. Item 31.20.1. É obrigatório o fornecimento aos trabalhadores, gratuitamente, de equipamentos de proteção individual (EPI), nas seguintes circunstâncias:
>
> a) sempre que as medidas de **proteção coletiva** forem tecnicamente comprovadas inviáveis ou quando não oferecerem completa proteção contra os riscos decorrentes do trabalho;
>
> b) enquanto as medidas de proteção coletiva estiverem **sendo implantadas**;
>
> c) para atender **situações de emergência**.

Diante de tantas normas explícitas e de tanto cuidado que teve o legislador de não superestimar o valor dos equipamentos de proteção individual, é incompreensível como se formou o consenso em torno de sua prioridade máxima.

Não é exagero dizer que a questão dos fornecimentos indiscriminados de equipamentos de proteção individual assumiu uma face cultural muito maior do que sua face jurídica ou econômica — empregador fornece para preencher os requisitos legais, empregado os recebe como um mal necessário, fiscalização preventiva e controle judicial os considera excludentes de responsabilidade, sociedade os enxerga como exemplo de responsabilidade social. (Fabricantes dos equipamentos de proteção individual agradecem.)

6. AINDA UMA ÚLTIMA CHANCE: O CONCEITO DE NÍVEL DE AÇÃO (SINAL DE ALERTA)

Num estudo sobre o fornecimento e o uso dos equipamentos de proteção individual, convém mencionar a previsão na legislação brasileira de uma espécie de sinal de alerta em matéria de saúde e segurança do trabalho. Trata-se do nível de ação previsto na NR-9 (PPRA), cujo item 9.3.6 dispõe:

> 9.3.6. Do nível de ação.
>
> 9.3.6.1. Para os fins desta NR, considera-se nível de ação o valor **acima do qual devem ser iniciadas ações preventivas** de forma a minimizar a probabilidade de que as exposições a agentes ambientais ultrapassem os limites de exposição. As ações devem incluir o monitoramento periódico da exposição, a informação aos trabalhadores e o controle médico.
>
> 9.3.6.2. Deverão ser objeto de controle sistemático as situações que apresentem exposição ocupacional acima

dos níveis de ação, conforme indicado nas alíneas que seguem: a) para agentes químicos, a **metade dos limites** de exposição ocupacional considerados de acordo com a alínea "c" do subitem 9.3.5.1; b) para o ruído, a dose de 0,5 (dose superior a 50%), conforme critério estabelecido na NR 15, Anexo I, item 6[20]. (Grifos do autor.)

Em outras palavras, ao invés de esperar o ambiente se tornar insalubre para, depois, se iniciar a correria em busca de soluções para amenizar a exposição do trabalhador aos agentes agressivos, a NR-9 determina que se faça o acompanhamento permanente dos índices: tão logo detectada a metade dos limites de tolerância, medidas preventivas já devem ser acionadas.

Isso evitaria vários transtornos, como quebra de alvenaria, aposentadoria de máquinas ou investimentos econômicos pesados que normalmente ocorrem depois que a situação irregular já estiver consolidada.

O conceito de nível de ação segue, todavia, desconhecido da maioria dos empregados e dos empregadores.

Note-se que a norma não trata o nível de ação como uma faculdade do empregador ou como uma questão meramente formal: o item supra transcrito refere que as situações "deverão ser objeto de controle sistemático".

O verbo utilizado no futuro do presente do indicativo, na linguagem jurídica, assume feição de imperativo, donde se poder sustentar que o nível de ação é, inclusive, um bem juridicamente tutelável, ou seja, a questão pode ser judicializada em caso de inércia do empregador, no aguardo de que o mal maior aconteça. Ultrapassado o patamar de 50% dos limites de tolerância, já há ação exercitável por parte das entidades sindiciais, do Ministério Público do Trabalho e do empregado individualmente considerado, a fim de exigir que o empreendedor tome medidas capazes de inibir o crescimento daqueles índices e, assim fazendo, espanque a possibilidade de, um dia, o fornecimento de equipamentos de proteção individual ser necessário.

7. A CONVIVÊNCIA FORÇADA COM OS EQUIPAMENTOS DE PROTEÇÃO INDIVIDUAL

Nada obstante as diretrizes da Constituição Federal de 1988 quanto ao meio ambiente de trabalho saudável, a dicção do art. 166 da Consolidação das Leis do Trabalho quanto ao caráter supletivo dos equipamentos de proteção individual, a eloquência das Normas Regulamentadoras 6 (trabalhadores urbanos) e 31 (trabalhadores rurais), o caráter incisivo do PPRA (NR-9), sobre a hierarquia das medidas coletivas e individuais, e, ainda, a reiteração das Convenções da Organização Internacional do Trabalho sobre a primazia das medidas administrativas e organizacionais no ambiente de trabalho, o fato é que numerosos problemas alusivos à saúde e segurança do trabalho deságuam nos equipamentos de proteção individual, elevando-os a item de máxima importância e de grande repercussão nas lides trabalhistas.

É preciso, portanto, ter a visão crítica sobre a matéria, mas ao mesmo tempo não se pode ignorar a realidade que nos cerca. Como tal, é preciso saber conviver com eles, conhecendo a disciplina da NR-6 (conceito, meios de comprovação de fornecimento, listagem oficial do Ministério do Trabalho e Emprego e possibilidade de inserção de novos itens de uso obrigatório).

Enfrentemos a NR-6.

Quanto ao conceito, a NR-6 é bem genérica e chama a atenção para o fato de que, ocasionalmente, um único dispositivo pode fazer a proteção de dois ou mais órgãos do corpo humano, surgindo a figura do equipamento conjugado:

> 6.1 Para os fins de aplicação desta Norma Regulamentadora — NR, considera-se Equipamento de Proteção Individual — EPI, todo dispositivo ou produto, de uso individual utilizado pelo trabalhador, destinado à proteção de riscos suscetíveis de ameaçar a segurança e a saúde no trabalho. 6.1.1 Entende-se como Equipamento Conjugado de Proteção Individual, todo aquele composto por vários dispositivos, que o fabricante tenha associado contra um ou mais riscos que possam ocorrer simultaneamente e que sejam suscetíveis de ameaçar a segurança e a saúde no trabalho.

---

(20) Há várias publicações que explicam como funciona a elaboração do PPRA e como se monitoram os índices dentro de um ambiente de trabalho. Também é importante conhecer como se faz o cálculo da meia dose em matéria de ruído ocupacional, porque o nível de pressão sonora, medido em decibéis, segue curva logarítmica e não simples somatório de níveis. Daí por que 80dB já dispara o sinal de alerta (nível de ação) para se evitar que o ambiente chegue ao patamar máximo de tolerância de 85dB. Ver, dentre outros, SALIBA, Tuffi Messias; CORRÊA, Márcia Angelim Chaves; AMARAL, Lênio Sérvio. *Higiene do trabalho e programa de prevenção de riscos ambientais.* 3. ed. São Paulo: LTr, 2002. 262 p. Ver, ainda, SHERIQUE, Jaques. *Aprenda como fazer:* Perfil Profissiográfico Previdenciário — PPP, Riscos Ambientais do Trabalho — RAT/FAP, PPRA/NR-9 — PPRA-DA-INSS — PPRA/NR-32, PCMAT — PGR — LTCAT — Laudos técnicos — Custeio da Aposentadoria Especial — GFIP. 7. ed. São Paulo: LTr, 2011. 178 p.

Quanto à comprovação do fornecimento, em caso de fiscalização pela autoridade do Ministério do Trabalho e Emprego ou em caso de acionamento do empregador na Justiça do Trabalho, há dispositivo expresso quanto à prova documental obrigatória:

> 6.6.1 Cabe ao empregador quanto ao EPI: (...) (h) registrar o seu fornecimento ao trabalhador, podendo ser adotados livros, fichas ou sistema eletrônico. (Alínea acrescentada pela Portaria n. 107, de 25.8.2009.)

Neste sentido, a aptidão para a prova é essencialmente patronal, pois esses documentos, em meio físico ou eletrônico, são facilmente confeccionados e mantidos pelo empregador.

Há constante discussão jurisprudencial sobre a possibilidade de o empregador se valer de provas testemunhais — ou da própria vistoria do perito — para suprir a carência da prova documental. O processo do trabalho normalmente lida com presunções relativas, de modo que a prova testemunhal é aceita na maioria das situações. Basta lembrar do uso da prova testemunhal para se demonstrarem as condições de contratação, o salário "por fora", as horas extras, o gozo ou não das férias, o pedido de demissão verbal e, até mesmo, a estipulação do contrato de trabalho por prazo determinado.

No entanto, a dúvida persiste por se tratar de uma situação específica de documento de guarda obrigatória segundo uma disposição legal, comparando-se com o caso dos recibos de pagamento ou dos próprios cartões de ponto. Pode-se alegar que portaria do Ministério do Trabalho e Emprego não tem patamar legislativo suficiente para regular normas de processo do trabalho, é verdade, mas o documento continuará a existir em caráter compulsório e poderá dificultar a argumentação do empregador omisso neste quesito. Do ponto de vista do auditor fiscal do trabalho, nem se poderia falar em normas do processo do trabalho, aliás.

Surge, então, a listagem oficial dos equipamentos de proteção individual.

Para tanto, o Ministério do Trabalho e Emprego dispõe de um certificado de aprovação (CA), que se aplica tanto aos produtos nacionais quanto aos importados, devendo, neste caso, a submissão às autoridades ser feita pelo importador. O rol dos equipamentos é, por conseguinte, taxativo.

A listagem é longa e detalhada, representada pelo Anexo 1 da NR-6. Apresentam-se aqui tão somente os tópicos de cada sub-grupo de equipamentos de proteção individual:

Anexo 1 da NR-6 (Redação Portaria n. 194, de 9.12.2010)

> a — para proteção da cabeça;
> b — para proteção dos olhos e face;
> c — para proteção auditiva;
> d — para proteção respiratória;
> e — para proteção do tronco;
> f — para proteção dos membros superiores;
> g — para proteção dos membros inferiores;
> h — para proteção do corpo inteiro;
> i — para proteção contra quedas com diferença de nível.

Deve ser vista com cautela a inclusão de qualquer outro subgrupo à listagem acima, ou de qualquer produto dentro dos itens da lista, porque qualquer alteração do rol implica fornecimento e uso obrigatório no ambiente de trabalho, impacto nos custos operacionais, revisão de procedimentos internos, recibo de entrega obrigatória, fiscalização trabalhista e o mais.

Neste sentido, o Ministério do Trabalho e Emprego não tem sido muito eufórico com os pedidos que lhe são diariamente submetidos, claro, pelos fabricantes de equipamentos. Necessário se faz que estudos completos sejam elaborados para se demonstrar, de um lado, a eficiência do novo projeto, e, de outro lado, a insuficiência de medidas paliativas tendentes a evitar que o ambiente se torne insalubre.

A deliberação fica a cargo de uma comissão tripartite, formada por representantes dos empregados, dos empregadores e do próprio Ministério do Trabalho e Emprego:

> 6.4.1 As solicitações para que os produtos que não estejam relacionados no Anexo I, desta NR, sejam considerados como EPI, bem como as propostas para reexame daqueles ora elencados, deverão ser avaliadas por comissão tripartite a ser constituída pelo órgão nacional competente em matéria de segurança e saúde no trabalho, após ouvida a CTPP, sendo as conclusões submetidas àquele órgão do Ministério do Trabalho e Emprego para aprovação.

Ao longo dos anos, já foram refutados pedidos de registro, como equipamentos de proteção individual, de meias de compressão paras as pernas e de talas para os braços dos digitadores. Correto o indeferimento. Os pedidos estavam equivocados, pois imaginavam que, se uma pessoa submetida a jornada extenuante na posição em pé durante todo o tempo tivesse o fornecimento obrigatório de meias de compressão, então ela seria capaz de aguentar mais tempo ou de suportar melhor a dor.

Labora em erro esse raciocínio.

Não seria propriamente um equipamento de proteção, mas um dispositivo de prolongamento da dor, perpetuando posições ergonomicamente incorretas em busca de maior agilidade e maior ritmo na prestação de serviços.

De idêntico mal padece a ideia de que o fornecimento de talas ao digitor pudesse facilitar o desempenho da função: a tala talvez postergasse o início de dor aguda e, ao mesmo tempo, iria maquiar a posição equivocada ou a frequência abusiva de lançamento de dados.

O ponto em comum de ambos os exemplos — fornecer meia para quem fica em pé o dia inteiro e fornecer talas para quem digita em 100% da jornada — está precisamente no esquecimento de que há outros mecanismos para antecipação dos riscos, prevenção das doenças e monitoramento constante de distúrbios facilmente previsíveis. Apenas a título de ilustração, poder-se-ia pensar no revezamento das atividades do empregado, alternando as posições do corpo humano, ou o revezamento entre os colegas de trabalho, e assim sucessivamente.

A NR-17, por seu turno, é entática quanto à proibição de um trabalho ser feito 100% do tempo em pé, sem acesso a bancos ou algum tipo de conforto, momentâneo que seja. No caso do digitador, essa mesma portaria, conhecida como norma da ergonomia, determinou redução da jornada constitucional de oito horas, fixada em seis horas, e ampliação das pausas, que passaram dos 15 minutos da Consolidação das Leis do Trabalho para 40 minutos, divididos em duas pausas de 10 minutos e uma pausa de 20 minutos.

O que a NR-17 fez foi exatamente tentar contornar os problemas da sobrecarga muscular do digitador ou do operário preponderantemente em pé, sem utilização de equipamentos de proteção individual, priorizando medidas de organização do trabalho[21].

Consta que o fabricante de tocas de cabelo chegou a postular o reconhecimento dessas peças higiênicas como equipamentos de proteção individual. A comissão tripartite refutou o pedido.

Evidente o equívoco do fabricante ao imaginar que as tocas pudessem representar um mecanismo de proteção aos operários do ramo das refeições: se tanto, as tocas seriam equipamentos de proteção individual para a comida e não para os empregados.

REFERÊNCIAS BIBLIOGRÁFICAS

BARCELOS, Mary Ângela. Mapeamento de riscos ambientais. In: VIEIRA, Sebastião Ivone (coord.). *Manual de saúde e segurança do trabalho:* v. 3 — Segurança, higiene e medicina do trabalho. São Paulo: LTr, 2005.

GIGLIO, Marisa Domingos. Redução dos riscos inerentes ao trabalho: direito social, previsto no art. 7º, inc. XXII, capítulo II, do título II "dos direitos e garantias fundamentais" na Constituição. *Cadernos de Direito Constitucional e Ciência Política.* São Paulo, a. 5, n. 19, p. 253-66, abr./jun. 1997.

OLIVEIRA, Sebastião Geraldo de. Estrutura normativa da segurança e saúde do trabalhador no Brasil. *Revista LTr.* São Paulo, a. 70, t. II, n. 12, p. 1430-1442, dez. 2006.

_____. *Proteção jurídica à saúde do trabalhador.* 6. ed. rev. e atual. São Paulo: LTr, 2011.

_____. Segurança e saúde dos trabalhadores da mineração e da construção nas convenções da OIT. *Revista da AMATRA XV.* Campinas, n. 4, p. 241-251, 2011.

QUEIROZ, Mária de Lourdes. PPRA/PCMSO. Ética profissional. Responsabilidade civil e criminal do profissional de segurança, higiene e saúde no trabalho. *Revista do Ministério Público do Trabalho em Minas Gerais.* Belo Horizonte, v. 3, p. 11-30, 1999.

SALIBA, Tuffi Messias; CORRÊA, Márcia Angelim Chaves; AMARAL, Lênio Sérvio. *Higiene do trabalho e programa de prevenção de riscos ambientais.* 3. ed. São Paulo: LTr, 2002.

---

(21) Comentamos as principais NRs em SILVA, Homero Batista Mateus da. *Curso de direito do trabalho aplicado:* volume 3, Saúde e segurança do trabalho. Trabalho da mulher e do menor. Rio de Janeiro: Elsevier, 2008.

SHERIQUE, Jaques. *Aprenda como fazer:* Perfil Profissiográfico Previdenciário — PPP, Riscos Ambientais do Trabalho — RAT/FAP, PPRA/NR-9 — PPRA-DA-INSS — PPRA/NR-32, PCMAT — PGR — LTCAT — Laudos técnicos — Custeio da Aposentadoria Especial — GFIP. 7. ed. São Paulo: LTr, 2011.

SILVA, Homero Batista Mateus da. *Curso de direito do trabalho aplicado.* Volume 3, Saúde e segurança do trabalho, trabalho da mulher e do menor. Rio de Janeiro: Elsevier, 2008.

El "Turismo Social" como "Nueva" Limitación a la Libre Circulación de Personas en la Unión Europea

Milena Bogoni[(*)]

1. INTRODUCCIÓN

La libre circulación representa un elemento esencial y prácticamente congénito al proyecto de integración europea. Ya en el Tratado de Roma de 1957 se reconocían las cuatro libertades fundamentales (libre circulación de bienes y mercancías, libre circulación de capitales, libre circulación de servicios y, finalmente, libre circulación de trabajadores) como cuatro pilares fundamentales en la edificación del sistema común de unión de mercados. El derecho a la libre circulación, que ha sido tradicionalmente definido como "un derecho subjetivo consustancial al proyecto de integración europea"[(1)], ha sido y es, sin duda, parte esencial de la elaboración teórico-práctica de un espacio supranacional común a nivel europeo. Sin embargo, si se analiza específicadamente la "libre circulación de los individuos que residen y se mueve en el territorio perteneciente a la Unión Europea" hay que proceder a definir algunos matices y desarrollar algunas preguntas a las cuales se intentará contestar a lo largo de esta reflexión.

La primera de ellas está relacionada con la identificación de los sujetos en cuestión, es decir: ¿quiénes son, atendiendo a la evolución jurídico-normativa pero también política, los titulares de este derecho? La segunda y la tercera cuestión ahondan en la reflexión sobre el contenido de la libre circulación, haciendo que en primer lugar se plantee la siguiente pregunta: ¿qué derechos y obligaciones se originan una vez que la teórica libre circulación se materializa en un movimiento, un desplazamiento real de personas en carne y huesos que cruzan fronteras, formalmente invisibles, entre un país y otro de la Unión Europea? Además, en una dimensión socialmente desigual como es la Unión Europea en la actualidad, la libre circulación, cada vez más, se circunscribe a espacios nacionales concretos convirtiendo un concepto pensado para unos "movimientos pluridireccionales" en uno que mal se adapta a un esquema hecho para "auténticos flujos unidireccionales" (desde el sur de Europa hacia el norte, desde el este de Europa hacia el oeste). Esta consideración conlleva a la tercera cuestión, es decir: ¿cómo afecta lo que se acaba de decir a la tutela de los derechos relacionados con la libre circulación? ¿Sigue siendo el derecho de la Unión Europea el que los regula y ampara o los límites de los ordenamientos nacionales (y europeos) aparecen cuales nuevas fronteras en un espacio teóricamente libre de ellas?

Estas tres cuestiones constituyen el punto de salida de esta propuesta y serán analizados a través de un desarrollo teórico inicial, de una aproximación jurídica a las normas de aplicación y finalmente de una reflexión práctica relacionada con el definido "turismo social" (*welfare shopping*).

(*) Profesora Doctora en Derecho del Trabajo y de la Seguridad Social Universidad de Castilla — La Mancha.
(1) Dans Álvarez de Sotomayor, L., "Libre circulación de trabajadores", en AA.VV. (Nogueira Gustavino M., Fotinopoulou Basurko O., Miranda Boto J. M., dirs.) *Lecciones de derecho social de la Unión Europea*, Tirant Lo Blanch, Valencia, 2012. p. 161.

2. LA CONTROVERTIDA TITULARIDAD DEL DERECHO A LA LIBRE CIRCULACIÓN

Más de cincuenta años después de la configuración por primera vez, a nivel jurídico supranacional, de las "cuatro libertades fundamentales" — y unas cuantas Directivas y Reglamentos[2] por el camino — se puede decir que la libre circulación de trabajadores se ha convertido (por lo menos desde el punto de vista formal) también en algo más: en un derecho fundamental de todo ciudadano europeo.

Este derecho, por un lado, está regulado y articulado a través del derecho de los ciudadanos y sus familiares de residir y vivir libremente en todo el territorio de la UE y por el otro lado, se encuentra amparado por el derecho de igualdad de trato y la prohibición de toda discriminación por razón de nacionalidad. Desde su configuración inicial como mera libertad con implicaciones esencialmente económicas reconocida a sujetos específicos (los trabajadores nacionales de Estados miembros de la UE) pasa, progresivamente, a configurarse, en el lenguaje institucional europeo, como un derecho fundamental[3] reconocido en la "Carta de los Derechos Fundamentales de la Unión Europea". Hay también un cambio en su colocación formal en la arquitectura de derechos, libertades y obligaciones que acoge el derecho originario de la Unión Europea. En la versión consolidada del Tratado de Funcionamiento de la Unión Europea (TFUE) el derecho a la libre circulación de las *personas* encuentra una referencia explícita en la parte dedicada a la "No discriminación y ciudadanía de la Unión". Queda, por tanto, confirmada, desde el punto de vista formal y de estructura jurídica, su consolidación como "núcleo de la ciudadanía de la UE", recordando en este sentido las palabras pronunciadas por la vicepresidenta de la Comisión Europea y responsable de "Justicia, Derechos Fundamentales y Ciudadanía" durante la vigencia de la Comisión presidida por Durao Barroso, Viviane Reding[4]. Desde el punto de vista formal la metamorfosis en derecho parece cumplida.

Esta evolución permite individuar un conjunto de normas jurídicas que, directamente desde el derecho social de la UE, regulan (o pretenden regular) los aspectos fundamentales relacionados con la libre circulación de un sujeto indefinido que es a la vez — dependiendo de la interpretación y del conjunto normativo que se consulte — persona, ciudadano, residente y trabajador. Esto conlleva una serie de consecuencias, en el plan de la tutela del derecho y necesita por tanto se profundizado con preferencia.

Concretamente, en primer lugar, el derecho a la libre circulación se configura como un derecho inherente a la "ciudadanía europea". Este concepto, que se reconoce en términos genéricos "a toda persona que ostente la nacionalidad de un Estado miembro" y que "se añade a la ciudadanía nacional sin sustituirla" (art. 20.1 TFUE), permite la identificación de "unos titulares de derechos y deberes establecidos en los Tratados", es decir unos titulares específicos que son los "ciudadanos europeos". Entre estos derechos se reconoce, explícitamente, el "derecho de circular y residir libremente en el territorio de los Estados miembros" (art. 20.2 a TFUE), cuyo desarrollo normativo está atribuido a la "acción de la Unión" (art. 21 TFUE) y que conlleva toda una serie de derechos y obligaciones de carácter civil y político de ejercicio de ciudadanía (art. 22-25 TFUE). Esta configuración de la libre circulación como un "*derecho ciudadano* a la libre circulación" permite además, en términos teóricos, configurar el territorio de la Unión Europea — ya privado de fronteras internas[5] — como un elemento esencial

---

(2) La última Directiva en materia de libre circulación y residencia es la Directiva 2004/38/CE del Parlamento Europeo y del Consejo, de 29 de abril de 2004, relativa al derecho de los ciudadanos de la Unión y de los miembros de sus familias a circular y residir libremente en el territorio de los Estados miembros, por la que se modifica el Reglamento (CEE) n. 1612/68 y se derogan las Directivas 64/221/CEE, 68/360/CEE, 72/194/CEE, 73/148/CEE, 75/34/CEE, 75/35/CEE, 90/364/CEE, 90/365/CEE y 93/96/CEE.

(3) Anteriormente el Tribunal de Justicia de la Unión Europea había procedido a calificar, en diferentes Sentencias, esta libertad como una "libertad fundamental" (como por ejemplo en la STJUE de 15 de diciembre de 1995, Asunto *Union royale belge des sociétés de football association ASBL y otros*, C-415/93).

(4) Comunicado de prensa, "Libre circulación de las personas: cinco acciones en favor de los ciudadanos, el crecimiento y el empleo en la UE", Bruselas, 25 de noviembre de 2013.

(5) Con el Tratado de Schengen del 14 de junio de 1985 los Estados miembros de la Unión Europea acordaron la configuración de "un espacio territorial de cooperación" en el cual las fronteras internas, entre los países firmantes, se suprimían a favor de la construcción de una única y común frontera exterior. Tras la firma del Tratado de Ámsterdam, esta cooperación intergubernamental se incorporó al acervo de la UE el 1 de mayo de 1999. Con ese protocolo agregado al Tratado de Ámsterdam el "Espacio Schengen" se beneficia de un control parlamentario y jurisdiccional por parte de las Instituciones europeas y se coordinan sus finalidades con el objetivo europeo de la libre circulación de personas. Tras ese primer acuerdo de 1985 y sucesivas modificaciones se conforman los pilares fundamentales de este Espacio entre los cuales destacan la supresión de los controles de personas en las fronteras interiores, la elaboración de un conjunto de normas de común aplicación para las personas que cruzan las fronteras exteriores de los Estados miembros de la UE y la progresiva armonización de las condiciones de entrada y de visados para las cortas estancias en la

para la configuración política de una integración basada — esta vez sí y a diferencia de lo que pasaba anteriormente — en el concepto (novedoso) de ciudadanía europea.

En segundo lugar, en la "Carta de Derechos Fundamentales de la Unión Europea"[6], se desarrolla y profundiza esta conexión, introducida progresivamente en los Tratados desde el Tratado de Maastricht de 1992, entre ciudadanía y derechos sociales fundamentales. La Carta organiza los derechos fundamentales alrededor de seis ejes — "Dignidad", "Libertades", "Igualdad", "Solidaridad", "Ciudadanía" y "Justicia" — que funcionan como baricentro de los principios organizadores del derecho europeo[7] y cuyo contenido tiene que ser interpretado y aplicado según las directrices contenidas en la parte final de la misma Carta (arts. 51-54). En prácticamente la totalidad de los apartados, dedicados cada uno de ellos a uno de los ejes principales de la Carta, es posible encontrar referencias a la libre circulación.

Concretamente, se habla de "Libertad profesional y derecho a trabajar" cuando en el art. 15 de la Carta se reconoce que "todo ciudadano de la Unión tiene *libertad* para buscar un empleo, trabajar, establecerse o prestar servicios en cualquier Estado miembro". También lo hace cuando, en los arts. 18 y 19 de la Carta, en una lectura claramente conjunta, se reconoce el derecho de asilo y el derecho a la protección en caso de devolución, expulsión y extradición. En el Titulo III, dedicado a la "Igualdad", en cambio, encuentra colocación la prohibición de toda discriminación, especialmente por razón de nacionalidad, aunque se limite esta prohibición "en el ámbito de aplicación de los Tratados y sin perjuicio de sus disposiciones particulares" (art. 21.2 Carta), haciendo por tanto una remisión directa a la regulación del derecho de igualdad y no discriminación contenida en el derecho primario (y secundario) de la Unión Europea.

Sin embargo en sin duda en el Titulo IV ("Solidaridad") y en Título V ("Ciudadanía") donde se encuentra desarrollado con más detalles el derecho a la libre circulación. Al respecto, resulta interesante recordar — respectando así la ordenación numérico-conceptual de la Carta — el art. 34, dedicado al derecho a la seguridad social y ayuda social. En esta norma jurídica, después de una declaración general de reconocimiento y respeto del derecho de acceso a las prestaciones de seguridad social y a los servicios sociales que garantizan una protección en casos específicos (entre los cuales destacan, por referencia explícita, la maternidad, la enfermedad, la dependencia o la vejez así como la pérdida de empleo), se reconoce el "derecho a las prestaciones de seguridad social y a las ventajas sociales" a "toda persona que resida y se desplace *legalmente* dentro de la Unión. Este articulo se cierra además con una declaración de principios ya que "con el fin de combatir la exclusión social y la pobreza, la Unión reconoce y respeta el derecho a una ayuda social y a una ayuda de vivienda para garantizar una existencia digna a todos aquellos que no dispongan de recursos suficientes". El derecho a la seguridad social, a la ayuda social y de vivienda para todos los que residan y se desplacen legalmente dentro de la Unión tiene, ya con una primera y superficial lectura, dos elementos muy interesantes que son además, extremadamente útiles en el desarrollo de la titularidad del derecho a la libre circulación, objeto especifico de este apartado.

Se trata, por un lado, del hecho que no se limita el disfrute y ejercicio del derecho a la seguridad social y ayuda social a los ciudadanos de la UE sino que se relaciona directamente con el concepto de "residencia y desplazamiento legal", que

---

UE. Tal y como declara el refundido art. 67 TFUE "La Unión constituye un espacio de libertad, seguridad y justicia dentro del respeto de los derechos fundamentales y de los distintos sistemas y tradiciones jurídicos de los Estados miembros". En este Espacio — y para dar sentido al mismo — la Unión "garantizará la ausencia de controles de las personas en las fronteras interiores y desarrollará una política común de asilo, inmigración y control de las fronteras exteriores que esté basada en la solidaridad entre Estados miembros y sea equitativa respecto de los nacionales de terceros países".

(6) La Carta en cuestión obtuvo su aprobación en ocasión de la Cumbre de Niza del año 2000, con el objetivo de dotar la Unión Europea de un instrumento jurídico reconocedor de derechos sociales: un conjunto de derechos que simultáneamente los Estados miembros y la Unión Europea consideraron formalmente y materialmente como derechos fundamentales. Durante muchos años mantuvo un valor fundamentalmente político, al carecer de cualquier carácter jurídico vinculante para los Estados miembros, operando como base para la futura democratización y constitucionalización social de la UE encaminada entonces hacia un proyecto constituyente supranacional. Después de la fracasada Constitución Europea (Tratado firmado en Roma el 29 de octubre de 2004 y nunca entrado en vigor debido a la controvertido oposición en el proceso de ratificación) la "Carta de derechos fundamentales de la Unión Europea" se confirma como parte dogmatica del proyecto político y jurídico europeo adquiriendo, a través la reformulación del art. 6 del Tratado de la Unión Europea (en su versión consolidada después de las modificaciones introducidas por el Tratado de Lisboa del 13 de diciembre de 2007), "el mismo valor jurídico de los Tratados". De esa manera el contenido de la Carta, jurídicamente, se convierte en derecho "asimilado" al derecho primario de la Unión Europea, aunque con la advertencia que "las disposiciones de la Carta no ampliarán en modo alguno las competencias de la Unión tal como se definen en los Tratados" (art. 6.1 TUE).

(7) Triguero Martínez L. A.. *Los derechos sociales fundamentales de los trabajadores migrantes*, Comares ed., Granada, 2012. p. 69.

por definición es un concepto más amplio ya que se incluyen en el mismo tanto los nacionales de un Estado miembro como los nacionales de terceros países (residentes legalmente). Esta referencia es interesante especialmente si se conecta con el conjunto de derechos y obligaciones reconocidos a los nacionales de terceros países "residentes de larga duración", ya que en la Directiva 2003/109/CE de 25 de noviembre de 2003 por la que se regula este supuesto, establece en el art. 14 que "los residentes de larga duración adquirirán (con este estatus) el derecho a residir, por un período superior a tres meses, en el territorio de otros Estados miembros diferentes del que les haya concedido el estatuto de residencia de larga duración". Todo esto sin olvidar que la titularidad de este derecho no es automática sino que está condicionada por una serie de requisitos (arts. 15 y siguientes de la Directiva en cuestión). Esta referencia, entre otras, permite ampliar por tanto la titularidad teórica del derecho a la libre circulación para aquellos que, pese a no ser ciudadanos, son residentes (de larga duración) en el territorio europeo. Por otro lado, este art. 34 de la Carta encuentra, en cada una de sus modulaciones (derecho de acceso a las prestaciones de la seguridad social y servicios sociales así como el derecho a una ayuda social y de vivienda), dos órdenes de limitaciones/regulaciones, es decir, las impuestas por el Derecho de la Unión, originario y derivado, y las impuestas por las legislaciones y prácticas nacionales. El derecho a la seguridad social y ayuda social es por tanto un derecho limitado y condicionado en su misma configuración así como un derecho que se construye sobre la base de una noción de residencia y no exclusivamente de ciudadanía europea.

Si se mira finalmente al título V, dedicado a "Ciudadanía", es inevitable hacer referencia al art. 45 que de manera directa reconoce derecho a circular y residir libremente en el territorio de los Estados miembros a los ciudadanos europeos (art. 45.1 Carta) y a los nacionales de terceros países que residan legalmente en el territorio de un Estado miembro, eso sí, "de conformidad con lo dispuesto en los Tratados" (art. 45.2 Carta). Se revalida de esta manera la ampliación de campo de aplicación subjetivo de la regulación del derecho de libre circulación y residencia en la UE a la vez que se remarcan los renvíos al derecho supranacional y nacional como límite a la amplitud del mismo.

Este conjunto de normas quedaría sin embargo incompleto si no se analizar las disposiciones normativas que regulan y definen, en los Tratados así como en los Reglamentos y Directivas de desarrollo, "el derecho a la libre circulación de los trabajadores europeos". Si se tienen en cuenta, por tanto las disposiciones contenidas en el TFUE a las cuales se ha hecho referencia anteriormente (arts. 20 y ss TFUE) y las disposiciones de la Carta la libre circulación aparece como un derecho fundamental de titularidad ciudadana, aunque en el mismo se inserta claramente, aportando importantes matizaciones al tema, el concepto de "*trabajador migrante*", es decir el que por definición, independientemente de venir de dentro o de fuera del territorio de la Unión Europea, en este mismo territorio circula y reside (fundamentalmente por razones de trabajo). Cuando se habla de libre circulación de personas (y por lo tanto del derecho a circular y residir libremente en todo el territorio de la Unión) evidentemente se está haciendo referencia a algo que sigue llevando intrínseco, en su mismo código genético, es decir la idea que esa libertad de circulación puede (y suele) estar acompañada y justificada en la necesidad de encontrar un trabajo y trabajar en otro Estado, diferente del de origen. Esto además queda indudablemente marcado por las normas de derecho derivado europeo que regulan la libre circulación de personas. Efectivamente, existe un derecho genérico a la libre circulación pero ese se limita jurídicamente a los tres meses, transcurridos los cuales se hace obligatorio el registro como extranjero residente en el territorio del Estado miembro de acogida (arts. 6 y 7 Directiva 2004/38/CE). Estas disposiciones, mientras por un lado no establecen requisitos para el establecimiento y la residencia de un ciudadano europeo hasta los tres meses de estancia en un Estado miembro diferente al de origen, cuando se trata de una residencia superior a este periodo de tiempo, supeditan esta residencia a la concesión de un permiso por parte del Estado miembro de acogida. Los requisitos son alternativamente: estar realizando una actividad profesional (por cuenta ajena o por cuenta propia); poder acreditar recursos económicos suficientes para "no convertirse en una carga para la asistencia social del Estado miembro de acogida durante el periodo que dure su estancia en el territorio del mismo" o bien poder acreditar estar cursando estudios y contar con un seguro de enfermedad. De esta manera el derecho a la libre circulación y residencia de los ciudadanos europeos, se circunscribe, por parte del mismo derecho de la Unión Europea y casi de manera contradictoria, a los ciudadanos que sean trabajadores migrantes, estudiantes o personas con suficiente capacidad económica para no convertirse en una carga social. Lo que resulta es claramente una limitación subjetiva de este derecho que acaba progresivamente reduciéndose, a través del desarrollo normativo del proprio derecho originario y derivado de la UE, desde un derecho para persona, a un derecho para ciudadanos a, finalmente y en definitiva a un derecho para trabajadores. La extensión conceptual acaba siendo, por tanto, sólo aparente ya que los límites internos al mismo esquema configurador del Tratado operan inmediatamente matizando "a la baja" la titularidad de este derecho. Resulta casi obvio que la mayoría de las residencia en Estados miembros diferentes al de origen de ciudadanos europeos (y residentes legales en la UE) se realizarán y solicitarán cumpliendo con el requisito de ser "trabajadores migrantes". En este sentido por tanto se evidencia la estrecha conexión entre la libre circulación y el definido "derecho a migrar para trabajar".

Este elemento caracterizador impulsa una serie de normas reguladoras específicas, que, de manera casi asimétrica, definen el "derecho al trabajo" en el territorio sin fronteras (aparentes) de la UE en un equilibrio jurídico complejo, hecho de pesos y contrapesos y donde la libre circulación encuentra definición a través de sus propios límites. Se está con eso haciendo referencia, en primer lugar, al conjunto de disposiciones que en el texto del TFUE, bajo el aparentemente amplio título de "Libre circulación de *personas*, servicios y capitales", regula la libre circulación de los *trabajadores* (y miembros de sus familias) como un tema esencialmente de migración laboral (así como evidentemente lo hace la ya citada Directiva 2004/38/CE). La migración laboral, contrariamente a su connotación más profunda, acabará reorientando y definiendo la propia definición jurídica de la libre circulación, en cuanto el mismo sistema la elabora y articula para que opere como limite conceptual y práctico. Y aquí entra en juego el modo en que se incorpora al ordenamiento jurídico europeo el concepto de "migración laboral".

La migración laboral en efecto puede ser definida — y así se hacho por parte de la doctrina — desde tres (contradictorias) perspectivas diferentes[8]. En primer lugar como "movilidad de uno de los factores de la producción", en cuya perspectiva la migración del trabajador queda absorbida, como un factor de producción más, al servicio de la creación de un libre mercado de fabricación y venta de los bienes y servicios que en el mismo se crean y distribuyen. Desde esta óptica el sistema jurídico toma en consideración la libre circulación de trabajadores de manera parcial y distorsionada ya que la configura como parte de una movilidad supranacional de instrumentos, medios y resultados de producción. Es decir, una movilidad articulada a través de una la libre circulación de mercancías, capitales, servicios y finalmente trabajadores. Esta óptica, como bien señala Ermida Uriarte en sus escritos, sólo puede determinar que el tratamiento jurídico del tema acabe siendo superficial e insuficiente ya que ignora que "una libertad para ser tal tiene que ser ejercida como libertad", cosa que no se verifica cuando a determinar esa "libre circulación" es por ejemplo "la falta de condiciones de vida mínima en el país de origen", lo cual determina, inevitablemente una migración forzosa (que poco o nada tiene que ver con una migración entendida como libre circulación). otro prisma posible, también parcial, a través el cual mirar y regular jurídicamente el fenómeno de las migraciones laborales es el definido "enfoque policial o aduanero"[9], en el cual el trabajador migrante sólo es visto como "algo que cruza la frontera" y como tal tiene que ser provisto de los debidos permisos de ingreso y residencia. Una vez más la perspectiva mercantilista orienta y distorsiona la definición de trabajador migrante haciendo de éste un objeto de regulación y no un sujeto de la misma. Finalmente queda un punto de vista por analizar, el único que tiene en cuenta "el trabajador como tal y al trabajo como un derecho de la persona"[10].

Sólo este enfoque conecta, desde el punto de vista jurídico, el fenómeno de la migración laboral con el de los derecho humanos definiéndola como "un derecho humano que se funda en otros varios derechos humanos o fundamentales, ampliamente reconocidos: el derecho a la vida, el derecho al trabajo, el derecho a no ser discriminado y la libertad de movimiento"[11]. Sólo ese enfoque permite que el

---

(8) Esta definición, a través de la referencia a estos tres puntos de vista y análisis del fenómeno migratorio, deriva en su totalidad de Ermida Uriarte O., "Derecho a migrar y derecho al trabajo" en AA.VV. *Las migraciones humanas en el Mercosur. Una mirada desde los derechos humanos. Compilación normativa*, Observatorio de Política Pública de Derechos humanos del Mercosur ed., Montevideo, 2009. p. 27 y ss.
(9) Ermida Uriarte O., *op. cit.*, p. 27.
(10) *Ibidem*.
(11) *Ibidem*, p. 28.

trabajador migrante encuentre su regulación desde y por el derecho del trabajo, en cuanto marco jurídico ineludible para garantizar no sólo su protección sino también su promoción en un autentico marco de "una ciudadanía *social e inclusiva*"[12]. Dejando para la parte conclusiva de este escrito la reflexión sobre la necesaria y urgente superación la fórmula clásica de ciudadanía en la cual se plasmaba la pertenencia a un Estado-Nación, hay que decir, desde ahora que este enfoque es el que todavía falta por desarrollar en el derecho social europeo. Pese a la "Carta de derechos fundamentales de la Unión Europea" y pese al intento de poner en el centro teórico de la construcción jurídica de la libre circulación las *personas*, no existe una óptica realmente superadora de la concepción mercantilistico-aduanera de la política migratoria en general y de la migración laboral en especial, ni (por supuesto) respecto a la migración laboral de nacionales de terceros países ni respecto a la de los mismos ciudadanos europeos, tal y como se intentará argumentar en las siguientes páginas de este texto.

2. EL CONTENIDO (CONCEPTUALMENTE LIMITADO Y LIMITANTE) DE LA LIBRE CIRCULACIÓN. ENTRE DERECHO EUROPEO Y DERECHO NACIONAL

Una vez entendido como la titularidad compleja del derecho a la libre circulación afecta a la definición del ámbito subjetivo (pero también del enfoque conceptual) que de ese derecho se pretende dar desde la Unión Europea, hace falta delimitar el contenido de este derecho, especialmente teniendo en cuanta lo dispuesto por el TFUE, es decir teniendo como referencia lo aquí establecido en relación a la "libre circulación de trabajadores". Ésta en efecto, tal y como se ha dicho anteriormente, no sólo constituye la causa hoy en día más común de circulación ya que "detrás de toda emigración laboral hay una necesidad imperiosa"[13], sino que representa la forma de migración más regulada por parte de la Unión Europea aunque esta ordenación puede que se haya hecho de manera contradictoria. Estas asimetrías no están relacionadas solamente (que también) con las restricciones puestas a la inmigración desde terceros países[14], sino especialmente con la configuración de la libre circulación de los trabajadores, es decir con el "núcleo histórico" de la libre circulación. Se individuaría de esta manera una evidente limitación conceptual originaria de este derecho que colisiona inexorablemente con la ampliación de titularidad y la configuración del mismo como un derecho de ciudadanía. Si el contenido teórico está limitado su desarrollo práctico no puede que acabar siendo fuertemente limitante para el conjunto de los sujetos involucrados, es decir personas, ciudadanos, residente y trabajadores.

El art. 45 TFUE es la referencia fundamental desde la cual hay que empezar si se quiere analizar la regulación de la libre circulación como fenómeno de migración laboral interna a la UE. Por un lado, esta norma define el contenido esencial de la libre circulación manteniendo su eje central en la prohibición de toda forma de discriminación por razón de nacionalidad, de manera que no se admitirá, en el derecho originario y derivado de la UE así como en el derecho propio de los distintos ordenamientos nacionales, ningún tipo de trato diferencial entre los trabajadores migrantes y los trabajadores de los Estados miembros de destino, "con respecto al empleo, la retribución y las demás condiciones de trabajo"[15]. Por otro lado, el dispositivo orienta y condiciona, de manera paradójica, la construcción de la misma noción europea de "trabajador (migrante) por cuenta ajena". Sin profundizar demasiado en esta cuestión, por el peligro de desviar demasiado el camino de este estudio, llama la atención que el derecho europeo no disponga de una definición

---

(12) Ramos Quintana M. I., "Inmigración y globalización económica. ¿Un lugar para el Derecho del Trabajo?", en *Revista del Ministerio de Trabajo y Asuntos Sociales* n. 63/2006, p. 17 y ss.

(13) Ermida Uriarte O., *op. cit.*, p. 27.

(14) Para una reflexión sobre la evolución de una política europea de inmigración todavía enmarcada en el marco de un "espacio europeo de seguridad" y especialmente para entender el trasfondo teórico que ha tenido la conocida "Directiva del retorno o de la vergüenza" (Directiva 2008/115/CE de 16 de diciembre de 2008 relativa normas y procedimientos comunes en los Estados miembros para el retorno de los nacionales de terceros países en situación irregular) véase las reflexiones, totalmente condivisibles, de Mora Cabello de Alba L. "Europa y su nueva política común de inmigración", en *Revista de Derecho Social* n. 52/2010, p. 113-125.

(15) La prohibición de toda discriminación configura el contenido esencial del derecho a la libre circulación en cuanto se entiende esencial para la remoción de obstáculos jurídicos y prácticos a la misma libertad de circular y residir libremente en cualquier Estado miembro. En este sentido se atribuye al Parlamento Europeo y al Consejo la capacidad, a través del mecanismo legislativo ordinario, de "adoptar las medidas necesarias a fin de hacer efectiva la libre circulación de trabajadores" eliminando aquellas disposiciones de derecho interno y de origen nacional que supongan una traba a la "liberalización de los movimientos de los trabajadores" así como las que establezcan "condiciones distintas de las impuestas a los trabajadores nacionales para la libre elección del empleo" (art. 46 TFUE). En este sentido este precepto de "no discriminación por razón de nacionalidad" está actualmente normativamente desarrollado en el Reglamento (UE) n. 492/2011 de 5 de abril de 2011.

de trabajador en ningún precepto del derecho originario y derivado. De esta manera, para entender quienes se consideran trabajadores a efecto de la normativa europea y para evitar que ese concepto se "rellene", de manera puntual, con toda y cada una de las referencias nacionales a este concepto, "dejando (así) la puerta abierta a la eventualidad de que cada Estado miembro pudiera modificar su contenido y privar discrecionalmente a determinados grupos de personas de los beneficios y de la protección de los Tratados"[16], por un lado, este concepto ha sido elaborado, de manera amplia, por parte del Tribunal de Justicia de la Unión Europea[17] y, por el otro lado, la única noción en sentido propiamente europeo de trabajo subordinado es la que resulta relevante para los objetivos previstos en el art. 45 TFUE, es decir la libre circulación. En el derecho europeo se rompería por tanto otra simetría clásica del derecho nacional, en este caso justamente del derecho del trabajo de derivación y creación nacional. En los ordenamientos jurídicos nacionales, en efecto, el concepto de "trabajador subordinado" se configura como "la puerta de acceso al área del trabajo normativamente protegido" mientras que en el sistema jurídico europeo "ese mismo concepto sirve, antes que nada, para abrir el camino, en la lógica del art. 45 TFUE, a la libre circulación/competición de los trabajadores europeos en el mismo mercado común, teniendo como fin en sí la garantía de la igualdad entre ellos mismos en el mercado (antes que en la relación de trabajo) y no, en cambio, hacia la corrección de (y a la protección frente a) las desigualdades de poder que acaban originándose en el contrato de trabajo"[18]. La definición de trabajador migrante — pese a ser una definición de mínimos que puede (y debe) completarse con las definiciones nacionales — se delinea, por tanto, en una perspectiva de "búsqueda de equilibrio" entre las mismas reglas de competencias orientadas a la creación y consolidación de un mercado común, en el cual los trabajadores migrantes acceden en cuanto (meros) factores de producción. Nada más lejos de la perspectiva del "derecho a migrar" como derecho fundamental del ser humano en cuanto tal (o, por lo menos, del trabajador en cuanto ciudadano).

Entre el contenido instrumental del derecho a la libre circulación, desarrollado por el art. 45 TFUE cabe resaltar especialmente el derecho de buscar trabajo desplazándose en el territorio de otros Estados miembros, así como el de residir en ellos con el fin de ejercer allí un empleo y el de quedarse en el territorio de un Estado miembro después de haber ejercido en él un empleo. De esta manera se configura y amplia la definición de (trabajador) migrante, ya que éste, a efectos del derecho de la Unión Europea, no es sólo el que trabaja (y sus familiares) sino también el que busca un trabajo y el que se queda sin él. Esta ampliación conceptual, es extremadamente interesante en cuanto configura el trabajo, no sólo el presente, sino también el pasado y el futuro como elemento de acceso a una serie de derechos fundamentales y de ciudadanía que no están pre condicionados por la existencia de un nexo territorial con el Estado miembro. Este avance teórico sin embargo queda sustancialmente anulado por la regulación propia de los ordenamientos nacionales, la cual puede legítimamente operar como sistema interno de contrapeso en virtud de la cláusula establecida "de conformidad con las disposiciones legales, reglamentarias y administrativas previstas en las prácticas y legislaciones nacionales". Esta fórmula, como se verá en el apartado siguiente, opera indudablemente como límite fundamental en la configuración real del derecho a la libre circulación como derecho de las personas, tal y como teóricamente está previsto en el art. 20TFUE. De esta manera la tensión existente entre el derecho nacional y el derecho europeo facilita la creación de una configuración europea del derecho a libre circulación y residencia totalmente "contra-equilibrado" en el cual los avances teóricos de uno se neutralizan por las limitaciones del otro y *viceversa*. No hay que olvidar, de hecho, que las complejidades propias de la relación jurídica existente en la Unión Europea entre ordenamientos jurídicos de diferente nivel se hace evidente, en toda su grandiosidad, en el

---

(16) Dans Álvarez de Sotomayor L., *op. cit.*, p. 164.
(17) Toda persona que realice una actividad económica efectiva, en beneficio y bajo la dependencia de otro, y de forma remunerada" (STJUE de 3 de julio de 1986, *Asunto Lawerie-Blum*, C-66/85), independientemente de la modalidad contractual o de que la prestación laboral se desenvuelva a jornada completa o por un número de horas inferior a la jornada ordinaria (STJUE de 13 de julio de 1989, *Asunto Rinner-Kühn*, C-171/88) y al margen incluso de que la retribución satisfecha sea tan exigua que no alcance siquiera el salario mínimo fijado en el Estado miembro de acogida y que se a necesario por ello una ayuda complementaria a cargo del asistencia social de dicho país (STJUE de 3 de junio de 1986, *Asunto Kempf*, C-139/85). Así en Dans Álvarez de Sotomayor L., *op. cit.*, p. 165.
(18) Giubboni S., "La nozione europea di subordinazione", en AA.VV. (Sciarra S., ed.), *Manuale di diritto sociale europeo*, Giappichelli ed., Torino, 2010. p. 30.

momento que se analiza la normativa europea destinada a crear, tal y como sugiere el art. 48 TFUE, "un sistema que permita garantizar a los trabajadores migrantes por cuenta ajena y por cuenta propia así como a sus derechoshabientes, en primer lugar, la acumulación de todos los periodos (independientemente que se hayan dado en Estados miembros diferentes y bajo, por lo tanto, regulaciones normativas diferentes) necesarios para adquirir y conservar el derecho a las prestaciones sociales y para el cálculo de las mismas y en segundo lugar, el pago de las prestaciones a las personas que residan en los territorios de los Estados miembros" (art. 48 TFUE). Se materializa en este sentido la competencia compartida en materia de Seguridad Social y Protección Social que — en virtud de la lectura conjunta de los arts. 4 y 153, apartado 1 y 4, TFUE — hace que en este tema siga siendo dominante el control estatal mientras que la implicación de la Unión Europea se limita, por lo general, a la definición de aspectos de coordinación y cooperación con el fin de completar y apoyar la acción de los Estados miembros. No hay que olvidar que en la misma "Carta de los derechos fundamentales de la Unión Europea", a la vez que en el art. 34, se declaraba "el derecho de toda personas que se desplace o resida legalmente en el territorio a la seguridad social y a la ayuda social y de vivienda", la misma disposición condicionaba el desarrollo práctico del mismo a su "conformidad con el Derecho de la Unión y con las legislaciones y prácticas nacionales"[19].

La arquitectura jurídica de la Unión Europea, en acción conjunta con los límites presentes en el derecho nacional (y compatible con la prohibición de toda discriminación por razón de nacionalidad y con el principio de igualdad de trato), define el "derecho a la libre circulación" como un derecho doblemente limitado. En primer lugar y desde la perspectiva subjetiva en cuanto, acaba, pese a las teóricas pretensiones de universalidad, limitando su titularidad a sujetos concretos, ciudadanos europeos o residentes extra-europeos de larga duración que circulan y residen en el territorio de la Unión Europea en función de un estatus de "trabajador migrante", preferentemente en activo o con disponibilidad económica. De esta manera no sólo se produce una profunda contradicción con la misma definición de "libre circulación de las personas" sino que además se desnaturaliza la misma noción de "migración laboral" que está a la base del concepto de "trabajador migrante". Excluyendo del ejercicio de este derecho (teóricamente fundamental) de toda mujer u hombre que, ejerciendo su derecho *al* trabajo (y a los otros demás derechos humanos básicos que se han citado anteriormente), intente buscar una oportunidad de empleo en otro Estado miembro diferente al de origen (independientemente y más aún si su situación es de extrema precariedad de recursos), se está negando, desde el derecho de la Unión Europea — el mismo ordenamiento jurídico que proclama, en su art. 1 de la "Carta de derechos fundamentales de la Unión Europea" el valor de la dignidad humana como un valor que será respetado y protegido —, la misma esencia de la migración en cuanto movimiento natural de aquél que busca un goce efectivo e igualitario del derecho *al* trabajo fuera de un país que no quiere o no puede ofrecérselo. Las asimetrías resultan por lo tanto potentes y rompedoras ya que dibujan un escenario que se mueve en sentido contrario respecto a los mismos principios y derechos que declara respetar y promover.

3. LIBRE CIRCULACIÓN Y "TURISMO SOCIAL": LAS CONTRADICCIONES DE UN MODELO INCOMPLETO

Las contradicciones de este modelo de libre circulación que, lejos de configurarse como un derecho humano o como un derecho ciudadano, tampoco respeta, en su configuración más pura, el mismo concepto de "migración laboral" no son simplemente una cuestión jurídica. Implican, desde lo más profundo, a una entera generación de ciudadanos europeos que, especialmente en los últimos años, pero también desde antes, entienden Europa como un espacio natural de migración. Un espacio sin fronteras (aparentes) en el cual las diferencias culturales y lingüísticas en muchos casos se compensan con una moneda conocida y con una red de apoyo más estructurada. Según datos recientes,

---

(19) El Reglamento (CE) n. 883/2004 de 29 de abril de 2004 sobre la coordinación de los sistemas de seguridad social — en su versión modificada por modificado por el Reglamento (CE) n. 988/2009, el Reglamento (UE) n. 1244/2010, el Reglamento (UE) n. 465/2012 y el Reglamento (UE) n. 1224/2012 — constituye la norma que rige la coordinación en materia de seguridad y que da por tanto actuación práctica en los dispuesto en el art. 48 TFUE. En el mismo es posible encontrar los principios fundamentales que rigen el sistema europeo de coordinación en materia de Seguridad Social y también se concretan los límites fundamentales derivados directamente del derecho europeo así como de las cláusulas de reenvío a las legislaciones nacionales de los Estados miembros.

desde el comienzo de la crisis económica han dejado España unos 700.000 españoles[20], mientras que en otros países del sur de Europa, como Italia, donde la crisis ha llegado más tarde, sólo en el último año se ha invertido la balanza entre inmigración/emigración determinando, por primera vez en décadas, un saldo positivo a favor de la emigración[21]. Muchos de ellos (de nosotros), la mayoría de hecho, es muy probable que no tuvieran la condición de "trabajador migrante" o de "estudiante" o de "persona con suficiente recursos económicos para no convertirse en carga del Estado miembro de acogida" cuando decidieron sobrepasar una frontera sólo aparentemente inexistente. Esto implica la necesidad práctica y no sólo teórica, por tanto, de analizar esa doble limitación, en contenido y en ámbito subjetivo que se ha intentado evidenciar anteriormente, respecto a un tema concreto y de fuerte actualidad cual es el del mal llamado "turismo social". Primero, se procederá a una aproximación definitoria a este concepto y sucesivamente — a través de un breve análisis de las tendencias más recientes del derecho nacional de algunos Estados miembros y de una conclusiones de Abogado General manifestadas en un caso recientemente presentado al Tribunal de Justicia de la Unión Europa y de muy próxima resolución — a su estudio en una relación (inexorablemente) práctica y directa con el ejercicio del derecho a la libre circulación y residencia. Se procede por tanto avanzando con orden en la reflexión.

Cuando se habla de "turismo social" (*welfare shopping*) se suele hacer referencia a la posibilidad que personas inactivas económicamente o sin recursos (es decir los ciudadanos más desfavorecidos) puedan, a través del ejercicio del derecho a la libre circulación, desplazarse a Estados miembros que cuentan con mecanismos de protección social más favorables y más desarrollados (es decir que tienen un Estado Social más fuerte) convirtiéndose en "cargas económicas indeseadas" para los Sistemas de Seguridad Social y los Servicios Sociales de estos Estados[22]. Este concepto, ya de entrada, presenta evidentes contradicciones con la misma idea de ciudadanía (especialmente en su dimensión social) que desde instrumentos jurídicos de la Unión Europea se declara y promueve. En este sentido los previamente analizados arts. 45 (libre circulación y residencia) y 34 (seguridad social y ayuda social) de la "Carta de derechos fundamentales de la Unión Europea" son ejemplo evidente de esta contradicción. También lo serían los arts. 45 y ss. del TFUE interpretados y analizados a la luz de lo establecido en los arts. 20 y 21 TFUE. Sin embargo, como ya se ha dejado claro en los apartados anteriores de este estudio, existe todo un conjunto de pesos y contrapesos, límites y contralimites que redimensionan el "derecho a la libre circulación". Límites que derivan del derecho europeo, originario y derivado pero también de los ordenamientos jurídicos de los Estados miembros y que pueden operar legítimamente en función de las distintas cláusulas de reenvío que tienen las normas en cuestión.

Concretamente, si se analiza el caso específico de las personas sin ingresos mínimos de subsistencia, el derecho a la libre circulación resulta limitado de manera casi inmediata. Por un lado, a través de la dificultad evidente de poder residir legalmente después de los primeros tres meses de estancia. Los requisitos del art. 7 de la Directiva 883/2004/CE operarían claramente en sentido contrario aunque se tratara de "buscadores de empleo" ya que el art. 45. 3 a) y b) reconoce un derecho genérico de "desplazamiento" y en ningún momento habla en términos de residencia, dando a entender difícil la posibilidad de una excepción expresa al cumplimiento de los requisitos establecidos para aquella. Por otro lado, a través de la aplicación normativa europea en materia de Seguridad Social. Resulta imposible identificar una norma europea que garantice unos ciertos parámetros de cobertura mínima. Además la asistencia social se excluye expresamente del ámbito de aplicación del Reglamento 883/2004 así como las prestaciones no contributivas se regulan en un marco jurídico caracterizado por un fuerte

---

(20) Se está haciendo referencia a un estudio desarrollado por Amparo González Ferrer, socióloga y especialista en demografía del Consejo Superior de Investigaciones científicas (CSIC), cuyos datos han sido publicados y analizados en prensa nacional. Véase concretamente el artículo titulado "¿A cuántos españoles ha expulsado la crisis?", El País, 17 de enero de 2014 (edición digital: http://sociedad.elpais.com/sociedad/2014/01/17/actualidad/1389990285_962730.html). Los mismos datos son utilizados en la cabecera del documental "En tierra extraña", dirigido por Iciar Bollaín, cuyo estreno en los cines (y simultáneamente en la red) se ha dado el 1 de octubre de 2014.

(21) Estos datos provienen de diferentes estudios entre los cuales destacan los de "Caritas Migrantes" y del Aire (registro de los italianos residentes en el extranjeros) y cruzados con los facilitados por Frontex (la agencia europea de control de fronteras). Se han publicados en "Di nuovo emigranti: più italiani in fuga che stranieri in arrivo", La Stampa, 29 de mayo de 2014 (edición digital: <http://www.lastampa.it/2014/05/29/italia/cronache/di-nuovo-emigranti-pi-italiani-in-fuga-che-stranieri-in-arrivo-5iy5XYiDRFl5oW0npAG68J/pagina.html>).

(22) Definición elaborada a partir de las consideraciones presentadas en Suárez Corujo B. — de la Quadra-Salcedo Janini T., *Libre circulación de personas y ciudadanía social: ¿cabe imponer barreras al turismo social?*", Estudios de Progreso, Fundación Alternativas, n. 44/2009, p. 12 y ss.

mecanismo de restricciones varias. La más importante de las éstas se puede reconocer en la predisposición de unas "cláusulas de residencia", que de por si obstaculizan el derecho a la libre circulación del sujeto beneficiario y que, conjuntamente con otros aspectos — cuales la general no exportabilidad de estas prestaciones así como la exigencia de periodos de residencia previos — hacen prevalecer la "vinculación singular con el entorno social", que estás prestaciones incorporan, respecto al ejercicio efectivo de un derecho a la libre circulación[23]. Dicho de otra manera un ciudadano europeo (y en ese sentido también tiene que entenderse incluido en estos términos el residente legal de larga duración sustancialmente equiparado a efectos del derecho a circular y residir libremente en el territorio de la Unión Europea) que no se encuentre en activo y que no disponga de un nivel mínimo de ingresos, sólo puede pedir protección social, especialmente si se trata de prestaciones no contributivas, al Estado de origen. Queda así anulado el derecho a la libre circulación justamente a los ciudadanos que más que otros pueden necesitar el ejercicio de este derecho para lograr una oportunidad real de empleo y de futuro.

Recientemente, la movilidad de ciudadanos sin recursos ha preocupado mucho los Gobiernos de algunos países de la Unión Europea que, por su mejor situación económica frente al resto y también por una mayor solidez de sus Sistemas públicos de protección social, se han convertido en Estados de acogida de muchos de los jóvenes y menos jóvenes que desde el sur y el este de Europa migran en busca de una realidad más favorable. El miedo frente a esta avalancha de "posibles turistas sociales" ha provocado distintas reacciones tanto por parte de los Estados miembros como por parte de la Unión Europea.

Por un lado, se ha dado un incremento significativo de declaraciones, más o menos directas y pronunciadas desde distintas fuentes gubernamentales, sobre la necesidad de amoldar la libre circulación de los ciudadanos europeos a la capacidad (variable) de acogida y empleo de los Estados miembros[24], así como se han multiplicado las peticiones de bloqueo y control de los flujos migratorios internos a la Unión Europea, que distintos partidos políticos presentan ya sin complejos. Incluso, estas peticiones aparecieron claramente en algunos de los programas electorales elaborados para las recientes elecciones al Parlamento Europeo celebradas en mayo de 2014 y fueron premiadas por los ciudadanos con un buen y sorprendente éxito electoral[25]. Por otro lado, la Comisión Europea ha empezado a elaborar toda una serie de documentos de orientación e interpretación de la libre circulación de personas. Después de las *guidelines* publicadas en 2009, en ocasión de la presentación del proyecto político de investidura de Durao Barroso como presidente de la Comisión Europea, en las cuales la libre circulación aparecía como una clara prioridad política, en noviembre de 2013 se elaboró y divulgó una Comunicación — Com(2013) 837 final de 25 de noviembre de 2013 — titulada "Libre circulación de los ciudadanos de la UE y de sus familias: cinco medidas claves". En este texto después de una serie de declaraciones sobre los beneficios de la libre circulación de personas en el territorio de la UE se afirmaba que "en respuesta a las preocupaciones de algunos Estados miembros por la aplicación práctica de la libre circulación, la Comisión establece cinco acciones para ayudar a las autoridades nacionales y locales a *prevenir los abusos* del derecho de libre circulación"[26]. Estas cinco medidas consisten en elaborar un plan de colaboración que ayude las autoridades locales a resolver dudas respecto a la aplicación de la normativa europea con el fin: primero, de oponerse a los matrimonios de conveniencia; segundo, de aplicar correctamente las normas UE para la coordinación de los sistemas de seguridad social aclarando la regulación y funcionamiento de la "prueba de residencia habitual" que se exige para el acceso a determinadas prestaciones; tercero, de abordar la cuestión de la integración social a través de un uso más eficaz por parte de los Estados miembros del Fondo Social

---

(23) Este vínculo ha sido analizado por parte del TJUE en varias ocasiones y se ha interpretado como un criterio que tiene que ser utilizado en sentido preferentemente restrictivo en cuanto, de no ser así, podría convertirse en un obstáculo a la libre circulación de personas (STJUE de 18 de diciembre de 2007, *Asunto Habelt*, C-935/05).

(24) Medidas con estas características se anunciaron en la prensa europea a principio del año 2014 por parte del Gobierno alemán (intención de expulsar los ciudadanos europeos que llevaran más de seis meses buscando empleo sin encontrarlo y de reforzar los requisitos para acceder a prestaciones no contributivas y ayudas sociales, especialmente en relación con el criterio de la residencia previa). Los medios de comunicación también se hicieron eco en la misma época de unas quejas parecidas provenientes de Países como Bélgica o Países Bajos.

(25) Es el caso, por ejemplo, del Partido de la Independencia del Reino Unido (UKIP).

(26) Com (2013) 837 final, de 25 de noviembre de 2013, p. 12 y ss.

Europeo; cuarto, de promover el intercambio de las mejores prácticas en la lucha para la inclusión social y finalmente de garantizar la aplicación práctica de la normativa sobre la libre circulación.

Desde la Unión Europea, además, resulta llamativa la posición jurisprudencial que parece que se está delineando respecto al ejercicio del derecho a la libre circulación por parte de sujetos inactivos o con escasos o nulos recursos económicos. Concretamente, se quiere hacer referencia, para concluir esta reflexión, a un caso concreto que ha sido presentado y debatido delante del Tribunal de Justicia de la Unión Europea y que ha sido objeto de resolución por parte de la Alta Corte (STJUE del 11 de noviembre de 2014). Se trata del *Asunto Elisabeta Dano y Florin Dano vs. Jobcenter Leipzig*, C-333/13 cuyas Conclusiones del Abogado General, Melchior Wathelet, han sido presentadas el 20 de mayo de 2014.

Brevemente, el caso en cuestión afecta a una ciudadana de nacionalidad rumana y a su hijo menor de edad (nacido en Alemania). Ambos viven desde hace varios años en Leipzig (concretamente, resulta de los hechos probados que desde julio de 2011 se concedió a la Sra. Dano una tarjeta de residencia permanente destinada a los ciudadanos de la Unión). Para ser específicos, viven en el apartamento de la hermana de la Sra. Dano, que se encarga de mantenerlos. Resulta que la Sra. Dano no tiene ninguna cualificación profesional ni ha ejercido hasta el momento, ninguna actividad profesional, ni en Alemania ni en Rumanía. Al parecer tiene un nivel muy elemental de alemán (que le permite entender y expresarse de manera sencilla aunque no es capaz de escribir y sólo de manera limitada puede leer textos en dicha lengua) y parece constar en actas del litigio principal que "no entró en Alemania para buscar trabajo y no se esfuerza para encontrar trabajo en este país"[27]. La Sra. Dano, en evidente situación de desempleo y de carencia de recursos, presentó dos veces solicitud para unas prestaciones del seguro básico alemán para demandantes de empleo necesitados de asistencia. Estas prestaciones que, según el Abogado General, encajan en el concepto europeo de "prestaciones especial en metálico no contributivas" y que comprenden un subsidio social y la participación en los gastos de alojamiento y calefacción, son denegadas en las dos ocasiones a la Sra. Dano en cuanto el organismo público alemán considera que su falta de concesión está justificada por el hecho de querer evitar que la ciudadana (europea pero no alemana) se convierta en una "carga excesiva para el Estado de acogida". La Sr. Dano recurre la decisión del organismo alemán considerando vulneradora de los arts. 18 TFUE (prohibición de toda discriminación basada en la nacionalidad) y 45 TFUE (derecho a la libre circulación de los trabajadores en el territorio de la Unión). El Sozialgericht Leipzig considera que, en función a la normativa alemana que regula esta prestación, la Sra. Dano no tiene derecho a las prestaciones del seguro básico, No obstante, este Tribunal se pregunta si las disposiciones del Derecho de la UE (en particular art. 4 Reglamento n. 883/2004, art 18 TFUE así como el derecho general de residencia reconocido en el art. 20 TFUE) se oponen a las Disposiciones del Derecho alemán que tendrían cabida y aplicación en este caso a su parecer. Se plantea así una cuestión prejudicial al TJUE para que aclare si esta negativa, con esta justificación, puede ser compatible con el derecho de la Unión Europea y por tanto con la prohibición de toda discriminación y trato desigual para un ciudadano proveniente de otro Estado miembro de la UE así como con el derecho de toda persona a la libre circulación y residencia. El asunto que se quiere resolver aquí es, en definitiva, si la exclusión de la prestación de subsistencia de un ciudadano proveniente de otro Estado miembro constituye o no obstáculo a la libre circulación de las personas (y por tanto y en cuanto vulneración del principio general de no discriminación).

El asunto es extremadamente interesante en cuanto, por un lado, se recuerda que la prestación en cuestión se reconoce en Alemania a los que están buscando empleo (y no lo encuentran), y por el otro lado porque pone en una confrontación directa la posibilidad que un ciudadano europeo se convierta, a ojos del Estado de acogida, en una carga excesiva para el propio Sistema de protección social, y el ejercicio del derecho a la libre circulación (y sus límites y contralímites).

La posición del Abogado General en este sentido es muy clara ya que, utiliza el criterio de la inexistencia del "vinculo real con el Estado miembro de acogida" y la justificante de la intención de evitar una carga excesiva, para argumentar conforme al derecho de la Unión Europea la denegación de protección social por parte de un Estado miembro a

---

[27] Punto 92 Conclusiones Abogado General *Asunto Elisabeta Dano y Florín Dano vs. Jobcenter Leipzig*, C-333/13.

un ciudadano de la Unión Europea que se encuentre residiendo en un Estado distinto al de origen en función del ejercicio del derecho a la libre circulación. En esa ponderación de intereses, derechos y libertades que muchas veces se produce en las Salas del TJUE, según la interpretación del Abogado General, el "derecho a libre circulación" queda restringido frente al peligro que un sujeto (potencialmente) beneficiario se convierta una carga para el Sistema que lo acoge. Además, según esta interpretación, las normas europeas tienen necesariamente que interpretarse en un sentido que bloquee y desmotive cualquier posibilidad de "turismo social".

Lo que resulta altamente llamativo en este caso, tanto analizando las conclusiones del Abogado General como el texto mismo de la Sentencia, es la tendencia hacia dónde está empezando a derivar la colisión entre, por un lado, un "derecho a la libre circulación" mercantilísticamente concebido, y por otro, un derecho europeo (y nacional) de regulación construido a través de limitaciones y condicionamientos en un contexto, como el actual, de aumento de la desigualdad social en la Unión Europea. Una Unión Europea en la cual, en la actualidad, los movimientos migratorios de sus ciudadanos están empezando (como hace cincuenta años) a ser vistos como una amenaza y no como una oportunidad.

4. CONCLUSIONES

Es complicado proporcionar algún tipo de conclusión sobre un fenómeno de tan grande actualidad, sin embargo es oportuno redactar alguna reflexión final que hile el contenido de estas páginas y permita avanzar en el debate. En un momento determinado de la argumentación se hacía referencia a la necesidad de reconducir la libre circulación al concepto de "ciudadanía social *e* inclusiva" en su conexión con el reconocimiento y desarrollo de "un derecho a migrar", concebido (y protegido) como un derecho humano conectado (entre otros) *al* derecho al trabajo. Es oportuno remarcar esta afirmación ya que en la misma se puede encontrar la (posible) conclusión de esta propuesta.

Este enfoque, debidamente construido y articulado en una normativa europea anclada a la "Carta de los Derechos fundamentales de la Unión Europea", tal vez sea el único posible. El único que permitiría — frente a una ponderación como la que se está haciendo en el caso *Elisabeta Dana y Florín Dano vs. Jobcenter Leipzig* — "sacar" este derecho fundamental de la balanza. Porque es evidente que, con "un derecho a la libre circulación" tan cohibido — tanto en la elaboración teórica como el desarrollo práctico, tanto en el Derecho de la Unión Europea como en los ordenamientos nacionales — será muy complicado garantizar a los que se desplazan en la Unión Europea no sólo un trato igualitario frente a los demás ciudadanos del Estado de acogida, sino también un nivel de vida digno basado en el "derecho *a* trabajar" tal y como está reconocido en el art. 15 de la Carta.

Se podría de esta manera recolocar los derechos fundamentales en una perspectiva orientada a un verdadero reconocimiento de una ciudadanía europea, que no puede no ser si no es inclusiva y social. Los derechos fundamentales (como los de la Carta, pero también los que conforman la tradición constitucional común) y los derechos humanos (*in primis* el "derecho a migrar" como núcleo esencial — así sí — de la configuración e interpretación de la "libre circulación de personas") tienen que ser pensado para que su titularidad y ejercicio, desde su propia connatural universalidad, originen una ciudadanía plena. Una ciudadanía que, en sí, pueda superar el concepto de "ciudadanía en sentido clásico", entendida como nexo entre un individuo y un Estado y que se expresa necesariamente en sentido inclusivo (nunca exclusivo) además de participativo. En este sentido, se promovería una interpretación auténticamente "desmercantilizadora" de los derechos sociales (*en primis* del "derecho a la libre circulación y residencia") que fomentaría que, *desde* el estatus que los mismos derechos, en cuanto derechos humanos (*y fundamentales*), otorgan a *cada persona*, éstas "se expresen, manifiesten y pongan de relieve sus pretensiones y expectativas frente al poder público, para la obtención del conjunto de garantías de seguridad necesarias (así como) la dotación de contenido de dignidad a su propia existencia individual"[28].

REFERÊNCIAS BIBLIOGRÁFICAS

Dans Álvarez de Sotomayor, L., "Libre circulación de trabajadores", en AA.VV. (Nogueira Gustavino M., Fotinopoulou Basurko O., Miranda Boto J. M., dirs.) *Lecciones de derecho social de la Unión Europea*, Tirant Lo Blanch, Valencia, 2012.

---

(28) Triguero Martínez L. A., *op. cit.*, p. 83.

Ermida Uriarte O., "Derecho a migrar y derecho al trabajo" en AA.VV. *Las migraciones humanas en el Mercosur. Una mirada desde los derechos humanos. Compilación normativa*, Observatorio de Política Pública de Derechos humanos del Mercosur ed., Montevideo, 2009.

Giubboni S., "La nozione europea di subordinazione", en AA.VV. (Sciarra S., ed.), *Manuale di diritto sociale europeo*, Giappichelli ed., Torino, 2010.

Mora Cabello de Alba L. "Europa y su nueva política común de inmigración", en *Revista de Derecho Social* n. 52/2010.

Ramos Quintana M. I., "Inmigración y globalización económica. ¿Un lugar para el Derecho del Trabajo?", en *Revista del Ministerio de Trabajo y Asuntos Sociales* n. 63/2006, p. 17 y ss.

Suárez Corujo B. — de la Quadra-Salcedo Janini T., *Libre circulación de personas y ciudadanía social: ¿cabe imponer barreras al turismo social?*", Estudios de Progreso, Fundación Alternativas, n. 44/2009.

Triguero Martínez L.A., *Los derechos sociales fundamentales de los trabajadores migrantes*, Comares ed., Granada, 2012.

Acidentes do Trabalho e Doenças Ocupacionais: Consequências e Responsabilidade Civil do Empregador

Yone Frediani[(*)]

I — INTRODUÇÃO

Sabe-se que, com o advento da Revolução Industrial e consequente modificação dos padrões de produção até então conhecidos por força da introdução da máquina a vapor, homens, mulheres e crianças passaram a ser expostos a acidentes do trabalho graves que provocaram mutilações e mortes, seja em face das jornadas excessivas de trabalho, seja em decorrência da ausência de condições mínimas e adequadas para execução de qualquer trabalho, visto que à época os aspectos relativos à preservação da saúde e prevenção de riscos em relação aos acidentes do trabalhado não constituíam prioridades de interesse no meio empresarial.

O agravamento da situação acima exposta aliada ao surgimento dos movimentos de trabalhadores postulando, não só melhores salários, mas melhores condições de trabalho, acarretou a progressiva modificação das posturas dos empregadores, com o estabelecimento de condições mínimas de segurança para exercício de qualquer trabalho.

Sinteticamente, pode-se asseverar que, antes mesmo de se cogitar do eventual pagamento de indenização por acidentes ou doenças ocupacionais, o verdadeiro e real direito assegurado aos trabalhadores consiste na prevenção dos riscos existentes no ambiente laboral e na preservação da saúde e vida dos obreiros, com o objetivo de que os acidentes e doenças ocupacionais previsíveis não mais aconteçam, posto que, em inúmeros casos concretos seus danos e consequências são irreparáveis.

A Constituição Federal de 1988, no art. 7º, inc. XXII, assegurou aos trabalhadores o direito à proteção do meio ambiente de trabalho através de normas de saúde, higiene e segurança, lembrando-se que na conformidade do disposto no art. 1º, III e IV, do mesmo diploma legal, constituem fundamentos da República a dignidade da pessoa humana e o valor social do trabalho.

II — ASPECTOS DAS QUESTÕES ACIDENTÁRIAS NO BRASIL

Segundo informações oficiais, o Brasil ocupa o 4º lugar no mundo no "ranking" de acidentes fatais, cuja causa principal reside na falta de políticas efetivas de proteção, salientando-se que os grupos mais vulneráveis são integrados por motoristas, agentes de segurança, trabalhadores na construção civil e no meio rural.

Nesse contexto, cerca de 7 trabalhadores por dia perdem a vida em acidentes do trabalho, além dos incontáveis afastamentos da atividade laboral motivados por doenças ocupacionais que poderiam ser evitadas com sistemas efetivos de prevenção.

(*) Desembargada do Tribunal Regional do Trabalho da 2ª Região (aposentada). Doutora em Direito do Trabalho PUC/SP. Mestre em Direito das Relações do Estado PUC/SP. Mestre em Diretos Fundamentais/UNIFIEO. Professora de Direito Individual e Coletivo do Trabalho e de Direito Processual do Trabalho nos cursos de Pós-Graduação e Graduação da FAAP — Fundação Armando Álvares Penteado. Membro da Academia Brasileira de Direito do Trabalho e da Associación Iberoamericana de Derecho del Trabajo y de la Seguridad Social. Professora Visitante nas Universidades de Modena e Reggio Emilia (Itália) e na Universidad Tecnológica del Peru.

Sem quaisquer dúvidas, os números apontados demonstram a necessidade de pronta adoção de medidas eficazes e rápidas que possam contribuir para diminuição de tais ocorrências.

Importante ressaltar que as questões acidentárias no universo do trabalho tomaram uma proporção tão grande e grave que a Organização Internacional do Trabalho — OIT instituiu, a partir de 2001, o dia 28 de abril como Dia Mundial pela Saúde e Segurança do Trabalho, tendo o Brasil, a partir do exercício de 2003, incorporado referida data em seu calendário.

Verifica-se, pois, ser imprescindível a conscientização de empregadores e trabalhadores, de que são os mesmos responsáveis pela garantia de um meio ambiente do trabalho saudável e seguro, na medida em que este guarda relação direta com os inúmeros aspectos da segurança e medicina do trabalho.

III — O MEIO AMBIENTE DO TRABALHO

Dentre os diversos princípios que norteiam o direito ambiental e, por conseguinte, o meio ambiente do trabalho, destacam-se:

- princípio da prevenção, evitando-se todo e qualquer perigo de dano;
- princípio do poluidor-pagador, por meio do qual, ocorrendo o dano, sua reparação dever ser integral;
- princípio da participação, competindo aos órgãos públicos e à toda a coletividade, a defesa e preservação do meio ambiente.

Portanto, compete ao empregador, a integral observância das normas de segurança e higiene do trabalho, não somente em relação à manutenção e preservação do meio ambiente do trabalho seguro, com o objetivo de que, dentro das peculiaridades de cada segmento ou ramo de atividade, a ocorrência dos acidentes e das moléstias profissionais sejam cada vez mais minimizadas ou eliminadas, se possível for.

Entretanto, não seria demais lembrar que as principais normas destinadas à segurança e saúde do trabalhador demandam imediata e urgente atualização diante dos inúmeros avanços e diversidades nos processos produtivos, bem como das novas modalidades pelas quais a prestação de serviços é executada.

IV — EVOLUÇÃO DOS ASPECTOS DA REPARAÇÃO DOS ACIDENTES DO TRABALHO E DOENÇAS OCUPACIONAIS

A ideia da responsabilidade civil originária do Direito Romano foi aperfeiçoada pelo Direito Francês, que estabeleceu seus princípios gerais; surgiram, pois, as teorias aquiliana ou extracontratual, contratual, dos riscos profissional e da autoridade e, finalmente, a teoria do risco social, cuja importância reside na evolução dos sistemas de seguridade social e na responsabilidade coletiva pelos riscos dos acidentes de trabalho, que passam a ser considerados riscos sociais a cargo de toda a coletividade.

A teoria do risco social, baseada na solidariedade que informa o sistema de seguridade social, sob a responsabilidade da sociedade, e que por meio dos empregados e empregadores respondem pelo custeio do sistema como forma de proteção que não se dirige apenas aos casos de acidentes de trabalho, mas, de desemprego, invalidez, velhice, morte etc.

Posteriormente, com a criação do seguro obrigatório, a teoria do risco perdeu sua importância diante do entendimento de que a contratação do seguro obrigatório por parte do empregador seria suficiente para garantir ao trabalhador e sua família o ressarcimento de eventuais prejuízos decorrentes do acidente de trabalho. Importante enfatizar que à época, a cumulação de ações de indenização acidentária com a de responsabilidade civil não era admitida.

Durante longo período, a Justiça Comum estadual seguiu admitindo a simples culpa para responsabilização do empregador, até o advento da nova Lei Maior de 1988 que, por força do disposto no inciso XXVIII do art. 7º da Constituição Federal de 1988, culminou por garantir aos trabalhadores urbanos e rurais o direito ao "seguro contra acidente de trabalho, a cargo do empregador, sem excluir a indenização a que este está obrigado, quando incorrer em dolo ou culpa".

Nesse contexto, acabou prevalecendo a teoria da responsabilidade subjetiva do empregador, valendo dizer que somente em caso de culpa ou dolo é que o empregador poderá ser responsabilizado pelos danos decorrentes do acidente de trabalho.

Entretanto, com a promulgação do novo Código Civil, em 2002, a questão voltou a ser discutida diante da regra inscrita no parágrafo único do art. 927, admitindo-se a aplicação da teoria objetiva para a reparação do dano nos casos disciplinados em lei ou nos casos em que a atividade desenvolvida normalmente pelo autor do dano implicar, por sua própria natureza, risco para os direitos de outras pessoas.

Importante ressaltar, desde logo, que a atividade empresarial não pode ser classificada como sendo de risco para toda e qualquer espécie de dano. Ao contrário, por força da observação e análise das maneiras pelas quais o trabalho é executado, é que será possível estabelecer a relação existente entre uma determinada função, combinada com o meio ambiente de trabalho da empresa e um dano específico daí decorrente para o trabalhador. Nesses casos, o afastamento de eventual responsabilidade civil de natureza objetiva exige que o empregador prove a ausência de nexo causal entre a doença e o labor, afastando-se, assim, o elemento culpa.

Portanto, é imperioso concluir que, nas hipóteses de doenças ocupacionais — profissionais e do trabalho — decorrentes dos danos provocados ao meio ambiente do trabalho por total negligência ou descaso empresarial, a responsabilidade pelos prejuízos causados à saúde do trabalhador é objetiva, impondo-se ao empregador o pagamento de indenização ao obreiro na proporção das lesões sofridas.

Necessário lembrar que, a doutrina e a jurisprudência reconhecem como fatores excludentes da responsabilidade objetiva do empregador: a autolesão; a culpa exclusiva da vítima; o caso fortuito e a força maior.

A hipótese da autolesão, provocada pela vítima para simular um acidente de trabalho para obter vantagens econômicas indevidas, sequer poderá ser considerada como acidente, uma vez provada a veracidade de tais circunstâncias pelo empregador, enfatizando-se que a prova do dolo do trabalhador deverá ser cabal e robustamente demonstrada para provocar a exclusão de qualquer responsabilidade patronal.

Da mesma maneira, a culpa exclusiva da vítima também deverá ser suficientemente demonstrada pelo empregador, que não concorreu direta ou indiretamente de qualquer forma para a ocorrência do evento, inexistindo, assim, nexo causal.

Considera-se como culpa exclusiva da vítima o ato inseguro do empregado no desempenho de suas funções, quando deixa de observar as regras básicas de segurança, não utiliza equipamentos de proteção etc.

As hipóteses de força maior e do caso fortuito ensejam a comprovação de que o empregador não concorreu de qualquer forma para a ocorrência do evento; caso contrário, deverá responder pelos danos sofridos pelo trabalhador.

Nessa linha de raciocínio, verifica-se que a jurisprudência civil sempre foi muito rica a respeito das inúmeras hipóteses e circunstâncias que impuseram ao empregador a responsabilidade de indenizar seus empregados.

Porém, com o advento da Emenda Constitucional n. 45/2004, que ampliou a competência da Justiça do Trabalho na conformidade do disposto no art. 114 da CF/1988, as lides versando sobre indenizações decorrentes de acidentes do trabalho ou doenças ocupacionais passaram a ser apreciadas perante o Judiciário Especializado.

Como é sabido, acidente do trabalho típico é considerado todo o evento que, em virtude do trabalho realizado, provoca lesão corporal ou redução da capacidade laboral de forma temporária ou permanente.

Paralelamente ao acidente típico, previu o legislador, o denominado acidente por equiparação, consistente no acidente sofrido pelo trabalhador no trajeto de casa para o trabalho ou vice-versa, as doenças ocupacionais provocadas pelo exercício de atividade peculiar e as doenças do trabalho, adquiridas em razão das condições especiais em que o trabalho é prestado.

Portanto, ocorrido o acidente ou desencadeada a doença ocupacional, ou seja, a doença não degenerativa, poderá o trabalhador, após buscar os benefícios previstos e concedidos pelo INSS, pleitear o pagamento de indenização de natureza civil pela empresa em face dos danos sofridos.

Dentre as diversas modalidades de danos passíveis de indenização destacam-se: danos materiais, morais e estéticos, cuja indenização cumulativa ou não, poderá ser pleiteada pela vítima ou seus sucessores em face do empregador.

Merece ser ressaltado que, mesmo estando o dano estético compreendido no gênero dano moral, a doutrina e a jurisprudência evoluíram no sentido de deferir indenizações distintas quando tais danos forem passíveis de apuração em separado, com causas inconfundíveis, surgindo, dessa forma, o entendimento jurisprudencial dominante consubstanciado através da Súmula n. 387 do Colendo Superior Tribunal de Justiça, *verbis*:

"É lícita a cumulação das indenizações de dano estético e dano moral".

Regra geral, pode-se afirmar que o dano estético está vinculado ao sofrimento pela deformação que sofre o trabalhador por meio de sequelas permanentes, facilmente percebidas, enquanto o dano moral está ligado ao sofrimento íntimo e interior, bem como todas as demais consequências provocadas pelo acidente.

Portanto, o dano estético materializa-se no aspecto exterior da vítima, enquanto o dano moral reside nas entranhas ocultas da mesma; o dano estético é ostensivo, porque todos podem ver; o dano moral, encontra-se encoberto e poucos podem percebê-lo; o dano estético, é revelado pela deformidade do corpo; o dano moral aninha-se em sentido na alma da vítima.

A comprovação dos danos materiais em juízo não oferece maiores dificuldades, eis que podem ser facilmente comprovados, por meio de recibos, notas fiscais de reembolso de medicamentos, tratamentos realizados, etc.

De igual forma, a comprovação do dano estético também poderá ser facilmente demonstrada por meio dos aspectos exteriores provocados na vítima em virtude do acidente ou sequelas decorrentes da doença ocupacional que, normalmente correspondem a cicatrizes, deformidades ou defeitos comprometendo ou provocando a alteração da harmonia física da vítima, citando-se como exemplos a perda de algum membro ou até mesmo de um dedo, uma cicatriz ou qualquer mudança corporal que cause repulsa ou desperte a atenção de terceiro.

Porém, o dano moral é aquele que apresenta maiores dificuldades de ser demonstrado satisfatoriamente, pelo interessado, na medida em que corresponde a aspectos de natureza eminentemente interior.

No caso de acidente do trabalho gravíssimo, do qual tenha resultado o óbito do trabalhador, o cálculo da indenização deve ser feito tomando-se como base o art. 948 do Código Civil; se porventura a vítima sobreviveu ao acidente, a indenização será calculada considerando-se as disposições dos arts. 949 e 950 do Código Civil.

Na hipótese de invalidez permanente plena, além da aposentadoria devida ao segurado pela Previdência Social, poderá o trabalhador postular o recebimento de pensão vitalícia, em face do princípio da reparação integral, além da indenização por danos materiais, morais e estéticos porventura sofridos, caso em que a prestação mensal vitalícia corresponderá ao percentual de 100% do último salário percebido, fixado na conformidade das conclusões do laudo pericial produzido.

De igual forma, a incapacidade parcial irreversível, além das prestações pagas pelo órgão oficial de previdência, poderá o segurado pretender indenização por danos materiais, morais e estéticos, bem como pensão vitalícia correspondente ao percentual de redução permanente sofrido pelo trabalhador em razão do acidente sofrido ou da doença ocupacional.

Importante realçar que a condenação da empresa ao pagamento de pensão mensal vitalícia será devida até que o trabalhador complete 72 anos de idade, em virtude do surpreendente aumento do índice de vida da população brasileira. Não raras vezes, os magistrados optam pela condenação da empresa ao pagamento da pensão vitalícia em única parcela, correspondente ao parâmetro acima apontado.

V — CONCLUSÕES

Em face das considerações supra, dúvidas não pairam quanto a necessidade e obrigatoriedade de o empregador investir na segurança e na saúde de seus empregados, resultando inquestionável a obrigação de observar e cumprir as normas relativas à segurança e saúde do trabalhador contidas na Portaria n. 3.214/78, zelando para a eliminação de possíveis acidentes do trabalho e doenças ocupacionais, sem se descuidar dos necessários treinamentos de seus empregados quando do fornecimento dos equipamentos de proteção individual.

Se, no cotidiano, forem observadas todas as diretrizes aplicáveis à espécie, por certo, a médio prazo, os empregadores, sentirão os reflexos positivos decorrentes da adoção das medidas de proteção à vida e à saúde de seus empregados, em relação à almejada eliminação de acidentes do trabalho e doenças ocupacionais, com consequente aumento de produtividade e eficiência apresentada por seus trabalhadores.

Saliente-se, ainda, que a adoção das medidas apontadas refletirá, também, na redução das ações versando sobre pagamento de indenizações com fulcro nos danos corporais sofridos, com a preservação do bem maior, a integridade física e mental de seus empregados, na medida em que a aplicação e correta interpretação do Direito do Trabalho, aponta para a necessidade da proteção integral da pessoa humana exposta aos riscos da prestação de serviço.

Com efeito, na atualidade, constitui consenso nos principais organismos internacionais sobre a necessidade de alteração do paradigma nas questões que envolvem segurança e saúde ocupacional, priorizando-se a proteção do que é verdadeiramente fundamental: a vida e a saúde do trabalhador.

Em momento algum poder-se-á falar em trabalho digno ou decente sem garantia das condições de segurança e saúde na prestação dos serviços, por meio da existência de um meio ambiente de trabalho seguro e saudável.

REFERÊNCIAS BIBLIOGRÁFICAS

BELTRAN, Ari Possidonio. O novo Código Civil e a responsabilidade civil do empregador, *Revista LTr*, jan./2003.

CAIRO JÚNIOR, José. *O Acidente do trabalho e a responsabilidade civil do empregador*. São Paulo: LTr, 2003.

DINIZ, Maria Helena. *Código Civil Anotado*. São Paulo: Saraiva, 2003.

MELO, Raimundo Simão de. *Direito Ambiental do Trabalho e Saúde do Trabalhador*. São Paulo: LTr, 2006.

SANTOS, Enoque Ribeiro dos. *Responsabilidade Objetiva e Subjetiva do Empregador — em face do Novo Código Civil*. São Paulo: LTr, 2007.

SILVA, José Antônio Ribeiro de Oliveira. *Acidente do Trabalho — responsabilidade objetiva do empregador*. São Paulo: LTr, 2008.

OLIVEIRA, Sebastião Geraldo de. *Indenizações por acidente do trabalho ou doença ocupacional*. São Paulo: LTr, 2008.

SITES CONSULTADOS:

<www.redebrasilatual.com.br>

<www.trt4.jus.br>

<www.progresso.com.br/cresce> o número de acidentes do trabalho>

Do Local de Trabalho Desativado e da Produção da Prova Pericial

Priscila Molento Ferreira Zapparolli[*]

1. INTRODUÇÃO

O tema em debate merece reflexão tendo em vista sua relevância na busca da melhor interpretação e aplicação da norma nos casos em que a realização da prova de insalubridade ou periculosidade se torna infactível diante da alteração significativa do local de trabalho do empregado.

Não raro, a efemeridade experimentada no cotidiano é no sentido de que empresas mudam suas características físicas fechando ou transferindo seu estabelecimento — lugar onde o obreiro exerce suas funções —, o que impossibilita a realização de perícia para apuração, caracterização, classificação ou delimitação da insalubridade e periculosidade segundo as normas do Ministério do Trabalho.

Mediante essas situações factuais, é imprescindível a busca de soluções que melhor se enquadrem na averiguação dos fatos quando se apresentam pleitos dos adicionais em questão, justamente porque a CLT é taxativa ao discorrer a necessidade da perícia para apuração da insalubridade ou periculosidade quando arguida em juízo[1].

O preceito legal, contido no art. 195 da CLT, merece análise a fim de entender sua aplicação no caso concreto, bem como as exceções a essa regra, diante do enfoque na mudança no ambiente de trabalho muito bem fulgurada na Orientação Jurisprudencial n. 278 da SDI-1, bem como o atual e iterativo posicionamento do Egrégio Tribunal Superior do Trabalho.

Partindo da concepção de que o mundo não é cartesiano, essencial que o direito, como ciência que estuda as regras obrigatórias que presidem as relações dos homens em sociedade[2], acompanhe a transformações e mudanças ocorridas no meio social para melhor solução dos conflitos, sendo esse o papel relevante do Estado.

2. DA NECESSIDADE DA PROVA E DA ORIENTAÇÃO JURISPRUDENCIAL N. 278 DA SDI-1

Afim de exaurir a real prestação da tutela jurisdicional, na busca da satisfação de um direito, forçoso que se faça a comprovação da verdade, da existência ou inexistência das razões expostas em juízo por cada litigante. Daí por que necessário que os fatos apresentados no libelo se convertam em prova.

Elpídio Donizette[3], quando cita Humberto Theodoro Júnior, descreve sobre o objeto da prova

---

[*] Advogada trabalhista. Foi professora assistente na PUC/SP, professora de Direito do Trabalho e Processual do Trabalho nos cursos de pós-graduação da FAAP — Ribeirão Preto e da graduação da FAC/UNINOVE em São Roque. Especialista em Direito Processual pela PUC/SP e Mestre em Direito pela Universidade Metropolitana de Santos (UNIMES).

(1) Art. 195 CLT: *A caracterização e a classificação da insalubridade e da periculosidade, segundo as normas do Ministério do Trabalho, far-se-ão através de perícia a cargo de Médico do Trabalho ou Engenheiro do Trabalho, registrados no Ministério do Trabalho. § 1º É facultado às empresas e aos sindicatos das categorias profissionais interessadas requererem ao Ministério do Trabalho a realização de perícia em estabelecimento ou setor deste, com o objetivo de caracterizar e classificar ou delimitar as atividades insalubres ou perigosas. § 2º Argüida em juízo insalubridade ou periculosidade, seja por empregado, seja por Sindicato em favor de grupo de associado, o juiz designará perito habilitado na forma deste artigo, e, onde não houver, requisitará perícia ao órgão competente ao Ministério do Trabalho.*

(2) SILVA, De Plácido e. *Vocabulário Jurídico*. 8. ed. v. I. Rio de Janeiro: Forense, 1984, p. 76.

(3) DONIZETTI, Elpídio. Curso Didático de Direito Processual Civil. 18. ed. São Paulo: Atlas, 2014. p. 598-599.

enaltecendo sua finalidade diante da necessidade de comprovação dos fatos apresentados:

> "Toda prova há de ter um objeto, uma finalidade, um destinatário, e deverá ser obtida mediante meios e métodos determinados. A prova judiciária tem como objeto os fatos deduzidos pelas partes em juízo. Sua finalidade é a formação da convicção em torno dos mesmos fatos. O destinatário é o juiz, pois é ele que deverá se convencer da verdade dos fatos para dar solução jurídica ao litígio. Os meios legais de provas são os previstos nos arts. 342 a 433; mas, além deles, permite o Código outros não especificados, desde que "moralmente legítimos" (art. 332)"

Ônus probandi traduz-se apropriadamente por dever de provar, no sentido de necessidade de provar. Trata-se apenas do dever no sentido de interesse, necessidade de fornecer a prova destinada à formação da convicção do juiz quanto aos fatos alegados pelas partes[4].

Pode se afirmar que não se trata de obrigação da parte, mas de diligenciar no sentido de ver comprovadas suas alegações. Outro ponto essencial é que somente os fatos controvertidos devem ser objeto de prova, já que independem de qualquer demonstração os fatos notórios, confessados, os incontroversos e aqueles em cujo favor milita presunção de existência ou veracidade[5].

No processo do trabalho o ônus da prova — disciplinado pelo art. 818 da CLT — estabelece que a prova das alegações incumbe à parte que as fizer. Seu conceito lacônico enseja a aplicação subsidiária da normatização do Código de Processo Civil (art. 333), ressalvados os aspectos singulares do processo laboral, em decorrência do desequilíbrio natural de posições entre empregado e empregador presente na relação de emprego. Isto se justifica pelo princípio da proteção consagrado no direito do trabalho face o pressuposto de que na relação de emprego há um desequilíbrio natural de posições entre empregado e empregador.

Ao abordar sobre o princípio da proteção, leciona Orlando Teixeira da Costa[6]:

> "Trata esse princípio de um preceito ético da melhoria das condições de vida do trabalhador, mediante a técnica de superação da relativa inferioridade econômica do trabalhador ante a superioridade econômica do patrão, por meio de uma forma de compensação jurídica."

Américo Plá Rodriguez[7] sintetiza com acertada clareza sobre a primazia do princípio da proteção:

> "O 'princípio da proteção' é o próprio fundamento da existência do direito do trabalho, pois do ponto de vista social, ele orienta o legislador e o intérprete, favorecendo a quem se pretende proteger."

Diante do debate que envolve a aplicação do Código de Processo Civil, no tocante ao ônus da prova no processo do trabalho, Carlos Alberto Reis de Paula[8] abrevia com louvor sobre a aplicabilidade do CPC:

> "A conclusão a que se chega é que o art. 333 do CPC pode ser aplicado subsidiariamente no processo do trabalho desde que observadas às restrições que decorrem das particularidades desse último."

Com vistas ao regramento contido no art. 333 do CPC, o ônus da prova incumbe ao autor, quanto ao fato constitutivo do seu direito, e ao réu, quanto à existência de fato impeditivo, modificativo ou extintivo do direito do autor.

Na seara da corroboração das atividades ou operações insalubres e que expõem o trabalhador a situações de risco, a regra para comprovação do adicional de insalubridade ou periculosidade é agasalhada pelo art. 195 da CLT, que dispõe expressamente que para "a caracterização e a classificação da insalubridade e da periculosidade, segundo as normas do Ministério do Trabalho, far-se-ão através de perícia a cargo de Médico do Trabalho ou Engenheiro do Trabalho, registrados no Ministério do Trabalho (...)."

Confere o substrato jurídico acima que a caracterização e classificação da insalubridade somente poderão ser alcançadas por meio de prova pericial,

---

(4) SANTOS, Moacyr Amaral. *Primeiras Linhas de Direito Processual Civil*. 27. ed., v. 2. São Paulo: Saraiva, 2011. p. 388.
(5) NAHAS, Thereza Christina; FREDIANI, Yone. *O Processo de Conhecimento e de Execução*. São Paulo: LTr, 2004. p. 27.
(6) COSTA, Orlando Teixeira da. *O Direito do Trabalho na Sociedade Moderna*. São Paulo: LTr, 1999. p. 19.
(7) RODRIGUEZ, Américo Plá. *Princípios de Direito do Trabalho*. 3. ed. São Paulo: LTr, 2000. p. 28.
(8) PAULA, Carlos Alberto Reis de. *A Especificidade do Ônus da Prova no Processo do Trabalho*. 2. ed. São Paulo: LTr, 2010. p. 112.

a cargo de médico ou engenheiro do trabalho, registrados no Ministério do Trabalho.

A norma jurídica assim estatui em detrimento da relevante preocupação com um ambiente saudável de trabalho com reflexos na vida do obreiro afim de prevenir doenças patológicas e conservar sua higidez física e mental.

A CLT preconiza no art. 189 as atividades que são consideradas insalubres como aquelas que por sua natureza exponham os empregados a agentes nocivos à saúde.

Nesse diapasão preceitua o art. 7º da Constituição Federal que: "são direitos dos trabalhadores urbanos e rurais, além de outros que visem à melhoria de sua condição social: XXIII — adicional de remuneração para as atividades penosas, insalubres ou perigosas, na forma da lei."

Compete ao Ministério do Trabalho aprovar o quadro das atividades e operações insalubres, adotando normas sobre os critérios de caracterização da insalubridade, os limites de tolerância aos agentes agressivos, meios de proteção e o tempo máximo de exposição dos empregados a esses agentes (art. 190 da CLT)[9]

Não basta somente identificar o agente insalubre, é necessário que este agente seja reconhecido como insalubre na classificação oficial pelo Ministério do Trabalho em conformidade com a Súmula n. 448 do C. TST.[10]

Como explanado linhas atrás, o legislador confere especificamente quanto apuração do adicional de periculosidade e insalubridade que sua averiguação esteja associada a realização de prova pericial.

Mesmo diante dos conceitos esposados, nota-se, pois, a ocorrência de alterações no aspecto do local de trabalho do obreiro onde há o fechamento, desativação ou mudança da pessoa jurídica que traduz a impossibilidade de realização de perícia.

Neste novo cenário é que foi editada pelo E. Tribunal Superior do Trabalho a Orientação Jurisprudencial n. 278 da Seção de Dissídios Individuais 1:

"278. ADICIONAL DE INSALUBRIDADE. PERÍCIA. LOCAL DE TRABALHO DESATIVADO (DJ 11.08.2003). A realização de perícia é obrigatória para a verificação de insalubridade. Quando não for possível sua realização, como em caso de fechamento da empresa, poderá o julgador utilizar-se de outros meios de prova."

O aplicador da lei, ao se deparar com a situação de fechamento da empresa ou da desativação do local de trabalho, poderá valer-se de outros meios de prova diante da impossibilidade, pelo perito, da avaliação da insalubridade ou periculosidade.

A realidade diária às vezes foge do modelo de apuração de prova determinado pelo art. 195, § 2º, da CLT, o qual dispõe que deve ser realizada perícia para constatação dos adicionais (insalubridade e periculosidade).

3. DA BREVE PERSPECTIVA DAS PROVAS NO DIREITO PROCESSUAL LABORAL

O Código Civil (art. 212) discrimina alguns meios de prova, sem, no entanto, esgotar as possibilidades mediante a aceitação de qualquer meio de prova desde que obtidos de forma lícita. São eles: confissão; documento; testemunha; presunção e perícia.

Prescreve o art. 332 do CPC que todos os meios legais, bem como os moralmente legítimos, ainda que não especificados neste Código, são hábeis para provar a verdade dos fatos em que se funda a ação ou a defesa.

O CPC elenca os tipos de provas as quais são aceitas nas situações em que não for possível a realização de prova pericial para apuração de insalubridade ou periculosidade em caso de fechamento da empresa. São elas: a) depoimento pessoal e interrogatório, b) confissão, c) documental, d) testemunhal, e) pericial, f) inspeção judicial pericial.

A abordagem de cada um dos meios será sucinta no sentido de que o trabalho não tem o condão de exaurir o estudo dos meios de prova no processo do trabalho, mas, o enfoque da prova peri-

---

[9] JORGE NETO, Francisco Ferreira; CAVALCANTE, Jouberto de Quadros Pessoa. *Direito do Trabalho*. 6. ed. São Paulo: Atlas, 2012. p. 562.
[10] ATIVIDADE INSALUBRE. CARACTERIZAÇÃO. PREVISÃO NA NORMA REGULAMENTADORA N. 15 DA PORTARIA DO MINISTÉRIO DO TRABALHO N. 3.214/78. INSTALAÇÕES SANITÁRIAS. (conversão da Orientação Jurisprudencial n. 4 da SBDI-1 com nova redação do item II) — Res. 194/2014, DEJT divulgado em 21, 22 e 23.5.2014) I — Não basta a constatação da insalubridade por meio de laudo pericial para que o empregado tenha direito ao respectivo adicional, sendo necessária a classificação da atividade insalubre na relação oficial elaborada pelo Ministério do Trabalho. II — A higienização de instalações sanitárias de uso público ou coletivo de grande circulação, e a respectiva coleta de lixo, por não se equiparar à limpeza em residências e escritórios, enseja o pagamento de adicional de insalubridade em grau máximo, incidindo o disposto no Anexo 14 da NR-15 da Portaria do MTE n. 3.214/78 quanto à coleta e industrialização de lixo urbano.

cial nos casos onde o local de trabalho, objeto da perícia, estiver desativado ou não mais se prestando para ser inspecionado.

a) depoimento pessoal e interrogatório

Trata o depoimento pessoal de uma modalidade de prova e nas palavras de Sérgio Pinto Martins[11] consiste "na declaração prestada pelo autor ou pelo réu perante o juiz, sobre os fatos objeto do litígio. Não serve apenas para obter a confissão, mas também esclarecer o juiz a respeito dos fatos do processo, delimitando a prova, para que esta possa ser avaliada".

No processo civil essa forma está albergada no art. 342 ao dispor que o juiz pode, de ofício, em qualquer estado do processo, determinar o comparecimento pessoal das partes, a fim de interrogá-las sobre os fatos da causa e, caso não haja a determinação *ex ofício*, compete a cada parte requerer o depoimento pessoal da outra, a fim de interrogá-la na audiência de instrução e julgamento (art. 343).

O processo do trabalho contempla o assunto no art. 820 da CLT, onde na instrução processual as partes e testemunhas serão inquiridas pelo juiz ou presidente, podendo ser reinquiridas, por seu intermédio, a requerimento dos Juízes classistas, das partes, seus representantes ou advogados.

O dispositivo legal obriga uma análise em conjunto com o art. 848 da CLT onde preceitua que "terminada a defesa, seguir-se-á a instrução do processo, podendo o presidente, ex officio ou a requerimento de qualquer juiz temporário, interrogar os litigantes".

Cabe notar que o interrogatório, conquanto também seja um meio de prova, pode ser determinado pelo magistrado *ex ofício* constituindo uma faculdade do julgador, diante do ordenamento celetista em consonância com o art. 342 do CPC.

Determinado de ofício ou a pedido da parte contrária é o ato pelo qual as partes comparecem em juízo para prestarem seus depoimentos pessoais. É prova de excepcional eficácia uma vez que os fatos confessados não dependem de qualquer outra prova (art. 334, II, CPC) o que auxilia sobremaneira quando não há a possibilidade de realização de perícia para apuração dos adicionais perseguidos.

b) confissão

Há confissão quando a parte admite a verdade de um fato, contrário ao seu interesse e favorável ao adversário. A confissão é judicial ou extrajudicial (Art. 348 do CPC).

Na harmoniosa lição de Carlos Henrique Bezerra Leite[12] o que se busca no depoimento pessoal é a confissão, alçada como a "rainha das provas":

> "o objetivo principal do depoimento pessoal das partes é a obtenção da confissão real, que é a principal prova, a chamada rainha das provas."

Segundo Moacyr Amaral Santos[13]:

> "Na confissão se pressupõe a vontade de dizer a verdade quanto aos fatos. É uma declaração de verdade, voluntariamente feita. Na vontade de reconhecer a verdade reside o elemento intencional — o *animus confitendi*."

A confissão também pode ser ficta ou real. Traduz a confissão ficta quando a parte devidamente intimada para comparecer em audiência de instrução e julgamento a fim de prestar depoimento em juízo não comparece, ou comparecendo, se recusar a depor, o juiz lhe aplicará a pena de confissão (art. 343, § 2º, CPC). Decorre da revelia (art. 319, CPC)

Pela dicção da Súmula n. 74 do C. TST ocorre a confissão ficta quando a parte não comparece à audiência em prosseguimento onde deveria depor:

> "Súmula n. 74 TST. Enunciado n. 74 — RA 69/1978, DJ 26.09.1978 — Incorporada a Orientação Jurisprudencial n. 184 da SBDI-1 — Res. 129/2005, DJ 20, 22 e 25.04.2005 Pena de Confissão Trabalhista — Comunicação — Prova — Cerceamento de Defesa
> I — Aplica-se a pena de confissão à parte que, expressamente intimada com aquela comunicação, não comparecer à audiência em prosseguimento, na qual deveria depor. (ex-Súmula n. 74 — RA 69/1978, DJ 26.09.1978)
> II — A prova pré-constituída nos autos pode ser levada em conta para confronto com a confissão ficta (art. 400, I, CPC), não implicando cerceamento de defesa o indeferimento de provas posteriores. (ex-OJ n. 184 — Inserida em 08.11.2000)"

---
(11) MARTINS, Sérgio Pinto. *Direito Processual do Trabalho*. 33. ed. São Paulo: Atlas, 2012. p. 328.
(12) LEITE, Carlos Henrique Bezerra. *Curso de Direito Processual do Trabalho*. 9. ed. São Paulo: LTr, 2011. p. 607.
(13) SANTOS, Moacyr Amaral. Ob. cit., p. 478.

Diferente da confissão real, na ficta a presunção é *relativa* prevalecendo apenas enquanto não houver outros meios de prova no processo capazes de elidi-la.

Todavia a confissão real gera presunção *absoluta* da veracidade dos fatos, porquanto é obtida expressamente pela parte, sendo alçada como a "rainha das provas" pela maioria dos doutrinadores.

Sob o enfoque da confissão real — tendo em vista seu caráter absoluto — e ocorrendo a hipótese corroborada pela OJ n. 278 da SDI-1, a concessão dos adicionais de insalubridade e periculosidade pleiteados poderia ensejar a procedência dos pleitos diante da manifesta rainha das provas. Ocorre que existe divergência doutrinária sobre o caráter absolutista da confissão real.

c) documental

Outra modalidade de prova que resulta em grande aproveitamento em situações de impossibilidade de realização de perícia diante da ocorrência de situação apontada na OJ n. 278 da SDI-1, é a prova documental. Prova documental refere-se a qualquer coisa capaz de demonstrar a existência de um fato e na lição de Moacyr Amaral Santos[14]:

> "O documento visa a fazer conhecer o fato representado de modo duradouro, por forma que o mesmo esteja representado no futuro. É, pois, a coisa representativa de um fato, de modo permanente. (...) Essa coisa deve ser suscetível de servir de prova, isto é, deve ser tal que por si mesma represente o fato. Deve ser uma coisa que possa, por si mesma, tornar presente ao juiz o fato representado."

Insta observar que o documento particular quando autêntico traz no seu bojo uma declaração de veracidade, resultando em prova que goza de grande prestígio, pois, culmina facilmente no convencimento do julgador, com resultado tão almejado pela parte que faz a prova.

Quanto à eficácia da prova documental alerta Humberto Theodoro Júnior[15]:

> "Para que o documento seja eficaz como meio de prova, é indispensável que seja subscrito por seu autor e que seja autêntico. Autor, no entanto, não é, no dizer de Carnelutti, 'quem o faz por si' (como o tabelião), 'mas quem o faz para si' como as partes contraentes, que firmam a escritura pública."

No tocante ao documento público é inegável sua presunção legal de autenticidade diante da fé pública conferida ao tabelião. Por seu aspecto fidedigno o documento público se sobrepõe a qualquer outra prova, e não pode ser substituído por nenhum outro meio de convicção face a dicção do 366 CPC.

A CLT reservou alguns artigos no tocante à prova documental quando discorre sobre a necessidade da forma escrita para chancelar a lisura do ato, como se extrai da análise dos arts. 59, 74, 456, 464, 477, §§ 1º e 2º, 777, 780, 787 e 830, parágrafo único, ao se referirem quanto ao pagamento de salário, acordo de prorrogação e compensação, anotações em CTPS para prova do contrato de trabalho, entre outros.

Uma inovação importante quando se traduz na desnecessidade da autenticação de documento comum às partes que veio introduzida pela OJ n. 36 da SDI-1, onde propiciou a validade de cópia não autenticada, desde que se trate de documento comum às partes e que não haja a impugnação de seu conteúdo.

> "OJ n. 36 da SDI-1. INSTRUMENTO NORMATIVO. CÓPIA NÃO AUTENTICADA. DOCUMENTO COMUM ÀS PARTES. VALIDADE (título alterado e inserido dispositivo) — DJ 20.04.2005".

Temos, por exemplo, à respeito de documento comum entre as parte, o instrumento normativo e sua apresentação em cópia não autenticada possui valor probante, desde que não haja impugnação ao seu conteúdo.

Os documentos, pela lição de Moacyr Amaral dos Santos[16], também podem se classificar quanto ao seu autor como: públicos ou privados, autógrafos ou heterógrafos, assinados ou não assinados e autênticos, autenticados ou sem autenticidade; quanto ao meio: indiretos ou diretos, escritos, gráficos, plásticos e estampados; quanto ao seu conteúdo: narrativos e constitutivos; quanto à sua finalidade:

---
(14) SANTOS, Moacyr Amaral. Ob. cit., p. 429.
(15) THEODORO JUNIOR, Humberto. *Curso de Direito Processual Civil*. Rio de Janeiro: Forense. 18. ed. 1996. p. 443.
(16) SANTOS, Moacyr Amaral. Ob. cit., p. 433-434.

preconstituídos ou casuais; quanto a sua forma em relação à prova: formais ou solenes, e não formais; e por fim quanto à forma: originais ou cópias.

Na exibição de documento ou coisa o juiz pode ordenar que a parte exiba documento ou coisa, que se ache em seu poder (art. 355 CPC). A exibição de documento ou coisa pode se apresentar de duas formas: como preparatória ou preventiva, caracterizada pela medida cautelar insculpida nos arts. 844 e 855 do CPC. E segunda hipótese trata-se de mediante procedimento incidental, cuja finalidade é provar um fato quando existe processo em andamento, estando instituída no art. 355 e seguintes do CPC.

Importante observar que quando o documento ou a coisa estiver em poder de terceiro, o juiz mandará citá-lo para responder no prazo de 10 (dez) dias (art. 360 CPC) e se o terceiro negar a obrigação de exibir, ou a posse do documento ou da coisa, o juiz designará audiência especial, tomando-lhe o depoimento, bem como o das partes e, se necessário, de testemunhas; em seguida proferirá a sentença (art. 361 CPC).

d) testemunhal

Testemunho é um meio de prova muito antigo e que, na lição de Amauri Mascaro Nascimento[17] quando cita Echandia e Alsina:

> "consiste na declaração representativa que uma pessoa, que não é parte no processo, faz ao juiz, com fins processuais, sobre o que sabe a respeito de um fato de qualquer natureza (Echandia). E testemunha é a pessoa capaz, estranha ao processo, que é chamada a declarar sobre os fatos que caíram sob o domínio dos seus sentidos (Alsina)."

Ao mesmo tempo em que a prova testemunhal é importante, tanto é que o CPC reserva 20 artigos para discorrer sobre essa modalidade (400/419), bem como a CLT destina os arts. 819/825, 828 e 829, é evidente os perigos trazidos por ela diante do simples fato de que o ser humano é falível em sua memória, sem contar que a testemunha sempre narra o fato com suas próprias percepções.

É certo que no âmbito da justiça do trabalho essa modalidade de prova é muito utilizada — muitas vezes a única. Isso porque no decorrer de seu contrato de trabalho, o obreiro muitas vezes não tem acesso a documentos que poderia favorecê-lo ou comprovar seus argumentos, não restando alternativa senão o depoimento do colega de trabalho e sua boa memória.

Tamanha é a relevância do depoimento testemunhal que há expressa previsão legal de que ninguém pode se eximir do dever de colaborar com o Poder Judiciário para o descobrimento da verdade (339 CPC).

Para que haja melhor aproveitamento dessa modalidade de prova imperiosa a presença de algumas cautelas que visam elidir defeitos no testemunho, as quais estão elencadas no art. 405 do CPC (não podem depor pessoas incapazes, impedidos e suspeitos) e que oportunamente devem ser suscitada pela parte contrária se houver o impedimento para depor, conforme preceitua o art. 414, § 1º do CPC (momento de suscitar a contradita).

Diante da imposição legal de que a insalubridade e a periculosidade só podem ser comprovadas por meio de prova pericial nos termos do art. 195, § 2º, CLT, sua caracterização não comportaria a aceitação de outros meios de prova, não fosse o fato da impossibilidade de realização de perícia técnica quando o local de trabalho estiver desativado.

Assim, pela análise perfunctória da prova testemunhal e mesmo não havendo como inspecionar o local de trabalho do obreiro para apuração da insalubridade ou periculosidade, seu aproveitamento deve ser analisado com cautela para não haver descompasso entre a realidade e a presunção, posto que não raro a testemunha não sabe, não se recorda, está ansiosa, entre outros fatores emocionais que comprometem a lisura da prova pesando sobre o depoimento toda sorte de defeitos, comprometendo assim a valoração dessa modalidade de prova.

e) pericial

Quando a prova de determinados fatos alegados pelas partes depender de conhecimento técnico ou científico, o juiz poderá nomear perito para a produção da prova, por se tratar de profissional qualificado em razão de sua técnica, experiência e conhecimento. A prova pericial consiste em exame, vistoria e avaliação (art. 420, CPC).

---
(17) NASCIMENTO, Amauri Mascaro. Ob. cit., p. 553.

No direito processual do trabalho, a produção de prova pericial tanto pode ser postulada pela parte como determinada *ex oficio* pelo juiz. Cumpre notar que nas situações onde o objeto da prova pericial consiste na alegação de labor em condições insalubres ou perigosas não se trata de faculdade e sim de obrigação do magistrado em determinar a realização de prova pericial para a apuração e classificação dos adicionais (art. 195, CLT).

Tamanha sua relevância que, mesmo diante de confissão ficta ou da ocorrência de revelia, indispensável à realização da prova técnica, conforme leciona Sergio Pinto Martins[18]:

> "Havendo revelia, e na petição inicial existindo pedido de insalubridade ou periculosidade, é preciso ser realizada a prova técnica, pois a revelia não torna verdadeiro que no local de trabalho existam elementos nocivos ou perigosos à saúde do trabalhador. Esses fatos só poderão ser verificados com o exame técnico, pelo especialista inclusive para avaliar o grau de insalubridade existente no local de trabalho."

Afim de sanar questionamento sobre a eficácia da elaboração de laudo por engenheiro ou por médio, para apuração de periculosidade ou insalubridade, a OJ n. 165 da SBDI-1 confirma a legitimidade de ambos profissionais, não fazendo qualquer distinção entre médico e engenheiro:

> "PERÍCIA. ENGENHEIRO OU MÉDICO. ADICIONAL DE INSALUBRIDADE E PERICULOSIDADE. VÁLIDO. ART. 195 DA CLT. O art. 195 da CLT não faz qualquer distinção entre o médico e o engenheiro para efeito de caracterização e classificação da insalubridade e periculosidade, bastando para a elaboração do laudo seja o profissional devidamente qualificado."

Às partes faculta-se a apresentação de assistente técnico e quesitos dentro do prazo de 05 (cinco) dias, devendo o perito apresentar o Laudo em Cartório no prazo fixado pelo juiz ou pelo menos com 20 (vinte) dias de antecedência da realização da audiência de instrução e julgamento (art. 433, CPC).

Determina o art. 431-A do CPC que as partes terão ciência da data e local designados pelo juiz ou indicados pelo perito para ter início a produção da prova, o que enseja o acompanhamento das partes e seus procuradoras na realização da perícia.

Mesmo cercado pela cautela da produção de prova pericial por profissional qualificado imbuído de conhecimento técnico, o juiz tem plena liberdade em acolher ou não o laudo produzido, na formação de sua convicção. É o que traduz o art. 436 do CPC que estabelece que o juiz não está adstrito ao laudo pericial, podendo formar sua convicção com os demais elementos carreados aos autos.

Existe também a possibilidade da realização de uma segunda perícia destinada a corrigir eventual omissão ou inexatidão dos resultados que esta conduziu (art. 438, CPC), o que não traduz a substituição da primeira perícia, apenas no seu aprimoramento cabendo ao julgador apreciar livremente o valor de uma e outra.

Por finalizar, o procedimento sumaríssimo, rito mais célere, comporta os mesmos direitos quanto à produção de prova pericial ressaltando que somente quando a prova do fato o exigir, ou for legalmente imposta (regra do art. 195, § 2º da CLT), será deferida prova técnica, fixando desde logo o juiz o prazo, o objeto da perícia e a nomeação do perito, com a possibilidade de indicação de assistentes técnicos e oferecimento de quesitos.

f) inspeção judicial

Os arts. 443 a 444 do CPC tratam acerca da inspeção judicial a qual também está insculpida no rol como modalidade de prova.

Guarda relevante importância a inspeção judicial uma vez que resulta na diligência elaborada pelo próprio juiz, que inspeciona diretamente o local onde o empregado exerce sua função, afim de formar seu convencimento e esclarecer sobre o fato que interessa à decisão da causa.

O Juiz se dirige ao local, onde se encontra a pessoa ou coisa, primeiro quando entender necessário para melhor apuração ou interpretação dos fatos, segundo quando a coisa não puder ser apresentada em juízo, sem consideráveis despesas ou graves dificuldades, e terceira e última hipótese quando determinar a reconstituição dos fatos (442 CPC).

Após a inspeção será lavrado auto circunstanciado onde constarão todas as informações necessá-

---
(18) MARTINS, Sérgio Pinto. Ob. cit., p. 354.

rias ao julgamento da causa (443 CPC), podendo ser instruído com desenho, gráfico ou fotografia para melhor compreensão da diligência realizada.

Não se pode olvidar da contribuição dessa modalidade de prova na busca da construção da verdade perseguida para a apuração dos adicionais quando pleiteados a produzir a certeza ou convicção do julgador a respeito dos fatos litigiosos.

4. DA PROVA PERICIAL PARA APURAÇÃO DE INSALUBRIDADE E PERICULOSIDADE

Destaca-se ênfase no âmbito da prova pericial para aferição dos adicionais de insalubridade e periculosidade em virtude de norma expressa conferida pelo art. 195 da CLT. Numa primeira análise o entendimento é de que a realização de prova pericial para apuração dos adicionais torna-se imprescindível haja vista a imperatividade da norma que não assente interpretações vergáveis.

Não se trata de uma faculdade que a parte pode se valer, mas do único meio para a caracterização e a classificação da insalubridade e da periculosidade.

Sobre indispensabilidade de perícia para aferição da insalubridade, assim decidiu o C. TST:

> "Ementa: AGRAVO DE INSTRUMENTO. RECURSO DE REVISTA. ADICIONAL DE INSALUBRIDADE. NECESSIDADE DE PERÍCIA PARA AFERIÇÃO DA INSALUBRIDADE. Provável violação do art. 195, § 2º, da CLT. Agravo de instrumento provido.
> RECURSO DE REVISTA. PRINCÍPIO DA TRANSCENDÊNCIA. A aplicação do princípio da transcendência, previsto no art. 896-A da CLT, ainda não foi regulamentada no âmbito desta Corte, providência que se faz necessária em face do comando do art. 2º da Medida Provisória 2.226/2001 (DOU 5.9.2001). Recurso de revista não conhecido.
> ADICIONAL DE INSALUBRIDADE. NECESSIDADE DE PERÍCIA PARA AFERIÇÃO DA INSALUBRIDADE. A Orientação Jurisprudencial 278 da SBDI-1 é no sentido de que, para provar a insalubridade, é indispensável a realização da prova pericial, excluindo a hipótese em que não for possível realizá-la, tal como no caso de fechamento da empresa. O acórdão regional deixa evidente que a condenação se baseou em presunção decorrente da não apresentação de documentos referentes às condições de trabalho (LTCAT, PPRA, PCMSO e outros). Assim, o Tribunal a quo, ao condenar a empresa ao pagamento do adicional de insalubridade em grau máximo sem determinar a realização de prova técnica pericial para aferição da insalubridade no ambiente de trabalho, afrontou o art. 195, § 2º, da CLT. Recurso de revista conhecido por violação do art. 195, § 2º, da CLT e provido." (TST, 3ªT, RR 25-79.2013.5.08.0108, Rel. Min. Alexandre de Souza Agra Belmore, DEJT 01.7.2014)

> "Ementa: I — AGRAVO DE INSTRUMENTO EM RECURSO DE REVISTA. PROCESSO ELETRÔNICO — ADICIONAL DE INSALUBRIDADE. NECESSIDADE DE PROVA PERICIAL. Constatada violação do art. 195, caput, da CLT, impõe-se o provimento do Agravo de Instrumento para determinar o processamento do Recurso de Revista. Agravo de Instrumento conhecido e provido.
> II — RECURSO DE REVISTA — ADICIONAL DE INSALUBRIDADE. NECESSIDADE DE PROVA PERICIAL. De acordo com o art. 195, *caput* e § 2º, da CLT e a Orientação Jurisprudencial 278 da SBDI-1 do TST, quando arguida em juízo a insalubridade, é imprescindível a realização de perícia técnica para a constatação das condições de trabalho do empregado e para aferir o grau de insalubridade, desde que não haja impedimento, como no caso de fechamento da empresa, não constituindo faculdade do julgador. Prejudicada a análise dos demais temas. Recurso de Revista conhecido e provido." (TST, 8ª T., RR 1206-34.2012.5.08.0114, Rel. Min. Márcio Eurico Vitral Amaro, DEJT 8.8.2014)

O C. TST vai mais além entendendo que o fato do local de trabalho estar desativado em nada impede a realização de prova pericial para apuração de insalubridade, conforme aresto abaixo transcrito:

> "Ementa: ADICIONAL DE INSALUBRIDADE. LOCAL DE TRABALHO DESATIVADO. PRESCINDIBILIDADE DA PERÍCIA IN LOCU. REALIZAÇÃO DE PERÍCIA IN CASU, APÓS A DESATIVAÇÃO DO LOCAL DE TRABALHO DOS RECLAMANTES.
> No caso em que o local de trabalho dos reclamantes havia sido desativado, não era imprescindível a realização de perícia in locu, consoante o disposto na Orientação Jurisprudencial n. 278 da SBDI-1: "ADICIONAL DE INSALUBRIDADE. PERÍCIA. LOCAL DE TRABALHO DESATIVADO (DJ 11.08.2003) A realização de perícia é obrigatória para a verificação de insalubridade. Quando não for possível sua realização, como em caso de fechamento da empresa, poderá o julgador utilizar-se de outros meios de prova". Assim, o laudo pericial realizado pelo perito nomeado pelo Juízo de primeiro grau, após a desativação do local de trabalho dos reclamantes, é meio apto para a comprovação da insalubridade, nos termos da citada orientação jurisprudencial. Portanto, tendo o Regional decidido em sintonia com a jurisprudência citada, não há falar em ofensa aos artigos 189, 190, 191, 194 e 195, § 2º, da CLT, com supedâneo no art. 896, § 4º, da CLT e na Súmula n. 333 do TST. Recurso de revista não conhecido." (TST 2ª T., RR 196200-93.1994.5.15.0083, Rel. Min. José Roberto Freire Pimenta, DEJT 02.12.2011)

Em contraposição ao entendimento esposado, conforme visto acima, há entendimento de que a obrigatoriedade da realização da perícia estabelecida no aludido dispositivo da CLT não é absoluta, conforme decidiu o C. TST:

> "Ementa: (...) 2. RECURSO DE REVISTA ADICIONAL DE INSALUBRIDADE. AUSÊNCIA DE PERÍCIA. O art. 195 da CLT exige a realização de perícia para a caracterização da insalubridade. A obrigatoriedade da realização da perícia estabelecida no aludido dispositivo da CLT não é absoluta, podendo ser dispensada quando existentes nos autos outros elementos que demonstrem a prestação de serviços em condições insalubres. No caso, o Programa de Controle Médico de Saúde Ocupacional — PCMSO e o Programa de Prevenção de Riscos Ambientais -PPRA atestaram a existência de agentes insalubres físicos (ruído e vibrações) e químicos (poeira mineral). (...)" (TST-RR — 2022-14.2011.5.08.0126, Relator Ministro João Batista Brito Pereira, 5ª Turma, DEJT de 30.8.2013)

Vale dizer que a condição da OJ-SDI-406 exonera a realização de perícia judicial, cuja exigência soaria como uma formalidade inútil em detrimento dos princípios da celeridade, da economia e da duração razoável do processo, posto que discorre sobre o pagamento espontâneo do adicional de periculosidade:

> "OJ-SDI1-406 ADICIONAL DE PERICULOSIDADE. PAGAMENTO ESPONTÂNEO. CARACTERIZAÇÃO DE FATO INCONTROVERSO. DESNECESSÁRIA A PERÍCIA DE QUE TRATA O ART. 195 DA CLT. (DEJT divulgado em 22, 25 e 26.10.2010) O pagamento de adicional de periculosidade efetuado por mera liberalidade da empresa, ainda que de forma proporcional ao tempo de exposição ao risco ou em percentual inferior ao máximo legalmente previsto, dispensa a realização da prova técnica exigida pelo art. 195 da CLT, pois torna incontroversa a existência do trabalho em condições perigosas."

Pelo entendimento contido na OJ-SDI-406, a regra do § 2º do art. 195 da CLT não se traduz absoluta e comporta interpretação e harmonização com os arts. 420 e 427 do CPC, não necessitando ser realizada a perícia de verificação da insalubridade ou da periculosidade quando for impossível sua produção ou quando, pela confissão, for reconhecida pela parte adversa.

Há também consenso sobre a possibilidade da parte se valer de outros meios de prova para a obtenção dos adicionais, a exemplo de canteiro de obras desativado.

Nesse caso específico conforme abaixo se infere, o magistrado determinou à reclamada que apresentasse contracheques de outros dois empregados que serviriam de paradigma para o reclamante quanto aos adicionais. Como a reclamada permaneceu inerte quanto à determinação, houve a análise de outros elementos aptos ao deslinde da controvérsia e suficientes para formar o convencimento do julgador resultando na concessão do adicional:

> "AGRAVO DE INSTRUMENTO EM RECURSO DE REVISTA. ADICIONAL DE PERICULOSIDADE — IMPOSSIBILIDADE DE REALIZAÇÃO DE PERÍCIA TÉCNICA. LOCAL DE TRABALHO DESATIVADO (CANTEIRO DE OBRAS). UTILIZAÇÃO DE OUTROS MEIOS DE PROVA. Recurso de revista que não merece admissibilidade em face da aplicação da Súmula n. 333 e da Orientação Jurisprudencial n. 278 da SBDI-1 desta Corte, bem como porque não ficou configurada, de forma direta e literal, nos termos em que estabelece a alínea "c" do art. 896 da CLT, a alegada ofensa aos artigos 5º, incisos II, LIV e LV, da Constituição Federal e 195, § 2º, da CLT, pelo que, não infirmados os fundamentos do despacho denegatório do recurso de revista, mantém-se a decisão agravada por seus próprios fundamentos. Ressalta-se que, conforme entendimento pacificado da Suprema Corte (MS-27.350/DF, Rel. Min. Celso de Mello, DJ 4.6.2008), não configura negativa de prestação jurisdicional ou inexistência de motivação a decisão do Juízo *ad quem* pela qual se adotam, como razões de decidir, os próprios fundamentos constantes da decisão da instância recorrida (motivação per relationem), uma vez que atendida a exigência constitucional e legal da motivação das decisões emanadas do Poder Judiciário. Agravo de instrumento desprovido." (TST 2ª T, AIRR 178300-91.2009.5.16.0003, Rel. Min. José Roberto Freire Pimenta, DEJT 11.10.2013)

O problema gerado, quando a prova pericial não for possível, pode ser suprimido também com a inversão do ônus da prova. Nesse caso como o empregador tem o dever de realizar laudos periciais que reflitam o ambiente de trabalho, bem como de atualizá-los, a empresa corroboraria com a demonstração de prova eficaz a fim de formar o convencimento do magistrado.

5. DA PROVA EMPRESTADA NO ÂMBITO DO PROCESSO DO TRABALHO

A prova emprestada não está discriminada no Código de Processo Civil, contudo tanto a doutrina como a jurisprudência se têm inclinado pela aceitação da prova pericial emprestada nas questões onde se torna impossível ou inviável a produção de prova pericial diante da situação apresentada pela OJ n. 278 da SDI-1.

Discorre Moacyr Amaral Santos[19] sobre a possibilidade da utilização da prova emprestada:

> "A prova de um fato, produzida num processo seja por documentos, testemunhas, confissão, depoimento pessoal ou exame pericial, pode ser trasladada para outro, por meio de certidão extraída daquele, a essa prova, assim transferida de um processo para outro, a doutrina e a jurisprudência dão o nome de prova emprestada."

Acautela Sérgio Pinto Martins[20] que a prova emprestada é uma exceção à regra, mesmo porque especifica o art. 195 da CLT, que a existência da insalubridade deve ser comprovada necessariamente por meio de laudo pericial:

> "A prova emprestada será, porém, uma exceção à regra de que as provas devem ser produzidas no mesmo juízo, como ocorre em relação à prova por carta precatória. Assim a prova emprestada deverá ser analisada com certas restrições. É verdade que os princípios da economia e da celeridade processual recomendam sua aplicação, contudo há a necessidade de o juiz observá-la com certas cautelas, principalmente quando não há a possibilidade de tal prova ser repetida num segundo processo."

É certo que, para aceitação da prova emprestada, tem que haver a observância de alguns requisitos a fim de que produza a eficácia almejada, senão vejamos: 1) que a prova tenha sido produzida em outro processo entre as mesmas partes ou uma das partes e terceiro, 2) que tenha sido produzida com a observância dos princípios estabelecidos por lei, principalmente pelo princípio do contraditório e 3) que o fato a ser provado seja idêntico[21].

Eduardo Gabriel Saad[22] contribui com o entendimento da aceitação da prova emprestada desde que observadas as regras quanto à sua produção.

> "Está assente na doutrina que a prova feita num processo, para ser usada legitimamente num outro, é mister que tenha sido produzida entre as mesmas partes ou entre partes diversas desde que a questão ou fato controvertido sejam idênticos. É indispensável, outrossim, que na produção dessa prova tenha sido respeitada a lei, notadamente o princípio do contraditório."

Convém observar que no processo do trabalho a aceitação da prova pericial emprestada tem admissibilidade quando tiver sido colhida em cumprimento às formalidades legais, como o contraditório, e que o fato a ser provado seja idêntico ou exista uma grande relação em referência aos fatos abordados na lide onde se pretende a prova emprestada.

Renato Saraiva[23] comunga da aceitação da prova emprestada no campo do direito processual do trabalho:

> "Um exemplo de utilização da prova emprestada nos domínios do processo do trabalho seria na hipótese de a empresa ter fechado o estabelecimento onde trabalhava o reclamante, descaracterizando o local de trabalho. Nesse caso, não obstante o art. 195, § 2º, da CLT determinar a realização de perícia para aferição de insalubridade no local de trabalho, considerando que a empresa está desativada e o local não oferece possibilidade de reprodução das condições ambientais imperantes quando em atividade, poderá a prova pericial ser suprida pela juntada de laudos emprestados de outros processos, desde que estabelecida perfeita correspondência entre a situação periciada e o caso sub judice."

Na pertinente lição de Mauro Schiavi[24] a prova pericial deve ser utilizada no processo do trabalho:

> "No processo do trabalho, é comum a utilização de prova pericial emprestada quando o local de trabalho estiver desativado ou se alterarem as condições ambientais (art. 420, III, do CPC), e também dos depoimentos, tanto pessoais como de testemunhas produzidas em processo anterior, quando a prova oral não pode ser renovada no processo atual."

---

(19) SANTOS, Moacyr Amaral. Ob. cit., p. 407.
(20) MARTINS, Sérgio Pinto. Ob. cit., p. 363.
(21) SCHIAVI, Mauro. *Manual de Direito Processual do Trabalho*. 4. ed. São Paulo: LTr, 2011. p. 579.
(22) SAAD Eduardo Gabriel; SAAD, José Eduardo Duarte; BRANCO, Ana Maria Saad Castello. 6. ed. *Curso de Direito Processual do Trabalho*. São Paulo: LTr, 2008. p. 611.
(23) SARAIVA, Renato. *Curso de Direito Processual do Trabalho*. 5. ed. São Paulo: Método, 2008. p. 415.
(24) SCHIAVI, Mauro. Ob cit., p. 576.

Conclui Sérgio Pinto Martins[25] que na hipótese de fechamento do estabelecimento o laudo elaborado em outro processo, onde reflete as condições de trabalho, pode ser acolhido:

> "Na hipótese, *v.g.*, de que a empresa fechou ou transfere o estabelecimento onde trabalhava o empregado, é possível que as partes consigam um laudo em outro processo mostrando como era o ambiente de trabalho. Entretanto para que este laudo seja aceito mister se faz que a empresa seja a mesma, o local de trabalho seja o mesmo, os empregados envolvidos trabalhem no mesmo setor ou seção, exerçam a mesma função, trabalhem na mesma máquina, as condições de trabalho sejam as mesmas e o período trabalhado seja o mesmo."

É ampla a aceitação pelo Colendo Tribunal Superior do Trabalho no tocante a utilização da prova pericial emprestada conforme se depreende dos arestos colacionados:

"Ementa: AGRAVO DE INSTRUMENTO EM RECURSO DE REVISTA. ADICIONAL DE INSALUBRIDADE. COMPROVAÇÃO. IDENTIDADE DE FATOS. PROVA EMPRESTADA. VALIDADE. Conforme dispõe o art. 195 da CLT, a existência da insalubridade deve ser comprovada por meio de laudo pericial. A lei, contudo, não exige que referido laudo seja elaborado exclusivamente para cada caso concreto. Não há impedimento, assim, para a adoção, como prova, de laudo pericial emprestado. Tanto a doutrina como a jurisprudência tem-se manifestado no sentido de ser admissível a prova emprestada, desde que caracterizada a identidade de condições. No caso dos autos, a condenação pautou-se no laudo pericial elaborado com fundamento em outras empresas que realizavam o mesmo tipo de atividade da reclamada — aplicação de asfalto em rodovias —, pois na época encontrava-se com suas atividades suspensas. Frise-se que não há dúvida quanto à exposição ao agente insalubre, pois a nocividade das atividades desenvolvidas pelo reclamante decorria não do ambiente de trabalho, mas das substâncias a que estava exposto. Caracterizada a identidade dos fatos, não há que se falar em invalidade da prova emprestada. Intacto, assim, o art. 195 da CLT. Precedentes. Agravo de instrumento a que se nega provimento." (TST, 7ª T., AIRR 829-68.2011.5.19.0057, Rel. Min. Cláudio Mascarenhas Brandão, DEJT 15.08.2014)

"Ementa: PRELIMINAR DE NULIDADE POR NEGATIVA DE PRESTAÇÃO JURISDICIONAL. A manifestação do Tribunal Regional sobre os pontos suscitados no Recurso Ordinário significa prestação jurisdicional plena, não ensejando, pois, declaração de nulidade. NULIDADE. CERCEAMENTO DO DIREITO DE DEFESA. PERÍCIA. INSALUBRIDADE. UTILIZAÇÃO DE PROVA EMPRESTADA. VALIDADE. "ADICIONAL DE INSALUBRIDADE. PERÍCIA. LOCAL DE TRABALHO DESATIVADO A realização de perícia é obrigatória para a verificação de insalubridade. Quando não for possível sua realização, como em caso de fechamento da empresa, poderá o julgador utilizar-se de outros meios de prova". Esse é o teor da Orientação Jurisprudencial 278 da SDI-1 do TST, em consonância com a qual foi proferido o acórdão recorrido. SUCESSÃO TRABALHITA. ALIENAÇÃO DE ATIVOS EFETUADA EM SEDE DE RECUPERAÇÃO JUDICIAL — ART. 60, PARÁGRAFO ÚNICO, DA LEI 11.101/05. Em se tratando de processo submetido ao rito sumaríssimo, somente será admitido Recurso de Revista ou por contrariedade a súmula deste Tribunal ou por violação direta à Constituição da República (art. 896, § 6º, da CLT). A discussão a respeito da configuração da sucessão trabalhista em hipótese na qual houver a alienação de ativos em sede de recuperação judicial envolve, tão somente, interpretação do disposto no art. 60, parágrafo único, da Lei 11.101/05. Assim, não pode implicar ofensa direta e literal ao disposto nos arts. 5º, inc. II, e 102, § 2º, da Constituição da República. Recurso de Revista de que não se conhece." (TST, 5ªT, RR 39000-98.2008.5.15.0061, Rel. Min. João Batista Brito, DEJT 23.8.2014)

"Ementa: (...) ADICIONAL DE PERICULOSIDADE. PROVA EMPRESTADA. LAUDO PERICIAL. A lei não exige que o laudo pericial por meio do qual se constata a periculosidade ensejadora do pagamento de adicional de risco no trabalho do reclamante seja elaborado exclusivamente para cada hipótese. Com efeito, tanto a doutrina quanto a jurisprudência têm se manifestado no sentido de que é admissível a prova pericial emprestada, desde que caracterizada a identidade dos fatos. Esta é a hipótese dos autos, consoante atestado pela Corte de origem. Recurso de revista não conhecido." (TST, 1ªT, RR 60040.25.2005.5.04.0522, Rel. Min. Lelio Bentes Corrêa, DEJT 20.9.2013)

"Ementa: AGRAVO DE INSTRUMENTO. RECURSO DE REVISTA. ADICIONAL DE INSALUBRIDADE — CARACTERIZAÇÃO — ÔNUS DA PROVA — VALIDADE DA PERÍCIA — DESATIVAÇÃO DO LOCAL DE TRABALHO — PROVA EMPRESTADA. Nega-se provimento a agravo de instrumento que visa liberar recurso despido dos pressupostos de cabimento. Agravo desprovido." (TST, 2ª T., AIRR 73540-30.2002.5.02.0067, Rel. Min. Renato de Lacerda Paiva, DEJT 24.2.2012)

"Ementa: AGRAVO DE INSTRUMENTO EM RECURSO DE REVISTA. RITO SUMARÍSSIMO. ADICIONAL DE INSALUBRIDADE. PERÍCIA TÉCNICA. IMPOSSIBILIDADE. LOCAL DE TRABALHO DESATIVADO. PROVA EMPRESTADA. (SÚMULAS NS. 126 E 333 DO TST; ART. 896, § 4º, DA CLT). Não merece ser provido agravo de instrumento que visa a

---

(25) MARTINS, Sérgio Pinto. Ob. cit., p. 364.

liberar recurso de revista que não preenche os pressupostos contidos no art. 896, § 6º, da CLT. Agravo de instrumento não provido." (TST, 7ª T., AIRR 2698-77.2010.5.03.0144, Relª. Minª. Delaíde Miranda Arantes, DEJT 23.3.2012)

"Ementa: AGRAVO DE INSTRUMENTO. RECURSO DE REVISTA. 1. ADICIONAL DE INSALUBRIDADE. DESATIVAÇÃO DO LOCAL INSALUBRE. PROVA EMPRESTADA. 2. INTERVALO INTRAJORNADA. SÚMULA N. 437, III, DO TST. DECISÃO DENEGATÓRIA. MANUTENÇÃO. Não há como assegurar o processamento do recurso de revista quando o agravo de instrumento interposto não desconstitui os fundamentos da decisão denegatória, que subsiste por seus próprios fundamentos. Agravo de instrumento desprovido." (TST, 3ª T., AIRR 204900-25.2009.5.15.0021, Rel. Min. Mauricio Godinho Delgado, DEJT 11.10.2013)

"Ementa: CERCEAMENTO DE DEFESA. NÃO VERIFICADO. PROVA EMPRESTADA. VALIDADE. O Tribunal Regional se valeu de laudo pericial elaborado para outro processo em que se discutiu a existência de trabalho em condições insalubres envolvendo a prestação de serviço de agente comunitário de saúde em Município próximo ao destes autos. Com efeito, a lei não exige que o laudo pericial por meio do qual se constatou a existência de trabalho em condições insalubres seja elaborado exclusivamente para cada hipótese. Por razões diversas, como, por exemplo, de economia processual, é possível a utilização de perícia técnica realizada em outro processo — a chamada prova emprestada. Recurso de revista não conhecido (...)." (TST-RR — 359-43.2010.5.22.0104, Relator Ministro: José Roberto Freire Pimenta, 2ª Turma, DEJT de 6.9.2013).

"Ementa: AGRAVO DE INSTRUMENTO — RECURSO DE REVISTA — INSALUBRIDADE — LAUDO PERICIAL — PROVA EMPRESTADA — VALIDADE. O art. 195 da CLT exige que a caracterização e a classificação da insalubridade e periculosidade se deem a partir da realização de perícia. Contudo, admite-se como válido, para fins de cumprimento da exigência prevista no mencionado preceito, o laudo pericial decorrente de prova emprestada, quando este se refere ao mesmo ambiente de trabalho do qual faz parte o empregado. Precedentes da SBDI-1 (...)." (TST- AIRR — 2688-44.2010.5.15.0000, Relator Desembargador Convocado: Valdir Florindo, 2ª Turma, DEJT de 6.9.2013).

"Ementa: CERCEAMENTO DE DEFESA — ADICIONAL DE INSALUBRIDADE — PROVA EMPRESTADA. O juiz, em razão da necessidade de celeridade no curso do processo, possui o poder de apontar as provas necessárias à instrução dos autos, sendo-lhe facultado o indeferimento daquelas desnecessárias. Na espécie, o juízo de primeiro grau, atento aos fatos e circunstâncias constantes dos autos, considerou suficiente para seu convencimento prova emprestada de outro processo. De fato, em razão da similitude de condições de trabalho dos Agentes Comunitários de Saúde, a realização de nova perícia se configuraria desnecessária. Assim, ante a desnecessidade de realização de nova aferição, é dispensável nova prova pericial para o reconhecimento do direito ao adicional de insalubridade. Recurso de revista não conhecido". (TST- RR — 353-36.2010.5.22.0104, Relator Ministro Renato de Lacerda Paiva, 2ª Turma, DEJT de 24.5.2013)

"Ementa: (...) 2. CERCEAMENTO DE DEFESA. INDEFERIMENTO DE PEDIDO DE REALIZAÇÃO DE PERÍCIA. PROVA EMPRESTADA. Apesar de indeferido o pedido formulado pelo reclamado, a decisão que o condenou ao pagamento de adicional de insalubridade valeu-se de perícia judicial obtida mediante prova emprestada, cuja utilização como meio de comprovação das condições de insalubridade vem sendo admitida pela jurisprudência recente desta Corte. Nesse contexto, considerando que a condenação do reclamado teve amparo em prova pericial, ainda que emprestada, atendendo ao teor do art. 195 da CLT, não se há falar em cerceamento de defesa, estando incólume o art. 5º, LV, da CF. Agravo de instrumento conhecido e não provido". (TST-AIRR — 724-69.2011.5.22.0102, Relatora Ministra Dora Maria da Costa, 8ª Turma, DEJT de 17.5.2013)

"Ementa: RECURSO DE REVISTA. PERICULOSIDADE. PERÍCIA. PROVA EMPRESTADA. A discussão ora travada, diz respeito à possibilidade do deferimento do adicional de periculosidade sem que seja produzida prova pericial específica. A Corte Regional consignou no acórdão recorrido que o reclamante juntou aos autos relatórios mensais elaborados por empresa especialmente contratada para verificar as condições das atividades e operações executadas pelos empregados da INFRAERO, além de prova pericial produzida em processo judicial, a qual verificou a presença de periculosidade no mesmo local de trabalho em que o autor se ativava. Assim, em observância aos princípios da economia e simplicidade processual e da duração razoável do processo, é perfeitamente possível a utilização de prova pericial produzida em outro processo, desde que se refira ao mesmo local e às mesmas condições de trabalho, é o que ocorre no caso em tela. Precedentes desta Corte. Incidência da Súmula n. 333 do Tribunal Superior do Trabalho. Recurso de revista de que não se conhece". (TST- RR — 144900-18.2006.5.01.0033, Relator Ministro Pedro Paulo Teixeira Manus, 7ª Turma, DEJT de 18.11.2011)

Diante dos expressivos arestos colacionados, pode se afirmar que a doutrina e a jurisprudência têm admitido a utilização de prova emprestada, desde que cumpridas alguns requisitos, tais como: a) tiver sido colhida em processo judicial entre as mesmas partes, ou uma das partes e terceiro; b) tenha sido observadas as formalidades legais da produção da prova, no processo anterior, face o princípio do contraditório e finalmente; c) que o fato probante seja idêntico.

É possível compreender a larga aceitação da prova emprestada diante da maneira como espelha a condição de trabalho dos obreiros à época de sua constituição, ressaltando observância das condições e formalidades legais para sua validade.

Não há dúvida que a prova emprestada é um elemento norteador nos casos onde a realização de prova pericial é impraticável, mas de longe não se trata do único meio de prova para a apuração dos adicionais perseguidos.

Isso porque muitas vezes o laudo emprestado não reflete mais a realidade do labor com que as empresas cumprindo as normas de proteção, eliminam ou reduzem os agentes insalubres e melhoram o ambiente de trabalho do empregado e, na superveniência de desativação do local de trabalho, precoce seria a aceitação da prova emprestada sem a análise em conjunto das provas existentes no ordenamento jurídico que podem e devem ser exploradas, premiando aquela que melhor reflita a realidade laboral a fim de justificar a concessão dos adicionais.

6. REFERÊNCIAS BIBLIOGRAFIAS

COSTA, Orlando Teixeira da. *O Direito do Trabalho na Sociedade Moderna*. São Paulo: LTr, 1999.

DE PLÁCIDO e Silva. *Vocabulário Jurídico*. 8. ed. v. I. Rio de Janeiro: Forense, 1984.

DONIZETTI, Elpídio. *Curso Didático de Direito Processual Civil*. 18. ed. São Paulo: Atlas, 2014.

LEITE, Carlos Henrique Bezerra. *Curso de Direito Processual do Trabalho*. 9. ed. São Paulo: LTr, 2011.

MARTINS, Sérgio Pinto. *Direito Processual do Trabalho*. 33. ed. São Paulo: Atlas, 2012.

NAHAS, Thereza Christina; FREDIANI, Yone. *Processo de Conhecimento e de Execução*. São Paulo: LTr, 2004.

NETO, Francisco Ferreira Jorge; CAVALCANTE, Jouberto de Quadros Pessoa. 6. ed. *Direito do Trabalho*. São Paulo: Atlas, 2012.

PAULA, Carlos Alberto Reis de. *A Especifidade do Ônus da Prova no Processo do Trabalho*. 2. ed. São Paulo: LTr, 2010.

PLÁ RODRIGUEZ, Américo. *Princípios de Direito do Trabalho*. 3. ed. São Paulo: LTr, 2000.

SAAD Eduardo Gabriel; SAAD, José Eduardo Duarte; BRANCO, Ana Maria Saad Castello. 6. ed. *Curso de Direito Processual do Trabalho*. São Paulo: LTr, 2008.

SANTOS, Moacyr Amaral. *Primeiras Linhas de Direito Processual Civil*. 27. ed. v. 2. São Paulo: Saraiva, 2011.

SARAIVA, Renato. *Curso de Direito Processual do Trabalho*. 5. ed. São Paulo: Método, 2008.

SCHIAVI, Mauro. *Manual de Direito Processual do Trabalho*. 4. ed. São Paulo: LTr, 2011.

THEODORO Júnior, Humberto. *Curso de Direito Processual Civil*. 18. ed. v. I. Rio de Janeiro: Forense, 1996.

A Causa de Pedir nas Demandas que Envolvem Adicionais de Periculosidade e Insalubridade

Daniela Mori[*]
Marcos Neves Fava[**]

1. CONSIDERAÇÕES INICIAIS

O trabalhador cidadão, titular de direitos fundamentais, constitui elemento relativamente novo e resulta dos avanços na construção dos sistemas de proteção aos direitos humanos. A concepção liberal dominante identificava como "fundamentais" apenas os direitos relacionados à proteção da pessoa em face do Estado, numa leitura vertical, e exclusivamente vertical, da força dos direitos do homem.

O movimento da normatividade da Constituição, de que são primeiros exemplos as Cartas Políticas do México, em 1917, e de Weimar, em 1919, embora tenha erigido ao patamar constitucional direitos trabalhistas, não albergou explicitamente direitos fundamentais em sentido mais amplo, mantendo um expressivo e perigoso hiato entre as figuras do trabalhador e a do cidadão. Manifestações da classe trabalhadora a partir das décadas de 60 e 70 iniciaram as transformações de que desdobram as inserções, hoje naturais, de direitos fundamentais como o direito à vida, à saúde, à integridade física, à estabilidade psiquiátrica.

Esse "caráter único e insubstituível de cada ser humano"[1], em que se traduz a ampla e plurissignificante expressão "dignidade", toma lugar na indispensável malha de proteção do homem trabalhador, paulatinamente ao longo do século XX. A Constituição de 1988 apresenta expresso núcleo em torno do qual gravitam os sistemas de organização e proteção de direitos, que coincide, inegavelmente, com a *dignidade da pessoa humana*. O anúncio dessa opção política do constituinte originário imprime-se, de abertura, no art. 1º, III, da Constituição, mas ecoa, ainda, no art. 170, *caput* e inciso VI, centralizando a organização econômica do país em torno da proteção do valor do trabalho humano. O epicentro, pois, do edifício constitucional localiza-se na defesa da dignidade da pessoa humana, o que tem por atributo inquestionável, ainda que tautológico, a *dignidade da pessoa humana trabalhadora*.

Dos diversificados aspectos que constroem a proteção do trabalhador, emergem as questões relacionadas à saúde, higiene e segurança no trabalho, tema que se aboja na expressão *meio ambiente do trabalho*. A proteção do meio ambiente, em geral, goza de assento constitucional, como se percebe na leitura do art. 225:

> "**Todos** têm direito ao **meio ambiente ecologicamente equilibrado**, bem de uso comum do povo e essencial à sadia qualidade de vida, impondo-se ao Poder Público e à coletividade o dever de defendê-lo e preservá-lo para as presentes e futuras gerações".

(*) Juíza do trabalho substituta, auxiliar da 89ª vara do trabalho de São Paulo, especialista em direito processual civil pela Pontifícia Universidade Católica de São Paulo.

(**) Juiz do trabalho titular da 89ª vara do trabalho de São Paulo, mestre e doutor em direito do trabalho pela Faculdade de Direito da Universidade de São Paulo.

(1) COMPARATO, Fábio Konder. *Afirmação histórica dos direitos humanos*. 3. ed. São Paulo: Saraiva, 2004. p. 31.

A Constituição explicitou, ainda, que as atividades do Sistema Único de Saúde, o SUS, devem abranger a "proteção do meio ambiente, **nele compreendido o do trabalho**".

Fundamental, a garantia ao meio ambiente revela-se conjunto mais amplo de direitos e deveres, como leciona Ingo Sarlet[2]:

> "na verdade, o direito fundamental ao ambiente de trabalho seguro ou saudável, assim como a proteção do ambiente em sentido mais amplo, não é apenas um direito fundamental (...) é um conjunto bastante complexo e diferenciado de direitos e de deveres, alguns com as suas peculiaridades que, no seu conjunto, formam essa rede, essa teia normativa de direitos fundamentais que compõem esse direito fundamental como um todo".

O conjunto de direitos e obrigações que integram o *direito fundamental ao meio ambiente do trabalho saudável e seguro* ocupa posto de notória e notável importância, o que se constata pela existência, no âmbito da Organização Internacional do Trabalho, de não menos que vinte e uma[3] Convenções Internacionais envolventes do tema.

Em semelhante contexto, a doutrina trabalhista[4] reconhece que "o direito à saúde é o núcleo dos direitos fundamentais e a expressão do **atual sentido protecionista** do Direito do Trabalho".

Nada obstante os adicionais de remuneração — periculosidade, insalubridade e o esboçado adicional de penosidade — não devessem ostentar posição de alta relevância nessa malha normativa de proteção, a verdade é que a eliminação dos riscos no ambiente de trabalho, art. 7º, XXII, da Constituição, perde lugar à *monetização da saúde do trabalhador*, elevando o pleito pelo pagamento de tais valores a uma posição central no cenário dos direitos dessa espécie.

Enfrentam-se, nestas breves linhas, os problemas relativos à postulação judicial dos adicionais em tela, com ênfase àqueles relacionados à causa de pedir, nos processos do trabalho.

2. ADICIONAIS DE INSALUBRIDADE E PERICULOSIDADE — HIPÓTESES LEGAIS

Os adicionais da remuneração, incluídos os de insalubridade e periculosidade, são pagos a título condicional e enquanto perdurar a causa nociva que os impõem. Como o objetivo do Direito do Trabalho é a remoção ou neutralização das causas que motivam o pagamento dos adicionais, porque sempre prejudiciais ao desempenho do trabalho, não se incluem na restrição do art. 7º, VI, da Constituição da República, que veda a redução salarial. Apesar de seu caráter retributivo, não se incorporam, assim, definitivamente à remuneração.

Em que pesem as variações no conceito da insalubridade, a extração da definição contida em Lei permite seu reconhecimento da seguinte forma:

> "O trabalho em condições insalubres, ainda que intermitente (Súmula n. 47 do TST), envolve maior perigo para a saúde do trabalhador e, por isso mesmo, ocasiona um aumento na remuneração do empregado. Em consequência, o trabalho nessas condições, acima dos limites de tolerância estabelecidos pelo Ministério do Trabalho, assegura ao empregado o direito ao recebimento de um adicional de 10%, 20% ou 40% sobre o salário mínimo ou mínimo profissional, conforme se classifique a insalubridade, respectivamente, no grau mínimo, médio ou máximo, segundo apurado por perito, médico ou engenheiro do trabalho registrado no Ministério do Trabalho"[5].

Já as causas que determinam o pagamento do adicional de insalubridade são aquelas que, por sua natureza, condições ou métodos de trabalho expõem os empregados a agentes nocivos à saúde e desde que a atividade conste de quadro aprovado pelo Ministério do Trabalho (CLT, art. 190). Para o enquadramento, considera-se, além da atividade praticada — avaliação qualitativa —, o tempo de exposição — avaliação quantitativa.

Por tudo isso, o fato de existir dano à saúde do empregado não é, em coerência com a disposi-

---

(2) SARLET, Ingo Wolfgang. "O direito fundamental ao meio ambiente do trabalho saudável". In: *Revista do Tribunal Superior do Trabalho*, volume 80, n. 1, São Paulo e Porto Alegre: Lex Magister, janeiro a março de 2014. p. 23.

(3) São as ns.: 12, 13, 17, 18, 115, 119, 120, 127, 133, 136, 139, 148, 152, 155, 161, 162, 164, 167, 170, 174 e 176.

(4) Como destaca Nélson Mannrich no prefácio do livro *Meio ambiente do trabalho*, 4. ed., revista e atualizada, de Gustavo Filipe Barbosa Garcia, Rio de Janeiro: Forense/São Paulo: Método, 2014. p. 8.

(5) BARROS, Alice Monteiro de. *Curso de Direito do Trabalho*. 8. ed. São Paulo: LTr, 2012. p. 621.

ção legal, suficiente para obrigar ao pagamento do adicional.

As atividades e os demais parâmetros, por autorização do art. 190 da CLT, são de competência do Ministério do Trabalho (NR-15). Por esse instrumento é considerado insalubre o trabalho realizado acima dos limites de tolerância impostos pela norma, quando referentes a exposição a ruído, calor, exposição ao frio, radiações ionizantes e radiações não ionizantes — as micro-ondas, ultravioletas e *laser*; exposição à umidade, poeira mineral e agentes químicos específicos.

Noutros casos, o exercício de atividade específica é capaz de obrigar ao pagamento do adicional. Isso se dá no trabalho em condições hiperbáricas, sob ar comprimido ou submerso, nos termos do Anexo 6, da NR-15, se envolver agente químico relacionado no Anexo 13 da mesma Norma Regulamentadora, ou agente biológico, considerada a avaliação qualitativa do produto, consoante o Anexo 14, da NR-15.

Como o ambiente de trabalho é dinâmico, acompanhando os desafios impostos à produção, tem importante e positiva consequência a legislação remeter ao Ministério do Trabalho a indicação dos critérios para reconhecimento da insalubridade ou periculosidade. Enquanto a alteração da legislação ordinária demanda procedimento de natureza política, a atuação do órgão público para atualização das Normas Regulamentadoras, aprovadas pela Portaria MTb n. 3.214, de 1978, tem natureza técnica e permite a proteção, em última instância, da saúde e da vida do trabalhador com mais rapidez e adequação. O atraso que caracteriza a atuação legislativa, derivado, em muitas oportunidades, do atrito dos interesses em jogo — como se dá, na hipótese da saúde do trabalhador, pelo conflito entre os interesses do capital e do trabalho — viria a inviabilizar a necessária atualização das regras, para inclusão ou exclusão de métodos ou agentes, do rol de situações insalubres ou perigosas.

Importa lembrar que o:

> "objetivo da lei, nem sempre observado, é a eliminação ou neutralização da insalubridade, seja pela adoção de medidas de engenharia que conservem o ambiente de trabalho dentro dos limites de tolerância, seja com a utilização de equipamentos de proteção individual, que reduzam a intensidade do agente agressivo aos mencionados limites (art. 191)"[6].

O mesmo processo possibilita a atualização das atividades consideradas perigosas e listadas na NR-16. São atividades, como se sabe, com explosivos (Anexo 1), inflamáveis (Anexo 2), atividades e operações perigosas com exposição a roubos ou outras espécies de violência física nas atividades profissionais de segurança pessoal ou patrimonial (Anexo 3), com energia elétrica (Anexo 4), atividades com motocicleta (Anexo 5) e com radiações ionizantes e substâncias radioativas.

A disposição legal também permite reconhecer a definição do instituto, no sentido de que o adicional de periculosidade, com o acréscimo de 30% sobre o salário, "é assegurado no art. 193 da CLT aos empregados que trabalham em contato permanente ou intermitente com explosivos ou inflamáveis, em condições de risco acentuado, comprovadas por perícia (Súmula n. 364, inciso I, do TST)"[7].

Além disso, a Lei n. 12.740, de 2012, alterou a redação do art. 193 da CLT e incluiu como atividade perigosa a que implique risco acentuado em virtude de exposição permanente do trabalhador a roubos ou outras espécies de violência física nas atividades profissionais de segurança pessoal ou patrimonial (inciso II), cuja regulamentação necessária pela Norma Regulamentadora já ocorreu.

Ao lado de tais adicionais, é direito dos trabalhadores o acréscimo de remuneração para as atividades penosas, consoante prevê o art. 7º, XXIII da Constituição. A norma constitucional apresenta, no entanto, eficácia limitada, mesmo depois de transcorridos mais de vinte e cinco anos de sua promulgação, pois até agora não foi regulamentada pelo negligente legislador ordinário. Tal omissão legislativa contraria outro direito constitucionalmente garantido, o da redução dos riscos inerentes ao trabalho, por meio de normas de saúde, higiene e segurança, conforme previsto no inciso XXII, do mesmo art. 7º. Corretamente acentua Laura Martins Maia de Andrade[8]:

---

(6) SÜSSEKIND. Arnaldo. *Direito Constitucional do Trabalho*. 3. ed. Rio de Janeiro: Renovar, 2004. p. 263.
(7) BARROS. Alice Monteiro de. *Op. cit.*, p. 625.
(8) ANDRADE, Laura Martins Maia de. *Meio ambiente do trabalho e ação civil pública trabalhista*. São Paulo: Juarez de Oliveira, 2003. p. 109.

"deduzimos, pois, que na proteção do meio ambiente do trabalho é de rigor observar o contido no art. 7º, inciso XXII, que determina a redução dos riscos inerentes ao trabalho, por meio de normas de saúde, higiene e segurança, coibindo-se, desta forma, a degradação das condições ambientais (...)".

Como ainda não há regulamentação, difícil uniformidade sobre a conceituação do trabalho penoso e sua abrangência. Tramita no Senado Federal o Projeto de Lei n. 325, de 2013, de autoria da Senadora Ana Rita, que aguarda designação de relator, segundo o qual "considera-se penoso o trabalho que provoque desgaste acentuado no organismo humano, acarretando sobrecarga física ou psíquica ao trabalhador, conforme regulamento editado pelo Ministério do Trabalho e Emprego" (art. 2º). Referido Projeto de Lei tramita em conjunto com o de n. 301, de 2006, de autoria do Senador Paulo Paim, em que o trabalho penoso é definido como aquele que "por sua natureza ou métodos de trabalho, submetem o trabalhador à fadiga física ou psicológica" (art. 1º).

Monetizar a saúde e a vida do trabalhador, com a exclusiva previsão de adicionais para o trabalho em condições insalubres e perigosas, não é suficiente para sua proteção efetiva. Nesse aspecto, o Projeto de Lei de 2013 traz melhorias ao prever limitação do tempo de trabalho em tais condições, como ocorre, por exemplo, no trabalho em minas de subsolo (CLT, art. 293).

Como há exigência na legislação ordinária da previsão expressa do trabalho em situações que afetem a saúde ou a vida do trabalhador, porque perigosos ou insalubres, necessária a atualização constante pelo Ministério do Trabalho da regulamentação das atividades em tais condições, adequando as limitações quantitativas e qualitativas cada vez a patamares mais protetivos à higidez do trabalhador, como forma de efetividade aos fundamentos da República, notadamente a dignidade humana e a valorização do trabalho (CRFB, art. 1º, III e IV).

3. CAUSA DE PEDIR E PROCESSO DO TRABALHO

No processo, a causa de pedir sempre identifica o pedido.

Sob tal premissa, ainda que exista certa divergência na doutrina sobre a forma da classificação da *causa petendi*, estão na sua essência o fato e o fundamento jurídico.

Há, na ciência processual civil tradicional, distinção entre a causa de pedir próxima e a remota:

> "No direito processual brasileiro, a causa de pedir é constituída do elemento fático e da qualificação jurídica que deles decorre, abrangendo, portanto, a *causa petendi* próxima e a *causa petendi* remota"[9].

Para alguns, "a causa de pedir próxima são os fundamentos jurídicos que justificam o pedido, e a causa de pedir remota são os fatos constitutivos"[10], enquanto para outros os "fundamentos de fato" devem ser entendidos como a causa remota; os "fundamentos de direito", como causa próxima"[11]. Independente da classificação adotada, é fundamental a indicação dos fatos para o provimento jurisdicional.

Por isso, ainda que se considere a simplicidade do processo do trabalho, não está afastada a exigência da descrição da causa de pedir, imprescindível para a delimitação do pedido. Sintetiza-a a lição dos processualistas:

> "Seja pelo fato, e quando falamos *fato*, no singular, deve compreender-se também o conjunto de fatos, seja pelo fundamento jurídico apenas deduzido quando não explícito, a causa de pedir é útil para identificação do pedido"[12].

A identificação do pedido, por sua vez, constitui garantia do contraditório. "Terem as partes poderes e faculdades no processo, ao lado de deveres, ônus e sujeição, significa, de um lado estarem envolvidas numa relação jurídica; de outro, significa que o processo é realizado em contraditório"[13].

---

(9) GRECO FILHO. Vicente. *Direito Processual Civil Brasileiro*. v. 1. 20. ed. São Paulo: Saraiva, 2008. p. 95.
(10) GRECO FILHO. Vicente. *Op. cit.*, p. 95
(11) BUENO. Cassio Scarpinella. *Curso Sistematizado de Direito Processual Civil. Teoria geral do direito processual civil*. 6. ed. São Paulo: Saraiva, 2012. p. 419.
(12) CARVALHO, Milton Paulo de. *Op. cit.*, p. 95.
(13) ARAÚJO CINTRA. Antonio Carlos, Ada Pelegrini Grinover e Cândido Rangel Dinamarco. *Teoria Geral do Processo*. 25. ed. São Paulo: Malheiros Editores, 2009. p. 305.

Conquanto a causa de pedir não esteja relacionada com o agente causador do trabalho insalubre ou perigoso, como enuncia a Súmula n. 293 do Tribunal Superior do Trabalho, a interpretação, sob a ótica da Constituição da República de 1988, evidencia que o processo como instrumento do exercício do poder pelo próprio Estado[14] deve assegurar o devido processo legal, consubstanciado na ampla defesa e no contraditório.

Há necessidade de conformação dos institutos de processo civil e de processo do trabalho aos princípios que norteiam a Constituição, como leciona, com autoridade e acerto, Cândido Rangel Dinamarco:

> "O processualista moderno adquiriu a consciência de que, como instrumento a serviço da ordem constitucional, o processo precisa refletir as bases do regime democrático, nela proclamados; ele é, por assim dizer, o microcosmos democrático do Estado-de-direito, com as conotações da liberdade, igualdade e participação (contraditório), em clima de legalidade e responsabilidade"[15].

Com efeito, tal forma de leitura, a da tutela constitucional do processo, exige a explicitação da causa de pedir, até mesmo como garantia para os sujeitos do processo.

Demais a isso, o art. 840, parágrafo primeiro da CLT, não dispensa a necessidade de descrição do fato que justifica o pedido, de forma clara e precisa. Mesmo vinculada ao princípio da simplicidade, impendendo sobre o juiz o dever de determinar a prática dos atos que melhor se ajustem ao fim do processo, a causa de pedir é elemento da ação e "deve ser entendida como as razões pelas quais se formula o pedido, como *os fatos e fundamentos jurídicos do pedido*", tendo o inciso III do art. 282 como referencial"[16], inclusive por força do art. 769 da CLT.

A jurisprudência consolidou-se no âmbito do Tribunal Superior do Trabalho com a publicação da Súmula n. 293, diante de tantas especificidades técnicas para caracterização do trabalho em condições nocivas à saúde do trabalhador, bem da vida e objeto de proteção. Na apreciação jurisdicional, também a caracterização do agente tipificador de trabalho perigoso pode ser diverso do indicado na inicial, como forma de extensão dos efeitos da decisão majoritária.

O abrandamento do sistema processual trabalhista na avaliação da causa de pedir, porém, exige, ao menos, uma breve exposição dos fatos de que resulte o pedido. Não se pode considerar bastante a alegação, na petição inicial, de trabalho em condições insalubres ou perigosas. Não tem lugar a total ausência da descrição da causa de pedir. Há que se ter cautela para evitar excessos, já que, como celebrizaram os romanos, *virtus in medium est*.

Ainda que a exposição dos fatos seja breve, a petição não pode omitir o conjunto dos fatos que justifiquem o pedido. Tem, a *causa petendi*, importância fundamental, porque acompanha o pedido, quer como elemento integrante, quer como antecedente, mas está ao pedido intrinsecamente interligada e por isso garante o pleno exercício da defesa pelo réu, balizando o provimento jurisdicional.

A diretriz do entendimento majoritário referido apoia-se em precedentes que admitem a constatação, na fase de instrução, de agente diverso ao indicado na inicial, não a ausência de relato sobre qual o trabalho realizado.

Por isso, deve a petição inicial descrever com fidelidade e com clareza a atividade exercida, supostamente em condições inadequadas. Isso porque o agente causador de insalubridade ou periculosidade não se relaciona ao fato ou ao fundamento jurídico, mas decorre da prova técnica obrigatória, a cargo de médico ou engenheiro do trabalho, para o enquadramento da atividade em condições que afetam a saúde e a vida do trabalhador (CLT, art. 195).

E por ser técnica a avaliação do trabalho em condições insalubres, certamente, como entende o Tribunal Superior do Trabalho, não cabe ao autor indicar, na causa de pedir, o agente específico. Incumbe-lhe, entretanto, trazer elementos fáticos que subsidiem a avaliação pericial, com a descrição do trabalho, para a avaliação e apuração da questão técnica não fundar-se em conjunto fenomenológico distinto da realidade.

---

(14) BUENO. Cassio Scarpinella. *Op. cit.*, p. 92.
(15) DINAMARCO. Cândido Rangel. *A instrumentalidade do processo*. 13. ed. São Paulo, 2008. p. 27.
(16) BUENO. Cassio Scarpinella. *Op. cit.*, p. 419.

4. DISTORÇÕES FACILITADORAS

A já vista concepção que permeia o processo do trabalho de um *princípio* relacionado à simplicidade[17] viceja preconceito de que toda petição, desde que seja possível sua leitura, encontra-se apta a inaugurar o procedimento judiciário.

Com facilidade acentuada, o juiz do trabalho acolhe, não raro, narrativas truncadas ou genéricas ou até omissas, apoiando-se na certeza de que a distribuição da justiça, em tema de alta importância, como aqueles de que se revestem os processos trabalhistas, num espaço político-jurídico em que o *jus postulandi* ainda se encontra disponível diretamente pela parte[18]. E assim procede, porque o art. 840, da CLT, de singeleza ímpar, exige, como requisitos de conformação apta da petição inicial, apenas breve narrativa dos fatos e os pedidos correspondentes.

Da jurisprudência, tomem-se estes exemplos, a confirmar o apego à simplicidade procedimental:

> Disso decorre a insubsistência da alegação de julgamento "ultra petita", porquanto, à luz do **princípio da simplicidade que informa o Processo Trabalhista** (art. 840/CLT), os fundamentos deduzidos na inicial à fl. 11, associados ao pedido de letra "f" (fl. 15), autorizam concluir que o deferimento da referida integração para efeito de reflexos em verbas rescisórias insere-se plenamente nos limites da "litiscontestatio", restando incólumes os artigos 128 e 460 do Código de Processo Civil. (Processo TST-RR-12500-97.2003.5.15.0019, Relatora Ministra **Dora Maria da Costa**, 8ª Turma, DJeJT 14.5.2010)
>
> RECURSO DE REVISTA. JULGAMENTO EXTRA PETITA (por violação dos artigos 128 e 460 do CPC e art. 5º, XXXVI da CF/88). Uma vez solicitada, na inicial, a tutela jurisdicional quanto ao pagamento do adicional de insalubridade, incumbe ao julgador estabelecer o critério a ser aplicado, no cálculo do direito pleiteado. Com efeito, além de encontrar **amparo no princípio da simplicidade**, o entendimento ora questionado está em consonância com o princípio da ultrapetição, o qual autoriza o magistrado, dependendo da circunstância de cada caso, conceder mais do que foi pleiteado, ou coisa diversa daquela que foi pedida. Recurso de revista não conhecido. (Processo TST-RR-50100-04.2005.5.04.0662, Relator Ministro **Renato Lacerda Paiva**, 2ª Turma, DjeJT 14.05.2010)

> "Preliminarmente — inépcia da petição inicial. De inépcia não se há cogitar, eis que a petição inicial preenche os requisitos previstos no art. 840, § 1º da CLT, máxime porque prevalece, no processo do trabalho, o **princípio da simplicidade, bastando uma breve exposição dos fatos que sustentam o pedido**, de modo a permitir a formação do contraditório, o que restou observado, inclusive, quantos aos reflexos das verbas pleiteadas. Ademais, ao revés do alegado, o pedido de "reflexos em verbas rescisórias" não é genérico, dispensando maior especificidade. Afasto". (0001444-35.2012.5.02.0465 — 4ª Turma do TRT da 2ª Região, Relatora Desembargadora **Marta Casadei Momezzo**, Dje-JT 28.11.2014)

> RECURSO DE REVISTA. JULGAMENTO EXTRA PETITA. AUSÊNCIA DE PEDIDO DE RECONHECIMENTO DE VÍNCULO DE EMPREGO. Postuladas parcelas do contrato de trabalho, os fatos deduzidos na inicial tornam clara a pretensão de reconhecimento de vínculo de emprego, não havendo se falar em julgamento *extra petita*. O art. 840, § 1º, da CLT não exige maiores formalidades para fins de elaboração da petição inicial. Recurso de revista não conhecido. (Processo n. TST-RR-23500-73.2008.5.04.0812, Relator Ministro **Aloysio Corrêa da Veiga**, DJeJT 14.5.2010)

Dos argumentos do voto condutor, no particular, extrai-se:

> "No caso, **ainda que não tenha havido pedido expresso** pela autora, aplica-se o princípio da simplicidade, dentre outros, eis que o art. 840, § 1º, da CLT não exige maiores formalidades para fins de elaboração da petição inicial, *in verbis*:
>
> "Art. 840. A reclamação poderá ser escrita ou verbal. § 1º Sendo escrita, a reclamação deverá conter a designação do Presidente da Junta, ou do juiz de direito a quem for dirigida, a qualificação do reclamante e do reclamado, uma breve exposição dos fatos de que resulte o dissídio, o pedido, a data e a assinatura do reclamante ou de seu representante."
>
> Não resta dúvida, dessa forma, que, ao entrar com a reclamação trabalhista, a autora não quer outra coisa senão a satisfação de seus direitos decorrentes da relação de emprego. A condenação da reclamada ao pagamento de parcelas trabalhistas resulta da existência dessa relação jurídica, que, necessariamente, há de ser apreciada como questão prejudicial pelo D. Juízo a quo. Ilesos, portanto, os dispositivos apontados como violados".

---

(17) Mais técnica do que princípio, já que se traduz, não como verdade fundante do sistema, mas como um conjunto de procedimentos e estratégias que visa ao encurtamento do lapso de duração do processo. Evoca-se, no entanto, quase sempre, a simplicidade como princípio, o que se presta, se tanto e pelo menos, a produzir sensação da maior e mais expressiva importância dessa postura franciscana desse ramo específico da ciência processual.

(18) Artigo 791, CLT, ao menos até o aforamento de Recurso de Revista, como já assentou a Súmula n. 425, do TST.

Da última decisão, retirar-se argumento importante em favor da absoluta simplicidade: a parte não apresentara pedido expresso de reconhecimento do vínculo de emprego, mas veio a juízo buscar títulos de natureza empregatícia — no acórdão, 'trabalhistas' — pelo que o Tribunal reconheceu possível e apta a pretensão, já que se supõe o pedido de reconhecimento do vínculo, em situação de igual porte. Tomada essa orientação ao absurdo, se nem mesmo o pedido central, de que resultam exigíveis as outras prestações, qual seja, o de reconhecimento do vínculo de emprego, torna-se exigível, nada mais o seria.

A prática quotidiana no foro, no entanto, no que toca aos temas em análise nestas linhas, indica que a *simplicidade* vem cedendo terreno à absoluta e irresponsável generalidade. Ao invés de um *breve relato* dos fatos que suportam os pedidos de adicional de insalubridade ou periculosidade, surge mera indicação de que "trabalhou em condições insalubres/perigosas". Sequer o adicional pretendido vem indicado com clareza. Outra forma de facilitação indevida consiste na indicação de contato com todos os agentes possíveis, algo como: "em razão da exposição ao ruído, calor, produtos químicos, frio e risco de eletrocussão e explosão".

A contrapartida de *causas de pedir* assim lavradas vê-se em contestações também amplamente genéricas, que negam a existência de agentes, que negam o contato do trabalhador com eventuais agentes, que asseguram que, não obstante ausentes os agentes e inexistente o contato, houve entrega e supervisão do uso de EPIs suficientes à neutralização da agressão.

O Poder Judiciário, no Brasil, não tem função consultiva. Às partes não existe disponibilidade de formular consultas ao juiz, perseguindo saber da existência de horas extras, ou da correção no pagamento do adicional noturno, e, claro, a exposição a agentes agressivos, insalubres ou perigosos. Nada obstante, é nisto que se converte, quando a petição inicial faz-se abertamente genérica e omissa na delimitação dos fatos que dão base aos pedidos.

Os Tribunais reconhecem que a simplicidade preconizada pelo art. 840, § 1º, da CLT, deve receber correção:

> "Em que pese o princípio da simplicidade que rege o Direito Processual do Trabalho, dispensando o excesso de rigor formal, é certo que à parte cumpre, ao menos, formular pedido certo e determinado, ou ao menos determinável. Não é o caso dos autos, em que não foram preenchidos os requisitos previstos no art. 840, § 1º, CLT. Assim, as únicas diferenças remuneratórias decorrentes da integração do adicional por tempo ao salário incidem sobre o adicional de periculosidade, nos termos do pedido realizado expressamente pelo autor". (Processo n. 0000121-18.2013.5.02.0446, Relator Desembargador Ricardo Artur Costa e Trigueiros, Dje-JT 10.10.2014).

> "Por fim, insta relevar, que nem mesmo o Processo do Trabalho, **a despeito da simplicidade que ostensivamente o rege e o identifica, autoriza o deferimento de pretensão não coincidente com a pretensão inicial**". (Desembargador Armando Augusto Pinheiro Pires, processo n. 000112107.2013.5.02.0332, DJe-JT 31.10.2014)

> "Embora o art. 840, da CLT prime pela simplicidade em razão da celeridade, é certo que tal simplicidade não pode prejudicar a defesa". (Embargos de Declaração em Recurso Ordinário do Processo n. 00012872320105020048, Relatora Desembargadora Ana Maria Contrucci, DJe-JT 22.7.2014)

A apresentação de pedidos genéricos, sem especificação dos fatos em sede inicial, gera dificuldades, não apenas para a parte contrária, a quem notadamente exibe-se a dificuldade de se defender do que não conhece, mas, também e sobremodo, ao juiz que conduz o processamento e deve julgar a pretensão. Resta ao perito judicial, que não julga, nem tem para tanto a adequada formação, interpretar os fatos que encontra no local examinado, para apurar se existe alguma insalubridade ou alguma hipótese de periculosidade.

Situação desse jaez não pode granjear estabilidade, merecendo alteração. Uma única hipótese de flexibilização da exigência de apresentação dos fatos com clareza poderia ser evocada, que constitui a reclamatória verbal, "atermada" pelo serviço administrativo do próprio Tribunal. Ainda assim, diga-se, os servidores treinados para esse mister, reúnem condições técnicas de perquirir o trabalhador reclamante dos fatos minuciosos acerca das condições ambientais. Inobstante, tome-se como situação a exigir maior cuidado, a fim de que, pela ausência de assistência técnica (de advogado), prejudique-se o (eventual) bom direito. Nos demais casos, presente a útil participação técnica de advogado habilitado para tanto, impõe-se reconhecer exigível a *cuidadosa e pormenorizada descrição da função e das condições ambientais* em que se desenvolvia o trabalho, a fim de suportar pedido de adicional de insalubridade ou de periculosidade.

Atente-se, claramente, que não se trata de exigir, em confronto ao quanto estatui a diretriz da Súmula n. 293, do TST, a indicação, pelo reclamante, definitiva e correta, do agente insalubre ou perigoso a que se expunha no curso da avença. Não. Os fatos, estes sim, de maneira, tanto quanto possível, precisa, devem aflorar. E, com eles, a indicação da existência eventual de equipamentos de proteção individual e o regime de utilização. Trazer à mesa o perfil dos fatos constitui base indispensável, sobre a qual se erige o devido processo legal. À vista deles, constroem-se a defesa e a sentença. É com finco neles que se desenvolve a prova, inclusive a técnica. Com isso, ganham os litigantes e a qualidade da justiça entregue.

A proteção do trabalhador, neste tema, não deve desbordar seu dever processual de apresentação da *causa petendi* explícita e minudente, mas na leitura ampliativa da possibilidade de cumulação dos adicionais de periculosidade e insalubridade.

5. AMPLIAÇÃO DA LEITURA LEGAL: CUMULAÇÃO DE ADICIONAIS

Na disposição do art. 193, § 2º, da CLT, o legislador ordinário possibilitou ao empregado a opção pelo adicional de insalubridade, caso haja a caracterização do trabalho também em condições perigosas. A análise do dispositivo inviabiliza a cumulação dos adicionais, ainda que o empregado ative-se em ambas as condições prejudiciais.

Há diferença essencial entre o adicional de insalubridade e o de periculosidade. Remuneram trabalho executado em condições distintas, tanto assim que a jurisprudência afirma que não se compensam, não podem ser deduzidos ou substituídos entre si. A insalubridade se refere ao trabalho com danos à saúde do trabalhador; já a periculosidade está relacionada a situações de perigo e protege, em última instância, o direito à vida. Em razão das diferenças têm natureza diversa, percentuais e bases de cálculo distintos, incidentes sobre hipóteses de cabimento que tampouco se assemelham.

A jurisprudência majoritária sempre rechaçou a possibilidade de somatória dos adicionais, ainda que tal entendimento contrarie as disposições das Convenções ns. 148 e 155 da OIT, ratificadas pelo Brasil e, portanto, inseridas no ordenamento com a característica de norma supralegal, consoante esposado pelo Supremo Tribunal Federal. Mas com o avanço da interpretação, recentemente o Tribunal Superior do Trabalho em decisão proferida pela 7ª Turma, admitiu a cumulação dos adicionais com fundamento na prevalência tanto das normas constitucionais, quanto das supralegais sobre a CLT (TST, Recurso de Revista RR-1072-72.2011.5.02.0384, Relator Ministro Cláudio Brandão, Julgamento em 24.9.2014, Sétima Turma, DJE em 3.10.2014), que tem esta ementa:

> RECURSO DE REVISTA. CUMULAÇÃO DOS ADICIONAIS DE INSALUBRIDADE E PERICULOSIDADE. POSSIBILIDADE. PREVALÊNCIA DAS NORMAS CONSTITUCIONAIS E SUPRALEGAIS SOBRE A CLT. JURISPRUDÊNCIA CONSOLIDADA DO STF QUANTO AO EFEITO PARALISANTE DAS NORMAS INTERNAS EM DESCOMPASSO COM OS TRATADOS INTERNACIONAIS DE DIREITOS HUMANOS. INCOMPATIBILIDADE MATERIAL. CONVENÇÕES NS. 148 E 155 DA OIT. NORMAS DE DIREITO SOCIAL. CONTROLE DE CONVENCIONALIDADE. NOVA FORMA DE VERIFICAÇÃO DE COMPATIBILIDADE DAS NORMAS INTEGRANTES DO ORDENAMENTO JURÍDICO. A previsão contida no art. 193, § 2º, da CLT não foi recepcionada pela Constituição Federal de 1988, que, em seu art. 7º, XXIII, garantiu de forma plena o direito ao recebimento dos adicionais de penosidade, insalubridade e periculosidade, sem qualquer ressalva no que tange à cumulação, ainda que tenha remetido sua regulação à lei ordinária. A possibilidade da aludida cumulação se justifica em virtude de os fatos geradores dos direitos serem diversos. Não se há de falar em *bis in idem*. No caso da insalubridade, o bem tutelado é a saúde do obreiro, haja vista as condições nocivas presentes no meio ambiente de trabalho; já a periculosidade traduz situação de perigo iminente que, uma vez ocorrida, pode ceifar a vida do trabalhador, sendo este o bem a que se visa proteger. A regulamentação complementar prevista no citado preceito da Lei Maior deve se pautar pelos princípios e valores insculpidos no texto constitucional, como forma de alcançar, efetivamente, a finalidade da norma. Outro fator que sustenta a inaplicabilidade do preceito celetista é a introdução no sistema jurídico interno das Convenções Internacionais ns. 148 e 155, com *status* de norma materialmente constitucional ou, pelo menos, supralegal, como decidido pelo STF. A primeira consagra a necessidade de atualização constante da legislação sobre as condições nocivas de trabalho e a segunda determina que sejam levados em conta os "riscos para a saúde decorrentes da exposição simultânea a diversas substâncias ou agentes". Nesse contexto, não há mais espaço para a aplicação do art. 193, § 2º, da CLT. Recurso de revista de que se conhece e a que se nega provimento.

Os direitos fundamentais têm eficácia imediata e prescindem de regulamentação. Sua interpretação, portanto, não pode ser limitada por legislação ordinária que antecede a Constituição da República e atenua a proteção ao direito à saúde e à vida do empregado. A evolução na interpretação é necessária. O comando constitucional existe e deve ser realizado. Nesse sentido, da *lei como exigência de realização concreta dos direitos fundamentais*, ensina José Joaquim Gomes Canotilho:

> "A eficácia jurídica imediata que hoje se reconhece aos direitos constitucionais traduz a mutação operada nas relações entre a lei e os direitos do cidadão: de direitos fundamentais apenas no âmbito da lei transitou-se para a ideia de lei apenas no âmbito dos direitos fundamentais"[19].

Significa, nessa linha, sendo a situação passível de gerar direito ao adicional de insalubridade e ao adicional de periculosidade, de forma concomitante, reconhecer ser devido, por consequência, o pagamento cumulado. Ambas as causas de pedir merecem proteção jurisdicional. Estimulando, nesse passo, o empregador a melhorar as condições do meio ambiente de trabalho, que deve ser o escopo de toda a atuação, como forma de ampla proteção da saúde (CRFB, art. 200, VIII).

Mais efetivas são as medidas preventivas, destinadas a preservar a dignidade humana e o avanço que deve permear as relações de trabalho, vedando o retrocesso para limitar o exercício dos direitos fundamentais, dentre os quais estão remunerar as atividades penosas, insalubres ou perigosas (art. 7º, XXII), proteger a saúde (art. 7º, XXII) e a vida do trabalhador (art. 5º, *caput*).

6. CONCLUSÕES

Os temas afetos ao meio ambiente do trabalho, por imiscuírem-se diretamente sobre o preciosíssimo patrimônio em que consiste a saúde e a vida do trabalhador, ocupam notória e notável relevância. A proteção do homem, como corolário de sua dignidade, alia-se à valorização social do trabalho, ambos fundamentos basilares da organização do Estado Democrático de Direito.

Daí não se retira, no entanto, que o pedido de adicional de insalubridade ou de periculosidade possa ou deva realizar-se de forma aleatória, estribada em exposição fática lacunosa, omissa ou imprecisa.

Os valores constitucionais equilibram-se, mediante ponderação. A falta de narrativa adequada dos fatos, nas postulações em análise, importa vilipêndio ao devido processo legal, que também se içou, na Constituição de 1988, ao patamar de garantia constitucional. Nem mesmo em favor de obediência à Lei Maior, a jurisdição pode maltratar outro dispositivo dessa natureza. O resultado desejável aponta para retirar-se a maior eficácia e proveito de ambos. A causa de pedir, qualquer que seja a abordagem teórica que a ciência processual dela faça, exibe-se indispensável à construção de um procedimento justo e equilibrado, por compor, essencialmente, o pedido.

A diretriz jurisprudencial adotada pela Súmula n. 293, do Tribunal Superior do Trabalho, que busca prestigiar a simplicidade que caracteriza o processo do trabalho, apenas amplia as possibilidades de sucesso do pedido de adicional de insalubridade ou periculosidade, com a desvinculação entre a sentença e o agente identificado pelo autor. Não mais. O que ali se assenta é que, indicado determinado agente, a apuração da existência de agente diverso, não limita a decisão judicial. Confirma, em verdade, a necessidade de avaliação técnica. Não ocorre liberação do quanto prevê o art. 840, § 1º, da CLT, que exige, com toda simplicidade possível, apenas a *breve narrativa dos fatos*, dos quais emanem os pedidos da reclamação.

A prática que se estabelece na rotina forense de descrições genéricas, lacunosas e omissas, das quais não se podem colher elementos objetivos que deem azo ao exame e à perícia técnica, não prestigia a referida orientação jurisprudencial. Além disso, maltratam, como visto, o direito de defesa e obstaculizam a excelência da prestação jurisdicional. O processo não pode ser julgado pelo perito, que, sem qualquer

---

[19] CANOTILHO. José Joaquim Gomes. *Constituição dirigente e vinculação do legislador*. 2. ed. Coimbra: Coimbra Editora, 2001. p. 363.

parâmetro fático delineado, passa a ter em suas mãos a liberdade para apurar *qualquer fato* que represente *sob qualquer aspecto técnico*, em tese, potencial para caracterização de insalubridade ou periculosidade. Por tudo isso, a propósito, a prova oral anteceder à técnica é importante instrumento para direção dos trabalhos periciais pelo juiz — destinatário da prova —, e não o contrário.

Mais valioso e prudente, para ampliação da defesa desses preciosos bens em que se constituem a saúde e a vida do trabalhador, soa o avanço jurisprudencial rumo à superação do modelo da CLT, concebendo-se razoável o deferimento cumulado de adicionais, de periculosidade e de insalubridade, e, ainda, quando incidentes mais de um agente insalubre, mais de um adicional dessa espécie.

Produção Gráfica e Editoração Eletrônica: GRAPHIEN DIAGRAMAÇÃO E ARTE
Projeto de Capa: FABIO GIGLIO
Impressão: PAYM GRÁFICA E EDITORA